U0794667

21世纪管理科学与工程系列教材

Management Science and Engineering Classics

Operations Management

运营管理（第二版）

许淑君　编著

中国人民大学出版社
· 北京 ·

图书在版编目（CIP）数据

运营管理/许淑君编著．—2 版．—北京：中国人民大学出版社，2017.10
21 世纪管理科学与工程系列教材
ISBN 978-7-300-24858-5

Ⅰ.①运… Ⅱ.①许… Ⅲ.①企业管理-运营管理 Ⅳ.①F273

中国版本图书馆 CIP 数据核字（2017）第 203109 号

21 世纪管理科学与工程系列教材
运营管理（第二版）
许淑君　编著
Yunying Guanli

出版发行	中国人民大学出版社		
社　　址	北京中关村大街 31 号	**邮政编码**	100080
电　　话	010－62511242（总编室）		010－62511770（质管部）
	010－82501766（邮购部）		010－62514148（门市部）
	010－62515195（发行公司）		010－62515275（盗版举报）
网　　址	http://www.crup.com.cn		
经　　销	新华书店		
印　　刷	北京密兴印刷有限公司	**版　　次**	2013 年 9 月第 1 版
开　　本	787 mm×1092 mm　1/16		2017 年 10 月第 2 版
印　　张	20.25 插页 1	**印　　次**	2023 年 7 月第 7 次印刷
字　　数	570 000	**定　　价**	45.00 元

前言

任何组织都需要将其输入转换为相应的输出，以其产品或服务满足需求，并谋求生存和发展。当服务业从业人数和产值占国内生产总值（GDP）的比例不断升高成为全球范围内的普遍现象时，运营管理中有关服务运营的内容在不断增加，以适应组织人才培养的需要。不论哪种专业、行业和组织，其存在的社会价值必定通过运营实现。

本书为了满足组织运营管理的新发展需要，特别是服务运营管理的需要而编著，希望能够对 21 世纪运营管理的新需要作出突出贡献。为满足这一要求，我们对于概念的选择注重基础性，对于方法的介绍注重实践性，对于内容的选取注重全面而突出服务运营。每一章都针对性地给出最新的典型案例，以激发学生的兴趣和启发学生的思考。

全书共分为六篇：绪论、生产系统的设计与新产品/服务开发、生产系统的运作管理、质量管理、服务运营管理和运营系统的发展。

第 1 篇首先界定了相关的基础概念，并对生产与运营系统进行了界定和分析。为便于把握本质特征，对生产系统进行了分类和特征分析，然后遵循战略指导原则，对运营战略概念、运营战略与企业竞争力的关系、运营战略的制定及其有效性进行了阐述。本书特别强调了世界级运营管理的标杆作用。

第 2 篇着重探讨了生产系统的设计及新产品/服务的开发。生产系统的设计很大程度上决定了运营的效率和效果。在生产系统设计之初，需要明确设计原则，然后进行厂址选择决策，再进行设施布置和产品设计与工艺选择。新产品/服务的开发已经成为企业获取竞争力不可或缺的途径。本书特别强调了新产品/服务的开发。为高效进行新产品设计，需要明确新产品开发流程，以保证良好的组织开发绩效。新产品开发往往伴随着风险，因而需要进行风险识别和风险应对。这些内容紧随其后。

第 3 篇阐述了生产系统的运作管理，主要从需求预测、企业综合计划体系、独立需求的库存管理、运营流程管理来阐述具体的运作管理。在需求预测中，着重介绍预测方法和预测效果。企业综合计划体系部分介绍了计划的重要性、分类、多层次性和协调性以及生产能力计划。库存管理除介绍了库存的概念、成本等基本概念，还分析了库存管理系统的类型、库存模型，并着重介绍了服务业的库存管理问题及管理方法，以求由点及面，便于学生全面理解，避免只见树木不见森林的知识片面性。流程是运营管理的重要内容，本书从实践性角度介绍流程管理的基本概念、流程图的绘制、流程分析及其绩效衡量，最后讨论流程再造这一新内容。

第 4 篇包括质量管理的概念、理论、方法和全面质量管理。质量管理部分突出对质量的多角度理解和定义，介绍了各种质量管理方法和工具，以及准确把握质量问题的质量统计方法，同时介绍了六西格玛质量管理体系和服务质量管理概念和方法。全面质量管理则主要强调在理论指导下的企业质量管理实施。

第 5 篇对服务运营管理的重点内容加以归并和强调。这部分是本书的特色所在。服务运营从服务收益管理、服务流程和排队论三个方面进行阐述。服务收益管理部分概述了收益管理的基本理论、收益管理的过程与方法，并就酒店和航空两个行业进行了收益管理的实践性介绍。服务流程部分强调服务流程的特性、服务组织设计、服务流程设计和选择、服务流程与顾客的关系以及服务蓝图的绘制与运用。而服务运营中广泛存在的排队现象需要从排队论的角度进行论述。这部分在介绍方法的基础上，将重点落实到有关排队的决策上，以凸显本书的实践性特色。

本书的最后一篇对运营系统的新管理技术进行了介绍，重点选取了准时制生产方式和新技术驱动下的新运营两个方面的内容。新技术驱动下的新运营又着重从大规模定制、3D 打印技术和工业 4.0 三个方面进行了介绍，分析了它们可能对运营管理带来的新变革。

本书在修改过程中，限于篇幅限制，将整篇文稿分作线上线下两部分处理：上述体现本书主旨的各主要章节作为线下部分交付出版，其他部分交付出版社做线上处理（见 www.rdjg.com.cn）。这些部分包括：产品设计及工艺选择、新产品开发战略、相关需求库存管理、供应链下的流程与质量管理以及收益管理在其他行业的应用。

本书的编写得到了学生的广泛支持，他们是硕士研究生蔡蕾、叶桂林、许杨旸、丁维娜、李月琪、徐川云、潘亚飞、严雯、连锲，以及众多本科生。他们的帮助是对编著者的巨大支持。在修订过程中，缪逸云、何思娜和汪洋三位硕士生做了一些重要工作。在此一并表示诚挚的谢意！

在本书的编写过程中，编著者阅读并参考了众多国内外的学术论著，借鉴了众多学者的学术见解，限于篇幅，未能在参考文献中一一列出，尤其是案例主要来自互联网有关内容，在此一并表示感谢！

目 录

第1篇 绪 论

第2篇 生产系统的设计与新产品/服务开发

第3篇 生产系统的运作管理

第4篇 质量管理

第 5 篇　服务运营管理

第 6 篇　运营系统的发展

第1篇

绪　论

第1章 生产与运营管理

Chapter 1

本章要点

- 掌握运营管理的主要内容及其如何对生产活动的改进作出贡献；
- 了解运营管理作为一门学科的发展历史及其对企业产生的重大影响；
- 理解组织的主要职能以及运营职能充当的重要角色；
- 学习生产的概念与生产系统的分类；
- 掌握服务运营的分类及其特点；
- 了解当前运营管理的新发展及其新环境和未来面临的新挑战。

生产活动是人类最基本的活动。世界上绝大多数人都在从事生产活动。有生产活动就有生产管理。随着社会的不断进步，生产的范畴已从最初的物质资料制造过程扩展到包括物质资料的制造以及其后的服务在内的整个过程。服务业在国内生产总值（gross domestic product，GDP）中所占比重日益提高，美国的服务业在GDP中所占比重已超过70%，中国上海的服务业在GDP中的比重也在50%以上，服务业的重要性日益被人们关注。生产管理的内容也随即扩大到各种制造业的服务过程以及服务提供系统，即涵盖了顾客（客户）服务、产品/服务交付、产品/服务质量以及所有涉及与顾客交互相关的有效性活动。这种推广了的生产常称作运营。

因此，生产管理演变为生产与运营管理，或统称运营管理。运营管理所要研究的是如何对制造产品或提供服务的过程进行计划、组织、实施和控制。

本篇为第1篇，首先介绍运营管理的背景、内容和基本问题，然后介绍运营战略，并分别从制造业和服务业角度讨论运营战略。本篇是全书的基础。

学习运营管理的意义在于：对于企业来说，其竞争优势固然是企业综合实力和整体素质的集中体现，但是这些优势一旦失去高效的生产运营系统和先进的生产运营管理做支撑，也只能是一种瞬间或者非常脆弱的“优势”，其结果必然使企业很快陷入竞争的劣势。因此，生产运营管理是现代企业发展的重要基石。对于立志成为管理者的读者，无论现在身处哪一技能岗位、专业特长是什么，理解运营管理的基本知识都是你职业发展道路不可缺少的一步。

第1节 运营管理概述

关于运营管理，我们不仅要学习运营管理的基本概念，还应该了解整个工业革命的发展历史，特别是20世纪80年代所产生的运营管理的新概念。随着企业所处产业环境的改变和新技术的发展，运营管理也在发生重大变化。特别是现代科学技术和信息技术的发展，对企业的运营管理模式产生了重大的影响。

一、运营管理的概念

随着服务业的兴起，生产的概念进一步扩展，逐步容纳了非制造的服务业领域，不仅包括有形产品的制造，而且包括无形服务的提供，几乎涵盖了生活的方方面面。面对全球性的竞争压力，实施有效的运营管理越来越重要。企业管理人员迫切需要对运营管理的基本关系和概念有深刻的了解；更重要的是，他们必须知道如何运用这些知识来最大限度地提高质量和生产率。

（一）运营管理的定义

运营管理（operations management）是对生产过程中的计划、组织、实施和控制，对与产品生产和服务创造密切相关的各项管理工作的总称。

运营管理是对流程的指导和控制，流程则能将投入转化成产品和服务。广义来看，运营管理是企业所有管理职能的基础，因为在所有的业务活动中都可以找到流程。狭义来看，运营特指某些部门为外部顾客提供主要服务和产品的流程活动，但它也和企业中的其他部门紧密相关。不管是从广义还是狭义来看，管理好运营活动对于一个组织中的每个部门都至关重要。只有成功地管理好人员、资金、信息和材料，组织才有可能实现目标。

（二）运营管理的对象

运营管理的对象是运营过程和运营系统。运营过程是一个投入、转换、产出的过程，是一个劳动过程或价值增值过程，必须考虑如何对这样的生产运营活动进行计划、组织和控制。运营系统是指上述变换过程得以实现的手段。它的构成与变换过程中的物质转换过程和管理过程相对应，包括一个物质系统和一个管理系统。以航空公司为例，其管理的运营系统包括飞机、机场设施、维修设备、领空等，其管理的运营过程有需求预测，飞行能力计划，机组人员、地勤人员、维修人员的日常工作，服务质量保证，信息反馈等。

（三）运营管理的目标

运营管理要控制的主要目标是质量、成本、时间和柔性（灵活性/弹性/敏捷性），它们是企业竞争力的源泉。因此，运营管理在企业经营中具有重要的作用。

随着企业的生产经营规模不断扩大，产品本身的技术和知识密集程度不断提高，产品的生产和服务过程日趋复杂，市场需求日益多样化，世界范围内的竞争日益激烈，这些因素使运营管理本身也在不断发生变化。企业可以从质量、成本、时间和柔性这四个目标出发，通过有效的运营管理系统控制或降低企业成本。

（四）运营管理的理念和原则

理念是系统的、根本的管理思想。对于运营管理，其理念是以顾客为中心。无论是制造企业还是服务企业或组织，及时向顾客提供有价值的、高质量的产品或服务是运营管理的核心。这一理念表现在通过有效的运营管理，从时间、质量、成本、服务、环保等方面更好地满足顾客的要求。

同时，管理活动都要有根本的原则，一切管理都需围绕根本的核心思想进行。运营管理的主要原则如下。

1. 劳动分工原则

劳动分工是组织生产管理活动的理论基础，是充分、有效地利用企业内部资源的基础。由于每个组织都要承担不同的业务，如果每个人包揽一项业务，就像一个工人制造一根完整的针一样效率低下。如果按照功能或职能划分工作单位，每个职能部门只从事一项单纯的业务，则工作效率将大大提高。由于采取劳动分工会提高组织效率，因此它也会促进组织变革，朝这一有利的方向发展。

2. 供需协调原则

生产是为了消费，消费是满足需要的过程。企业生产能力与市场需求的协调是组织生产过程的永恒主题。生产单位提供产品和服务，是供方；消费单位消耗产品和服务，是需方。所谓供需协调，就是供方按照需方的要求，合理配置资源，形成与需求匹配的生产能力，在要求的时间、要求的地点，将所需的产品和服务按照要求的数量和质量，以合理的价格提供给需方。

3. 资源整合原则

资源整合又称集成或一体化，是将尽可能多的不同资源有机地组织到一起。资源整合有三层含义：

（1）要将不同资源组织到一起。将相同的资源组织到一起不是整合，而是冗余或者库存。

（2）要将尽可能多的不同资源集中。不同的资源集中得越多，整合度就越高。

（3）要将资源有机地组织到一起，而不是机械地组合在一起。

资源整合是在买方市场条件下提高组织竞争力的途径，它可以提高组织的应变能力，提高组织对顾客的服务效率和质量，提高组织内部的工作效率和质量，提高群体的知识创造能力，从而从根本上提高组织的竞争力。

二、运营管理者

管理者按层级可分为高层管理者、中层管理者以及基层管理者。

（一）高层运营管理者

高层管理者是指那些为组织制定长期计划、掌握政策和评价整个组织的业绩，并负责与外界联系的管理人员。

运营管理方面的高层管理者称为首席运营官（chief operation officer，COO），负责监测每日的公司运作，并直接报告给首席执行官（CEO）。例如，现任苹果公司 CEO 蒂姆·库克（Tim Cook）之前在苹果公司担任了 6 年的 COO。库克担任苹果公司 COO 期间，负责公司的全球销售和运营，包括苹果公司供应链的管理、销售活动以及所有市场和国家的服务与支持。

（二）中层运营管理者

中层管理者负责制定具体的计划以及相关的细节和程序，以贯彻执行高层管理者的决策和计划。

中层运营管理者包括计划与控制经理、生产线经理、采购经理、材料经理、质量经理等。例如，生产线经理的职责包括负责生产线安全生产的监督和管理工作，严把各道工序的生产关，根据生产实际情况协助物料计划部制定日、周、月生产计划等，协助制造部门根据现有资源、设备，合理安排生产运行和控制生产成本；制定或下达生产计划任务，管理班组长，确保各个班组明确自己的任务和完成任务的时间等。

（三）基层运营管理者

基层管理者管理的下属一般比较少，多为一线的生产员工，其主要职能是给下属安排工作任务、次序，确保下属的工作条件和工作环境，使工作流程能够一步一步地顺利进行。

基层运营管理者包括材料业务员、采购专员、质量业务员、存货业务员等。例如，采购专员一般要求按采购计划采购，降低物资积压和采购成本，合理安排采购顺序，对紧缺物资和需要长途采购的原料应提前安排采购计划、及时购进等。

三、运营管理的发展

（一）工业革命

工业革命始于 18 世纪 60 年代的英国，19 世纪初扩展到美洲大陆和其他国家。19 世纪之前农业是世界各国的主导产业，制造业采取的是手工作坊方式，大部分产品是由手工艺人和其徒弟在作坊里加工出来的。生产力水平的提高改变了生产方式，即机器代替了人力。其中，最重要的是蒸汽机的发明、劳动分工概念和标准化生产方式的提出。

1765年，英国人詹姆斯·瓦特（James Watt）改良了蒸汽机，使得有动力的机器代替人工劳动成为可能。以蒸汽为动力，运输速度提高了20倍。这推动了机械工业甚至社会的发展，标志着第一次工业革命的诞生。

1776年，英国人亚当·斯密（Adam Smith）在其著作《国富论》中提出劳动分工的概念，他以制针为例详细阐述了劳动分工对提高劳动生产率和增加国民财富的巨大作用。他指出："针的制作可以分为18道工序，若18道工序由一个人完成，每天做不出20枚，甚至一枚也做不出来；如果每人做一道或几道工序，就会做很多枚，一个小工厂每人做2～3道工序，平均每人每天成针4 800枚。"

亚当·斯密认为：

（1）劳动分工可重复单项操作，提高熟练程度及效率；

（2）劳动分工可减少变换工作所损失的时间；

（3）劳动分工有利于工具和机器的改进。

1801年，美国人伊莱·惠特尼（Eli Whitney）提出了标准化生产方式。正是由于采用了标准化的配件，实现了零件的可互换性，零件无须定制，能快速批量生产，才得以以标准化的方式生产上万支滑膛枪。标准化的生产方式使福特汽车装配线的大量生产成为可能。

工业革命时期实践和理论的发展使制造业取得了重要的突破，为了加强管理、提高效率，古典科学管理应运而生。

（二）科学管理

20世纪初，以泰勒（Frederick Winslow Taylor）为代表的管理学家创立了科学管理原理，给工厂管理带来了巨大变化。泰勒是古典科学管理原理的创始人，被称为科学管理之父。泰勒通过对工作方法的观察、分析、研究和改进来确定工作的最佳方法。泰勒还认为，管理者应该通过制定计划、认真挑选和培训工人，注重管理部门与工人的合作来提高生产率。以此为出发点和基础，泰勒提出了科学管理原理，其精髓在于：

（1）对现有工作方法进行详细的观测、分析和改进；

（2）在方法研究基础上建立差别计件工资制；

（3）根据工作性质的不同科学地挑选并培训工人；

（4）设立计划部门，负责合同管理、方法研究与标准化、进度安排、成本分析、业绩考核与工资发放以及纪律检查等管理职能。

当然，泰勒的科学管理理论也有一定的局限性，如研究的范围比较小，内容比较窄，侧重于生产作业管理。更为重要的是他的人性假设存在局限性，缺少人性化，引起了一些工人的不满。除了泰勒，还有不少先驱对科学管理作出了重大贡献，例如吉尔布雷斯夫妇、亨利·甘特和亨利·福特。

弗兰克·吉尔布雷斯（Frank Gilbreth）是一位工业工程师，被称为时间动作研究之父，他通过高速拍摄的方法把工人的工作过程拍成电影记录下来，通过电影重放对工作过程的动作进行细微的分析和研究，分析工人工作过程的合理性，据此探索工作优化的途径和方法。

亨利·甘特（Henry Gantt）看到了非物质利益对激励工人的价值，提出了至今仍广泛使用的甘特图。利用甘特图，可以使计划的编制更加快捷直观。如图1-1所示，甘特图的横轴表示时间，纵轴表示图书出版活动，线条表示整个期间计划和实际的活动完成情况。它直观地表明任务计划在什么时候进行以及实际进展与任务要求的对比。

亨利·福特（Henry Ford）是一位伟大的实业家，他是首位将劳动分工理论、科学管理原理、标准化生产方式发挥得淋漓尽致的人。1913年，他为密歇根州高地公园的组装工

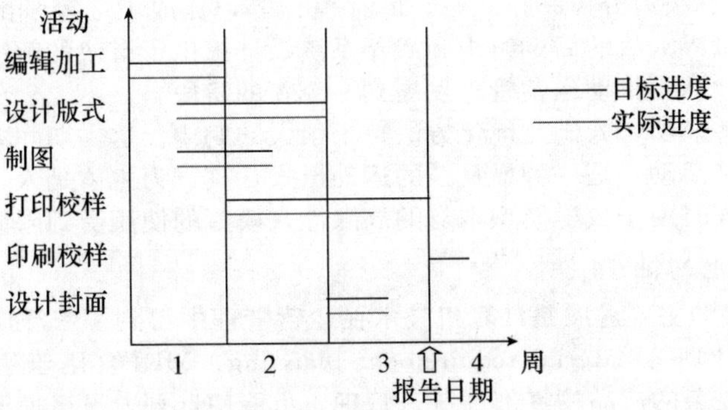

图1-1 甘特图

厂推出了流水装配线，开启了大批量生产时代。福特式的生产很快表现出生产成本的降低和装配时间的减少。规模经济和产品标准化使得向市场提供大量低价格的汽车成为可能。在科学研究的帮助下，一个工人能够做几年前4倍之多的工作。1908—1927年间福特公司生产了1 500多万辆T型车，亨利·福特也因此被誉为“给世界装上车轮”的人。

(三) 霍桑试验与行为科学

科学管理强调运营系统规划与设计以及运行与控制的技术因素，从泰勒时代到20世纪40年代，数学和统计学的发展对运营管理的发展起着支配作用。20世纪30年代，社会学家梅奥领导了著名的霍桑试验，试验结果激发了社会学家和传统的科学管理研究者的共同兴趣。

试验在美国伊利诺伊州西屋电气公司的霍桑工厂进行，设计试验的目的是研究一定环境因素的改变对劳动效率的影响。研究发现，实际改变这些环境因素条件对产出的影响远不如告知工人将要改变照明条件所带来的影响大。进一步访谈发现，是因为工人感到有责任为保持自己工作小组的高产量而努力。这表明，工人的动机和行为对提高生产率至关重要。

这些成果为行为科学的发展奠定了基础，也为运营管理注入了新的元素。20世纪40年代，亚伯拉罕·马斯洛（Abraham Maslow）在《人类激励理论》一书中提出了著名的需求层次理论。需求层次理论认为：

(1) 人的需求从低到高分为生理需求、安全需求、社交需求、尊重需求和自我实现需求五个层次。

(2) 人对不同层次的需求可同时存在，但只有低层次的需求满足后，才会寻求高层次的需求，即只有较低层次的需求得到满足，较高层次的需求才会出现并起激励作用。

(3) 同一时期内，总有一种需求占主导、支配地位，这种需求称为优势需求。人的行为主要受优势需求驱动。

(4) 即使同一个人的需求，也会因环境变化引起需求层次的变化。

20世纪五六十年代，道格拉斯·麦格雷戈（Douglas McGregor）提出了X理论和Y理论。X理论假定人们天生就不喜欢工作，只有通过奖惩手段才能使他们把工作做好；Y理论则假定工人是乐意工作的，认为工作能使其身心健康发展。70年代，威廉·大内（William Ouchi）提出了Z理论。该理论融合X理论和Y理论，集成了日本的诸如终身雇佣、关心雇员和协同一致的观点以及西方的诸如短期雇佣、专门人才和个人决策与职责的传统观点。所有这些理论都对运营管理的发展产生了重要影响。

(四) 第二次世界大战期间的运营管理

20世纪20—70年代，以美国和欧洲的学者为代表，包括数学家、心理学家和经济学家相继提出了各种数量模型，如数学规划（包含线性规划、非线性规划、整数规划、组合规划等)、图论、网络流、决策分析和排队论、库存模型等，促成了运筹学的创立与发展。这些数量模型为第二次世界大战的后勤组织和武器系统设计提供了有效的解决方案，也在工业生产组织中广泛应用，从而推动运营管理发展到一个新的阶段。

由于取得了一些成功，人们对优化方法寄予很大的期望。这一期间人们也发现，运营管理的对象是社会经济活动，是一种最复杂的运动形式，其行为主体是人，数学模型很难准确地描述生产系统。同时由于数学模型本身的局限性，模型的使用受到限制。

（五）近代的运营管理

20 世纪 70 年代的主要进展是计算机技术在运营管理中得到了广泛应用。在制造业，重大突破是物料需求计划（material requirement planning，MRP）用于生产计划与控制。这一技术可以把结构复杂的产品的零部件统一管理，也能使计划人员迅速调整生产作业计划和库存采购计划以适应最终产品需求的变化。在 MRP 的基础上，进一步发展出 MRP Ⅱ。MRP Ⅱ技术已不仅仅局限于运营管理，其管理范围扩展到销售部门和财务管理，人们可以利用计算机技术把运营、营销、财务三大职能的信息集中管理。

80 年代，日本制造商在全球以制造业领导者的全新形象为世界制造业带来了更新浪潮。近代，生产与运营领域不断涌现出新的管理思想和模式，包括全面质量管理（total quality management，TQM）、准时制生产（just in time，JIT）、基于时间的竞争和企业流程再造（business process redesign，BPR）等。另外，计算机辅助设计和制造（computer aided design/manufacturing，CAD/CAM）、柔性制造系统（flexible manufacture system，FMS）、机器人生产和以互联网为基础的流程，在现代企业生产经营互动中正扮演着越来越重要的角色。

（六）运营管理的新环境和新挑战

由于影响组织运营的外部环境日趋动态多变，运营管理也在随之变化。因此，运营管理动态环境的变化趋势也直接影响运营管理的新趋向，给运营管理带来了新挑战。

1. 运营管理的新环境

（1）生产与服务的专业化和顾客需求的多样化。伴随经济全球化的进程，专业化的分工越来越细，客观上要求在更广的范围内展开协作。生产与服务的专业化和顾客需求的多样化这一永恒的矛盾越来越突出。运营管理需要在这对矛盾中找到现实的平衡点。

（2）互联网和全球供应链管理。随着互联网技术的发展和普及应用，现代物流、电子商务、供应链管理得到快速发展，全球研发、全球生产、全球采购、全球销售成为提升供应链竞争力的重要模式，运营管理的对象也从传统的单一企业扩展到由众多分布在不同地区的合作伙伴组成的供应链整体。因而，与传统的面向单一企业的运营管理相比，供应链在合作伙伴选择、运营绩效评价、运营计划和控制、运输和库存控制等方面，出现了许多不同的特点和要求。探索互联网、电子商务、全球化供应链模式下的运营管理新模式、新技术和新方法，是运营管理领域面临的新挑战。

（3）全球环境与生态保护问题。近年来，世界各国都面临一个严峻的问题——全球气候变暖。为了减轻环境恶化带来的影响，包括我国在内的许多国家都承诺在未来一段时间内将大幅减少碳排放量。环境因素将成为 21 世纪运营管理所要考虑的首要问题之一。运营所考虑的环境因素包括投入与产出两个方面。未来的运营系统应是再循环与再制造系统：再循环是指将材料回收再利用；再制造是指将旧产品中的某些部件拆卸下来，在新产品中使用。如何在保护环境、生态不被破坏的前提下追求高效率、高效益，是运营管理的重要课题。

2. 运营管理的新挑战

（1）运营管理的涵盖范围扩大。现代运营突破了传统制造业的生产过程和生产系统控制，扩大到了非制造业的运营过程和运营系统的设计。现代企业运营管理不再局限于生产过程的计划、组织与控制，而是包括运营战略制定、运营系统设计以及运营系统运行等多个层次的内容，把运营战略、新产品开发、新产品设计、采购供应、生产制造、产品配送与售后服务看做一个完整的价值链，进行综合管理。①

（2）管理全球化生产运营网络。全球运营成为现代企业的一个重要主题。随着全球经济一体化的发展，企业的制造活动将从集中式转变为分布式，大企业面对的工厂选址问题将不再是单一的工厂选址问题，而是为一个由不同的零部件厂、装备厂以及市场构成的制造网络选址的问题。越来越多的企业将在全球范围内进行工厂选址和资源优化配置。

（3）管理跨企业的供应链。传统的运营管理对象、理论和方法均局限于单一组织和企业。然而，随着劳动分工与协作的实践发展，绝大多数产品的生产和经营均需要通过众多相关企业的通力合作才能完成。现代企业需要开始致力于整个供应链上物流、信息流和资金流的合理化与优化，与供应链的多个企业结成联盟，把整条链看做一个集成组织，通过链上各企业间的分工与合作，应对日趋激烈的市场竞争。

（4）建立高柔性的生产管理运营系统。市场竞争的加剧、生活水平的提高，促使市场需求更加多样化、个性化，市场需求难以预测，柔性因此成为企业生存与发展的决定因素。只有适时适量地向市场提供顾客所需的合格产品和满意服务，才能在激烈的市场竞争中居于主动地位。增强对产品需求量、产品本身交货时间变化的适应能力，即增强企业的柔性，已经成为企业主要的竞争战略。

（5）要求精益生产。精益生产系统的目的是使用比大量生产系统更少的资源（较少的空间、库存和工人）生产出同样多的产品。精益生产系统利用技术高的工人和富有柔性的设备，集中了批量生产（高质量、低成本）和手工艺生产（多品种、高柔性）的特点，其产品质量也要优于批量生产的产品。因此，精益生产方式受到越来越多企业的推崇。

（6）追求敏捷性。敏捷是一个企业在变化的市场环境中取得竞争优势的基础。敏捷性是指组织对需求或机会快速响应的能力，旨在确立柔性的战略，要求系统能够对需求量或产品/服务供给量的变化做出快速的响应。这对于要保持竞争力、应对日益缩短的产品生命周期及缩短新产品或服务开发周期的组织尤其重要。

（7）生产与服务融合。如今，产品和服务之间的差异越来越难以辨别，而这种差异的意义也越来越小。随着信息通信技术的发展，服务无形性带来的某些特点甚至已经开始消失。网络零售商正在把越来越多的服务“运输”到顾客家中。即使是政府编制的官方统计材料，也难以区分产品和服务。例如，同样的软件，若通过磁盘销售，就会被看做一件产品；若通过互联网出售，就变成一种服务。甚至有一种观点认为，既然所有企业的最终目的都是服务顾客，因此所有的运营都是服务过程，而它们生产的产品只不过是服务顾客的一种手段。虽然对这一观点存在争议，但不可否认的是服务正在与生产相融合，企业将自己看做产品制造商还是服务提供商的问题也在日渐淡化。

第2节　生产运营系统

一、生产的含义

生产是人类社会获得财富的源泉。不从事生产活动，人类就无法生存，社会也无法进步。如果没有各种生产活动，人们现在居住的将不是高楼大厦而仍然是远古的茅屋，穿的将不是上好面料精心裁制的服装而是土布，出行将不是乘坐飞机、火车、汽车而是徒步、骑马。在历史发展的过程中，一些社会组织，例如公司、学校、商店、银行、车站、医院、消

① 靳志宏，关志民．运营管理．北京：机械工业出版社，2007.

防队等，通过获取和利用各种资源进行生产活动，从而向人们提供有用的产品和服务。人们将生产活动概括为一个投入—变换—产出的过程，即投入一定的资源，经过多种形式的变换，使其价值增值，最后以某种形式的产出提供给社会的过程。从上述定义可以看出，生产活动具有如下几层含义①：

（1）生产是一切组织都要从事的基本活动；

（2）生产是一个过程，这个过程将有形和无形的输入转化为有形和无形的输出；

（3）这个输出是用户所需要的，对用户来说是有价值的；

（4）这个转化过程是一个增值的过程。

在过去，人们一提到生产二字，就想到工厂、设备和工人。但随着制造业的发展、科技的日新月异，制造业也推动了服务业的发展。常见的服务业部门如表 1－1 所示。

表 1－1　常见的服务业部门

文化、娱乐服务业	电影院、音乐厅、电视台、餐厅、度假村等
交通运输与通信服务业	民航、铁路公路、水上运输；邮政、电信、数据信息通信等
维修服务业	机械、电器、车辆的维修业，房屋建筑的维修业，计算机和网络系统的维修业等
公用服务业	供电、供水、供气、消防、治安、医疗、环境卫生等
商贸服务业	商场、商店、外贸公司、仓储企业等
金融保险服务业	银行、保险公司、会计师事务所等
科教咨询服务业	研究所、学校、法律咨询公司、技术咨询公司、战略咨询公司等
行政服务业	人事部、财政部、警察、法院、检察院等

由于生产也不再是仅在工厂里从事的活动，人们开始将原来应用于大生产活动中的概念、方法和管理模式应用于对服务系统和其他类型的组织的业务活动管理中，使得生产管理领域不断拓宽。虽然如今提供的是产品还是服务越来越难以辨别，这种差异的意义也越来越小，但从管理的角度来看生产过程和服务过程，二者仍存在一些重要异同。其相似之处在于：

（1）都需要面对市场，满足人们的某种需求，即具有一定的使用价值；

（2）都需要投入一定的资源，需要经过一系列的变换过程才能得以实现；

（3）在变换过程中需要投入一定的劳动，需要计划、组织、控制，才能实现价值的增值。

生产过程和服务过程也有许多不同点，具体如表 1－2 所示。

表 1－2　制造过程与服务过程的区别

特征	制造业	服务业
产品	产品是有形的、耐久的	产品是无形的、不可触的、不耐久的
产品储存	产品可储存	产品不可储存
顾客接触	顾客与生产系统极少接触	顾客与生产系统接触频繁
响应需求周期	响应顾客需求周期较长	响应顾客需求周期较短
服务范围	可服务于地区、全国、国际市场	主要服务于有限区域范围
设施	设施规模较大	设施规模较小
质量可控性	质量易于度量	质量不易度量

① 应可福，张凌. 生产与运营管理. 北京：高等教育出版社，2012.

二、组织的职能

任何一个组织，无论提供的是有形的产品还是无形的服务，其组织结构必须具备三个基本职能：财务、营销与运营。

（一）财务职能

资金是企业生产活动进行的前提，财务管理是以资金运动为对象，利用价值形式进行的综合管理工作。当流入企业的资金大于投入的成本时，企业的财富就会不断增加。财务，就是为企业筹措资金并合理运用资金的过程。具体来说，财务部门需要负责以有利的价格筹措资金、编制预算、分析投资方案以及在组织内分配资金。

（二）营销职能

营销是了解顾客的需要并将公司的产品和服务交送到消费者手中的过程。营销通常分为市场和销售，市场发掘消费者的需求，销售满足消费者的需求。生产什么样的产品才能满足市场需求，企业生产的产品怎样才能销售出去并提高产品的市场占有率，是营销要解决的问题。

（三）运营职能

运营是把资源要素的投入转变为有形产品或无形服务产出的过程，即一个组织通过获取和利用各种资源向社会提供有用产品和服务的过程。这些资源要素包括人力、物料、设备、技术、信息等，产出要素包括产品与服务。而运营管理的实质是在转换过程中带来价值增值。增值是用来反映投入成本与产出价值或价格之间差异的概念。正是由于运营直接涉及最终的产品和服务，运营管理在企业竞争过程中有着举足轻重且不可替代的地位。出色的运营管理是企业生存以及取胜的核心要素之一。

如图 1－2 所示，财务、营销、运营分别完成不同但又相互联系的活动。一个组织的成功不仅依赖于各个职能发挥得如何，而且依赖于这些职能相互的协调程度。例如，运营职能和财务职能往往存在这样的关系：一方面，财务职能为生产经营筹集资金，通过借贷、筹集等方式，为生产活动租借厂房，采购原料和设备；另一方面，运营必须发挥控制生产中所产生费用的职能，降低消耗，节约成本，提高企业的经济效益。运营职能和营销职能也有十分密切的关系：营销活动推广的产品或服务必须有生产运营和财务的支持；反过来，营销职能可以为生产反馈市场信息，成为生产运营的依据。

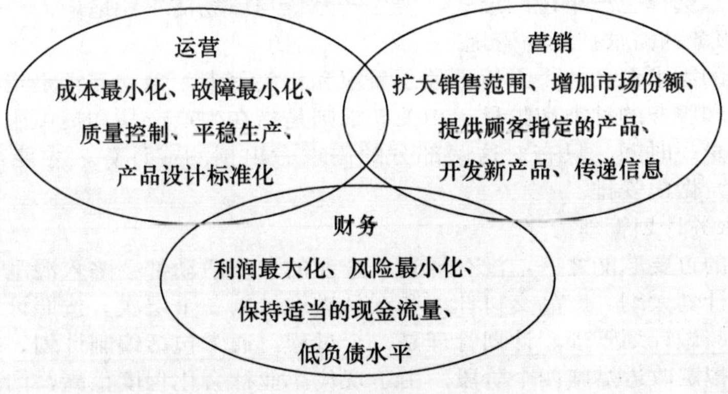

图 1－2　各职能的主要任务

除了这最基本也是最重要的三大职能，现代管理理论认为：企业管理按职能分工还有技术职能和人力资源职能。在技术支持的生产运营过程中，企业的人力资源作为投入，是企业价值实现必不可少的重要条件。因此，企业想要实现经营目标，必须以系统的观念，从各个角度全面提高各职能的管理水平。

三、运营管理的职能

现代运营管理涵盖的范围越来越大，已从传统的制造业扩大到非制造业。其研究内容已不再局限于生产过程的计划、组织与控制，而是扩大到包括运营战略制定、运营系统设计以及运营系统运行等多个层次的内容。应把运营战略、新产品开发、产品设计、采购供应、生产制造、产品配送直至售后服务看做一个完整的价值链，对其进行集成管理。运营管理的基本职能包括对企业运营过程进行计划、组织和控制。

（一）计划职能

在一开始的计划中，我们要确定其具体内容（见表 1－3）。

表 1－3　计划职能的具体内容

计划职能	具体内容
目标（what）	我们要做什么？生产什么样的产品或提供什么样的服务？
原因（why）	为什么要生产这种产品或提供这种服务？价值体现在哪里？
人员（who）	谁去做？事先确定承担此项工作的人员及工作分配。
地点（where）	在哪里进行？确定工厂的选址或是服务的提供场所。
时间（when）	何时进行？选择适用的时间或时间段。
方式（how）	怎么实现？用怎样的方式生产？

（二）组织职能

运营管理的各个环节及其具体内容包括八个方面。

1．产品和服务设计

任何一个组织都要提供产品和服务，产品和服务的设计与组织的成功有密切的关系。这一环节包括如下几个方面的内容：了解顾客的愿望和需求，并将其转化为产品和服务要求；制定质量目标；制定成本目标；制定规格等。这一环节完成质量的好坏对一个组织能否实现目标有战略性的作用，同时它也是后续环节的实施基础。

2．产品和服务的流程

企业提供的产品和服务不同，其生产流程也不尽相同。这一环节的重要任务就是根据不同品种—产量要求选择生产单位的形式，使生产系统与市场需求相适应。

3．产品和服务的需求预测与管理

产品和服务的需求包括两个方面：独立需求和相关需求。独立需求是指市场对企业所能提供的最终产品和服务的种类和数量。相关需求则是指在生产产品和提供服务过程中需要的物料的种类、数量、时间。只有对这两部分的需求做出预测或计算，才能对生产计划（品种、数量、进度）做出安排。

4．产品和服务计划管理

计划是管理的首要职能之一，没有计划，企业的一切活动都会陷入混乱。企业的生产计划通常包括生产计划大纲、产品交付计划和产品进度计划三个层次。按照计划来管理企业的生产经营活动，叫做计划管理。计划管理是一个过程，通常包括编制计划、执行计划、检查计划完成情况和拟定改进措施四个阶段。由于现代企业社会化程度很高，内部分工很细，对于协作也要求更加密切，因此，企业需要统一的计划来指挥其内部各部分的活动。①

5．物流与供应链管理

无论是制造业还是服务业，其运营系统都是一个物流、资金流、信息流的综合载体，运

① 陈荣秋，马士华．生产运作管理．北京：机械工业出版社，2006．

营管理就是对这三者的有效管理，而信息流与资金流是依附于物流的。物流既是运营系统所要考虑的核心要素，又是系统运营管理的结果以及衡量系统运营效率的主要标准。供应链是指从原材料阶段到最终用户、与产品或者服务的流动和转换以及信息流相关的所有活动。有效的供应链管理所带来的好处包括更少的库存、更低的成本、更高的生产率、对需求波动更好的反应能力、更短的提前期、更高的利润以及更高的顾客忠诚度。

6. 员工组织和安排

组织都是由人组成的。过去，企业并不把员工看做公司有价值的资源，而是生产流程中可代替的一部分，需要对其进行指导和控制。随着用于完成工作的流程与技术不断变化，管理者也要一起改变。举例来说，全面质量管理就是强调企业员工的全面参与，同时要求管理者帮助员工懂得如何承担工作责任，并从新的角度看待员工。另外，随着服务业在国民经济中的比重不断增加，制造业的比重不断减少。由于服务类行业属于劳动密集型而不是资本密集型，因此，人力资源就成为越来越重要的竞争要素。

7. 财务监控

运营管理的核心思想在于实现投入产出转换过程的增值。因此，运营管理很重要的一部分就是运用财务分析工具，更加准确地评估与投入产出转换过程相关的各类活动的结果，尤其是有关资金投入方面的决策。

8. 数字化运营

对于企业来说，数字化管理无处不在，尤其是在企业的日常运营中。例如，工作要产生何种结果，由谁来完成，在何处完成，完成程度等，这些都需要信息和数据处理。数字化运营的目标是提高企业的生产效率并由此获得利润。它以制度化、流程化、图表化为根基，进行系统分析、科学评估。数字化运营能给企业运作带来许多效益，具体有提供清晰的经营目标，便于企业衡量经营成果，便于企业进行绩效考核，数据可在企业中广泛运用。①

（三）控制职能

生产和服务计划都是在生产和服务活动发生之前制定的，尽管制定计划时充分考虑了现有生产力，但在实施过程中由于各种原因，往往造成实施情况与计划要求偏离。例如，可能会遇到加工时间估计不准确的问题，因为对于单件小批量生产类型，很多任务都是第一次碰到，很难将每道工序的加工时间估计得很准确。还可能遇到随机因素的影响，例如，人员缺勤、设备故障等其他因素。因此，当实际情况与计划发生偏离时，就要采取措施。运营管理的控制指标主要包括对进度、库存、质量、成本、效率等方面的控制指标。

四、运营管理的内容

运营管理是指对生产运营系统的设计、构建、运行、维护等一系列活动过程的管理。运营管理通过管理职能，使生产运营系统正常运行并得到不断优化，实现高效率、低成本运行，为企业的生存和发展提供有效的支持。

表1-4给出了运营管理的内容。其中，生产运营系统的规划设计和构建是企业战略层次的问题，其结果将给企业带来重大且长期的影响，对企业的生存和发展具有重要的意义。生产运营系统的运营过程管理决定了系统运行的效率、质量、成本、效益，最终决定了企业的竞争力。需要指出的是，由于供应链上有多个企业充当不同角色，因此供应链管理是一个广义的生产系统运营管理的概念。广义的生产系统除了包括组织内部的生产运作系统，还包括由供应商、制造商、分销商组成的系统。

---

① 俞丽丽，黄冬莹，詹伟. 浅谈生产运营数字化经营. 现代商业，2012（19）：86-87.

表 1-4　　运营管理的内容

	决策内容	要解决的基本问题
生产运营系统构建	需求预测	一定时期内产品或服务的需求展望
	产品和服务设计	确定顾客需要的产品和服务 确定产品的质量和服务水平
	厂址选择决策	确定生产运营系统的地理位置
	生产能力需求决策	确定生产运营系统生产能力及实现生产能力的方案
	工艺流程设计	选择工艺流程和工艺方法
	运营系统布置	确定运营系统部门和设施等的布局
	员工组织与工作设计	员工组织模式 流程设计 工作设计 员工激励方式
	流水线生产组织	单品种流水线组织 可变流水线组织 混合流水线组织
生产系统运营管理	综合计划	根据市场需求预测结果，确定以综合单位表示的产量，以确定生产能力配置、人员招聘、外协规模、资金需求、库存水平等
	库存管理	单周期物资订货量决策 常规条件的订货量决策 价格优惠条件的订货量决策 库存控制模式 库存分类管理
	生产计划及作业计划	生产计划制定 作业计划制定 计划实施与进度控制 物料需求计划
	精益生产计划	准时生产与零库存管理 看板管理 现场管理 零缺陷管理
	质量保证体系	工序能力及六西格玛管理 质量标准和质量认证体系 质量保证体系的构建和控制 质量管理数理统计方法 抽样检验理论及其应用
	供应链管理	供应链合作伙伴的选择及管理 供应链运营下的计划与控制 供应链运营风险和利益协调 供应链信息流和物流的组织与协调

资料来源：张毕西．生产运营管理．北京：机械工业出版社，2011.

第3节　生产系统的类型与特征

不同的企业，生产的产品不同，生产过程也有很大的差异。例如，食品的加工流程与车辆的装配流程存在差别；工艺品和日用品在生产数量和方式上也截然不同；军用武器和民生用品在何时生产问题上也不一样。在这些表面差异的背后，是否存在内在的一致性，从而使我们能够抓住企业生产管理内在的客观规律，实施分类管理？是否又可以从当代不同类型的生产系统中总结出某些共有的特征？这些问题将在本节进行讨论。

一、生产系统的概念

系统是指由两个或两个以上相互管理的要素组成，具有特定功能的有机集合体。生产系统就是与实现规定的生产目标有关的生产单位的集合体，是一个人造的、开放的、动态的系统。根据国际生产工程学会对生产系统的定义，生产系统是指生产产品的制造企业的一种组织体系，具有销售、设计、加工、交货等综合功能，并具有对其所提供服务的研究开发功能。

生产系统是一个输入、输出的转换系统，转换过程就是生产过程。不同的企业根据不同的生产目的输入不同的资源，例如劳动力、资金、土地、建筑物、机器设备、工艺装备、原材料、燃料和信息等。生产系统输出的是产品或服务，它们必须具有使用价值，必须符合社会和市场的需要，必须销售出去才能实现企业盈利目标。企业一定要通过自身的努力，使输出大于输入。为此，企业应尽可能采用最经济的生产方式，以消耗最少的人力、物力、财力和时间，降低成本，缩短交货期；在生产系统中还要不断加强内部协调工作。为此，应重视系统内部各环节的信息反馈。信息反馈可以指挥、控制、调整企业生产过程中的偏差，从而使生产顺畅地进行，提供符合要求的产品或服务。

企业的生产系统一般都具有创新、质量、柔性、继承、自我完善、环境保护等功能。生产系统在运转一段时间以后，需要改进完善，包括产品的改进、加工方法的改进、操作方法的改进等。

二、生产系统的类型

根据不同的分类标准，可以对生产类型进行如下分类。

（一）按照生产的工艺特点划分

按照生产的工艺是否连续可以分为连续型生产和间断型生产。

1. 连续型生产

连续型生产是指原材料从投入开始，连续地按一定工艺顺序运动，在运动中不断改变形态和性能，最后形成产品的生产，又称流程式生产，例如化工、炼油、冶金、食品、造纸等。

这种类型的生产设施按工艺流程布置，加工顺序固定不变，工艺过程的程序化、自动化程度较高，只要把加工设备、工艺参数控制好，生产就会顺利进行。

2. 间断型生产

间断型生产又称加工装配式生产，其产品是由很多零部件组成的，各个零部件的加工过程彼此独立，最后组装和总装成最终产品，例如汽车制造、服装、电子设备等。

这种类型的工艺过程比较复杂，工序较多，构成产品的零部件可以在不同的国家或地区加工制造，生产的计划、组织、控制有一定的难度。

（二）按照产品品种多少和生产的重复程度划分

按照产品品种多少和生产的重复程度，可分为大量生产、单件生产和成批生产。

1. 大量生产

大量生产类型的特点是产品品种少，同种产品产量大，经常重复生产同种产品，工作地固定加工一道或几道工序，专业化程度高。

2. 单件生产

单件生产类型的特点是产品品种很多，每种产品生产一件或几件之后不再重复，或虽有重复但不定期，生产条件不稳定，工作地专业化程度低。

3. 成批生产

成批生产类型的特点是产品品种较多，各种产品的数量不等，生产条件比较稳定，每个工作地要承担较多的工序，各种产品成批轮番生产，工作地专业化程度比大量生产低。

成批生产按批量大小，又可分为大批生产、中批生产和小批生产。大批生产接近于大量生产，一般称为大量大批生产；小批生产接近于单件生产，一般称为单件小批生产。只有中批生产才具有典型的成批生产的特点。

成批生产不同类型的技术经济特征如表 1-5 所示。

表 1-5　成批生产不同类型的技术经济特征

特征	大量大批生产	单件小批生产	中批生产
产品品种	单一或很少	很多	较多
产品产量	很大	单个或很少	较大
采用设备	专用	通用	专用与通用并存
工作地专业化程度	很高	很低	较低
工人技术水平	低	高	一般
更换品种	难	容易	一般
生产的经济效益	最高	最低	较高
单位成本	低	高	较高
计划控制管理	简单	复杂	较复杂
适应性	差	强	较差

生产类型特点的不同，反映出来的经济效益也不相同。在大量大批生产条件下，工作地专业化程度高，可采用高效率的专用设备和工艺装备，便于组织流水线和自动线，工人操作简单，技术熟练，计划管理工作简单，具有较高的劳动生产率和较低的产品成本，经济效益最高。单件小批生产条件下，工作地专业化程度低，一般采用通用设备和工艺装备，设备利用率和劳动生产率低，对工人技术水平要求高，计划管理工作复杂，产品成本高，经济效益最低。中批生产的经济效益介于大量大批生产和单件小批生产之间。

（三）按照企业的业务来源划分

按照企业的业务来源可以分为订货型生产和备货型生产。

1. 订货型生产

订货型生产是指按用户订单进行的生产，体现以需定产。用户可能对产品提出各种各样的要求，经过协商和谈判，以协议或合同的形式确认对产品性能、质量、数量和交货期的要求，然后组织设计和制造。锅炉、船舶等产品的生产属于订货型生产。

在订货生产方式下，顾客订货一般不稳定，时多时少，有时要货急，会给生产能力带来冲击，要求企业在生产能力上保持一定的灵活性和机动性。此外，要严格根据合同按期交货，努力提高履约率。

2. 备货型生产

备货型生产是指企业根据市场需求预测安排生产，并通过产品库存来调节生产与市场需求之间的矛盾，即在市场需求低于产量时增加库存，在市场需求高于产量时用库存来弥补生产不足。轴承、紧固件、小型电机等产品的生产属于备货型生产。这种安排生产的方式能使企业生产能力利用率维持在一定水平，保持稳定的生产秩序。

为了缩短交货期，还有一种按订单装配式生产（assemble to order，ATO），即零部件是事先制作的，在接到订单之后，装配成顾客所需的产品。很多电子产品的生产属于按订单装配式生产。服务业也有很多按订单装配式生产的例子，例如，餐馆按顾客的点菜来炒菜，每种菜的原料是事先准备好的。按订单装配式生产必须以零部件通用化、标准化为前提。

三、生产系统的主要特征

（一）多功能的综合性

生产系统是一个螺旋循环链，每一次循环都标志着向一个新高度发展。它的多功能性表现在系统构建前需要制定战略目标，构建时需要进行系统设计，投入生产时需要系统运行与控制，生产一段时间后需要系统维护与改进等。在进行系统改进时，又需制定下一个目标，这些功能相互配合、紧密相关，以循环链的形式推动系统的升级发展。

（二）多层面、多侧面的复杂性

生产系统具有阶层型，由若干子系统组成，并可以细分为更小的次子系统，实现递阶控制。生产系统是由既有纵向层次又有横向关联的子系统构成的一个完善的矩阵构架模式的有机整体。图1-3的生产运营部门组织结构图中显示了生产系统的纵向关系，每一部门所代表的子系统还可以划分出更小的子系统。例如，生产车间可以划分为不同类型的产品生产线；物资供应部门既包括原材料采购，也包括在制品的缓冲库存与供应。不难看出，处于同一层次的子系统之间也存在关联。例如，生产计划部门决定生产车间的生产，生产车间的生产能力也影响生产计划的制定。技术准备部门需按照质量管理部门的要求提高质量，质量标准的制定也必须考虑生产车间和技术准备部门的能力。

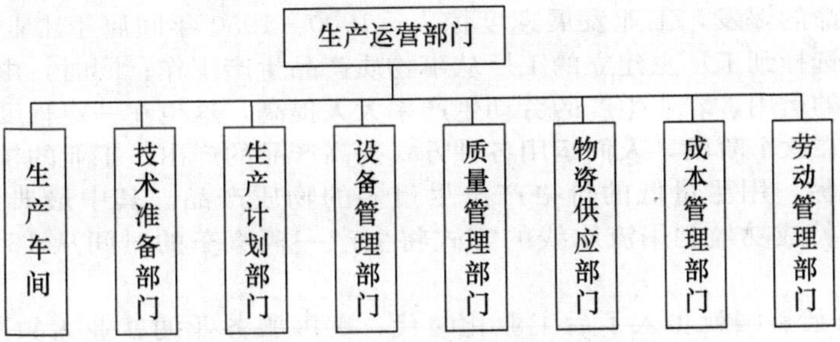

图1-3　生产运营部门组织结构图

资料来源：张波．生产运营管理原理与实践．北京：国防工业出版社，2009.

（三）典型的人机系统

在生产系统中，人的因素永远起主导作用，如何提高人机结合力是一个永恒的主题。广泛采用的典型方法有人机工程、工业工程等。例如，有人认为美国之所以能在19世纪成为主要的制造大国，提供高质量的产品，除了与其技术领先地位和良好的创新环境有关，还有一个重要因素是其受过良好教育、高度熟练的工人。随着生产方式朝敏捷制造、大量定制、绿色制造的方向发展，劳动工具的智能化对生产工人的知识要求、学习能力（操作技能和信息处理能力等）要求越来越高。

（四）信息系统的重要性

在生产系统中，管理信息系统（management information system，MIS）、物料需求计划、企业资源计划（enterprise resource planning，ERP）、电子商务（electronic business）

的应用凸显出信息的重要性，人、财、物的流动以及交互过程、系统的转换过程都形成信息流。信息是企业运营管理协调和控制的基础，企业应该正确及时地收集、提供、传递、存储、分析与利用运营过程中的信息，以便合理有效地利用各种资源，提高生产效率和经济效益。

（五）强集成性

企业运营管理的职能既包括战略决策、系统设计决策和日常运行决策等不同层次的决策问题，也包括对技术（technology）、质量（quality）、交付（delivery）、成本（cost）和资源（resources）的管理和人、设备、物料等资源要素的管理，通过其共同媒介产品和服务来实现，谋求对内外环境变化的适应性，而不是各自为政。

第4节 服务运营系统

企业的产出可以分为有形商品和无形商品两种。其中，以无形为主要产出特征的产品即指服务。服务是国民经济的重要组成部分，它在任何社会中都处于经济活动的中心位置。在发达国家，服务业在国民经济中所占的比重远远超过农业和工业，并且在可预见的将来，它所占的比重会越来越大。

以美国为例，美国是全球最大的服务业进出口国，服务业非常发达，在国民经济中占有极其重要的地位。从20世纪90年代中期开始，服务业已逐步取代钢铁、汽车、建筑等传统支柱产业，成为支撑美国经济的主要产业。

美国著名学者丹尼尔·贝尔（Daniel Bell）在1973年提出了关于经济发展可分为三个阶段的经典定义。他将经济发展分为前工业化、工业化、后工业化三个阶段。① 在1800—1900年这100年时间，美国和当时绝大多数国家一样，处于前工业化时代，产业体系还是以农业为主，超过80%的劳动力都集中在这个领域。

随着工业革命的爆发，工业发展速度惊人，1900—1950年间属于工业化阶段，大量从事农业工作的人选择到工厂主建立的工厂从事物质产品生产工作；同时，由于科技水平的提高和大规模机械的运用，农业生产的劳动生产率大大提高，这也在一定程度上减少了农业对劳动力的需求。在这个阶段，人们运用各种方式提高产品的产出，工业的核心理念就是充分利用劳动力和机械，用尽量低的价格产出尽量多的物质产品。其中最典型的例子是福特汽车，亨利·福特成功地利用流水线的方式将生产一辆汽车的时间从13小时缩短到1.5小时。

从1950年开始美国就步入了后工业化时代，美国服务业的就业人数从50%提高到了2000年的80%，目前仍以迅猛的势头增长。毫无疑问，在后工业化阶段，诸如教育、娱乐、健康之类的服务业占据着现代经济的主导地位。

由此可见，服务运营的重要性很高。但人们并没有很好地重视服务运营方面的研究，甚至很多人对服务经济持消极的态度。据统计，国际权威的学术期刊《运营研究》收到的稿件中，研究生产运营的是研究服务运营的6倍。

近年来，人们逐渐意识到了研究服务运营和服务运营管理的重要性，但国际学术重心仍在生产领域。随着科技水平的发展和全球服务领域的不断实践，人们发现不仅服务业的比重越来越大，而且服务与制造高度融合起来。现代服务业更是直接为全球制造活动提供所需服务。因此，对服务运营开展更深入的学习，理当是本书的目的之一。

---

① ［美］Richard Metters，Kathryn King-Metters，Madeleine Pullman. 服务运营管理. 北京：清华大学出版社，2004.

一、服务运营

（一）服务的定义

关于服务的定义，最早可追溯到亚当·斯密时代，然而迄今为止还没有一种权威的、普遍认可的定义。

20世纪60年代，美国市场营销协会（American Marketing Association，AMA）将服务定义为：消费者从有偿的活动或从购买的相关商品中得到利益和满足感。表1-6列出了学者对服务的不同定义。简而言之，服务就是通过与顾客接触而形成的在一定时间范围内满足消费者需要的一系列活动。

表1-6　对服务的多种定义

学者	定义
菲利普·科特勒	服务是一方向另一方提供的基本上属于无形的任何行为或绩效，并且不导致任何所有权的产生
格鲁诺斯	服务是由一系列或多或少具有无形特性的活动构成的一个过程
詹姆斯·A.菲茨西蒙斯	一种顾客作为共同生产者的、随时间消逝的、无形的经历
森吉兹·哈克赛弗	服务就是提供时间、空间、方式或者心理效用的经济活动

一般认为，服务业即指生产和销售服务商品的生产部门和企业的集合，属于第三产业。服务业既包括与经济发展和工业生产密切相关的金融业、保险业、对外贸易业、房地产业、物资业、仓储运输业等行业，咨询业、信息业和各类技术服务业等新兴行业，对国民经济发展具有全局性、先导性影响的交通业、邮电通信业、科学研究事业、教育事业和公用事业等行业，也包括与人民生活密切相关的商业、旅游业、居民服务业、饮食业和文化卫生事业等行业。服务企业泛指这些行业的众多企业组织，也包括这些行业的非营利性公用事业单位，为方便起见，以下统称服务企业。

（二）服务的本质特征

与制造业产出物质形态的产品相比，服务作为一种无形产品，和物质产品是完全不同的概念，具有非常鲜明的特点。同样，物质产品生产领域积累的研究成果和相关的经验总结在服务行业并不一定适用。正是由于这些特点，当人们试图使用基于传统制造业的管理理论来管理服务业时，往往会遇到各种各样的困难。所以，必须了解服务的本质特征，从它的本质出发来看待问题。通过比较产品制造和服务的区别，不难发现服务的本质特征，这些特点可概括如下。

1. 无形性

这是服务作为产出与有形商品最本质、最重要的区别。一般在大家享受一项服务时，比如听一场演唱会或者看一场足球比赛，事后它并不能给顾客留下什么物质形态的东西，顾客购买的是演唱会的听觉享受和足球比赛的视觉享受，而这些东西都是无形的，和我们平时购买的物质商品是截然不同的。服务的这种无形性使得它不像有形产品那样容易描述和定义，也无法储藏，无法用专利来保护，从而带来了服务管理中的一系列独特性。

2. 不可储存性

对于物质形态的产品，生产者可以一次性大批量生产，然后充分利用库存的作用，方便快捷地调整产品的生产量。然而，服务并不是如此。服务无法储存，消费者来消费的时候，服务产品就产生了，但如果生产出来的商品不及时消费掉，服务就会消失，企业并不能依靠提供这部分服务来获利。飞机上的空位就是如此，当飞机离开跑道时，从该航班上获得的收益就完全确定了，即使该飞机上仍然有空座位，也不可能再获得任何收入。

由于服务不可储存，服务能力的设定就非常关键。服务能力的大小、服务设施的位置等对于服务企业的获利能力有非常大的影响。如果服务能力不足，会带来机会损失，无法满足消费者的需求；而如果服务能力过大，企业又不得不支付大量不必要的固定成本。

3. 生产和消费的同时性

对于物质产品生产，产品生产和产品使用是在不同的时间、不同的地点发生的，因此，企业可以在出厂前通过质量检测等方式有效地控制产品质量。然而服务并非这样，许多服务只能在顾客到达的同时才开始“生产”，生产的同时顾客就消费掉了。服务的这种特性使得服务质量不能“预把关”，产品质量不可控，一定程度上增加了企业的运营成本。此外，服务的生产和消费同时发生，也限制了企业的规模化发展，一般服务企业只能服务有限区域内的消费者。

4. 顾客参与性

在服务消费的整个过程中，服务和消费者是紧密结合的，服务具有个性化的特征，不同的人对于服务的要求和感受是不一样的。在很多服务过程中，消费者从始至终参与其中，他们会观察甚至参加到服务过程中，这也说明，在服务过程中消费者能对服务的好坏产生影响，消费者之间也能够产生影响。这要求服务企业在生产的过程中必须注意服务设施的物质环境，任何内部装饰、陈设、布局、噪声等因素都可能影响消费者对服务的感知和满意度。如果服务设施的设计符合消费者的需要，就可以提高服务质量。一些企业尝试将本来不开放的后台工作区开放给顾客参观，例如采用开放式厨房的餐馆，能使顾客监督员工的工作，提高服务的可信度。

值得重视的一点是，消费者可以在服务过程中发挥积极作用，影响服务系统的效果。以超市为例，消费者在超市的服务过程中处于主动地位，他们自己挑选需要购买的商品，然后统一结账。首先，这使得企业大大减少了员工的数量，降低了运营成本；其次，顾客在需要的时候就能参与到服务过程中，服务能力随着需求的变化而变化，并不受制于企业的员工人数，这也在一定程度上解决了前面提到的由于服务的无形性和不可储存性带来的问题。

5. 差异性

服务的差异性也是服务的本质特征之一。因为服务基本上是由人表现出来的一系列行为，而人的行为可能每时每刻都会有所区别，所以没有两种服务是完全相同的。同时，每个顾客的气质、修养、能力和水平各不相同，他们对于服务的要求也不一样。服务会根据不同顾客的要求表现出差异性，导致顾客对于服务的满意度也呈差异状态。

由于服务存在差异性，确保产品质量是一个很重要的问题。在实际的服务过程中，服务的质量取决于很多服务提供者不能完全控制的因素。在服务质量不符合要求或者低于顾客满意度的情况下，就会发生服务失败和顾客抱怨，此时，企业必须主动、及时进行服务补救。

6. 进入壁垒相对低

很多种服务运营（虽然并不是全部）只需要很少的投资资本，可在多个较小的场地运营，并且不需要专门技术。对于这样的服务业来说，进入壁垒很低。但反过来，低进入壁垒又意味着服务企业必须对潜在的和明显的竞争行为保持足够的敏感，因为竞争者可能会发展得很快，新竞争者会不断涌现。①

二、服务运营管理

（一）服务运营管理的概念

服务运营指的是将人力、物料、设备、资金、信息、技术等生产要素（投入）转变成无形服务（产出）的过程。服务运营管理（service operation management，SOM）是指对服务企业所提供服务的开发设计的管理，对服务运营过程及其运营系统的设计、计划、领导、组织和控制。服务运营管理的内容包括完整的服务项目和服务提供系统的设计，服务运营活动

① 刘丽文．服务运营管理．北京：清华大学出版社，2004．

的计划、组织与管理，服务营销与服务运营的集成，服务提供过程中对质量、成本、时间的控制等。

服务运营管理的基本问题与制造企业运营管理的基本问题类似。但是，与制造企业所产出的物质形态的产品相比，服务企业产出的主要是一种非物质形态的无形产品。这种产品的特殊性决定了服务运营管理不能照搬制造企业运营管理的方法。

（二）服务运营管理的特点

前面阐述的服务的本质特征决定了服务运营过程和管理过程与制造业相比，有很大的不同，这些不同可概括如下。

1. 基本组织方式不同

从运营的基本组织方式来看，制造企业以产品为中心组织运营，而服务企业以人为中心组织运营。制造企业通常是根据市场需求预测或订单制定生产计划，在此基础上采购所需物料，安排所需设备和人员，然后开始生产。在生产过程中，由于设备故障、人员缺勤、产品质量问题等引起的延误，都可以通过预先设定一定量的库存和富余产量来调节。因此，制造企业的运营管理是以产品为中心展开的，主要控制对象是生产进度、产品质量和生产成本。而在服务业，运营过程往往是人对人的，需求具有很大的不确定性，难以预先制定周密的计划；在服务过程中，即使是预先规范好的服务程序，仍然会由于服务人员和顾客的随机性而产生不同的结果。因此，运营活动的组织主要是以人为中心来考虑的。

2. 设计方式不同

在制造企业，产品和生产系统可分别设计；因为对于制造企业来说，同一种产品可采用不同的生产系统来制造，例如，采用自动化程度截然不同的设备。二者的设计是可以分开进行的。而在服务企业，服务和服务提供系统必须同时设计。服务提供系统是服务本身的组成部分，不同的服务提供系统会形成不同的服务特色，即不同的服务产品，因此，二者的设计是不可分离的。

3. 顾客作用不同

制造企业的生产系统是封闭式的，顾客在生产过程中不起作用，而服务企业的运营系统是非封闭式的，顾客在服务过程中会起一定作用。在有形产品的生产过程中，顾客通常不介入，不会对产品的生产过程产生任何影响。而在服务企业中，“顾客就在你的工厂中”。由于参与其中，顾客有可能起两种作用：积极作用和消极作用。在前一种情况下，企业有可能利用这种积极作用提高服务效率、提高服务设施的利用率；在后一种情况下，必须采取措施防止干扰。因此，服务运营管理的任务之一是尽量使顾客的参与能够对服务质量的提高、效率的提高等起到正面作用。

除了上述特点，服务运营管理还包括库存在调节供求矛盾中的作用不同、不同职能之间的界限划分不同、需求的地点相关特性不同、人力密集特性不同、无形性的相关影响不同、衡量与评价产出的复杂性不同等特点。

（三）服务运营管理的重要意义

1. 服务运营管理对国民经济的发展有重要影响

服务在国民经济中的地位是相当高的，服务运营管理的好坏对一个国家国民经济的发展有着重要的作用，而且这种作用越来越强。

2. 服务运营管理对服务企业的竞争力有直接的决定性作用

服务企业要生存、要发展，就必须盈利。利润从哪里来？只能从提供良好的服务中来。所谓良好的服务有很多具体的含义：所提供的服务是顾客所需要的；所提供服务的价格顾客能接受；所提供的服务能使顾客享受到价值等。所有这些都需要服务运营管理的理念和方法来支撑。

3. 服务运营管理与人们的生活息息相关

社会经济的发展意味着社会化程度的提高，每个人的生活都将与社会的方方面面发生不可避免的联系，距离自给自足的自然状态越来越远。显然，社会和他人给予每个人的支持与帮助，即服务，将显著地影响每个人的生活。因此，服务运营管理实际上与我们每个人都息息相关。

三、服务运营的类型

为了更好地研究服务运营，必须了解服务运营的类型。不同的服务类型，其产出特点也会大不一样，相应的运营和管理特点也不尽相同。所以，掌握各个类型的服务运营特点，对于学习研究有很大的帮助。一般来说，服务运营的分类有单一维度和多维度两类，每类按照不同的分类标准也有多种分类。

（一）单一维度分类

单一维度分类可以进一步从以下两个方面划分。

1. 按接触程度分类

理查德·B. 蔡斯（Richard B. Chase）按照在服务过程中和顾客接触程度的高低，把服务分为高接触服务和低接触服务。按接触程度，还可以把服务分为三种类型：纯服务（如医疗、教育）、混合服务（如银行、零售）和制造型服务（如仓储、批发）。接触度高的服务，对服务者的社交技巧要高，其服务效率比较低，影响服务满意度的因素更多。

与此类似，约翰·C. 基里亚（John C. Killeya）将服务分为硬服务和软服务。硬服务强调机器与机器之间以及人与机器之间的相互作用，软服务则强调人和人之间的相互作用。

2. 按运营特点分类

借鉴制造业中按照运营过程分类的方法，按照服务的不同运营过程特点分为项目型、批量型、流水线型和流程型四类，如表 1-7 所示。

表 1-7　按运营特点分类的描述

类型	运营特点	服务类型示例
项目型	运营时间长，数量少 每次运营均各有特点	法律服务 咨询
批量型	运营时间短，数量较少 提供较为顾客化的服务	医疗 餐饮
流水线型	运营时间短，数量大 服务标准化	洗车 自助餐馆
流程型	没有明显的运营开始和结束 服务就是持续性过程	保安 消防

（二）多维分类

多维分类就是从不同分类标准的组合来对服务进行分类。相比单一维度的分类方法，这种方式更加细化。多维分类可以是二维，也可以是三维。对于不同的标准组合，分类方法都不一样，所以有很多选择，如按软硬程度与无形程度分类，按无形程度与服务对象分类，按顾客化程度与员工自主性分类等。

1. 按软硬程度与无形程度分类

按软硬程度与无形程度可以分为四类，如图 1-4 所示。服务的硬度越高，投资越多，对机器的要求越高。航空业的服务高度依赖飞行器的安全和质量；如果是软服务，则要求服务提供者具有良好的交流沟通能力，酒店服务和咨询服务都需要与人打交道，社交性强。

2. 按无形程度与服务对象分类

无形程度越高，其服务质量越难以度量，而服务对象为人时更是如此。服务对象为物时，需要对不同物的特性进行研究。比如服务对象是企业，则需要对该企业的文化、权力分配以及决策程序有所了解，以利于提供服务。具体如图 1－5 所示。

软硬程度	无形程度：低	无形程度：高
软	航空	软件设计
硬	酒店	咨询

图 1－4　按软硬程度与无形程度分类

无形程度	服务对象：人	服务对象：物
高	思维：教育	非明确实体：企业咨询
低	身体：体检	明确实体：庭院除草

图 1－5　按无形程度与服务对象分类

3. 按顾客化程度与员工自主性分类

按照顾客化程度高低和员工自主性高低，可以分为四类（见图 1－6）。比如初等教育就是顾客化程度低而员工自主性高的服务类型。此类服务意味着员工可以有比较大的空间确定如何提供服务，但提供的是大众服务，不为特定人而定制化。初 等教育的检验是统一的考试形式和内容。

员工自主性	顾客化程度：低	顾客化程度：高
高	初等教育	高等教育
低	公共交通	餐饮

图 1－6　按顾客化程度与员工自主性分类

高等教育属于顾客化程度高的服务。不同的专业、不同的学生，都可能享受到定制化的服务，尤其是博士生。在培养学生方面，高校教师更是各显神通，具有相当大的自主性。员工自主性低的服务，比如公共交通、餐饮，提供的服务都是按照流程进行的。但是餐饮可以按照顾客的要求加以定制，而公共交通通常不可以为谁停留或者绕道。

需要注意的是，同一行业内的服务企业，由于各有特点，并不一定都属于同一服务类型，而且，服务组织也并非总是局限在某个特定类型中，它可以通过技术、管理手段等方面的改造，改变自身的运营特点，使之朝更有利于提高服务质量和运营水平的方向转移。

（三）施迈纳分类法

以上两种分类方法并不能够非常有效地阐述服务的特征，只适用于特定的情况。为了更好地阐明服务业存在的管理问题，管理学大师设计了各种各样的分类方法，比如按运营流程的特征分类。其中最著名的就是罗杰·施迈纳（Roger Schmenner）设计的服务过程矩阵，这种方法称为施迈纳分类法。

施迈纳认为，不同行业之间的服务在管理运作上是相通的，相互间有启示作用，即服务的分类要打破行业界限，相互取长补短。在该矩阵中，根据影响服务传递系统的两个主要因素——劳动密集程度、顾客接触与服务顾客化程度来对服务进行分类，如图 1－7 所示。

（1）服务工厂（service factory）：劳动密集程度和顾客接触与服务顾客化程度都很低的服务，可称为服务工厂。一般来说，服务工厂属于资本密集型企业，在成本中设备设施投资占很大的比重，例如我们生活中的航空公司、旅馆、娱乐场所、运输公司等都属于这种类型。

（2）服务商店（service shop）：服务商店的特点是劳动密集程度低而顾客接触与服务顾客化程度高。与服务工厂相比，服务商店允许与顾客发生更多的交互，根据顾客的不同要求来定制产品。医院和各种修理店是服务商店的典型例子。

劳动密集程度 ＼ 顾客接触与服务顾客化程度	低	高
低	服务工厂 ·航空公司 ·旅馆 ·娱乐场所 ·运输公司	服务商店 ·医院 ·汽车修理厂 ·其他维修服务
高	大众化服务 ·零售业 ·批发业 ·学校 ·商业银行	专业服务 ·医生 ·律师 ·会计师 ·建筑设计师

图 1-7　服务过程矩阵

（3）大众化服务（mass service）：大众化服务的特点是高劳动密集程度和低顾客接触与服务顾客化程度，高劳动密集程度使得服务面向的顾客群体很大、服务规模大，而低顾客接触与服务顾客化程度使得服务提供者能够在劳动密集的情况下向顾客大规模地提供无差别的标准化服务。这类服务在我们的生活中有很多，包括零售业、批发业和学校等。

（4）专业服务（professional service）：专业服务是劳动密集程度高并且顾客接触与服务顾客化程度高的双高类型，这类服务不需要为设备设施投资很大的成本，主要由人力凭借技能、智力等方式为顾客提供定制化服务，例如医生、教师、律师、咨询公司等。

上述四个类型的服务都面临不同的挑战：对于劳动密集程度高的大众化服务和专业服务，企业管理者必须重视人力资源的选拔、管理和绩效考核；相反，对于劳动密集程度低，也就是资本密集型企业，需要充分利用设施设备，优化管理。同样，顾客接触与服务顾客化程度高的企业，必须以顾客需求为中心，重视与顾客的交流，及时反馈信息，满足顾客的不同要求。此外，需强调的是，这种划分方式并不是一成不变的。随着时间的推移，很多行业的服务运营本质会发生很大的变化。近年来，在许多服务行业，最明显的变化是大规模的分解和多样化。曾经是典型的服务商店或大众化服务的企业，特征不再明显，企业正在服务流程矩阵的不同象限跨越。①

本章案例 >>>

滴滴的运营困惑

滴滴作为分享经济与线上到线下（O2O）的代表，自 2012 年推出以后迅速火遍全国，且得到了投资界大佬们的青睐！其创始人程维创业的初衷来自派递服务（delivery service）用户普遍感到的“叫车难、打车贵”问题。滴滴试图通过移动互联下的网络平台加强司机与顾客的联系，从而提高服务效率，通过及时的需求信息提供与信息反馈提供高质量的出租车服务，通过共享交通工具实现低成本共享。在经过几轮融资来补贴市场后，朋友圈里开始出现大量吐槽，反映通过滴滴打车更贵了、更难了。他们用自己的方式表达了对滴滴的强烈不满。滴滴的发展可以简单分为补贴期和后补贴期。补贴期就是蜜汁期，各方称道；后补贴期就是柠檬期，难以舍弃且怨怼不已。

从运营管理的角度看，滴滴运营系统的输出是高质量、高效率、低成本的出行服务，转换是通过交通工具（主要是出租车）实现顾客的物理位移。但是作为一个网络平台型公司，其输入主要在于将现有的出行工具加以分享，也就是说，由出租车司机、专车司

① 刘丽文．服务运营管理．北京：清华大学出版社，2004．

机来提供载客服务。通过建立一个规模庞大的网络信息服务和交易平台，找到一个比现有的出租车行业更低的价格区间，吸引众多派递服务用户。这一运营战略是否可行？

一、政策环境

首先，我们来看该运营战略的实施环境。随着我国绝大多数城市的常住人口不断攀升，大城市病日益突出：交通拥堵、停车困难、市民的出行半径增加且出行时间过长。这些问题广受诟病。在此背景下，各个城市的政府都将绿色出行作为其缓解大城市病的良方。为此，不断加大公共交通设施的投入，限制个性化出行，例如限制发放私家车牌照，限制出租车的数量和价格。可以看出，叫车难是因为出租车少，打车贵是因为份子钱高。可以说，滴滴对市场痛点的把握是准确的。

二、服务能力

其次，需要对服务能力进行分析。通过充分利用网络平台强化供需链接的最好样本是阿里巴巴。阿里巴巴通过先免费再收费、小免费大收费的方式，几乎吸引了市场上所有的供需双方触网，实现网上自行匹配与交易，并通过提供增值服务获益。因其庞大而稳定的交易流量和资金池，阿里巴巴的商业模式可实现不断扩大与持续盈利。

反观滴滴，作为一个网络平台型公司，其输入端的服务能力有限。滴滴的输入主要靠各城市已有的出租车，再加上一定数量的专车。如前所述，已有的出租车数量已受到严格控制，而2016年各地政府基于交通安全和出租车领域的秩序考量，纷纷出台有关专车的限制性规定：规定了专车司机的户籍、驾驶技能熟练程度及车辆类型。这就极大限制了专车的数量，少量专车司机也都是全职。如此一来，滴滴的服务能力输入相当有限。

三、价格水平

从能力来看，分享经济的前提是要有剩余能力。而平台经济则需要以足够大的量和弹性为前提。量大可保证平台经济可行，有弹性要求有成熟的技术支撑。如果分享的是量少的出租车或专车，那么就存在此多彼少的能力分配问题。加之滴滴需要在足够短的时间内集聚用户，这势必导致其在补贴期实施双边激励策略：一方面给司机补贴，一方面给用户发红包。这种双边激励策略显然是不可持续的。滴滴迅速进入了后补贴期。那么，是否可以在短时间内形成新的平衡，达到运营战略的目的？事实上是否定的，滴滴不可避免地进入了柠檬期。服务能力提供不足必定导致价格上涨。只不过这一问题在补贴期由风投埋单，短期内被掩盖了，顾客感觉不到。进入后补贴期，顾客的抱怨随之而来，且因司机择价而行愈加强烈。

从成本来看，出租车的成本主要包括车辆成本、燃油费用、工资和份子钱。后两项被政府严格管控：通过缴纳份子钱使司机的工资稍高于本地区蓝领平均工资。滴滴能否像最初预想的那样，击垮份子钱管控，获取较大的利润？显然滴滴不具有与政府博弈的筹码和能力。政府牢牢控制了市场准入这道门，出租车司机以成本为基础的定价就会在顾客最需要的时候待价而沽。

四、服务质量

如果没有新技术与新模式支撑，希望提供价格低而质量好的服务实属枉然。对派递服务用户来说，服务质量主要表现在：快速叫车、个性化服务、舒适安全抵达和冲突的妥善解决。通过移动互联网及时沟通与反馈确实能够提高服务质量，但是服务质量遵循破桶定律：一旦这只桶有一个破洞，那么就无法装满足够的水。滴滴的载运工具主要是出租车，其舒适性难有提升。顾客在补贴期感受到叫车快，但进入后补贴期这种感觉荡然无存。车都叫不到，怎么谈服务质量？

五、未来出路

在现有的基础上，滴滴的未来需要：

一是激发能力。分享经济的本质在于激活剩余能力，利用网络平台实现这些剩余能力的高效匹配和弹性使用。派递服务分享的不应该是出租车，也不该是全职的专车，而是私家顺路车。分享经济就是要通过将大量的私家车顺路带客，释放其能力。而顺路要求在网络平台上匹配其能力的弹性与需求不确定性，如此方能实现价格低的目标。

二是单边激励。让顾客愿意为高质量服务买单，以此激励提高服务水平，实现单边激励，保证发展的可持续性。

随着我国汽车保有量的攀升，人们的消

费不断升级，技术水平不断发展，如无人驾驶汽车的使用（那时滴滴就是重资产了）等，滴滴的未来还是可期的。不过，不是对出租车市场的分割，而是对其进行补充的高端市场。而这也与政府倡导绿色出行的目标是一致的。

思考题

1. 试总结影响滴滴运营战略的主要因素有哪些。

2. 滴滴到目前为止给我们带来了哪些启示？

□ 本章小结

随着社会的不断发展和进步，生产的范畴已从最初的物质资料制造过程扩展到包括物质资料的制造以及其后的服务在内的整个过程。生产运营系统也体现出多功能的综合性，多层面、多侧面的复杂性，典型的人机系统，信息系统的重要性，强集成性等特征。运营管理已不再是服务于财务和营销的辅助部门，已成为企业的三大主要职能之一，并且被认为是所有企业的核心职能部门。运营管理将从计划、组织、控制三方面发挥职能作用，帮助企业达到质量、成本、时间和柔性的目标。如果企业没有意识到运营管理部门对企业的重要作用，将会丧失盈利能力和市场份额。

在不断动态变化的运营环境中，企业运营管理主要面对以下问题：生产与服务的专业化和顾客需求的多样化、互联网和全球供应链管理、全球环境与生态保护问题。同时，运营管理也呈现出运营管理的涵盖范围扩大、管理全球化生产运营网络、管理跨企业的供应链、建立高柔性的生产管理运营系统、要求精益生产、追求敏捷性、生产与服务融合等趋势。

□ 复习题

一、简答题

1. 根据生产活动的定义，生产活动有哪些含义？
2. 从管理的角度来看制造过程和服务过程，二者存在哪些重要异同？
3. 按照产品品种多少和生产重复程度划分的生产类型有哪些？特点是什么？
4. 生产运营系统有哪些主要特征？试对其进行简单描述。
5. 简述资源整合原则的含义。
6. 简述服务的本质特征。

二、论述题

1. 试述运营管理的新环境。
2. 试述运营管理组织职能的具体内容。

三、实践应用思考题

1. 曾经辉煌一时的PPG公司为什么会失败？
2. 曾经拥有全球港口机械85%市场份额的振华港机，后来为何困难重重？其内因是什么？今后又将如何发展？

第2章 运营战略

Chapter 2

本章要点

- 学习战略与运营战略的基本概念和内容，以及二者之间的区别与联系；
- 理解运营战略对企业竞争力的影响；
- 掌握制定战略与运营战略的步骤和方法；
- 理解运营战略与市场需求的匹配问题。

运营战略一词初听起来感觉是矛盾的：战略常常被认为是与由运营管理者负责的日常例行程序和活动完全不同的东西。本章首先对企业战略和运营战略进行区分，然后阐述企业竞争的维度以及运营战略对企业竞争力的影响。在此基础上，对企业应如何制定战略和运营战略进行阐述。最后，本章提出运营能力与市场需求的匹配，即运营战略匹配问题。

通过本章，读者将会认识到公司运营资源的管理方式日益被看做其长期战略成功的关键所在，因而运营的确具有战略地位。运营管理战略化，不仅是将运营层次上的事情做好，而且要保证其不妨碍更为重要的战略决策。运营战略不仅应该防止战略决策被不良运营实践左右，而且应该保证运营资源管理本身能提供优势。①

第1节　运营战略概述

一、企业战略与运营战略

（一）企业战略

战略，简单来说，就是为实现组织的目标而制定的计划。如果将目标视为最终目的的话，那么战略就是达到此目的的途径。战略的重要性无论如何强调都不过分，一个组织的战略对组织做什么以及如何做具有重大影响。为确保有效性，战略的设计必须有助于组织使命和目标的实现。例如，麦当劳的目标就是成为世界上服务最快的快餐店，它赋予自己的使命是为顾客提供出色的质量、服务和价值。为此，它制定的全球战略是为任一门店的顾客提供一流的服务，并且通过创新和技术扩大麦当劳系统的品牌和优势。

对于任一个企业，企业战略必须根据自身所处的环境，为实现企业长期的目标或寻求持久的竞争优势而对其业务活动、资源获取以及资源配置做出规划。例如，虽然沃尔玛的品牌在许多国家都以低成本发展得很好，但是其在日本开办连锁店时发现日本人认为低成本就是低质量，这使得公司重新考虑其在日本市场的战略，寻求其他竞争优势。

---

① 奈杰尔·斯莱克，迈克尔·刘易斯. 运营战略. 北京：人民邮电出版社，2004.

（二）企业战略体系与运营战略

企业战略一般可分为三个层次，即企业总体战略、经营层战略、职能层战略，如图 2－1 所示。企业总体战略是企业战略总纲，根据企业生产经营的环境，决定企业的使命，选择企业的经营方向，配置企业的资源，使企业各项经营业务相互支持、相互协调。这种决策将从根本上影响企业的生存和发展。经营层战略又称事业部战略，是企业总体战略指导下某一经营单位的战略计划，是企业总体战略在经营单位中的具体化，是局部性战略计划。一般来说，经营单位要针对不断变化的环境，根据各自特有的条件，确定自己如何竞争、如何配置资源等问题。职能层战略是在企业总体战略和经营层战略的指导下，由各职能部门制定的具体实施战略，包括运营战略、营销战略、财务战略、研发战略、人力资源战略等。

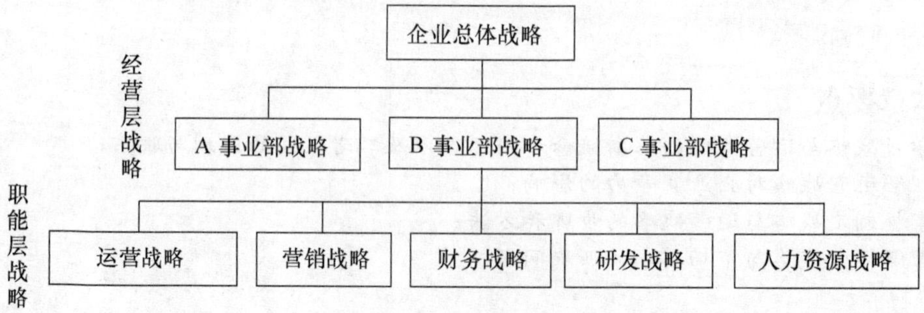

图 2－1　企业战略体系

运营战略作为企业战略的重要组成部分，其概念可以表述为：企业为了实现总体战略而对生产运营系统的建立、运行，以及如何通过生产运营系统来实现组织目标所做的总体规划。运营战略作为职能战略的一种，其目的是使企业在运营活动中建立持久的竞争优势以帮助企业实现其目标。正如战略应该同组织的目标和使命一致，运营战略应与总体战略目标一致。图 2－2 表明了企业总体战略与运营战略的关系。

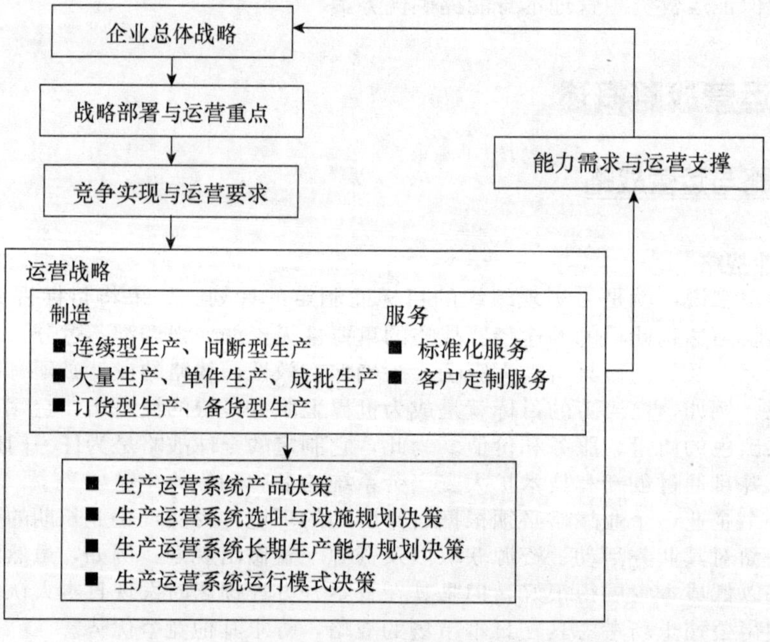

图 2－2　企业总体战略与运营战略之间的关系

二、运营战略的内容

运营战略主要包括四个方面的内容：生产运营系统产品决策、生产运营系统选址与设施规划决策、生产运营系统长期生产能力规划决策、生产运营系统运行模式决策。①

（一）生产运营系统产品决策

生产运营系统产品决策包括企业经营产品的品种和规格、产量规模、质量水平等。该决策决定了企业的服务对象——目标市场，也决定了生产运营系统的工艺流程和方法，决定了生产运营系统的基础结构，包括厂房、设备、人员等要素的配置。

（二）生产运营系统选址与设施规划决策

生产运营系统选址与设施规划主要包括生产或服务部门的构建和设备布置。合理的设施规划和布置是生产运营系统运行顺畅的前提，目标是时间损失小、运营效率高、物流成本低。相反，厂房和设施布局不合理将降低生产运营系统的运行效率并增加生产运营成本。

（三）生产运营系统长期生产能力规划决策

长期生产能力是指企业生产运营系统在较长时间内能达到的产品或服务水平的产出数量。生产能力大小取决于厂房、设备、人员、资金等，同时与企业采取的生产运营组织模式密切相关，如外协、外购所占比例等。理想的生产能力配置是拥有与市场需求相适应的生产能力水平。生产能力大于需求将产生生产能力的浪费，增加生产运营成本；相反，生产能力小于市场需求，将导致系统超负荷运行，必须通过加班、增加外协等途径来满足需求，甚至要放弃部分订单。由于市场需求是动态变化的，因而生产运营系统长期生产能力也必须按需求变化趋势分时段进行规划，这就要求解决生产能力水平配置决策、生产能力水平调整频度决策等问题。

（四）生产运营系统运行模式决策

生产运营系统运行模式决策包括确定零部件是自制还是购买，是实行预测式生产还是订单式生产，是采用流水线生产方式还是批量顺序流转生产方式，是采用推动式生产还是拉动式生产等问题。例如，在零部件是自制还是购买的问题上，一般属于核心技术、具有成本和效益优势的零部件由企业自制。若选择外购零部件，则需要寻找合适的供应商，建立稳定的合作关系。由于社会化分工和专业化生产能大幅提高效率、降低成本，因而一般可把非核心业务、企业生产不具备优势的零部件生产外包出去，让合作伙伴协作生产。

三、运营战略的特点

运营战略在整个企业战略体系中所处的地位，决定了它在企业经营中的特殊位置，形成了自身的一些基本特征。②

（一）从属性

运营战略从属于企业总体战略，是其重要组成部分，必须服从企业总体战略的要求。

（二）支撑性

运营战略作为企业重要的职能战略之一，从生产运营角度来支撑企业总体战略目标的实现，为企业总体战略的有效实施提供基础保障。

（三）协调性

运营战略要和企业总体战略、竞争战略保持高度协调。运营战略要与企业其他职能部门

---

① 张毕西．生产运营管理．北京：机械工业出版社，2011.

② 张波．生产运营管理原理与实践．北京：国防工业出版社，2009.

的战略相协调：一方面，运营战略不能脱离其他职能战略而自我实现；另一方面，它又是其他职能战略实现的必要保证。生产运营系统内部的各要素之间也要协调一致，使生产运营系统的结构形式和运行机制相匹配。

（四）竞争性

制定运营战略的目的就是通过构建卓越的生产运营系统来为企业获得竞争优势作出贡献，从而使企业能在激烈的市场竞争中发展壮大，在与竞争对手竞争市场和资源的过程中占有优势。

（五）风险性

运营战略的制定是面向未来的活动，应对未来几年企业外部环境及企业内部条件的变化做出预测。由于未来的不确定性，战略的制定及实施具有一定的风险性。

第2节　运营战略与企业竞争力

一、企业竞争优势

一个企业总是处在某个特定的市场环境之中，它必须同这个市场上的其他企业进行竞争。一般来说，竞争优势是指使企业获得战略领先地位，从而进行有效竞争并实现自己目标的一些因素和特征，通常体现为企业拥有的能够为顾客创造超过成本的价值的能力。对于任何一个市场，成为这个市场上的领导者都存在一种共同的规律，那就是在竞争的过程中充分发挥企业的特长，开发并且形成其他企业难以模仿的能力。竞争优势可以使一家企业与其他企业区分开来，形成企业所独有的特色，在市场上占得先机。

竞争优势是相对的。不同的企业拥有不同的竞争优势，而所有的竞争优势都可以归结为三类。

（一）成本和质量方面的竞争优势

对于几乎所有市场，成本都直接影响着企业在市场上的竞争力，价格始终是市场竞争中强有力的武器。尤其是在产品质量相近的市场竞争中，价格战就更难避免，此时成本成为最重要的竞争因素。在另外一些市场上，产品或服务的价格接近，或者是价格对市场供求影响不大的时候，质量又成为非常重要的竞争因素。在这里，质量是一个综合的概念，包含产品的功能、稳定性、服务水平以及差异化等多种因素。

（二）时间和专有知识方面的竞争优势

率先进入某个市场或是率先改变原有竞争模式的企业，可以形成独特的先动优势。这种先动优势可以体现在品牌知名度、建立市场规则或行业标准的优先权以及在行业中积累的经验等方面。在技术方面，企业可以通过技术创新或是管理水平的领先建立起竞争优势。这种优势在一段时间内是很难被模仿的，因此可以为企业带来额外的利润。

（三）服务和柔性方面的竞争优势

服务包括被顾客看成价值增值的售后活动，如货物交付、安装、保证、技术支持或者对顾客消费过程中的格外关注。柔性是指对变化的反应能力。变化包括商品或服务设计特性的改变、顾客需求量的增减以及由组织提供的产品或服务组合的改变等。柔性强可以成为一种竞争优势。

二、运营战略对竞争力的影响

企业通过协调其营销和运营职能进行竞争。不同竞争优势的选择，对企业的运营战略提出了不同的要求。运营职能可以通过以下三方面影响竞争力：产品和服务设计、库存管理以及供应链管理。这些方面是相互联系的。

（一）产品和服务设计

这方面体现为企业许多职能部门协同工作，力争达到资金、运营能力、供应链能力以及消费者需要和需求之间的匹配。另外，产品或服务的独到之处也可能是消费者决定是否购买的一个关键因素。

（二）库存管理

库存管理得好，可以做到产品的供给与需求有效匹配，取得竞争优势。

（三）供应链管理

供应链管理涉及内外运营（购买者和供应者）的资源整合与协调，以实现整个系统内货物交付的高效率和低成本。例如，网络核心型战略和支配主宰型战略实质上都是对资源的整合，以丰富、加快网络产品的价值创造和改善整个网络生态系统的健康状况。这两大运营战略的区别在于对供应链系统中的企业控制和价值分配主宰程度，即竞争优势的获取方式不同。

三、运营竞争的维度

运营竞争的维度是企业流程设计时必须重点考虑的一个问题，因为企业要通过其所选择的运营竞争维度来使消费者满意。企业通常重点考虑四大类共九个主要竞争维度。①

竞争维度是企业流程规划时必须考虑的，并且要求企业利用其资源以及协调各个部门间的工作，将这些竞争维度呈现出来，以保持或增加市场份额，形成持续的竞争优势。但对于一个特定的流程来说，同时兼顾这九个竞争维度是不现实的，管理层必须选择最重要的维度。一家企业由许多流程组成，必须对这些流程进行协调，从而为顾客提供所需的整体产品。接下来对这九种运营竞争维度进行具体的介绍。

（一）成本

降低价格可以有效地增加对产品或服务的需求，但是当服务或产品的价格不能更低时，边际利润就会下降。低成本运营（low-cost operation）就是以尽可能低的成本提供产品或服务，从而令顾客满意。为了降低成本，流程的设计和运行都必须有很高的效率，并且要充分考虑劳动力、工艺、原料、废弃物或返工、管理费用以及其他因素，从而降低产品或服务的单位成本。

（二）质量

质量是顾客所确定的服务或产品的一种维度。对于制造业，质量通常有客观的衡量标准。但是对于服务业，质量往往是难以客观衡量的，这就需要服务业从业人员能和顾客进行充分的沟通。在质量这个大类下面涉及最佳品质和质量一致性两个维度。

1．最佳品质

最佳品质（top quality）是指交付卓越的产品或服务。这一维度可能要求服务流程中有高度的顾客接触、高水平的帮助、高度的礼貌性以及较高的服务可获得性。相反，对于制造业，则可能要求具有来自制造流程的超级产品特征以及良好的耐用性。对于提供最佳品质的流程，其设计要求要比其他流程更加苛刻。

2．质量一致性

质量一致性（consistent quality）是指在一致的基础上创造出满足设计要求的产品或服务。顾客想要的是能够持续满足其合同中规定要求的服务或产品，而且这些服务或产品能够达到预期的质量，或者是广告中宣传的质量。为了在质量一致性的基础上进行竞争，管理人

① Krajewski L J，Ritzman L P. Operation management：processes and value chains. Pearson，2005.

员需要对流程进行设计和监测以减少错误的发生。

（三）时间

基于时间的竞争越来越受到企业的重视，因为时间所能创造的价值越来越大。在时间这个分类之下，涉及的运营竞争维度包括交付速度、准时交付和开发速度。

1. 交付速度

交付速度（delivery speed）强调的是迅速完成顾客的订单。交付速度常常用从收到订单开始直到完成订单为止所花费的时间来度量，通常也称作提前期，缩短提前期可以提高交付速度。备份能力缓冲是一种缩短提前期的方法。库存是制造业中使用的缩短提前期的另一种方法。

2. 准时交付

准时交付（on-time delivery）是指在承诺的交付时间进行交付。例如，一家航空公司可以用在计划到达时间 15 分钟之内到达登机口的航班百分比来度量准时交付程度。制造商可以用在承诺的时间内发货的百分比来度量准时交付程度，通常这一指标以 95%为目标。对许多流程来说准时交付是至关重要的，尤其是对要求在特定时间输入生产要素的准时制生产流程。

3. 开发速度

开发速度（development speed）是指推出新产品或服务的速度，用从服务或产品的创意产生到最终设计成功并推出所用的时间来度量。要达到高水平的开发速度，就必须有高水平的跨职能协作，这是因为开发会涉及营销、销售、设计和运营。有时也会要求关键的外部供应商参与这一过程。利用开发速度这一竞争维度可以使产品或服务抢先进入市场，获得由时间带来的竞争优势。

（四）柔性

柔性通常指的是采取不同状态的能力。如果一个运营流程相对于另一个运营流程表现出更广泛的能力，那么它就具有更大的柔性。但是，一个运营流程的功能范围并不能完整地反映它的柔性。柔性表示在几种不同可能状态之间转换的难易程度。如果一个运营流程能够快速、顺畅、低成本地从做一件事转换为做另一件事，那么这个流程就具备了很好的柔性。做出转变所花费的时间和成本是柔性的“摩擦”因素，它们共同决定了运营流程的响应性。①

1. 定制化

定制化（customization）是指通过产品或服务设计的变更来满足不同顾客的独立需求。定制化一般意味着产品或服务具有小批量的特点，但是也有例外。比如为洗发水厂商设计的定制化塑料瓶可能会大批量生产，直到瓶子的设计发生更改。但是具有定制化竞争维度的流程必须能够与顾客紧密合作，并将资源用于顾客的独特需求。

2. 产品/服务多样性

产品/服务多样性（variety）是指高效地处理多种产品或服务。多样性和定制化之间的区别在于产品或服务对特定顾客并不一定是独有的，可以有重复性。具有产品/服务多样性的流程必须拥有关注顾客的需求，并且在各种事先确定的产品或服务之间转移重点的能力。

3. 批量灵活性

批量灵活性（volume flexible）是指快速提高或降低产品或服务的生产率以应对需求的大幅波动。批量灵活性通常是一种支持类似交付速度或开发速度之类的其他竞争维度的维度。对这种竞争维度的需求是由需求波动的严重性和频繁性驱动的。比如上下班时段，市民对公共交通工具的需求会非常大，而在其他时段，这种需求会大幅下降。

---

① Slack N，Lewis M. Operation strategy. Pearson，2003.

第 3 节　企业运营战略的制定

一、运营战略的形成

运营战略的形成是一系列程序，这些程序决定了一个运营流程在实践中如何实现市场需求和运营资源之间的协调。运营战略的形成过程分为两步：首先，进行运营系统的功能目标决策；其次，进行运营系统的结构决策。

（一）运营系统的功能目标决策

运营系统功能目标的决策过程如图 2－3 所示。

图 2－3　运营系统的功能目标决策过程

1．从顾客需求到企业战略

每个组织都有自己的使命，而企业作为组织的一种形式，也有自己的使命。比如医院的使命是救死扶伤；银行的使命是提供各种金融服务；造船厂的使命是根据订单制造出船舶。企业的使命确定了企业的主要业务范围，也就是它们被期望向顾客提供的产品或服务。

为了完成企业的使命，企业会制定出总体战略与之相对应。如图 2－1 所示，企业总体战略会逐步细分为各个经营层战略，而为了顺利实现经营层战略，各个职能部门会对其进行进一步分解，最终形成落实到各个职能部门的职能层战略。

2．产品功能

为了实现企业的总体战略，营销部门会对市场进行细分，并找到适合企业发展的目标市场。生产部门会根据目标市场的需求制造出产品，在市场上进行销售。但顾客对产品的需求是多方面的，并且会随着时间而改变。前面所列举出的九种竞争维度正是顾客所需求的产品或服务特性。由于企业不可能同时满足所有产品特性要求，因此必须在各种竞争维度之间进行权衡——根据企业的市场定位，决定提供的产品或服务要在哪些竞争维度上形成竞争优势。这也是产品功能的特点。

3．运营系统的功能目标

企业提供的产品或服务是运营流程的输出。要想使提供的产品或服务具备期望的目标功能，就必须设计相应的运营流程与之匹配。运营系统功能目标决策的最后一步是实现从产品功能目标到运营系统功能目标的转化。

（1）如果顾客需要的是低价格的产品或服务，企业需要采用低成本的运营流程，通过从设备到流程，从综合计划、主生产计划到排序计划，从库存控制到人力资源安排等运营流程的各个环节降低成本。

（2）如果顾客需要的是企业提供最佳品质的产品和服务，整个运营流程需要具备快速开发和适应市场需求变化的能力，能够不断推出创新的、领先的产品和服务来满足顾客对产品功能、款式的高要求。

（3）如果顾客对产品质量的一致性有较高要求，企业必须对运营流程的质量进行严格控制和监督，通过引入全面质量管理体系来确保每个环节质量稳定。

（4）如果顾客关注的是产品或服务的交付速度或是准时交付，那么企业就需要建立一套基于时间竞争的运营流程，缩短整个运营流程从输入到输出的时间。基于时间的运营流程要求整个运营体系能合理地做好各种计划，以缩短产品的开发周期，在规定的期限内完成任务。

（5）如果顾客对产品的数量和品种有较高的要求，运营流程就要具有较高的批量柔性，企业可以选择采用大规模定制（mass customization，MC）的生产方式。

（二）运营系统的结构决策

运营系统的功能目标决策完成后，就需要进行运营系统的结构决策。运营系统的结构决策主要考虑运营资源的物理布局和配置，以支持运营战略的实现。运营系统的构成要素分为两大类，一类是结构化要素，另一类是非结构化要素。结构化要素相当于运营系统的硬件部分，而非结构化要素相当于运营系统的软件部分。① 结构化要素和非结构化要素相配合，就形成了整个运营系统。

1. 结构化要素

（1）工艺流程或工作流程。工艺流程的决策涉及企业生产产品或提供服务所采用的工艺方案和设备，以及相关的技术和人力资源。这方面的决策也会影响到产品的质量和服务的品质，以及成本和维护等因素。工艺流程和工作流程决策的影响是长期的，并且与企业的投资决策相联系。

（2）布局。运营系统的布局是指企业的设施如何在各部门之间分配。企业的布局会影响到专业化分工，并对生产能力需求、人员素质、采购决策和库存管理产生影响。

（3）生产能力。生产能力涵盖了生产能力大小、特征和柔性等方面的情况。生产能力大小取决于运营系统的投资，它影响到运营系统的运营成本。生产能力的特征表现在如何在生产能力和市场需求之间保持平衡，以及生产能力将以怎样的方式增长；生产能力的柔性是指应对市场需求品种和数量变化的能力。

（4）运营系统的集成。运营系统的集成涉及其范围、方向和外部的协作关系。运营系统的集成决定了企业运营活动的边界。

2. 非结构化要素

（1）人力资源及组织设计。该决策包括企业人员的素质特点，比如人员的文化水平、技术水平等；也包括人力资源管理制度，比如企业员工工资水平、职业教育培训制度、福利薪酬制度等；还包括企业组织结构的形式和划分依据。

（2）生产计划策略。包括各种计划的编制和关键技术。企业需要一个有效的分层计划体系。这些分层计划按计划跨度的长短可分为长期计划、中期计划与短期计划三个层次。其中可能会涉及物料需求预测、生产能力需求预测、最终装配计划、采购、投入/产出计划与控制等技术。

（3）库存策略。它是指针对不同类型的库存确定不同的库存控制模型。库存管理系统包括定量模型和定期模型。基本的库存模型包括基本定量订货模型、边补充边消耗订货模型、定期订货模型。库存策略根据这些模型决定订货的时机，跟踪订货什么、订货多少和向谁订货等问题。

（4）质量管理策略。它是指确定顾客的质量期望，并制定相应的政策和方法来实现确定的质量期望。企业可以从性能、特征、可靠性、耐用性、符合性、维护性、美观和感知质量几个维度展开产品质量竞争。对于服务质量，企业可以从接触度、响应度、可信度、沟通等方面展开竞争。

二、服务业运营战略的选择和应用

对服务企业，同样存在如何改善和提高服务运营以适应企业经营战略的问题。因此，也需要制定服务业运营战略。服务业的运营战略在组成要素上包括服务类型的选择、服务能力

---

① 季建华，邵晓峰．运营管理．上海：上海人民出版社，2007.

的扩大、先进技术的应用、服务运营的管理以及供应与服务的一体化等方面。

(一) 服务类型的选择

服务运营有各种不同的分类方法，如按照与顾客交互和顾客参与程度及劳动密集程度、是否提供有形产品等进行分类。不同类型服务系统的选择取决于所提供服务“产品”的特性。若是以满足个性化需求为主的服务项目，如自主配菜的餐厅，应选择高接触系统；而大众化的快餐店应选择低接触系统，以适应快餐营业快捷、方便、低成本的经营战略。

(二) 服务能力的扩大

服务系统能力的扩大与生产系统既相似，又有不同之处。一方面，当需求增长时，服务系统可以采用扩大设施能力或者增加设施地址的方式提高服务能力。例如，超市、餐厅、银行等，可以通过增加服务柜台和设施地址应对增长的服务需求。另一方面，由于服务系统不能利用库存来调节满足系统的能力，单纯地按高峰需求量来设置设施能力，可能会在低需求时段造成能力过剩，从而使企业负担过高的固定成本。这时除了在旺季和高峰时期采用雇用兼职员工的方式来扩大服务能力，还可以推出一些新的服务项目来充分利用现有系统的能力提高服务量。例如，麦当劳快餐店推出早餐服务来提高设施的利用率，并且起到分流的作用（顾客早餐选择麦当劳，午餐仍在此就餐的可能性减少），减少了高峰期顾客的等待时间。

(三) 先进技术的应用

今天的许多服务过程正在走向顾客自我服务的新兴方式，它们常常是应用计算机系统来替换传统的人与人之间的交互业务来往。例如，在银行内设置自动柜员机，大大方便了顾客的取款和查询服务。因此，在设计服务系统时，应根据交付服务的需要确定应用什么技术水平的技术设施（机械化、自动化还是计算机化），来改进和提高服务业务。

(四) 服务运营的管理

在许多服务企业中，顾客能否对所提供服务满意的最关键因素是服务质量和排队等待时间。而服务运营活动则直接影响顾客的排队等待时间和服务质量。如何加强服务运作管理往往是服务战略中的一个关键决策，甚至关系到企业的长期成功。例如，超市的经理应能够分别针对营业高峰期与低峰期来调配人员，让一些仓库后勤人员在需要时辅助商场的出纳工作，以减少顾客排队时间。

(五) 供应与服务的一体化

及时高效的物资供应代表了服务企业满足需求的能力，对许多服务企业来说，这同样是一个重要的战略决策。例如，一些超市连锁店都设有自己的物资配销中心来控制和保证物资供应；一些大型的快餐公司要确定是自己建立饲养场还是依靠外部的供应商来供应食材。

第 4 节 运营战略的有效性

企业在制定运营战略时，需要考虑的一个重要问题就是运营战略的匹配。匹配是指运营机构的运营能力与市场需求相符合的状态，因此要根据外部环境对其运营资源进行调整。匹配对运营战略来说是非常重要的，因为它是对运营战略的实施——市场需求与运营资源之间的协调。从实践的角度说，大多数组织都试图使它们的运营资源与市场需求相匹配，也就是说，它们会从市场出发来确定所需要的运营能力。

企业的运营能力与市场需求进行匹配的过程可以分为两个层次：运营能力与需求匹配和运营战略的可持续性（见图 2－4）。第一步匹配仅指根据需求调整资源；第二步考虑的是开发可持续的竞争优势。①

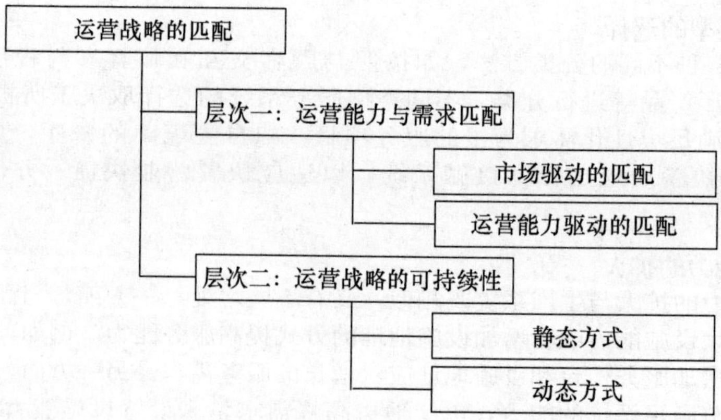

图 2-4　运营战略的匹配

一、运营能力与需求匹配

匹配在实际操作中，会因为受到种种现实条件的制约而变得十分困难。一方面，市场当中存在各种不确定性因素，并且是瞬息万变的，这导致许多市场现象很难用向运营流程提供清晰、明确的目标这样一种方法来解释其行为；另一方面，运营资源和流程的能力本身也是非常难预测的。图 2-5 可以用来进一步解释匹配。

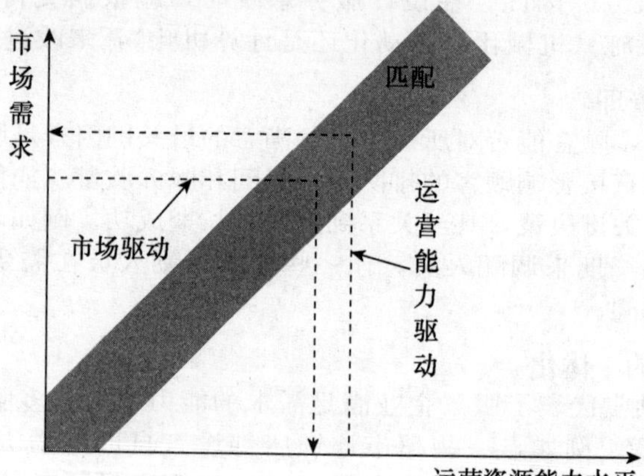

图 2-5　匹配——根据需求调整资源

图 2-5 中的纵轴代表市场需求的性质和水平，表示企业通过市场营销活动影响顾客对企业的期望。它可能会受到企业的品牌或声誉、产品差异化程度以及可信的市场承诺的范围的影响。横轴表示的是企业运营资源或流程能力的性质和水平，内容包括以实现竞争目标的能力表示的运营绩效、资源的使用效率以及公司的资源支持其业务流程的能力。

匹配的目的是实现市场需求与企业运营能力之间近似的平衡。因此，达到匹配时，顾客就不会需要，也不会期望得到企业所不能提供的运营绩效水平；反过来，企业也不会拥有不适合市场需求或市场中没有被利用的运营资源。

① 奈杰尔·斯莱克，迈克尔·刘易斯. 运营战略. 北京：人民邮电出版社，2004.

实际中的匹配有两种方式：一种是市场驱动的匹配，另一种是运营能力驱动的匹配。

（一）市场驱动的匹配

市场驱动的匹配是最常见的模式。这种匹配从市场定位入手，而市场定位是根据企业对其选择的目标市场的理解以及竞争对手的市场行为得出的。接下来是以运营绩效目标为工具，将市场定位转换成运营职能部门可以理解的、有效的市场需求说明。基于这些目标，企业可以有针对性地制定相关的运营决策。最后，这些运营决策推动运营能力的形成。由于这一系列过程的出发点是从市场环境中分析出来的，因此最终形成的运营能力也是与市场需求相匹配的。图2-6更为直观地反映了市场驱动的匹配过程。

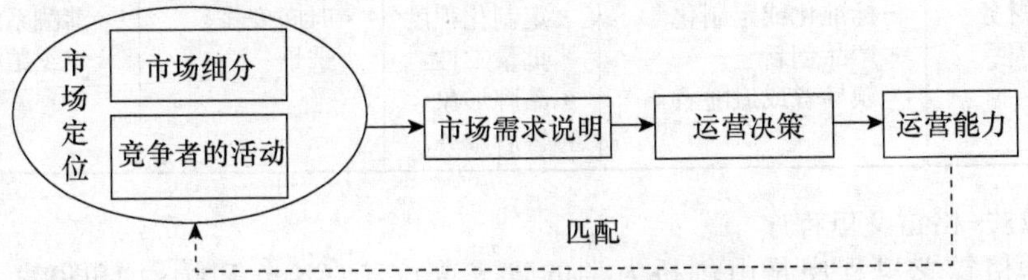

图2-6　市场驱动的匹配过程

（二）运营能力驱动的匹配

运营能力驱动的匹配也十分重要，在匹配水平较高的情况下，正是这些能力本身支配着市场，使市场需求水平与独特的运营资源能力相匹配，以便能够充分体现这些资源的价值。这种匹配是从运营能力的角度出发的。运营战略是以提高运营系统能力为目标而制定的，而企业期望达到这样的目标就必须实现相应的运营绩效。最后，这些绩效目标决定了可能的市场定位。图2-7将这种匹配方式直观地表达了出来。

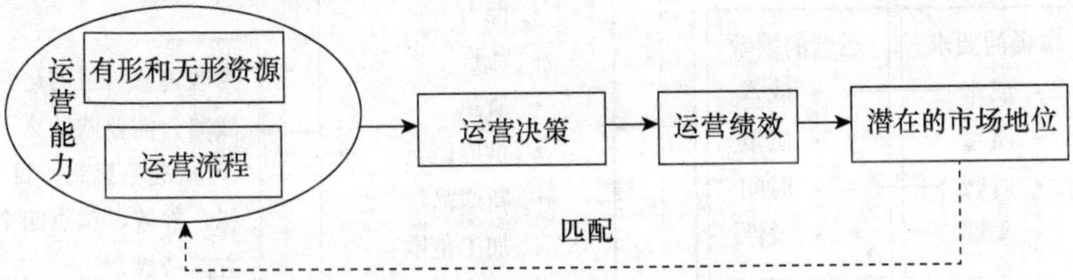

图2-7　运营能力驱动的匹配过程

（三）实践领域的匹配模型

在实践领域，有两个经典的模型可以帮助企业实现战略匹配，一个是希尔框架（Hill framework），另一个是普拉茨-格雷戈里程序（Platts-Gregory procedure）。

1. 希尔框架

希尔框架是用于构建运营战略最早的也是最具影响力的方法之一，由牛津大学坦普尔顿学院的特里·希尔（Terry Hill）教授提出。

希尔框架共包括五个步骤，因此也称作"希尔五步法"。如表2-1所示，第一步是对企业长期目标的理解；第二步是基于企业的长期目标，制定企业的营销战略，营销战略中包括必须满足的产品和服务市场，以及企业所提供的产品和服务的特性，如范围、批量和产品特性等；第三步是将营销战略转化为绩效目标，同时分解出业务的订单资格要素和订单赢得要素；第四步称为流程选择，目的是定义一组能够满足产品或服务特性的运营流程组合，并且使之相互协调，符合企业希望获得的竞争优势；第五步是根据之前的流程选择，确定运营流程的基础结构特性。

表 2-1 基于希尔框架构建运营战略

第一步	第二步	第三步	第四步	第五步
公司目标	营销战略	产品和服务如何赢得订单	运营战略	
			流程选择	基础设施
·扩大规模 ·增加利润 ·提高投资回报率 ·占领市场 ·实现其他财务指标	·产品和服务的市场及其划分 ·范围 ·产品组合 ·批量 ·标准化或定制化 ·产品创新 ·领导者或追随者	·价格 ·质量 ·交付速度 ·交付可靠性 ·准时交付 ·产品种类 ·定制化程度 ·批量柔性 ·品牌形象 ·售后服务	·采用技术 ·库存 ·生产能力 ·生产规模 ·时间安排、选址	·职能上的支持 ·运营计划和控制系统 ·工作结构化 ·薪酬系统 ·组织结构

2. 普拉茨-格雷戈里程序

普拉茨-格雷戈里程序是由剑桥大学的肯·普拉茨（Ken Platts）和迈克·格雷戈里（Mike Gregory）提出的。该框架和希尔框架十分相似，但是增加了一种以相对竞争性绩效评价为基础的优先级形式。

如图 2-8 所示，整个框架由三个不同的阶段组成。第一阶段包括建立对市场定位的理解，也就是确定市场所要求的要素，然后把它们与所达到的绩效水平相比较；第二阶段是确定运营流程的现状；第三阶段最不具有结构性，要对所做出的运营战略备选方案进行评审。

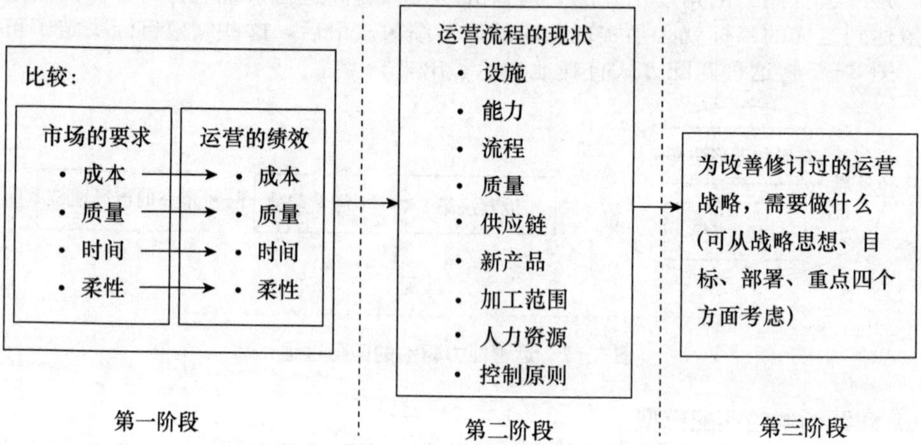

图 2-8 基于普拉茨-格雷戈里程序构建运营战略

二、运营战略的可持续性

一家企业想要生存下去，就必须考虑可持续性，也就是要建立持续的竞争优势。市场和企业的运营流程并非一成不变，而是会随着时间的推移而发展。在运营战略的制定过程中，许多决策都含有内在的风险，所以风险对于运营战略来说是个非常重要的因素。例如，一些企业可能会面临这样的情况：在制定扩大生产能力、提高绩效的运营战略后，整个市场需求却因为其竞争对手生产低劣产品被曝光而大幅缩水。在匹配过程中，风险就表现为市场需求同运营资源的不平衡。这种不平衡有两层含义：一方面是运营能力过剩所带来的风险，另一方面是市场需求超出了运营能力所造成的风险。

可持续性意味着扩展市场与改进运营绩效，并保持两者之间的平衡。根据运营资源和市场的需求，可持续性被定义为随着时间而变化的匹配。运营战略的构建并不是一次性的，为了将运营资源和市场需求两方面的变化考虑进来，应该随着时间的推移不断调整战略，以使之在各个时间点上都保持匹配。图 2-9 描绘了可持续性匹配过程。

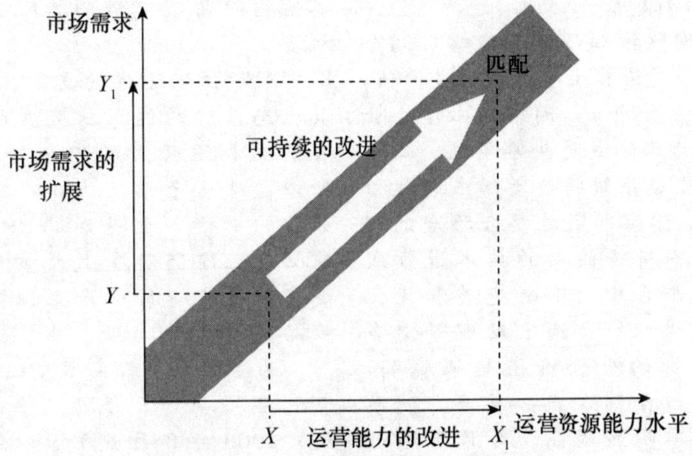

图 2-9　可持续性匹配过程随时间延伸

建立可持续的竞争优势有两种方式，维持现有的市场需求与运营能力的平衡是一种可持续的静态方式，而试图通过创新同时提高运营能力和市场需求，称为可持续的动态方式。

(一) 静态方式

静态方式可以利用两种机制来构建可持续的竞争优势：一种是内部机制，另一种是外部机制。内部机制是通过构建某种模仿障碍实现的。具有战略性的资源是稀少、难以转移、难以模仿、难以替代、难以复制的。外部机制是通过建立某种进入障碍实现的。

(二) 动态方式

动态方式包括创新与变革。采取动态方式会使企业主动沿着匹配线向上移动，并在更高的水平上达到市场需求与运营能力的匹配。与静态方式相比，动态方式才是真正使企业获得持续性竞争优势的核心和关键。

本章案例 >>>

淘宝网、腾讯的网络运营战略

随着世界经济一体化和网络化的加剧，企业之间的竞争与合作达到了一个新的高度。越来越多的企业深刻认识到，其生存和发展除了与自身的谋略、经营有关，还同其他企业的命运紧紧相连。电子商务企业尤其如此，其产生、发展都依赖于开放的互联网络，任何一家电子商务企业的运营都离不开周围企业的共同协作。

下面分别以淘宝网和腾讯为代表，说明商业生态系统下互联网企业的两大主要运营战略：网络核心型战略和支配主宰型战略。

一、网络核心型战略

网络核心型战略是旨在改善生态系统的总体健康状况，并在此过程中使本企业取得可持续性绩效的一种运营战略。其特征是注重外部资源的管理，努力构建外部网络结构，积极维持整个网络的健康并从中受益。

淘宝网就是典型的网络核心型电子商务企业。2007 年年末，阿里巴巴集团将总战略确定为“建设电子商务基础设施，培育开放、协同、繁荣的电子商务生态系统”，淘宝网也相应形成了生态化发展的经营战略，开始有意识地构建网络零售生态。淘宝网商业生态系统由核心层、扩展层和相关层三个部分构成，各部分之间存在互利共生、竞争、中立等互动关系。淘宝网目前共有 400 多万家店铺，截至 2010 年年底注册用户达到 3.7 亿，在线商品数达到 8 亿。目前通过淘宝网认证的合作伙伴达到220家，涵盖运营、客服、营销、仓储、培训等行业。通过50万家中小网站推广，每天能给淘宝网上的商家和商品带来20亿人次的浏览量。

一个有效的网络核心型运营战略有两个基本构成要素：一是为其生态系统创造价值；二是在创造价值的基础上，网络核心型企业将与生态系统中的其他成员共享价值。二者缺一不可，否则生态系统将会萎缩或者核心企业将会被遗弃。淘宝网通过整合雅虎的搜索技术等途径，不断将最新的技术进步成果紧密地整合进平台中，不断完善和优化交易平台，并提供旺旺、淘宝助理等诸多工具软件，使自身的平台价值越来越高，并且将这种平台与合作者充分共享，使参与各方的交易效率明显提高。合作者通过使用淘宝网平台所得到的收益远远大于所付出的成本。

二、支配主宰型战略

支配主宰型战略是通过纵向或横向一体化，来管理和控制某一生态系统或其中某一业务领域的一种运营战略。支配主宰型企业不仅支配了生态系统、业务领域的价值创造活动，也主宰了其价值分配，是同时控制价值创造和价值获得行为的企业。

从某种意义上讲，腾讯采取的就是支配主宰型战略，它牢牢掌握着自己所处的生态系统，并常常扩张到新的市场，从最初的即时通信产品到后来的门户网站、QQ游戏、QQ邮箱、QQ空间、QQ输入法、QQ浏览器、QQ电脑管家、QQ影音等，这一系列产品都是腾讯在独立经营，基本上没有给其他组织留下可借助其服务开发新应用的机会。

对于腾讯这样的支配主宰型企业来说，其生态系统的健康状况实际上取决于企业在研发和运营上的内部努力以及生产率。所以，从这个意义上说，技术创新是企业必备的功能，也是防御潜在对手的手段。它必须在内部研发上大量投资，以确保不会在消费者心目中产生性价比更好的替代产品。

为了配合支配主宰型运营战略对技术创新的要求，2005年腾讯推出了平台研发系统；2006年5月成立了以创新应用为主旨的创新中心；2007年11月，在创新中心的基础上又成立了腾讯研究院，仅在研究院筹备的一年多时间中就投资上亿元。

资料来源：周建良．商业生态系统视角下电子商务企业运营战略分析．现代营销（学苑版），2011（6）：4-6.

思考题

1. 你对互联网行业有何见解（成熟还是动荡，一成不变还是风云变幻等）？在这样的环境背景下，你认为哪种战略更可取？

2. 对于淘宝网和腾讯所采取的运营战略，你有何评价或建议？

□ 本章小结

战略在企业长期决策中扮演着重要的角色。运营战略作为企业战略的重要组成部分，其目的是使企业在运营活动中建立起持久的竞争优势以帮助企业实现其目标。为了达到运营战略的有效性，运营战略应与整体战略目标一致。为了创造和维持企业的竞争优势，管理者必须随时做好更新运营战略的准备，从成本、质量、时间、柔性等竞争维度中找到聚焦点。运营战略的形成过程分为两步，首先进行运营系统的功能目标决策，涉及顾客需求和产品功能的确定。之后进行运营系统的结构决策，包括结构化要素和非结构化要素。对于服务业，其运营战略在组成要素上包括服务类型的选择、服务能力的扩大、先进技术的应用、服务运营的管理以及供应与服务的一体化等方面。

企业在制定运营战略时，匹配非常重要，因为它是对运营战略的实施——市场需求与运营资源之间的协调。因此，一家企业想要生存下去，就必须考虑运营战略的匹配问题。

□ 复习题

一、简答题

1. 简述企业三个层次的战略所涉及的内容。
2. 竞争优势一般有哪几类？
3. 企业制定战略的一般步骤有哪些？
4. 服务能力的扩大和生产能力的扩大有什么不同之处？
5. 产品或服务的选择要考虑哪些因素？

二、论述题

1. 试述运营战略在企业战略体系中的作用。
2. 论述运营战略制定的影响因素。

三、实践应用思考题

假设你拥有一家企业，目前已经知晓市场需求广泛而复杂，请应用本章所学的知识回答如下决策问题：

1. 公司做什么而不做什么？内部职能之间如何协调？
2. 公司如何实现目标？生产能力多大合适？
3. 短期而言，公司如何针对竞争对手采取行动？
4. 长期而言，公司如何实现竞争力提升？

第2篇

生产系统的设计与新产品/服务开发

第3章 生产系统的设计

Chapter 3

本章要点

- 了解生产系统的构成要素及设计原则；
- 掌握厂址选择的影响因素及相关方法；
- 学会生产单元的设计方法，能够分析企业生产单元的设计；
- 了解企业工艺选择的流程，学会运用制造设计。

作为企业进行正常生产活动的前提条件，生产系统设计是指在企业选定厂址之后，对生产设施、产品和工艺等进行规划，从而制定出最有利的生产经营活动，并使各项资源得到优化配置的一系列活动。

第1节 生产系统的设计原则

在当今经济全球化的环境中，顾客的满意度与时间的优势成为企业赢得市场和用户的主要手段。为了适应这一变化，人们对生产系统增加了许多新的概念。

一、生产系统的构成要素

生产系统的结构形式决定了企业生产系统功能的发挥。生产系统的结构是系统构成要素及其相互关系的表现形式。生产系统的构成要素颇多，按性质和作用可分为结构化要素和非结构化要素。

（一）结构化要素

生产系统的结构化要素，主要是构成生产系统物质形式的硬件及它们之间的相互关联，包括生产技术、生产设施、生产能力和生产系统的集成等。各结构化要素的内涵如下。

1. 生产技术

生产技术是指生产工艺技术的特点、工艺技术水平、生产设备的技术性能等。它通过生产设备构成和技术性能反映生产系统的工艺特征和技术水平。

2. 生产设施

生产设施是指生产性建筑物、机器设备、生产装置的构成及规模、机器设备的合理布置。

3. 生产能力

生产能力是指生产系统内机器设备等生产性固定资产的种类、技术性能、数量及其关系。它反映生产的可能性。

4．生产系统的集成

生产系统的集成是指系统的集成范围、集成方向（即生产过程的纵向集成、横向集成）、系统与外部的联系等。它表达出企业生产系统的结构形式。

结构化要素是构成生产系统主体框架的物质基础。建立这些要素需要的投资多，一旦建立起来并形成一定的组合关系，再进行调整难度较大，所以决策时应该慎重。当然，进行必要的调整还是不可避免的。

（二）非结构化要素

生产系统的非结构化要素是指在生产系统中起支持和控制性运行作用的要素。它大部分以软件的形式出现，主要包括人员组织、生产计划、生产库存和质量管理等。各非结构化要素的内涵如下。

1．人员组织

人员组织是指人员素质特点、人事管理制度、劳动定额、定员、组织结构等。它是系统运作的决定因素。

2．生产计划

生产计划是指计划的类型、编制、实施和控制。它决定着生产系统的顺利运行。

3．生产库存

生产库存是指库存类型、库存储备量、库存控制方式等。它是使生产系统正常运转的基本条件之一，直接影响生产系统的经济效益。

4．质量管理

质量管理是指质量标准的制定、质量检验、质量控制、质量体系。它是生产系统正常运作和产品质量的基本保证。

建立上述非结构化要素，一般不需要花费很大的投资，建成后对它的改变和调整较容易。因此，采用何种非结构化要素的决策风险不像结构化要素那么大。①

结构化要素的内容及其组合形式决定生产系统的结构形式，非结构化要素的内容及其组合形式决定生产系统的运行机制。两类要素必须相互匹配，不断进行动态调整，以优化企业生产系统设计。

二、生产系统的设计原则

生产系统设计是企业进行正常生产的一个前提条件，它是指对于厂址选择、生产部门布置、设备布置等的决策过程。生产系统设计通常是针对一个新建立企业或是改扩建老企业所进行的工作。

对于一个新建立企业而言，首先应该分析该企业的外部环境，通过对诸如市场销售、原料供应、资金来源、交通条件等因素的综合考虑，确定合理的厂址，然后对生产系统的组成及其相互关系进行分析，最终得到合理的布置方案。而对于老企业的扩建、改建等而言，生产系统的设计与分析也起着极其重要的作用。随着产品品种的变化以及新技术的采用，老企业往往需要不断进行技术改造来调整或扩建原有的生产线，从而改进原有的生产线布置。一旦生产系统设计不合理，会直接影响到企业的生产能力和经营水平。

为了提高经济效益，各企业在生产中不仅需要各生产工序的加工时间衔接紧密，使得生产过程能够有节奏、协调地进行，还应尽可能保证平行作业，这样才能缩短生产时间，提高工作效率。因此，企业在设计生产系统时首先必须考虑到如何合理组织生产过程的问题，从而根据该生产系统的组织结构及其产品的具体生产过程，就可衡量一个生产系统设计的可行性及其运行的有效性。一般而言，生产系统的设计原则包括生产过程的连续性、比例性、节奏性、平行性、适应性及经济性等。

① 孙成志，刘明霞．企业生产管理．大连：东北财经大学出版社，2009.

（一）连续性

连续性是指在不同加工阶段、具有多个工序的产品，其生产过程在时间上紧密衔接并一直保持连续生产。即产品在生产过程中始终处于运动状态，不发生或很少发生不必要的停顿和等待时间。连续性包括时间上的连续性和空间上的连续性。时间上的连续性要求生产过程的各个环节始终处于连续流畅状态，没有或很少发生不必要的停顿与等待。空间上的连续性要求生产过程的各个环节在空间布置上合理紧凑，尽可能缩短产品的加工时间。

生产过程的连续性与企业的布局设置、生产技术水平和管理组织工作有着密切的关系。如果企业的布局设计非常合理，而且在生产中采用了先进的科学技术来提高生产的机械化、自动化水平，加之对产品的各个生产环节进行了合理组织，则该企业更容易实现生产过程的连续性。

保持和提高生产过程的连续性，不仅能够有效缩短产品的生产周期，减少在制品数量，加速资金周转，还有利于更好地利用设备和生产面积，减少产品加工过程中因停机等待可能产生的各种损失。

（二）比例性

比例性又称协调性，是指为了适应产品的加工要求，产品加工时的各阶段、各工序之间在生产能力上保持适当的比例关系。即各个生产环节的工人人数、机器设备、生产面积的生产能力都必须相互协调、相互适应，使各个生产环节的工人人数、设备数量和生产效率等不发生脱节和比例失调的现象。

要保持生产过程的比例性，就要求企业在设计生产系统时，必须限定各生产环节的合理生产能力，并在日常生产中加强企业的生产计划调度，从而保证生产能力的综合平衡。同时，对于生产中的薄弱环节需要及时采取有效措施加以修正。只有这样，才能使各个生产环节保持必要的比例关系。

生产过程的比例性原则是保证企业生产顺利进行、合理组织生产过程的前提，是企业实现连续生产的基础。实现生产过程的比例性，有利于企业充分利用现有各项资源，提高工时利用率，减少产品在生产过程中的停顿、等待时间，还能有效提高劳动生产率，提高产品的产量，降低生产成本。

（三）节奏性

节奏性又称均衡性，是指在产品从开始加工到最后完工的各工艺阶段，通过合理计划使生产过程有节奏地均衡进行。在生产过程中，节奏性表现为在各个工艺阶段的相等时间间隔内，生产的产品数量大致相等或呈递增的趋势。

产品的生产过程有节奏地进行，就是要实现不同工艺阶段的资源负荷保持相对稳定，不出现前松后紧或前紧后松的现象。这就对生产过程的组织管理提出了更高的要求，在具体实施中需要企业的各个生产、管理部门之间互相协调一致，根据生产计划的安排，合理组织好各个生产环节的工作。

实现生产的节奏性可以保证生产能力的有效利用，避免现有资源的浪费及因生产导致的资金积压。

（四）平行性

平行性是指产品在生产过程的各工艺阶段、各工序实行平行交叉作业。其中，平行作业是指相同的在制品同时在数台相同的设备上加工；交叉作业是指一批在制品在上道工序还未全部加工完时，将已完成的部分在制品转到下道工序加工。

保持平行性的前提是各生产过程之间在生产能力上维持一定的比例关系。无论是对于一个生产环节的基本生产环节和辅助生产环节，还是对于产品的各道生产工序、各个工艺阶段，平行性只有在生产能力平衡的条件下才能实现。

实现生产过程的平行性，从时间上缩短了产品的生产过程，通过平行交叉作业来合理组织生产，减少了工时的浪费和损失，使得产品的生产周期大大缩短，并保证了生产过程在时间上的紧密衔接。

（五）适应性

适应性又称柔性，是指产品的生产过程能够适应市场的变化，及时调整生产方式或生产能力来不断满足社会的需求。

为了保证生产过程具有适应性，体现出产品加工过程所具有的灵活性、可变性和可调节性，在生产系统设计中不仅需要满足不同产品的加工需求，而且应尽量以最少的资源、用最短的时间从一种产品的生产切换到另一种产品的生产，从而适应市场多样化、个性化的要求。

实现生产过程的适应性有利于企业更加灵活地适应市场的变化，最大限度地满足市场的需求，从而在激烈的市场竞争中维持正常的生产秩序。

（六）经济性

经济性是指根据企业的生产管理目标所提出的生产系统设计要求，在生产过程中以追求企业经济效益最大化为目的，利用最少的生产费用并占用最少的资金来进行产品的加工。

针对新产品生产的需求，在对原有生产系统进行重建、补充时应尽量节省投资费用。而为了保证生产过程的经济性，在产品生产过程中还要节约各项生产成本，减少资源浪费，有效利用资金。

实现生产过程的经济性，可从产品的加工、运输、销售等各个环节来减少产品成本，对各项资源进行统筹安排，最终为提高企业的经济效益提供物质保障。①

三、现代生产系统的形式

（一）自动化生产

自动化生产是把自动化技术用于生产作业过程，在生产中广泛采用自动调整、自动控制的装置或设备进行操纵和生产，代替人工直接操作的生产体系。自动化生产的本质是多品种、小批量生产的动态自动化，也就是一种能随机应变地应对多元化市场需求，并可迅速交货的自动化生产体制。

自动化生产包括机械制造自动化、过程自动化、业务管理自动化、半自动化、局部自动化、综合自动化和工业生产智能化。

（二）市场导向化生产

现代的生产应该做到能随时供给市场所需的各种商品，发展成市场导向型、重视顾客需求的多品种、小批量生产体制。

市场导向化生产要求生产管理人员不要把自己禁锢在生产领域，要主动面向市场、迎接市场，努力按市场需求加紧产品开发，改变劳动生产组织，不断适应市场经济需要。国家计划下达的任务也应当符合市场的需要。

（三）创新型生产

在激烈的市场竞争中，模仿的结果是缺乏竞争力。因此，要进行创新型生产。

创新型生产有两种类型：一种是全新产品的开发，如日本的可乐丽公司开发维尼纶。另一种是现有产品的改进，带自动聚焦镜头的美能达 α-7000 型照相机、索尼公司的耳机式立体声收录机是改进成功的实例。

今后应高度重视的不是一般化的商品，而是那些附加价值高的产品，应通过实现其商品化来获得适当的利润。

---

① 孙树栋，杨宏安. 生产运作与管理. 北京：科学出版社，2010.

(四) 多样化生产

多样化生产是立足于现状、现有产品、现有市场，以促进新产品的开发和新市场的开拓、分散经营风险和积极经营为目标，寻找适应外部环境的经营机会，以期延长企业的寿命。目前多样化生产已成为大中型企业适应新形势、开拓新市场的必然选择。据统计，美国最大的5 000家工业公司中有94%是从事多样化生产的公司。全世界最大的50家石油公司中，有46家实行多样化生产。日本的制造业采取多样化战略的领域有新材料、电子学、生物工程、激光、医疗、工程等。

(五) 国际化生产

随着企业国际化经营的发展、全球公司的建立，生产过程已经突破了一国境内生产社会化的界限，朝国际化生产方向发展。一台机器的零部件制造已经不是完全依赖国内专业化协作厂家，而是可以遍及其他国家和地区，以取得全球资源的最优配置。这种跨国企业的工业产品的海外生产就是国际化生产。

生产过程的国际化对生产系统的设计、产品设计和工艺过程的规划，以及生产系统的运行管理，都会提出不同和更高的要求，需要采取与过去不同的管理方法。如国家和地区之间、子公司之间的生产协作问题、订货安排问题、质量控制问题、成本和价格的转移问题、统一计划和分散管理问题等，都面临许多新情况。跨国的生产管理如何与跨国经营战略、策略相衔接是一个新课题。

第2节　厂址选择

随着经济全球化的发展，越来越多的国家将工厂迁至以中国、印度为代表的发展中国家，因而在发展的过程中中国也有了“世界工厂”的美誉。在中国的沿海地区，随处可见大大小小的工厂，它们生产大量的产品，然后销往世界各地。可见，厂址选择非常重要。

一、厂址选择的重要意义

选择合适的地理位置进行生产或经营，对任何企业来说都是至关重要的。以零售业、金融业为代表的服务业要靠近消费者才能在竞争中占据有利位置，而对制造业来说选择一个理想的厂址会大大降低成本，从而提高利润。对于企业来说，成本可以划分为固定成本和可变成本。固定成本指工厂在建设时投入的成本，也称沉没成本。可变成本是由生产带来的额外成本，也称变动成本。通常情况下，厂址选择时会确定全部的固定成本和诸如原料运输、产品供应等产生的大量可变成本。选择一个好的厂址对于企业的成本控制来说起着至关重要的作用。

此外，选址会影响人力资源和科技支撑的获取。一般来说，在某个特定行业的公司会选择在某个特定的位置聚集，例如美国的硅谷是电脑互联网方面公司的聚集区，中国上海的浦东则是金融行业的大规模聚集区。这种聚集生产的经营模式使得相应的人才聚集起来，有利于培养熟练的技工和工程师，从而在合作与竞争中更好地推进行业的发展。而“酒香不怕巷子深”在现代社会早已不再适用。美国的相关调查表明，在各类小企业的失败原因中，位置选择不当大约占15%。

企业选址决策与企业战略是密不可分的。在全球经济一体化的大环境下，一家成功的企业一定不会满足于一家门店的经营或生产。伴随着企业的发展，分店选址就会成为企业经常面临的问题。这一问题在服务业中表现得尤为突出：银行业经常出现的分行选址，游乐场如迪士尼在上海、香港的拓展，大卖场如沃尔玛遍布全球的分店，都会涉及厂址选择的问题。位置优越的门店能够更好地帮助企业从竞争中脱颖而出，获得更大的发展。

二、厂址选择的影响因素

厂址决策受很多因素影响，不同企业所考虑的影响因素也有所不同，这些因素的重要性也会因企业而产生差异。通常情况下，影响企业选址的主要因素如下。

（一）接近顾客

企业与顾客的距离是很重要的，其中以零售业和服务业最为突出，这些企业大多集中在人口密集、交通便利的地点，如超市、快餐、百货商城以及银行、旅社等。因为它们的产品同质性比较强，往往需要依靠交通便利和大量的潜在消费者来招揽生意。

制造厂商要接近顾客也是出于竞争方面的考虑，除了本身产品的质量等因素，交货期的竞争以及运输成本的压力也是制造厂商必须考虑的。制造厂商通过靠近顾客降低成本，还可将产品尽快地送到顾客手中，同时可以听取顾客的意见和建议，改进自身的生产和服务。

运输成本在很大程度上决定着工厂的生产效率和经济利益，减少运费可以提高产品的市场竞争能力。在给定原料地和市场地的条件下，如何确定仅考虑运费的工厂区位（即运费最小的工厂区位）？从理论上讲，可用原料指数的大小来确定。原料指数为原料的重量与产品的重量的比值。当原料指数大于 1 时，工业区位选择在原料地；当原料指数小于 1 时，工业区位选择在市场地；当原料指数等于 1 时，工业区位可以选择在市场地与原料地连线上的任意一点。

（二）所在地劳动力状况

不同地区劳动力的素质、成本是不同的，而不同的企业、不同的产品和服务以及不同的生产方法，所需要的劳动力数量和质量也是有差异的。技术密集型产业如机床、仪表、计算机的生产对劳动力的素质有着较高的要求；劳动密集型产业如服装制造对劳动力的数量有着较高的要求。很多国家的劳动力也呈现出一个不均匀的分布，如中国沿海地区劳动力的质量相对较高，而美国的硅谷则聚集了大量的科技创新人才。公司在选址时，应当结合公司的业务性质选择合适的地区，即选择合适的劳动力。

不同地区的劳动力工资水平不一致，这会在很大程度上影响公司的成本水平。但是低工资水平并不意味着低成本，起关键作用的是劳动生产率。劳动生产率即生产每件产品所需要的成本。比如，甲地每小时工资 10 元，每小时生产 2 件；乙地每小时工资 15 元，每小时生产 5 件。甲地表面上看工资低，实际上劳动生产率甲地（10÷2=5 元/件）低于乙地（15÷5=3 元/件）。所以，选址时公司应当偏向乙地。

此外，公司在选址时还应当考虑到劳动力所在地的文化。不同地域由于经济、历史等客观条件差异会有不同的文化，这在劳动者中会以工会等形式表现出来。例如欧洲一些国家强调员工福利，员工希望自己能够享受较高的福利待遇和较多的休假，而日本企业则大多使用一种军事化的理念来管理公司。倘若不考虑员工所在地的文化，一味按企业的要求制定生产方案，结果可能是罢工等极端恶劣的事件扰乱公司的生产进程，影响企业文化和企业竞争力。以首钢收购秘鲁一家钢铁公司为例：1992 年，首钢斥资 1.2 亿元收购秘鲁钢铁公司，期望在海外市场上得到一些利益。但是，公司非但没有盈利，反而被接连不断的罢工等劳资矛盾闹得不可开交，究其原因是秘鲁拥有强大的工会组织代表工人利益。工会与企业的经营状况是独立的，工会非常关注提高工人的工资和福利待遇，一旦要求得不到满足便会举行罢工。首钢没有充分了解上述情况就仓促投资，结果必然是“赔了夫人又折兵”。

（三）能源供应

一些制造企业需要大量的能源（比如电力或天然气）来生产产品。即使是非制造企业，也要使用空调或暖气等设备。在一些地方，燃料已经非常稀缺而且价格昂贵，因此能源就在公司选址中扮演着重要的角色。为保证未来的可持续发展，考察电力公司未来的发展计划和天然气公司未来的燃料分配计划，是非常明智的。

（四）自然条件与基础设施

企业选址扩张的目的是长久地发展，这就要求所在地的自然灾害要尽可能少。地震带、下沉性地带等自然灾害频发区都不太适宜选址。某些行业需要特定的自然条件才能发展，如纺织业需要苏杭地带的气候条件才能达到最佳，造船业要安排在临海以方便船舶试水。

当地的基础设施建设也是选址时应当考虑的问题。基础设施是指公路交通网、水电供应以及通信条件等由政府兴建的服务设施。发达的公路交通网能够方便货物的快速运输以及减少路途上的损耗，而合理的水电供应、通信设施则保障了公司的正常运转。这里可以举出一例：同为世界人口大国，为什么中国成为“世界工厂”，而印度成为一个软件强国？原因就在于中国发达的公路建设：现今，中国高速公路的总里程数已经超越美国，跃居世界第一，而发达的高速铁路网正在积极构建当中。相比之下，印度的交通则没那么发达，除了主干道，随处可见泥石路。这在某种程度上限制了印度在制造业方面的发展。

（五）土地和建筑成本

一个与工厂选址直接相关的成本是购买土地和建造厂房的成本。在同一地区，一块土地与另一块土地的价格不同，不同地区的土地价格也不同。有时土地的价格具有迷惑性，因为价格比较低的土地可能要用更多的资金来准备原料、兴建厂房。

（六）环境因素

环境保护问题日益受到世人的重视。为了当地的生态环境，越来越多的地方对环境污染开出巨额罚单。此外，环境污染也渐渐转化成为环境成本，是企业选址时应当考虑的问题。

除了上述因素，还有当地的政治条件、科技状况等必须加以考虑。

三、厂址选择的方法

（一）加权评分法

加权评分法是选址方案中一种常用的方法。采用加权评分的方法可以客观地将在几种因素上各有长短的地点予以区分。

加权评分法的步骤如图3-1所示。

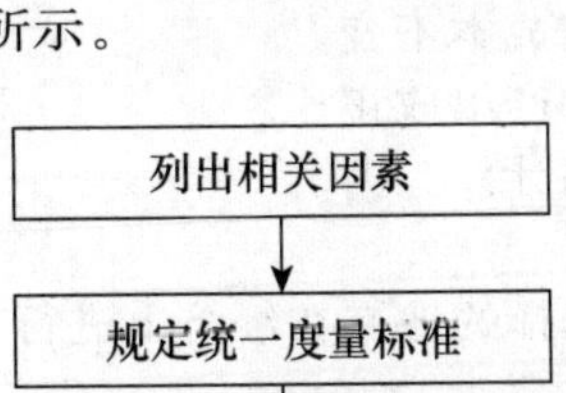

图3-1　加权评分法的步骤

（1）列出所有相关的影响因素，并对每一因素规定统一额度量等级标度。一般采用5级标度，即很差、较差、一般、较好、很好，相应的分数为1，2，3，4，5。

（2）根据重要性确定每个影响因素的权数，各权重总和为1。

（3）分别为每个候选方案确定等级和分数。

（4）将每个因素的得分与对应的权数相乘得到此因素的得分，将各因素得分汇总为每个方案的总分。

（5）选择总分最高的方案。

在使用加权评分法进行决策时，所考虑影响因素的数量不宜过多，这样不至于使权数过于分散，有利于突出主要影响因素在方案评价中的作用。

（二）重心法

重心法是一种布置单个设施的方法，需要考虑现有设施之间的距离和所要运输的货物量。它经常用于中间仓库的选择。在最简单的情况下，这种方法假设运入成本和运出成本是相等的，并不考虑在不满载的情况下增加的特殊运输费用。重心法也称网格法，利用物理学中对于一个二维封闭图求解重心的原理来解决物流设施的选择问题。

重心法首先要在坐标系中标出各个地点的位置，目的在于确定各点的相对距离。坐标系可以随便建立。在国际选择中，经常采用经度和纬度建立坐标。然后，根据各点在坐标系中的坐标值求出运输成本最低的位置坐标（C_X，C_Y）。重心法的公式为：

$$C_X = \frac{\sum_i D_{ix} Q_i}{\sum_i Q_i}$$

$$C_Y = \frac{\sum_i D_{iy} Q_i}{\sum_i Q_i} \tag{3-1}$$

式中，C_X为中心的x坐标；C_Y为中心的y坐标；D_{ix}为第i个地点的x坐标；D_{iy}为第i个地点的y坐标；Q_i为运到第i个地点或从第i个地点运出的货物量。

最后，选择求出的重心点坐标值对应的地点作为布置设施的地点。

（三）量本利分析法

量本利分析法通过在不同地点设厂的产量与成本和利润的关系进行经济分析，找出利润最大的设厂地点。这种方法适合以下情况的选址：

（1）产出在一定范围时，固定成本不变。

（2）可变成本与一定范围内的产出成正比。

（3）所需的产出水平能近似估计。

（4）只包括一种产品。

量本利分析法有利于对可供选择的地点在经济上进行对比，一般常用图表法求解。其分析过程包括以下步骤：

（1）确定每一备选地址的固定成本和可变成本。

（2）在同一张图表上绘出各地点的总成本线。

（3）确定在某一预定的产量水平上，哪一地点的成本最低或哪一地点的利润最高。

在成本分析中，要计算每一地点的总成本TC，可利用以下公式：

$$TC = FC + VC \times Q \tag{3-2}$$

式中，FC为固定成本；VC为单位可变成本；Q为产出产品的数量或体积。

对各备选方案的总成本进行计算，可以求出总成本最低的地点，以它作为最佳的选址方案。

（四）线性规划法

线性规划是一种使用广泛的物流战略计划工具，在考虑特定约束的条件下，从可选范围中找出最佳方法。对于物流问题，最为广泛使用的线性规划形式是网络优化。运输法作为网络优化方法的一种，其目标是在给定的供给、需求和能力的约束条件下，使生产、输入、输出运输的可变成本最小化。对于复合设施的选址问题，如对于一个公司设有多个工厂、多个分销中心的选择问题，可以用线性规划法求解，使得所有设施的总费用最小。

运输法的数学模型如下：

目标函数为：

$$Z = \min \sum_{i=1}^{m} \sum_{j=1}^{n} c_{ij} x_{ij} \tag{3-3}$$

约束条件为：

$$\sum_{i=1}^{m} x_{ij} = b_j$$

$$\sum_{j=1}^{n} x_{ij} = a_i,\ x_{ij} \geqslant 0$$

式中，m 为工厂数；n 为销售点数；a_i 为工厂 i（$i=1, 2, \cdots, m$）的生产能力；b_j 为销售点 j（$j=1, 2, \cdots, n$）的需求；c_{ij} 为在工厂 i 生产的单位产品运到销售点 j 的生产运输费用；x_{ij} 为从工厂 i 运到销售点 j 的产品数量。

对备选方案的可变成本进行计算，求出可变成本最低的地点作为最佳的选址方案。

第 3 节　设施布置

设施布置（facility layout）是指实物设施的具体安排。当下列情况发生时，设施布置就很有必要：（1）构造了一种新的设施；（2）需求或生产能力有重大改变；（3）引进了一种新产品或服务；（4）安置了不同的工艺、设备或技术。设施布置的目的就是最小化处理原材料和顾客流动的延迟，有效使用劳动力和空间，提升员工士气和顾客满意度，提供良好的服务并增加销售量，这在制造设施和服务设施中同样适用。我们先分析制造企业的设施布置方式，然后分析服务企业的设施布置方式。

一、制造企业的设施布置

制造企业的设施布置有三种方式：工艺原则布置、产品原则布置和定位布置。此外，还有成组技术，它是一种综合考虑了工艺原则布置和产品原则布置两种方式的优点的混合方式。

（一）工艺原则布置

工艺原则布置（process layout）也称车间布置或功能布置，是一种将类型或功能相同的设备集中放在一起工作的方式，即将待加工产品根据预先设定好的工艺流程顺序进行转移。工艺原则布置适合产品品种多、单件小批量的离散型制造企业。在产品品种比较多的企业中，由于每个产品的工艺路线均不相同，不可能按照一种产品的工艺路线来布置设施或设备。工件在加工时往往是从一个生产部门转移到另一个生产部门，即完成全部工件加工需要经过很多部门。因此在工艺布置时，最常见的做法是让物流量来往多的部门相邻，以减少物料的搬运时间和搬运费用，使物流成本最小化。制鞋厂、喷气发动机涡轮叶片制造厂采用的就是工艺原则布置。假设零件 A 由以下几道工序组成：车—铣—钻—热处理—切齿；而零件 B 有如下布置顺序：铣—钻—热处理—磨，工艺原则布置的车间如图 3－2 所示。各类工艺设备按照工艺类型分别集中放在一个生产车间内，进行专业化生产。

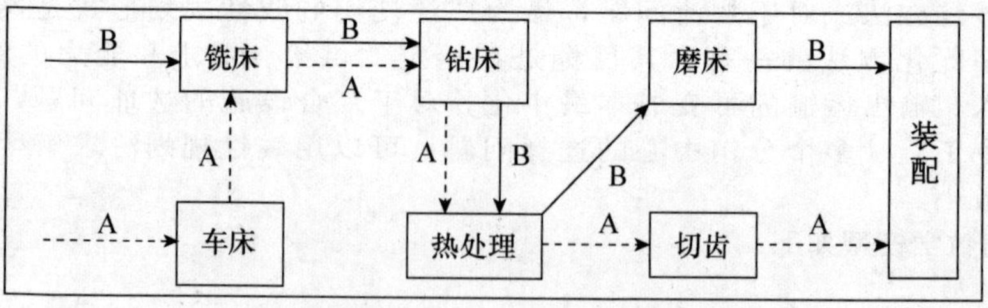

图 3-2　工艺原则布置示意图

工艺原则布置依据的是专业化分工，具有一定的优点和缺点。①

1. 工艺原则布置的优点

（1）产品品种适应市场需求变化的能力强，有利于更新换代；

（2）设备可以替代使用，生产面积充分利用，负荷系数高；

（3）个别设备出故障对系统的影响不大；

（4）采用通用设备，投资和维护费用较低；

（5）有利于设备维修和工具供应等工艺管理；

（6）有利于工人技术熟练程度的提高。

2. 工艺原则布置的缺点

（1）产品加工路线长，生产环节多，生产周期长；

（2）运输投入和中间仓库增多，使厂内运输费用增加；

（3）在制品数量多，资金占用大；

（4）相关单位联系与协作关系复杂；

（5）计划管理、在制品管理、质量管理等工作难度大。

（二）产品原则布置

产品原则布置（product layout）又称对象原则布置，是一种根据完成产品的加工过程来布置设备或工作流程的方式。产品原则布置适用于市场需求量大、重复性生产和标准化的产品，这样更具有成本有效性。流水线生产方式多采用产品原则布置。只有当产品或零件的批量远大于所生产的产品或零件的种类时，采用产品原则布置才有意义。产品原则布置在汽车、食品加工、家用电器、玩具等行业中有着广泛的应用。假设零件 A 由以下几道工序组成：车—铣—钻—热处理—切齿；而零件 B 有如下布置顺序：车—铣—钻—热处理—磨，产品原则布置的车间如图 3-3 所示。

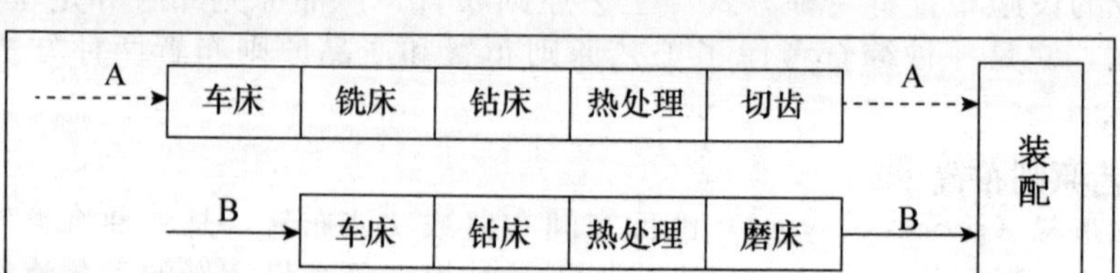

图 3-3　产品原则布置示意图

产品原则布置的立足点是产品本身，按照产品的工序原则进行设施设备的布置工作。产品原则布置在实际产品生产过程中应用广泛，装配线是产品原则布置方式的特殊形式。该类布置方法有其自身的优点和缺点。

1. 产品原则布置的优点

（1）有利于缩短产品加工路线，节约运输能力，减少仓库等辅助面积；

① 李全喜．生产运作管理．北京：北京大学出版社，2011.

(2) 有利于减少产品的生产时间，缩短生产周期，减少在制品占用量和资金占用量；

(3) 减少车间之间的联系，简化计划与核算生产，有利于建立健全生产责任制；

(4) 有利于按计划完成生产任务，提高劳动生产率和降低成本；

(5) 有利于采用先进的生产组织形式。

2. 产品原则布置的缺点

(1) 不利于充分利用设备和生产面积；

(2) 不利于对工艺进行专业化管理；

(3) 对产品变化的适应性差；

(4) 不利于工作单位的工艺管理；

(5) 不利于工人技能水平的提高。

3. 产品原则布置的表现形式

装配线（assembly line）是一种特殊的产品原则布置形式，它按照完成产品的生产流程顺序来安排生产资源。不同类型的装配线差异很大，主要体现在物料搬运设备（输送带、传送器）、生产平面布置类型（U型、直线型、分支型）、节拍控制形式（手动、机动）、装配品种（单一品种、多个品种）、工作站的特性（工人可以坐、站、跟着装配线走动或随装配线移动）、装配线长度（几个工作站、许多工作站）等方面。

装配线平衡（assembly-line balancing）就是根据装配线节拍的要求，采取各种技术的或组织的措施来调整各个工作站的单件作业时间，使它们大致相等，最理想的状况是等于节拍。组织装配线平衡的基本方法是将整个工作任务细分为多个小的作业元素，然后将有关的作业元素组合成大工序（将基本作业元素打包成可控制的作业包）分配给某个工作站，并使这些大工序的单件作业时间相等或接近等于节拍。装配线平衡的目标是分配到各个工作站的作业所需的时间大致相等，使装配线上的闲置时间最少，提高工人和设备的利用率。

实现装配线平衡因受产品设计和工艺技术的约束变得更加复杂，其步骤如下：

(1) 为生产活动建立流程图，表示生产顺序和工作时间。流程图用圆圈和箭头表示，圆圈代表单个任务，箭头代表作业次序。

(2) 计算产品在每个工作站停留的时间，即生产节拍：

$$\text{节拍}\ (C)=\frac{\text{每天的生产时间}}{\text{每天的计划产出量}} \tag{3-4}$$

(3) 求出满足节拍的工作站的理论最小数量：

$$\text{工作站最小数量}\ (N_t)=\frac{\text{完成作业所需的总时间}}{\text{节拍}} \tag{3-5}$$

(4) 选用作业分配规则。确定给每个工作站分配工作的主要规则，管理者多采用启发式的方法，如先分配后续作业数量最多的作业或先分配作业时间最长的作业。

(5) 给工作站分配作业。向第一个工作站分配作业，一次一项，逐项增加，直至该工作站的作业完成所需时间等于或接近节拍，或由于操作次序的限制，不能再安排其他任务。重复该过程，直至所有的作业分配完成。

(6) 作业分配的效率评价：

$$\text{效率}=\frac{\text{完成作业所需的总时间}}{\text{实际工作站数目}\times\text{节拍}} \tag{3-6}$$

(7) 如果效率不能满足要求，则用其他决策标准再次进行平衡。

【例3-1】 一家玩具公司要在一个传送带上组装M型玩具车，每天需要生产500辆，每天工作7小时。M型玩具车的组装步骤及作业时间如表3-1所示。请根据节拍和作业次序的限制，找出装配线平衡的方案。

表 3-1 **M 型玩具车的组装步骤及其作业时间**

作业	时间（秒）	描述	紧前作业
A	45	安装后轴支架，拧紧 4 个螺母	—
B	11	插入后轴	A
C	9	拧紧后轴支架螺栓	B
D	50	安装前轴，用手拧紧 4 个螺母	—
E	15	拧紧前轴螺栓	D
F	12	安装 1# 前车轮，拧紧轮轴盖	C
G	12	安装 2# 前车轮，拧紧轮轴盖	C
H	12	安装 1# 后车轮，拧紧轮轴盖	E
I	12	安装 2# 后车轮，拧紧轮轴盖	E
J	8	安装前轴上的车把手，拧紧螺栓和螺钉	F，G，H，I
K	9	拧紧全部螺栓和螺钉	J
	195		

解：(1) 画出流程图，如图 3-4 所示，图中列出了表 3-1 中的次序关系（箭头长度无实际意义）。

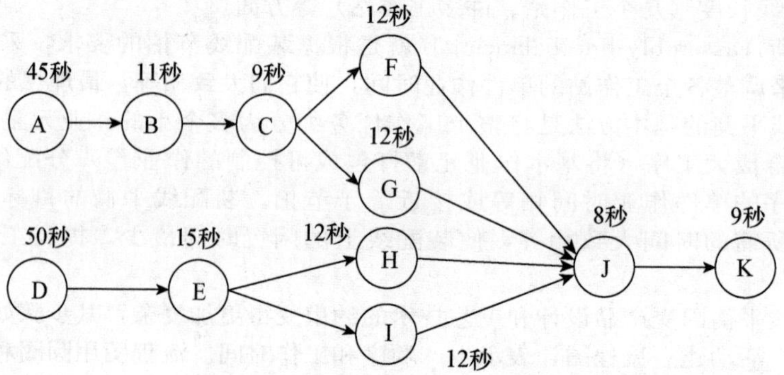

图 3-4 M 型玩具车的流程图

(2) 计算节拍：

$$节拍=\frac{每天的生产时间}{每天的计划产出量}=\frac{7\times 60\times 60}{500}=50.4(秒/辆)$$

(3) 计算满足节拍的工作站的理论最小数量：

$$工作站最小数量=\frac{完成作业所需的总时间}{节拍}$$

$$=\frac{195}{50.4}=3.874(取整)$$

(4) 作业分配。我们先分配后续作业数量最多的作业，再分配作业时间较长的作业。

第一规则，按后续作业数量的多少来安排作业，如表 3-2 所示。

表 3-2 **按后续作业数量的多少安排作业**

作业	后续作业数量	后续作业
A	6	B，C，F，G，J，K
B 或 D	5	C，F，G，J，K（对于 B）
C 或 E	4	H，I，J，K（对于 E）
F，G，H 或 I	2	J，K
J	1	K
K	0	—

在第一规则遇到问题时，采用第二规则，即按作业时间最长规则安排作业。

（5）给工作站分配作业。表3-3列出了使装配线平衡的结果，并用图3-5表示出来。

表3-3 装配线平衡的工作站结果

工作站	作业	作业时间（秒）	剩余时间（秒）	可安排的紧后作业	紧后作业最多的作业	时间最长的作业
1	A	45	5.4空闲	无		
2	D	50	0.4空闲	无		
3	B	11	39.4	C，E	C，E	E
	E	15	24.4	C，H，I	C	
	C	9	15.4	F，G，H，I	F，G，H，I	F，G，H，I
	F	12	3.4空闲	无		
4	G	12	38.4	H，I	H，I	H，I
	H	12	26.4	I		
	I	12	14.4	J		
	J	8	6.4空闲	无		
5	K	9	41.4空闲	无		

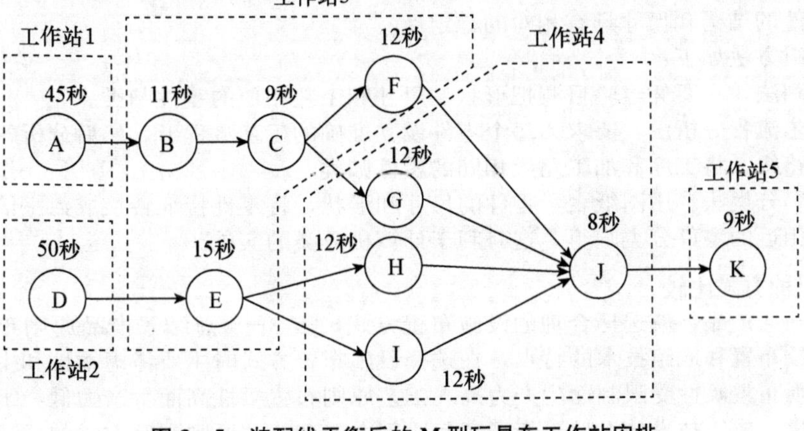

图3-5 装配线平衡后的M型玩具车工作站安排

（6）作业分配的效率评价：

$$效率=\frac{完成作业所需的总时间}{实际工作站数目\times节拍}=\frac{195}{5\times50.4}\times100\%=77\%$$

效率为77%意味着整个装配线的闲置时间为23%，从表3-3可以看出，闲置时间为57秒，最空闲的是工作站5。

（三）定位布置

定位布置（fixed-position layout）就是将产品或作业对象固定不动，设备和使用的原材料按加工顺序以及移动的困难程度环绕其做同心圆的布置。这种布置形式适用于产品（或作业对象）难以移动、加工件数少、工序时间长的情况。有些产品由于体积庞大，移动困难，批量很小，只适合采用定位布置方式进行生产加工，如飞机、轮船、大型发电机、汽轮机、大型电力机车等。但有些产品，如大型工程机械、载重汽车、大型农业机械等，在生产量达到一定规模后，在可能的条件下实行产品布置，实现流水线生产，可以大大提高生产效率、降低生产成本。

定位布置的优点是加工对象的移动较少，节省运输费用，工作程序易于设计和调整；缺点是不适应大批量生产，作业的程序化和标准化程度较低。

（四）成组技术

成组技术（group technology）是成组加工和成组工艺的进一步发展，是一种有效地组织多品种中小批生产的方法。成组技术根据待加工零件的结构形状、尺寸和工艺特征进行系统分类，将相似零件组成零件组，对一组零件找出集中加工的科学形式，从而扩大加工批量，减少调整、装配时间，降低制造成本，使多品种小批生产可以节约成本，甚至达到和大量生产相近的经济效果。① 成组技术广泛应用于金属加工、计算机芯片制造领域。

成组技术和工艺原则布置的相似点是：工作站用来完成特定的工艺过程，但生产的产品种类有限。应用成组技术的目的是在生产车间中获得产品原则布置的好处，主要包括以下四点：

（1）更好的人际关系。工人组成团队来完成整个任务。

（2）提高操作技能。在一个生产周期内，工人只能加工有限数量的不同零件，重复程度高，有利于工人快速学习和熟练掌握生产技能。

（3）减少在制品库存和物料运输。一个工作站完成几个生产步骤，可以减少零件在车间之间的流动。

（4）缩短生产调整时间。加工种类的减少意味着模具的减少，可加快模具的更换速度。

成组技术的客观基础如下：

（1）构成不同产品的零件虽然不尽相同，但是有很大的相似性。

（2）各类相似零件在同类产品系列中保持一定的出现率。

（3）零件的结构和尺寸具有相对的稳定性。

零件成组方法如下：

（1）目测法。主要凭经验目测把形状、尺寸和工艺相似的零件归类。

（2）工艺流程分析法。要求为每个零件设立准确的工艺流程卡，然后分析各零件的加工顺序和流转路线，将工序和加工路线相同的零件归类。

（3）编码分类法。用图纸表示零件的尺寸和形状，将零件特征转换成数字信息，然后将编码相同或相近的零件分类归组。这有利于计算机分类的实施。

（五）四种方式比较

针对不同的产品，应选择合理的设施布置方式，表 3－4 总结了产品原则布置、工艺原则布置、定位布置和成组技术的特点。在选择设施布置方式时主要考虑柔性和生产力两个方面。产品原则布置柔性受限制而生产力高，工艺原则布置柔性高而生产力低，工艺原则布置更强调专业化，成组技术的设计平衡了产品原则布置和工艺原则布置方式的优势。定位布置在所有资源就位时生产力最高，同时随着情况的改变柔性也会随之增强。②

表 3－4　　四种布置方式的比较

特征	产品原则布置	工艺原则布置	定位布置	成组技术
需求量	高	低	中等程度	很低
设备利用	高	低	中等程度	中等程度
自动化潜力	高	中等程度	高	中等程度
准备/更换需求	高	中等程度	中等程度	高
柔性	低	高	中等程度	中等程度
设备种类	高度专业化	一般目的	中等专业化	中等专业化

① 陈心德，吴忠．生产运营管理．北京：清华大学出版社，2005.

② 戴维·A.科利尔，詹姆斯·R.埃文斯．运营管理——产品、服务和价值链．北京：北京大学出版社，2008.

二、服务企业的设施布置

服务企业的设施布置有三种方式：过程原则布置、对象原则布置和定位原则布置。①

（一）过程原则布置

过程原则布置适用于顾客需求差异化较大、顾客化程度较高的服务企业。如医院里的病房、放射科、血液化验科、药房分别位于医院的特定区域，需要这些服务的病人必须分别走到提供相应服务的区域。

（二）对象原则布置

能够很好地说明按照对象原则布置方式的例子是自助餐流水线，各种食物（如热菜、冷菜、甜品、饮料等）按照特定的顺序放在不同的餐台上，顾客在沿自助餐流水线走动时，可以按照自己的喜好到相应的餐台上选取食物。对象原则布置在金融企业、邮政企业、机场服务、快餐业等有着广泛的应用，它实现了流水线作业，大大提高了服务质量和服务效率等。

（三）定位原则布置

服务企业采用定位原则布置的例子有：（1）汽车维修部（所有的流程如刹车维修、加油等都固定在一个位置进行）；（2）医院的手术室（做手术的病人无法移动，需要固定在手术台上，医生、护士以及手术用的设施及器材围绕着病人布置）；（3）中餐馆（顾客需要的所有不同菜肴都按照座位送到顾客面前，有时甚至需要在顾客面前的桌子上准备）。

第 4 节　工艺选择

生产系统的设计一般在设施建造阶段进行。但是，在生产系统的生命周期内，由于产品和服务的变化，需要对生产运作设施进行调整和重新布置，因此，了解工艺选择，对于提前做好生产系统设计至关重要。

一、工艺的选择

科学技术迅速发展，尤其是 20 世纪 90 年代以来，先进生产工艺大量涌现，制造业工艺技术日新月异，自动化制造技术、快速制造技术、精密加工技术等一系列新型工艺技术广泛运用于制造过程。但是，工艺的选择不仅要考虑先进性，而且要考虑是否适用。最先进的工艺往往会对原材料、能源供应、管理水平等提出更高的要求，因此，对于不同企业的适用度是不同的。企业在选择工艺时，必须结合自身的特点进行。

（一）工艺类型

工艺类型也叫工艺技术类型，其分类如下：

1. 转化工艺

将矿石加工成可以制造的产品，如将铁矿石转化为钢板。

2. 制造工艺

将原材料加工成特定形状的产品，如将钢板制造为铁钉。

3. 装配工艺

将生产好的零件装配成产品，如组装计算机。

（二）工艺流程结构

一个工厂利用一个或多个工艺技术类型来组织物流活动的形式即为工艺流程结构。海斯

---

① 马克·M. 戴维斯. 运营管理基础. 北京：机械工业出版社，2011.

(Robert H. Hayes）和惠尔莱特（Steven C. Wheelwright）确定了四种主要的工艺流程结构。

1. 工艺专业化生产

多品种、小批量产品的生产大多要求设置不同或顺序不同的工艺过程。例如印刷厂、机器工具厂等。

2. 批量生产

批量生产是标准化、工艺专业化的生产。这种结构通常用于有相对稳定的产品系列的企业，每种产品根据顾客订单或者库存要求进行周期性生产。多数产品的生产都沿用相同的流程方式，飞机制造、电子产品生产应用的是此种结构。

3. 装配线生产

这种生产方式是指按照受控速率，零部件按装配顺序从一个工作地到另一个工作地进行装配生产，例如计算机、汽车的装配。当若干个工艺按装配顺序形成线性模式时，通常称为生产线。

4. 连续流程生产

即无差异原料的转化或深加工过程，如啤酒的酿制、灌装、包装和运送，它同装配线一样，采用预先确定的步骤顺序进行生产，但其流程是连续的而不是离散的。通常这种结构都是高度自动化的。为了避免高额的停工和启动费用，这种流程必须全天 24 小时连续运行。除了连续流程结构，流程结构的选择通常是每种产品需求量的函数。

（三）产品—工艺矩阵

生产与销售是密不可分的，倘若生产的产品不能被市场接受，生产也就变得毫无意义。也就是说，生产工艺组织必须与产品和服务的市场需求相适应。有什么样的需求，就有什么样的工艺流程结构与之对应。产量要求就是市场需求的一个具体反映。海斯和惠尔莱特在 1979 年提出了产品—工艺矩阵（见图 3-6），用以对产品和生产工艺结构进行具体分析。

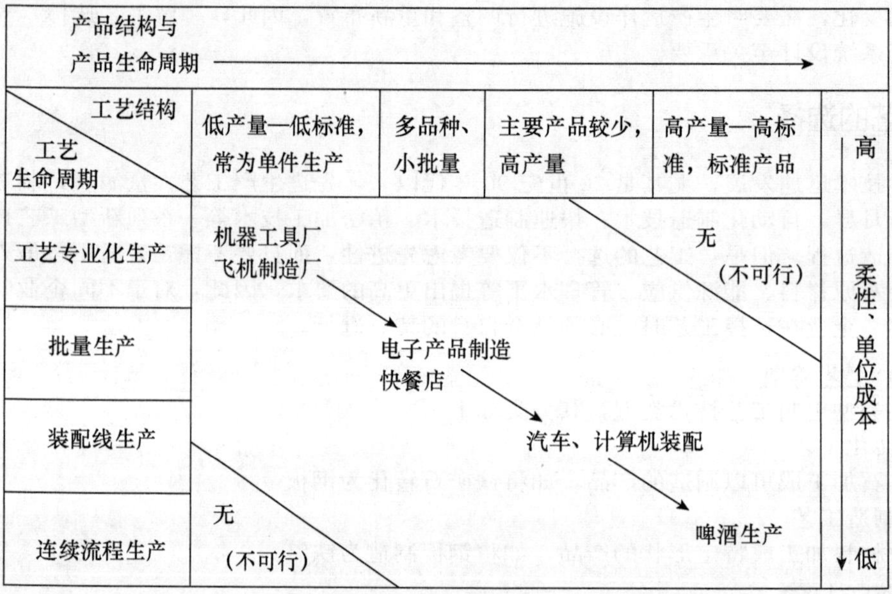

图 3-6　产品—工艺矩阵

产品—工艺矩阵是一个二维矩阵，横坐标表示产品结构与产品生命周期，随着产品生命周期的发展，市场需求特性渐渐趋向同一化，产品的产量增加而结构变窄；纵坐标表示工艺结构与工艺生命周期，随着工艺生命周期的发展，生产运作工艺由单件生产到成批生产、自批量生产至连续流程生产自动化程度很高的专用设备与标准物流变得经济可行。因此，企业通常采用产品—工艺矩阵对工艺流程结构进行决策。

二、产品设计与制造工艺的结合

当今社会，产品更新换代越来越快，产品生命周期越来越短。传统设计的产品由于产品设计、制造工艺设计、实际生产过程的分离，导致在制造过程中可能会遇到这样或那样的问题，或者即使可以制造，也会产生高昂的成本。所以不得不重新设计，导致很长的产品开发设计周期，等到批量生产推向市场的时候，产品销售的最佳时机已经过去，产品在销售方面不会收到很好的回报。现在的产品设计要求考虑到产品制造时的可行性和经济性，因此新的设计理念——制造设计（design for manufacturing，DFM）应运而生。

DFM 的基本概念是，把产品设计作为产品制造工艺的第一步，产品制造必须从易于制造并且经济制造的角度出发。对于零部件设计来说，必须考虑易于装配。运用这样的概念，可以把产品设计和产品制造工艺有机地结合起来。这样不仅能提高产品制造效果，还能大大缩短产品设计、制造、销售周期，赢得时间，降低成本。

（一）DFM 的基本原则

DFM 的基本原则给出了从制造角度出发进行产品设计的基本思想——提高生产效率，保证生产效果。具体表现在：使产品零部件数量尽量少；进行模块化设计；尽量使一种零件有多重用途；尽量使用标准件；尽量使操作简单化；使零件具有可替代性；尽量使装配流程简单化；使用可重复、易懂的工艺流程。这些原则看起来很简单，但若在设计过程中不把它们当成原则来看待，则很有可能发生偏离。事实证明，这些原则对于节省劳动时间、降低人工成本有重大作用。

（二）装配设计

装配设计（design for assembly，DFA）是 DFM 的一种重要工具，可以用来减少产品装配所需要零部件的数量和决定装配顺序。DFA 提供了一种根据装配方法和所需装配时间——分类的通用零部件产品目录，例如，某一类部件的装配方法是先铣再钻，或者铣和钻同时进行，也可以先钻后铣。这些产品目录可以帮助设计者在不妨碍产品性能的情况下尽量选用易于装配的通用零部件。DFA 还给出了一些装配指导原则，例如，如何选择手动和自动装配；如何避免零部件运送工位时容易引起的混淆和错位运送；如何简化装配操作；如何选择不易出错的装配顺序等。此外，DFA 还包括一种装配评价方法。这种方法用点数评价装配中每一步操作的难易程度。例如先铣再钻的操作难度大于铣和钻同时进行，因此前者的点数就高。运用这种方法，可以预先给定整个装配流程的最大点数，如果在现有产品的设计下超过了这个点数，就要重新设计。

（三）故障树分析

故障树分析（fault tree analysis，FTA）又称缺陷树分析。在产品设计中，难免会出现问题和缺陷，可采用故障树分析的方法分析故障，以便改进。FTA 用树状图表示产品缺陷、引起产品缺陷可能的原因以及可能采取的措施，以便从中找到最合适的改正缺陷的方法。进行故障树分析时采用数学上并和交的概念，倘若顶端有问题出现，则顺着枝干一步步向下分析，直到找到问题的根源。图 3 - 7 是磨煤机故障树的示例。①

例如，磨煤机的油路管发生故障，但是无法及时查明。运用故障树分析的方法可以先判断是主轴承及减速机震动、主轴承温度异常升高、金属撞击声中哪一环出现问题，发现是主轴承及减速机震动有故障；再在其中查明是旋转机械故障还是润滑油中断，发现是润滑油中断，采用这种方法进一步查明是油路管道故障引起整个磨煤机的故障。采用故障树分析方法可以迅速准确地找到问题的根源，帮助企业恢复生产、减少损失。

① 赵薇，贾民平，黄鹏．故障树分析及其在制粉系统故障诊断中的应用．振动、测试与诊断，2006（12）：288-290.

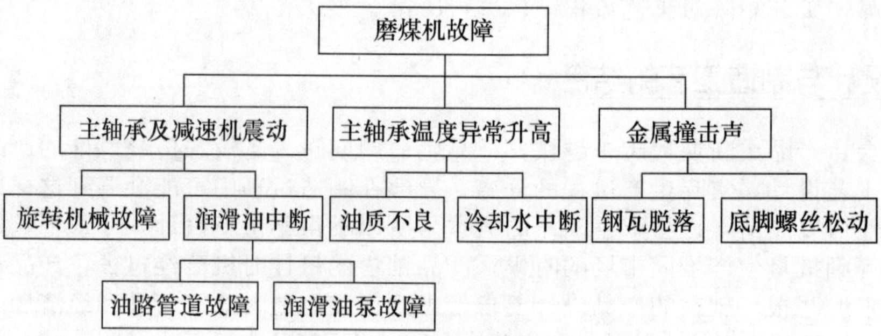

图3-7 磨煤机故障树

（四）价值分析

价值分析（value analysis，VA）又叫价值工程（value engineering，VE），基本思想是首先定义产品的关键功能，然后评价每个功能的价值以及为了获得该功能所需要的成本。运用这些数据，可以得出价值/成本比值，然后在设计过程中不断通过提高价值或降低成本来提高这一比值。产品设计中的每一材料、每一部件以及制造过程中的每个操作步骤都可以进行价值分析。这种方法最早是20世纪40年代由通用电气公司提出的，当时的主要目的是消除产品中不必要的功能和特性，以后发展成为一种产品设计工具。

本章案例 >>>

星巴克的选址

在北京、上海这样的大都市，星巴克早已成为一种时尚的文化符号。几乎在所有人流密集的地方，比如大型地铁站、闹市区、高级写字楼大堂、大商场或饭店的一隅等，都可以看到那墨绿色的标志。星巴克的选址一直为人所称道，被奉为业界传奇。星巴克的选址带给我们的启示都有哪些呢？

星巴克致力于提供最优质的服务，以营造温馨舒适的“第三生活空间”，为顾客在家和办公室之外提供一个可休息交流、洽谈商务的地方。选址决定了其经营绩效与战略目标的实现，因此，星巴克十分注重每家门店的选址。

星巴克确定一个城市是否可以进入时，首先要进行人口统计学分析，确定是否有足够数量的目标人群，即受过高等教育的中高收入人群。在确定进入后，再根据城市规划和地理特征对整个城市进行分区，这在星巴克内部称为迷你市场。星巴克会在每个迷你市场细分商圈，在商圈内划分功能区，对每个功能区进行评级，最后根据评级进行选址，决定是否进入以及进入的先后次序。

星巴克的门店选址具体原则如下。

一、目标人群足量原则

星巴克在选址时首选商场、办公楼、旅游景点等人流汇聚的地方。星巴克管理团队会对拟选店址的人流量进行测算，统计5分钟交通时间内便利到达的顾客人流量，再依男女比例、性别、年龄、穿着来预测潜在顾客的数量，并分析客流、客源定位、客层、消费取向等。

在确定主要人群流动线的基础上确定聚客点，把聚客点相隔不远的位置作为门店选址的目标地点。人流的主要流动线意味着单位时间里经过的人流量最大，聚客点设在人群聚集驻足停留的地方。

除了人流量，还要考虑目标人群数量。星巴克定位于追求品位与时尚的中高收入人群，年龄在16～45岁之间。这个年龄段人群的消费实力和意识符合星巴克的市场定位。

通过目标人群足量原则，星巴克相比于其他咖啡店显示了客流量最大的优势。数据显示，在中国，星巴克每周的客流量大约在3 000万，每个星期的交易量达到300万宗。

二、降低成本多店原则

星巴克的连锁经营实现了不同点的标准化服务。而标准化服务需要服从经济性原则，在保证利润的前提下尽可能多开店，以此降低物流成本，比如各式糕点必须全部在零下18度的条件下无缝对接的冷链配送成本、储存成本等。星巴克通过增加门店数量来降低物流成本。所以，当决定是否进驻一座城市时，星巴克要考虑未来多店经营的可能性，并很快开设多家门店，实现网络化连锁经营。

星巴克一惯坚持直营连锁，不接受任何加盟，以确保规模经济效应与品牌质量。同时，星巴克大胆打破零售业常规的分店选址规律。一般零售业反对将分店设置得过于集中，以免形成分店之间的可能竞争，减少销售量。但星巴克把分店集中设置在选定区域，进行统一配送、统一采购、统一宣传、统一管理、统一核算。星巴克的“第三空间”效应以及最大化顾客到达的便利性证明集中在一定区域的方式能够迅速占领市场，增强品牌效应，使星巴克成为广受中国消费者认可的大众消费品。

三、周围环境融合原则

星巴克根据城市文化特点进行店铺的设计。星巴克在中国的开店经验表明，选址必须与周围环境融合。比如曾经开在故宫里的星巴克，因没有考虑故宫在中国人民心中的文化寓意并加以融合导致撤店。现在选址时，星巴克会更加注重对周边环境的考察，力图更加有效地融入当地环境，比如在建筑设计上采用有当地特色的艺术风格，与周边环境相互交融。香港旺角洗衣街星巴克店的墙面设计是香港经典电影和日常生活；星巴克北京前门店选择木质楼梯、方桌和窗户设计，给人一种北京茶馆的感觉；星巴克苏州平江路店放弃墨绿色而启用咖啡色，实现与周围古建筑的协调。这样本土化的设计使得人们更容易接受它，不会产生排斥感，久而久之还会被它的文化吸引，成为忠实顾客。

四、商圈成熟稳定原则

商圈成熟与否在于目标消费群体的聚集程度，商圈稳定与否在于消费水平的稳定性。商圈的成熟与稳定主要体现为中高收入人群的大量聚集。选择成熟稳定的商圈可以便利中高收入目标人群到达。比如，上海市陆家嘴中心区金融机构集中、商务楼宇林立、人口密集，星巴克在此地开设了20多家分店。无锡保利广场位于市中心繁华地段，地处中山路商圈、崇安寺商圈和站前商贸区三点一线黄金核心区，分布着5家大型百货商店和多家高级酒店。星巴克保利店的消费特点是快速、流行、娱乐、金额高。

五、基础设施规划原则

静态上，人群的聚集取决于交通便利性，而基础设施决定了交通便利性从而决定了商圈的辐射能力。比如轨道交通的交汇与否、停车位的多寡等基本上决定了客人进店率和消费额。

动态上，当地的城市规划预示着未来的人群聚集变化。2011年星巴克经合肥市政府招商引资在合肥某地开了一家门店，当时业务量非常高。但由于2014年领导班子换届，对合肥市进行重新规划改造，在这家店面附近修建地铁，周围全部是工地，顾客只能从通道进店。这家店成为星巴克中国一段时间内唯一一家亏损的店面，星巴克总部一度考虑是否关闭该店。基于此，在以后的选址中，星巴克会把未来的城市规划考虑进去，即使租金高一点也坚持该原则。

六、文化品牌展示原则

消费者在需要的时候能否一眼看到门店对利润增长非常重要。虽然星巴克目前的品牌知名度较高，但咖啡行业竞争非常激烈。有效地进行品牌展示、确保店招醒目可见是有力措施。星巴克在选址时就考虑如何实现店招的有力展示，将顾客吸引到门店，再使用产品差异化战略将自身与速溶咖啡区别开来，培养他们长期消费现磨咖啡的习惯，形成浓烈的星巴克文化。星巴克还会在客人享受咖啡时播放“咖啡音乐”，这些音乐是经过总公司筛选的“成年人专辑另类曲目”(Adult Album Alternative，AAA)，定期换档，指定播放。店里放的音乐跟咖啡的气味一样，都会严格控管、不容“污染”。这些音乐与咖啡搭配在一起，给人以独特的文化氛围。正是星巴克独特的文化和体验让全球的消费者对它情有独钟。

七、首店选址最为重要原则

星巴克旗舰店的开设意味着其在这个城市的首张面孔。人们对于不熟悉的事物第一印象往往至关重要。因而，星巴克对第一店的选择尤为慎重。

当初在南京选址时，星巴克面临两个选择：新街口商圈的东方商厦和北极阁地区。新街口商圈里的大型商场多，这里的消费层次与星巴克的消费人群类似且消费水准稳定；北极阁地区风景优美，环境安静。这里是省市政府机关的工作区域，政府公务员的消费不可小觑。另外，南京正在修建的地铁从此穿过。

星巴克对于两个地区的流动人群进行调查，从穿着、年龄、男女比例来确定潜在的顾客数量。“星巴克更多是一个偏向女性化的咖啡店，带着一些梦幻和激情，”公司一位负责人介绍，“而且女性客人往往会带来她的男友或者伙伴，而男性客人往往是独来独往。”

最终星巴克选择在新街口商圈的东方商厦建立了南京的第一家店。随即，星巴克在北极阁地区开出了第二家店。星巴克的负责人解释，将第一家店开设在新街口，看中的是其稳定成熟的商业氛围，可以维持营业额的稳定。而将第二家店开设在北极阁，主要是看以后的增长。

八、利用科技辅助原则

数据有助于企业节省开支，同时防止企业因选址不当而导致决策错误。在选址时，星巴克还会利用地理信息系统（Geography Information System，GIS），通过大数据分析指导新门店的选址。为此它开发了一款应用程序——Atlas。Atlas 以大数据分析为工具，将其置于可视化地图软件上，帮助现有门店获得成功，然后再寻找类似地域，为新门店选址。星巴克利用 Atlas 将某地区的地图分成各种不同的可视化层级，每个层级代表一个影响门店选址的因素，包括接近商贸区、人口统计学信息、每天的交通流量，以及公共交通便利性等。另外，Atlas 还会将城市的未来规划包含其中，比如在南宁选址时，由于有一区域未来几个月内会有三处新的写字楼开放，Atlas 会提示一个新的潜在的门店位置。如果经过慎重考虑确定要设立新门店，相关的工作流程就会从屏幕上弹出，指导开店流程，比如如何获得相关的审批流程、如何获得许可证等。

思考题

1. 星巴克的选址原则基于其哪些特性提出？

2. 如果开设一家连锁理发店，你认为选址需要遵循哪些原则？

□ 本章小结

生产系统设计对生产系统运行有先天性的影响。生产系统设计是企业总体战略的重要组成部分，包括选址、设施布置和工艺选择等内容。选址是从企业自身出发，进行生产系统设计的首要阶段。设施布置是在选址之后进行的，对工厂的生产设施进行合理布置，以有效利用工厂的空间来安排不同的生产工艺。

本章主要讨论了生产系统的设计问题。首先讲述了生产系统的构成要素及其设计原则，在此基础上介绍了现代生产系统的五种形式：自动化生产、市场导向化生产、创新型生产、多样化生产和国际化生产；接着讲述了厂址选择的重要意义及其影响因素，并介绍了厂址选择的相关方法，包括加权评分法、重心法、量本利分析法、线性规划法；然后讲述了制造业设施布置的方式，如工艺原则布置、产品原则布置、定位布置和成组技术等，还介绍了服务设施布置的方式；最后在工艺选择部分引入了产品—工艺矩阵的概念，并把产品设计和制造工艺结合，提出了制造设计的新理念。

□ 复习题

一、简答题

1. 简述生产系统的构成要素。
2. 简述厂址选择的影响因素。
3. 简述加权评分法的步骤。

4. 简述制造设计的基本原则。

二、计算题

1. 长江电子公司是生产小型计算器和微型计算机的公司，总裁是王某。公司在L城和R城拥有工厂，现正评估是否应在中国西部开设第三家工厂。王某想把D城和O城作为备选城市来进行比较。1 000单位以内的原材料，每个月可以从任意以下三个地点中得到：A，B和C。表3-5给出了现在工厂和未来工厂的月需求，以及从某一供应点购买并运输到指定工厂的总成本。

表3-5　电器行业供应商的市场

原材料供应点	目的地每单位成本（元）				供应点供应能力
	L城	D城	O城	R城	
A	6	9	10	12	1 000
B	9	8	7	8	1 000
C	11	9	7	9	1 000
需求	600	550	500	500	

（1）选择D城还是O城，能使公司获得原材料的总成本最小？

（2）如果选择D城，这些成本是多少？如果选择O城呢？

2. 真果营养棒制作的原材料包括干果、人工色素、防腐剂和葡萄糖。制作时需要将这些混合物压成薄片，然后刻成各种形状，进行翻卷和包装。流水线的先后关系和时间要求如表3-6所示。为了满足需求，每周40小时需要生产6 000件产品。在满足先后关系限制的前提下，设计一条可以满足这一生产定额并且包含最少生产中心的流水线。

表3-6　流水线关系

工序	工作要素	前置工序	时间（秒）
A	压制水果薄片	—	6
B	切成条状	A	12
C	刻成有趣的形状	A	24
D	翻卷与包装	B，C	18

第4章 新产品开发

Chapter 4

本章要点

- 了解新产品和新服务的概念及分类；
- 学会分析新产品开发流程；
- 掌握新产品开发的风险因素，掌握新产品开发风险的控制方法。

21 世纪是一个创新的世纪，快速变化的顾客需求和日新月异的科学技术促进了经济的发展，导致产品生命周期越来越短，新产品开发对企业的生存与发展至关重要。在这种情况下，企业要从战略规划、流程选择、组织创新、风险应对等方面加强管理，保证新产品开发的成功。

第1节 新产品开发概述

面对激烈的市场竞争形势和顾客的多样化需求，企业只有不断开发适销对路的新产品，不断缩短新产品开发的周期，才能在竞争中保持旺盛的发展势头。新产品竞争是一种比价格竞争更为有力的非价格竞争。开发新产品对于社会和企业本身都有极其重要的意义。

一、新产品开发的驱动力

（一）市场竞争的加剧

在竞争激烈的市场上获得市场份额的最好方法莫过于开发新产品。例如，20 世纪 90 年代中期，感冒药市场的竞争异常激烈，合资、外资企业的感冒药占据了大部分市场份额，康泰克、帕尔克、康德等已有了相当高的知名度，再加上三九感冒灵等部分民族品牌竭力相争，感冒通、VC 银翘片等大批普药感冒药向国有商业传统渠道渗透，市场已经可以嗅到大战前的硝烟味道。当时，启东盖天力制药公司规模还很小，年产值不过千万元。在此情况下，启东盖天力制药公司大胆创新，首创白天与夜晚服用法，其复方药剂成分与普通感冒药相比变化并不大，满足了部分感冒人群对白天服药不瞌睡的需求。白加黑变得家喻户晓，销量占据了西药感冒药市场的 16%，达到 1.6 亿元，在西药感冒药市场销售额仅次于康泰克，居第二位。

（二）科学技术的发展

飞速发展的科学技术使产品淘汰得更快。例如，微机芯片技术在增强手机功能的同时也大大缩小了手机的体积。现在，人们通过智能手机可以实现购物、个人信用卡结算。1 号店推出的二维码手机购物新方式，就充分利用了智能手机的强大功能。又如，由于计算机技术的飞速发展，如今计算机的运算速度及存储能力远远超出了 15 年前可以想象的水平，并且这一趋势还将延续下去。

同时，科学技术也影响了产品与服务生产和交付的流程。计算机辅助设计与计算机辅助制造使企业使用了机器人，这不仅降低了劳动力成本，还大大提高了产品质量。

（三）企业生存的必要

纵观中外企业发展史，绝大多数企业是短命的，昙花一现的比比皆是，中国的部分老字号企业在新的市场环境下失去消费者宠爱的根本原因是缺乏产品创新。那些得以基业长青的企业无一不是不断开发新产品的，它们认为能够体现企业发展潜力的重要指标便是新产品的开发能力。著名的3M公司是目前世界上少有的几个百年老店，企业的基业长青得益于企业不断勇于创新的精神。3M公司以改善人们的生活为宗旨，每年要开发200多种新产品，生产了很多方便人们生活的日用品。2005年3M公司被评为全球最具创新精神的20家公司之一，在其百余年历史中开发出了5万多种高品质产品。

（四）利润的驱动

当今时代，唯一不变的事情就是变化本身，创新已成为时代发展的主旋律，大多数企业销售收入的1/3来自新产品及新服务。调查表明，一般企业销售收入的25.2%来自新产品，利润的22%来自新产品。

企业作为一个营利性组织，期望从新产品中获得高比例的销售额与利润。事实上，一个成功的新产品对于营利性组织的重要性远远大于其他任何一起可能的事件。一个组织存在的真正原因是：它的运作向顾客提供了利益或价值，顾客也正是为了自己中意的利益或价值才支付费用。这表明，在这个竞争激烈的世界里，组织必须向顾客提供比竞争对手更好的利益或价值，至少在短时间内是这样。新产品开发的重要性由此体现出来。

二、新产品的概念

新产品可以从不同的角度加以描述。一般来说，新产品是指在产品性能、结构、材质、用途或技术性能等一方面或几方面具有先进性或独创性的产品。先进性包括运用了新原理、新结构、新技术产生的先进性，以及由已有技术、经验技术和改进技术综合产生的先进性。独创性是指运用新技术、新结构、新材料所产生的全新产品，或在某一市场范围内属于全新产品。新产品要确保能满足既定的市场需求，并且能给企业带来利润，这也是企业开发新产品的动机。

三、新产品的分类

与市场中现有产品相比较，根据新产品的创新程度，可以将其分为以下三类：派生产品、换代产品和创新产品。

（一）派生产品

派生产品主要指在原有产品基础上采用各种先进技术，对产品的性能、材料、结构、型号等方面进行改进而制成的产品。如在普通牙膏中加入不同物质制成的各种功能牙膏；在牛奶中加入钙、铁、锌等不同营养物质制成的各种功能牛奶。派生产品的创新程度较小，是企业常用的新产品开发方式，一般是在新产品设计和制造流程中进行改动，故所需投入的资源较少，占用的现金流也较少。派生产品通过不断改进和延伸现有产品线，可使企业在短期内保持市场份额。一般情况下，派生产品能够快捷地推向市场。

有时企业对产品设计稍微进行改动就会极大地影响产品的生产流程，因此，企业在推出派生产品之前，应该考虑产品与生产流程的相互影响。

（二）换代产品

换代产品主要是指产品的基本原理不变，通过部分采用新技术、新材料及新元件，使功能、性能及其他指标有显著提高的产品。例如从 VCD 到 DVD，从黑白电视机到彩色电视机等。换代产品的创新程度居中，是企业新产品开发的重要形式。换代产品一般需要带给顾客新的解决方案，拓宽产品族，不仅能够保持市场活力，而且能够延长产品族的生命周期。例如，英特尔公司通过不断更新的换代产品保证了利润的持续增长，从 286，386，486，奔腾，奔腾 2，奔腾 3，奔腾 4 到双核、酷睿微处理器，每一种换代产品都向顾客表明“英特尔的技术突飞猛进”。

换代产品保证了企业利润的持续增长，而利润的增长又为产品更新换代提供了必要的投入①，从而保证了顾客对换代产品持续的忠诚度。

（三）创新产品

创新产品主要指采用新科技、新发明所开发的具有新原理、新结构、新工艺、新材料等特征的产品。创新产品通常应用科学技术的新成果，代表科学技术发展史上的新突破，如汽车、飞机、计算机、半导体、电视机、化学纤维、青霉素等，都是在特定时代开发出的创新产品。创新产品的研制开发往往需要耗费大量的人力、物力和财力，且具有极大的风险，但是如果能够将创新产品成功地导入市场，企业将获得市场先入者的竞争优势。例如，IBM 于 1981 年推出了世界上第一台计算机，摩托罗拉于 1973 年推出了世界上第一部手机。这些新产品深刻地改变了人们的生活和工作方式。

创新产品对企业保持持续的竞争力具有重要意义。由于市场竞争日趋激烈以及社会持续发展的巨大压力，企业现有产品总会过时。创新产品不仅能够确保企业在现有市场上获得成功，也能够在新的市场中获得成功，创造更长远的发展空间。

四、服务的概念

为了更好地理解服务，从而更好地研究如何进行新服务开发，可以从以下几个方面来定义服务。

从产出的角度来看，服务是顾客通过相关设施和服务载体所得到的显性收益和隐性收益的完整组合。例如，在银行现金收付结算的服务中，顾客得到的显性收益是对现金流入与现金流出的处理；隐性收益则是及时、安全、保密、灵活地对个人财务状况加以把握，从而形成的良好体验；提供服务的相关设施是银行结算系统，而服务的载体则是支票、单据等有关文件。在这里，服务是包括服务载体等在内的一系列有形收益和无形收益的组合，其目的是满足顾客的需要并提高其满意度。

从转换过程的角度看，服务与产品的最大区别在于，它主要是一个过程或一种活动，并且是包括顾客在内的生产和消费同时进行的一类活动。例如，在搭乘飞机时，服务的生产和消费就是同步的，直到飞机降落乘客离开后，服务过程才算结束。

从服务的性状看，服务可以定义为由可触和不可触两部分要素构成的组合。在上面的例子中，航空服务离不开飞机场、飞机和人员等可触部分的支持。这种定义强调了服务具有这样的特点：其中物质性部分（可触部分）易于统一、定量地评价，但非物质性部分（不可触部分），如方便性、速度、友好程度、信任度、清洁度、气氛、吸引力等，由于受顾客主观因素的影响，难以统一、定量地评价。

从管理学的角度看，服务既然是一种活动，提供服务的组织就必须对活动过程进行有效的计划、组织与控制；服务既然是一种结果，就必须达到使顾客满意的目的。服务的概念是为满足顾客的需要，供方与顾客之间的活动和供方内部的活动所产生的结果。

五、新服务的分类

服务比有形产品更具复杂性，即服务不仅涉及最终服务的交付，还涉及服务过程本身。

---

① 黄静．新产品管理．武汉：华中科技大学出版社，2008.

因此，对新服务的分类通常需要考虑两个维度：服务内容的变化程度和服务传递过程的变化程度。图 4－1 所示的二维矩阵给出了新服务的类型。

服务内容的变化程度	低（服务传递过程的变化程度）	高（服务传递过程的变化程度）
高	多样化	创新型
低	粉饰型	渠道开发型

图 4－1　新服务分类矩阵

（一）粉饰型服务

它处于矩阵的左下角，其影响服务两个维度的变化都很小，即需要提供的服务内容和服务的传递方式均无太大变化。例如，餐馆在菜单上增加新的菜目，培训机构增加新的培训项目等。粉饰型服务对企业现有业务影响较小，能快速地满足市场需求。

（二）多样化服务

它处于矩阵的左上角，是指提供全新的服务内容，但服务的传递方式基本不变或变化很小。例如，在酒店行业中，许多酒店都会推出各具特色的服务内容，如房间大小、娱乐休闲、健康中心及商务支持等，同时服务于多个细分市场。对于开发多样化服务的企业，一大挑战就是如何将开发的服务高效地传递至目标细分市场。

（三）创新型服务

它处于矩阵的右上角，提供的是全新的服务内容和服务传递方式。这一类型服务需要企业投入较多的资源，开发周期也相应变长，并且具有一定的风险。例如，联邦快递开创了隔夜速递服务，摒弃了传统的地面交通工具而改用飞机。

（四）渠道开发型服务

它处于矩阵的右下角，是指提供的服务内容没有多大变化，但是采用了全新的服务传递方式。顾客希望通过不同的渠道得到与过去相同质量的服务，如自动取款机、网上购物等，在开发此类服务时需要特别关注服务过程的设计。①

第 2 节　新产品开发流程

一般来说，新产品开发流程可分为构想方案提出、可行性研究、产品设计、工艺设计及市场导入五个阶段。

一、新产品开发的流程

（一）构想方案提出

新产品开发过程始于构想方案的提出。构想既是一个创造性的过程，也是一个学习性的过程，这一过程的主要任务是形成新产品概念。新产品构想的来源是多方面的。通常，研发部门的技术革新、市场营销部门的市场调研、供应商及经销商的需求、企业生产运营人员的

① 刘晓冰，李新然. 运营管理. 北京：清华大学出版社，2011.

建议，以及竞争对手提供的产品和服务等都可能提供有价值的构想。此外，经济形势、政治与法律环境的变化，人口统计学特征、社会文化变异等因素也能激发新产品构想的形成。一般将企业通过与顾客交流、倾听顾客的心声来搜寻新产品构想并开发出新产品的方式称为需求拉动型；而将消费者还没有意识到对新产品的需求，即存在潜在市场需求时由研发部门开发并推向市场的方式称为技术推动型。

（二）可行性研究

可行性研究的任务是通过对一个或一系列新产品概念的评估，最终筛选出概念产品。对新产品概念的经济性、适用性及市场竞争力进行可行性研究，是企业新产品开发中一个重要的决策过程。一般需要从企业的市场条件、财务状况和生产运作能力三个方面考虑。

1. 市场条件

包括新产品的上市能力、预期销售增长、对现有产品的影响、产品竞争状况以及竞争力等。

2. 财务状况

包括投资需求、投资回报率、对企业总获利能力的贡献率以及预计的现金流等。

3. 生产运作能力

包括新产品开发时间、质量、技术可行性、组织生产或交付产品的能力、现有设施与管理状况、对相关规章与法律问题乃至伦理道德问题的考虑程度等。

（三）产品设计

在勾勒出新产品的框架后，产品设计阶段要对概念产品进行全面的定义，初步确定新产品的性能指标、总体结构和布局，并确定产品设计的基本原则。为了适应动态变化的竞争环境，设计出具有市场竞争力的新产品，企业应遵循下列基本原则：

（1）设计出顾客需要的新产品或服务，强调顾客的满意度。

（2）设计出可制造性强的新产品或服务，强调产品责任。

（3）设计出稳定性强的新产品或服务，强调产品责任。

（4）设计绿色产品，强调商业道德。

企业主管部门审核、认可了初步设计之后，就可以开始新产品的定型设计。对其中的关键技术要进行原型设计、测试和试制。据统计，100 个新产品构想中只有 6 个能进入样品原型设计阶段。因此，为了评估和检验新产品的市场业绩和技术性能，以进一步确认新产品构想的市场价值与竞争力，原型设计也是一个重要的筛选环节。

借助计算机技术与互联网，人们可以在虚拟环境下对新产品与服务进行原型设计、测试。虚拟设计是以计算机仿真为基础的现代设计方法与技术，其核心是虚拟样机技术。所谓虚拟，就是通过计算机技术构造一种特定的人工环境，为人们创造出一种时域和空域可变的、与现实世界相似的假想世界，从而使人们能够在这样一个世界里完成所需要的设计、制造和模拟试验过程，最终实现系统优化、节约成本、缩短设计制造周期的目标。福特汽车公司在采用此项新技术后，其设计周期缩短了 70 天。全公司范围内，设计费用减少了 4 000 多万美元，制造费用节省了约 10 亿美元。由于设计制造周期的缩短，新车上市早，额外盈利达到其成本的数倍。世界上最大的工程机械制造商卡特彼勒公司的工程师采用这项技术进行装载机和挖掘机的工作装置优化设计及分析，在一天时间内，他们对工作装置进行了上万个工位的运动及受力分析，轻而易举地实现了理想的设计。

最终的产品设计应该能够充分利用优化分析和计算机绘图等手段，得到新产品的全套工作图纸和说明书。

（四）工艺设计

产品设计描绘了顾客需要什么样的产品，接下来工艺设计要解决的是如何生产出顾客需要的新产品。这一阶段的主要任务是按照产品设计的要求，安排或规划出由原材料加工出新产品所需要的一系列加工步骤和工装设备的过程。设计者进行设计时要充分考虑到企业的生产能力。工艺过程设计的结果一方面可以通过反馈以便改进产品设计，另一方面也可以作为生产实施的依据。设计过程一般包括以下程序：新产品图纸的工艺分析和审查、拟定工艺方案、编制工艺流程和工艺装备的设计与制造。

（五）市场导入

在市场导入的初始阶段，企业可以尝试小批量生产新产品，并按照市场营销部门制定的营销方案在目标市场中试销。然后依据顾客对新产品信息的反馈，对新产品的效果进行评价，以确定新产品的导入是否成功以及今后的发展方向。在此阶段，企业应该在新产品进入市场的时机、产品性能和质量、产品设计与市场需求的匹配程度以及营销方案的合理性等方面下功夫。

由于新产品开发过程的复杂性和开发环境的不确定性，需要市场营销部门、研发部门及生产运作部门紧密合作，在新产品开发的各个阶段做到信息在各部门之间的共享和反馈。同时，财务、会计和信息系统等其他职能部门也对新产品开发过程起着重要的支持作用。

产品的生命周期一般要经历导入期、成长期、成熟期和衰退期，随着技术不断推陈出新、市场竞争不断加剧，产品生命周期呈现越来越短的趋势。企业要想获得成功，赢得竞争优势，必须尽可能压缩新产品开发的完成时间。首先，企业应不断地推出新产品概念；其次，要把这些新产品概念尽快转化为顾客需要的工艺设计，保证这些功能的可生产性；最后，还应选择与顾客需求相匹配的流程，生产出最终产品。整个过程耗时越短，就越有可能在激烈的市场竞争中占得先机。

二、新产品开发的组织模式

（一）串行工程

串行工程是把整个新产品开发过程进行细分，分配给各部门或个人，部门或个人之间相对独立地进行工作，工作完成以后把结果依次交给下一个部门。

多年来，企业的新产品开发大多采用串行的方法，即从需求分析、产品设计、工艺设计、加工制造直至市场导入，各开发阶段在部门之间依次进行。也就是说，首先从熟悉顾客需求的市场营销人员或其他渠道得出新产品构想，再由产品设计人员完成对新产品的精确定义，之后交制造工程师确定工艺工程计划、产品总费用和生产周期，质量控制人员做出相应的质量保证计划，最后由市场营销人员将新产品导入市场。

串行的新产品开发过程存在许多弊端。首先，以部门为基础的组织结构严重妨碍了新产品开发的速度和质量。例如，产品设计人员在设计过程中难以考虑到顾客需求、制造工程、质量控制等约束因素，致使设计和制造脱节；设计的新产品可制造性、可装配性差，导致新产品开发过程变成了设计、加工、试验、修改的多重循环，从而使设计改动频繁、产品开发周期漫长、产品成本增加。其次，各个部门之间缺乏知识与信息共享，下游开发部门所拥有的知识难以加入早期设计。在产品设计过程中，越早发现问题，降低费用的机会越大；反之，问题发现得越晚，修改费用越大。

（二）反向工程

反向工程是指在吸收先进技术过程中应用的一系列分析方法和技术的组合，其主要目的是改善技术水平、提高生产率及增强竞争力。世界各国在经济技术发展中，都曾应用反向工程来吸收先进技术经验。据统计，多数国家70%以上的技术来源于国外。反向工程作为掌握技术的一种手段，可使新产品研制周期缩短40%以上，极大提高生产率。

反向工程通过对他人产品的剖析和研究，运用各种科学测试和分析手段，反向求索该产品的开发思路、产品设计、制造工艺和材料特性等，从而全面系统地掌握新产品的原理、结构与制造等方面的内容。值得注意的是，反向工程应在遵守知识产权法律的前提下进行，合法地反向设计他人的产品，以达到降低产品创新风险、缩短产品开发周期的目的。

（三）并行工程

并行工程是集成、并行地设计产品及其相关过程的系统方法。这种方法要求产品开发人员从一开始就考虑产品整个生命周期中从概念形成到产品报废的所有因素，包括质量、成本、进度计划和用户要求等。应用并行工程能够提高产品质量，降低生产成本，缩短产品开发周期和产品上市时间。在产品开发初期，通过组织多种职能协同工作的项目组，使有关人员从一开始就获得新产品需求的相关信息，积极研究设计本部门的工作业务，并将要求提供给设计人员，使问题在开发早期就得以解决，从而保证设计的质量，避免返工浪费。

并行工程虽然强调产品设计与工艺过程设计、生产技术准备、采购、生产等活动并行交叉进行，但并不是要违反产品开发过程必要的逻辑顺序和规律，也不能取消或越过任何一个必经的阶段，而是在充分细分各种活动的基础上，找出各种活动之间的逻辑关系，将可以并行交叉的尽量并行交叉进行。同时，它还强调人们要学会在信息不完备情况下就开始工作，从而避免了串行工程的弊端。

目前，并行工程已从理论朝实用方向发展，越来越多地进入航空、航天、汽车、电子、机械等领域，一批国际知名企业通过实施并行工程取得了显著效益。迅速发展的计算机信息技术与互联网技术使并行工程成为先进制造技术中的基础。例如，1994 年波音公司向全世界宣布波音 777 飞机采用并行工程的方法，大量使用 CAD/CAM 技术，实现了无图样生产，并且从开始设计到试飞一次就获得成功只用了三年零八个月的时间。

当然，这种开发方式仍存在许多难点。例如，由于设计和制造之间存在已久的界限很难在短时间内消除，单纯将各个职能部门的人召集在一起，不可能产生高效的协同效应。并行工程的实施还需要企业在技术和组织上都有相当的积累，组织内部必须有充分的沟通和灵活性，以使其变得更加柔性化。

第 3 节 新产品开发风险管理

新产品开发是一种风险性极高的活动，会遇到许多市场、技术和环境的不确定性。企业若希望在高风险中追求高收益，一定要充分了解风险的本质特征，在新产品开发中做到能正确辨识和防范风险，这是避免新产品开发失败的重要因素。

一、新产品开发的风险因素

新产品开发是企业的一项系统工程，要经历技术开发、工艺设计、生产、销售等多个经营环节，这就造成了新产品开发的风险因素的多样性。新产品开发风险是指企业对新产品开发的内外环境不确定性估计不足或无法适应，或对新产品开发过程难以有效控制而造成新产品开发失败的可能性。新产品开发的风险主要源于以下几个方面。

（一）技术风险

技术风险是由于新产品开发技术的不成熟、不完善或替代技术提前出现带来的风险。

1. 技术的不成熟

由于对新产品的开发是一种技术上的探索，因此难以确定这样的探索结果会如何，可能会因为技术上不成熟、不可行而造成创新项目半途而废，或者虽然能研发出来，但达不到预期的技术效果。

2. 技术的不完善

新产品开发项目即使能够成功投入生产并推向市场，事先也难以确定其效果。例如，有些产品所用的技术有负面作用，会造成环境污染、破坏生态等，则可能会因为受到限制而不能实施。

3. 替代技术提前出现

新产品在不断发展，更新、更好的换代产品比预计的时间提前出现，或市场上出现了其他功能上可替代的产品，就会对已有产品产生巨大冲击，甚至使之被提前淘汰。现代科学技术呈现出加速发展的态势，各种新技术层出不穷，使得产品生命周期和技术生命周期大大缩短，这更增加了现代企业新产品开发的技术风险。

(二) 生产风险

新产品即使能在技术上成功研制出来，仍然难以付诸批量生产及规模化。新产品开发活动所需要的生产能力与现有产品的生产能力是有差别的，它是指把研究开发成功的新产品样品及时地转化为可批量生产的产品的能力，要求生产系统具有较强的柔性和灵活适应性。企业的配套技术不适应、生产工艺不过关、原材料供应跟不上、设备适应性差、生产规模难以迅速提高或工程技术人员及操作人员的专业技能无法满足需要等因素都会产生生产风险，导致创新产品质量与性能达不到设计标准、生产能力不足或生产成本过高而无法满足市场需要。

为了使新产品能够有序地投入生产，选择适当的分销策略至关重要。如果销售终端无力，产品卖不出去，就像江河的下游被堵住，可以想象会对上游造成灾难性的后果。新产品选错了销售方法会浪费营销资源，不是市场打不开局面，就是销售成本过高。销售方法失误往往是导致渠道分销不当的前提。分销无力度，新产品就不能进入渠道，商品流通环节因此中断，销售就自然会面临失败。无力度的销售往往表现在市场终端上，消费者在市场上根本看不到它们的产品，也就无从购买。

(三) 市场风险

技术和生产上成功的产品并不意味着市场上一定能成功。新开发产品一旦进入市场就会产生市场风险，即由于创新产品不适应市场需求及其变化、竞争对手的反击等而可能导致未被市场有效接受。

1. 顾客需求的不确定性

毋庸置疑，新产品要成功，需要一个有潜力的市场。因此，在产品开发之前，进行有效的市场分析是必要的。虽然市场分析有助于企业更好地作出新产品开发计划，但企业却不知道它们是否获得了准确的顾客需求信息。许多学者认为，对具有潜在市场的创新型产品来说，得到顾客需求的有效信息是困难的，因为有时顾客也不知道他们真正需要什么。

2. 市场接受时间的不确定性

新产品特别是高新技术产品的推出时间与诱导出需求的时间有一定的时滞，如果这一时滞过长，将导致企业开发新产品的资金难以收回。例如，贝尔实验室在20世纪50年代就推出了视频电话，过了20年才实现该技术的商业应用。

3. 模仿的存在

由于存在对新产品可能的模仿，创新产品的市场会由于模仿产品的进入而变得竞争更加激烈，企业只能获得较少的“撇脂”利润。

4. 难以预测创新产品的扩展速度

例如，1959年IBM预测施乐914复印机在10年内只可能销售5 000台，而拒绝了与研制该产品的哈罗德公司的技术合作。然而，复印技术被迅速采用，10年后改名为施乐公司的哈罗德公司销售了20万台施乐914复印机，成为一个产值10亿美元的大公司。

5. 促销的不当

新产品促销组合策略是指企业通过人员推销或非人员推销的方式将新产品推向市场。新产品的促销组合策略主要有人员促销、广告、销售促进、公共关系及宣传报道等。促销是新产品进入市场比较有效的方式，但如果处理不好，则会适得其反。对于一个新产品、新品牌，不顾一切、急功近利的促销会对新产品产生致命的危害。相反，有效地利用现有资源往往是有效的促销方式，能达到事半功倍的效果。

6. 竞争对手的反击

企业面临的另一个市场风险是竞争对手采取应对手段和措施进行反击所带来的风险。新产品开发是企业参与市场竞争的重要手段。一个企业率先将新产品开发出来，由于新产品的丰厚利润，会吸引众多的竞争者跟进。利润率越高，跟进者的数量就越多。随着现代信息手段、监测分析手段的不断发展以及解密技术的提高，新产品被仿制的速度越来越快，使得任何新产品的独特性可能很快就会消失，创新企业的市场优势难以长久保持，企业则可能因为新产品开发的高额投资难以收回而陷入困境。同时，新产品进入市场必然会打破原有的市场格局，老产品的生产者为了保住其市场份额通常会进行反击，如大幅降价或推出更新颖的替代产品。此外，有的竞争对手甚至会采用不合法的手段来争夺新产品市场，如窃取技术情报、挖走新产品开发的关键人才、制造假冒产品、诋毁新产品的声誉等，这些都可能给创新企业造成巨大的难以挽回的损失。

（四）资金风险

资金风险是指资金供应出现问题或新产品研发费用超支而导致创新失败的可能性。新产品开发项目通常资金需求量大且难以预测，在新产品开发活动中，可能由于对资金需求估计不足或项目费用控制不力造成超支，如果资金不能及时跟进，就会延误时机，甚至使创新活动半途而废。在新产品开发中，多数企业都出现了费用超出预算的现象。一份调查资料表明，在制药行业，新产品开发的实际费用与预估费用之比为 1.78∶1，实际所花时间与预估时间之比是 1.61∶1，也就是说实际要花的钱几乎是当初设想的两倍，而时间则超过了一半。材料、设备价格的上涨，人工成本的升高，政府在产品安全、控制污染、保护能源等方面要求的不断提高等，都导致新产品开发费用呈不断上升趋势。

（五）其他风险

新产品开发过程中，除了可能面对以上风险，还可能面临政治风险、政策风险、法律风险等。

（1）政治风险表现为政局动荡、汇率变动等。

（2）政策风险表现为产品技术标准改变、地区贸易政策改变等。

（3）法律风险表现为环境保护、消费者保护运动等。

二、新产品开发的风险控制

（一）合理选择新产品开发项目

由于新产品开发活动综合性强，关联性大，因此创新决策不是孤立地进行的，而应当结合企业资源与能力特点以及总体战略，并对技术发展趋势、市场状况以及面临的竞争形势进行深入的调查、分析和研究，还要对新产品开发的具体项目方案进行深入全面的评估，从而做出综合决策。

1. 技术评估

技术评估是对该项目的技术先进性和适用性进行评估。首先，要分析所采用技术的先进性，是否符合行业技术发展方向，新技术、新产品的生命周期有多长；其次，项目在技术上是否切实可行，要深入分析技术本身的成熟程度及稳定性、可靠性，还要具体考虑企业是否具备相应的研发能力，配套技术及设施、设备、工艺、人员的技术能力及员工操作水平能否满足需要。

2. 市场前景预测

新产品开发活动成功与否最终要在市场上进行检验，著名管理学家彼得·德鲁克曾说："创新的成功不取决于它的新颖度、它的科学内涵和它的灵巧性，而取决于它在市场上的成功。"只有当新产品满足市场需要及其变化时，创新成果才能为市场所接受，企业才能得到回报。因此，市场的分析论证是否准确是风险控制的关键环节。企业必须科学地做好市场调查与预测分析，努力把握需求的变化趋势，为创新产品进行准确的市场定位。需要注意的是，在市场分析中既要分析现实的市场，也要分析潜在的市场，因为新产品的市场常常是引导和创造出来的，对潜在市场需求进行分析预测对新产品开发尤为重要。

3. 竞争状况分析

进行新产品开发是企业参与市场竞争的重要手段。在新产品开发过程中，一是要充分利用各种合法手段和可能渠道，努力掌握竞争对手的动态，进而决定企业的竞争战略。如通过搜索和查阅有关专利文献、技术文献可了解竞争对手的创新成果、行业的技术发展状况，并借鉴他人的经验教训，少走弯路。二是要预测新产品上市后竞争对手可能采取的对策及其对新产品的冲击，分析竞争对手进行模仿的可能性、难度及所需时间，避免选择研发费用高昂但竞争对手可以较易或较快进行模仿的项目。

4. 企业资源及能量分析

企业是新产品开发风险的承担主体，一个企业所拥有的创新资源和能力决定了它进行新产品开发的强度、规模和方式。虽然新产品开发项目不可能完全没有风险，但企业可以而且应当避免选择超出企业风险承受能力的项目。因此，在项目选择时应客观评估企业所拥有的创新资源及配置能力，主要包括研究开发能力、总体技术水平、生产制造能力、市场营销能力、资金实力及项目管理水平，并对项目风险发生的可能性及危害性进行预测，选择合适的新产品开发项目。充分利用和拓展企业既有资源，并根据优势资源选择新产品开发切入点，有利于降低新产品开发成本，提高创新成功率。

5. 企业总体战略规划

企业战略是对企业生存与发展的总体谋划，新产品开发作为增强企业竞争力的最重要手段，必须依据企业战略有选择地进行，做到“有所为，有所不为”。应重点选择那些符合企业当前和未来竞争需要及业务发展需要、有利于形成和强化企业核心竞争力、具有战略价值的创新项目，这样才能使企业从整体高度合理有效地配置有限的创新资源，产生协同作用，也有利于各环节、各部门协调配合，减少冲突，从而保证新产品开发项目的顺利实施。

（二）对新产品开发活动进行系统化管理

1. 建立高效的新产品开发组织机制

企业领导层应明确企业的重点经营业务、经营领域和发展方向，制定与总体战略相符的新产品开发战略，明确新产品开发目标和新产品活动范围，并以战略为纽带将全体创新人员连为一体；应根据需要设立灵活的新产品开发组织结构，由高层管理者负责协调研究开发、工程技术、生产、供应、营销、财务以及人力资源等职能部门的合作与配合，明确各环节的风险责任；高层管理者应高度重视新产品开发并制定合理的创新激励政策，有效地分配创新资源。

2. 建立科学的新产品开发项目管理机制

应合理地运用项目管理工具和管理方法，从新产品开发项目立项、开发、测试、生产到销售，建立一套严格的决策程序、系统科学的评价标准和周详的计划。企业重大新产品开发项目决策应由高层管理者、科研人员、生产人员、营销人员共同参与制定，对项目中存在的各种不确定性因素进行全方位的细致分析与评价。而且这种评价与论证往往不是一蹴而就的，而是需要多次反复进行。在项目实施的过程中要随时进行监控，及时收集和反馈有关信息，并在项目进行的各主要阶段根据反馈的信息对开发项目进行再次评估，决定该项目是继续、放弃、修改还是重做，由传统的一次性决策转变为多阶段追踪决策，以提高项目的有效性，最大限度地降低风险。

3. 加强新产品开发各环节的沟通与协作

新产品开发过程是一项系统活动，要提高创新成效，企业各部门之间必须具有良好的沟通渠道和沟通方式。在项目实施中，研究开发、产品设计、工艺、制造、采购、营销等职能环节要始终做到相互交叉渗透，通过开展有组织的团队工作，加强沟通与合作。如研究开发人员、产品设计人员应直接面对市场，参与对市场和用户的调查分析，与市场营销人员共同预测顾客需求，从市场营销的角度进行产品的概念开发与构思。这样可避免因沟通不足所导致的设计反复更改变动，从而加快创新进度，缩短新产品进入市场的时间，更好地把握先机，同时降低产品开发的成本费用，减少风险；要加强与外界科技网络的信息沟通，积极开展协作，并与供应商、顾客建立密切的联系，及时掌握市场和顾客需求的变化动态。

（三）重视新产品上市管理

新产品上市管理是指在新产品研究开发出来之后，对新产品上市前和上市过程中的一系列活动的策划与管理，包括进行市场测试、策划新产品试销活动、预测新产品的销售量、选择进入市场的时机、进行广告宣传、确定销售渠道和销售策略以及上市后对新产品进行跟踪与改进等。统计数据表明，销售阶段是新产品开发失败发生率最高的阶段，由于在销售环节出问题而导致新产品开发失败在项目失败的原因中居于首位，并且这一阶段的失败造成的损失是最大的。有许多企业对新产品的技术开发极为重视，不惜投入大量资源，却往往忽视了新产品开发出来之后的上市运作管理，造成或者由于缺乏与顾客的沟通、促销力度过小、上市时机不当、定价不合理，或者由于企业知名度、信誉度不高等导致新产品销售不畅，使产品的技术优势不能最终转化为市场优势。新产品的市场价值得不到实现，研究开发投入就无法收回。因此，企业必须对新产品的上市运作予以充分重视，要对新产品进行明确的市场定位，加强新产品的试销和中试，选择适当的上市时机和地点，合理定位，制定有效的销售策略；要加强与消费者及中间商的沟通，注重新产品的市场信息反馈，并不断改进新产品和完善服务；要重视对新产品的保护工作，新产品仅有技术壁垒、自然壁垒还不够，应充分利用专利制度和法律手段及时对新技术、新产品进行保护，并加强新产品的保密措施。

（四）增强组织柔性，提高企业整体应变能力

通过对新产品开发项目进行科学的决策与组织管理，虽然可以降低风险发生的可能性及损失，然而由于外部环境中存在大量企业不可控制的风险因素，不能完全避免风险的发生。因此，增强企业组织的柔性，提高企业整体应变能力是新产品开发风险管理的根本措施。为此，企业经营管理者必须强化风险意识，将风险防范和风险控制机制融入企业的日常经营管理运作中；要建立及时和完善的企业信息系统，信息越全面、越准确、越及时，创新风险就越低；要充分利用现代信息收集手段，密切跟踪了解国内外科技发展动态和市场变化信息；要建立灵活迅速的决策制定机制与执行机制，简化决策链条，提高企业对环境变化的反应速度；要建立有利于创新的企业文化，鼓励知识和信息的传播、共享和创新，不断提高个人和组织的学习能力和适应能力。

三、新产品开发的风险补救

风险补救是指在风险发生后所采用的一种补偿措施，主要方式如下。

（一）风险放弃

它是指当风险活动遇到较大风险障碍而难以继续进行下去时，为避免进一步的风险损失而对进行过程中的风险活动予以舍弃。风险放弃本身也是一种风险决策，若决定中途放弃某风险活动，则意味着已进行的风险投入和已造成的风险损失无法挽回，且意味着放弃该活动可能盈利的机会；若决定继续该项风险活动，则意味着要进一步投入，且此时所冒的风险远比该活动开始之前预计的高。

（二）方案修改

它是指根据已发生的风险及预期风险的状况在原有方案的基础上进行改进。

（三）应急处理

它是指通过某些措施对风险活动以及正在发生的风险因素进行应急处理，以尽量减少风险损失。

本章案例 >>>

共享单车摩拜的设计

以摩拜为代表的共享单车在2016年如雨后春笋般出现在一线城市的大街小巷，并迅速在二三线城市风靡。共享单车的本质在于独特的自行车设计和良好的线上线下运营。

曾几何时，所有的城镇政府都对无处不在、无法无天的摩的深感头痛，即使采用大量的城管力量也难以消除。究其根本原因，在于城镇发达的公共交通干线网络缺乏合适的末端交通。高度碎片化、不确定的末端需求催生了摩的。

我国是世界上最大的自行车王国，几乎人人会骑车。但是我们的自行车只能在有限的生活范围内存在，而我们的短途交通需求无时无处不存在。另外，自行车还特别容易被偷、爆胎、掉链条……

新产品设计首先是进行环境分析，再考虑供应链资源与供需双方的成本，包括制造成本、运营维护成本、用户使用成本等。

从政府角度看，长期以来面临的城市环境治理压力、交通发展压力日益加大，表现为道路堵塞、停车困难、市容管理成本高企等问题，绿色出行的大力倡导终究抵不过市民的交通困难。各级政府都曾经花大力气解决末端交通问题，比如采用自行车有偿租借等方式，但市场一直推广不好。原因主要有取还极其不便、价格贵、地点有限等。

从我国的自行车生产企业看，良好的产品设计与制造能力没有充分发挥其应有的市场潜力，在互联网环境下由于种种原因未能实现转型升级，发展普遍乏力。

在对末端交通市场进行分析后，摩拜创始人胡玮炜等人发现，如果采用互联网平台化运营和微支付，我国一线城市的共享单车日订单将达到百万级，年市场交易总量在千亿级。这样的体量也将赢得较好的风险投资。他们确定了摩拜的商业模式要突出两点：独特的产品设计、广泛的线下投放辅之以优良的线上运营能力。这一商业模式的基石在于优良的产品设计。

因摩拜要实现共享性，就要舍弃政府推行的有桩单车形式，采用无桩停车随时借还与App扫码解锁，消费者通过App搜索最近有车点，App扫码解锁计费使用，停车上锁扣费成功。这就要求其产品设计满足容易识别、便利性借还、智能跟踪和运营维护成本较低的要求。为此，摩拜采用了银色＋橙色作为基本色增加辨识度，体现年轻本色和科技特性，促使消费者通过自媒体炫酷达到促销的目的；采用全球定位系统便利消费者搜索和公司运营维护，采用二维码实现智能扫码解锁和上锁，满足无桩要求和便利消费支付。

一辆摩拜投放市场后，到底将会到达哪里，以及适用性如何，需要卓越的线下运营维护，其成本难以估计，而降低运营维护成本的难度也比较大。从产品设计的角度看：一是智能跟踪及线下运营维护需要全球定位系统，而全球定位系统需要电力不中断；二是产品要严格区别于传统的自行车，以杜绝偷窃和卸载零部件等问题，保证使用周期足够长；三是从产品结构角度解决普通自行车容易爆胎、链条掉落等问题，要实现足够长的无故障运营寿命。

为了实现智能跟踪防盗，需要安装全球定位系统。全球定位系统需要不间断的电力，因此摩拜一开始采用轴承传动为全球定位系统充电。随之，踏板也选择了轴承式，还有实心轮胎。希望以此实现4年内无人为损坏情况下不用人工维护的目的。考虑到重量较大，选择了电磁刹车和铝合金车架，不考虑车篮。这便是MobikeⅠ，其重量为25公斤，造价3 000元人民币。公司将消费单价定为每半小时1元。

MobikeⅠ一投放市场即引起了高度瞩目。人们纷纷尝试，并在朋友圈等自媒体里晒出。但随着消费者的不断使用，产品设计问题日益显露出来：一是太重，骑动太费力；二是没有车篮，这与我国消费者普遍喜欢放置小物件的习惯不符；三是太颠，防震效果不及传统自行车；四是不能实现座椅调节。

公司也发现了更多问题：造价太贵致使车辆的投放地点和投放数量不足，人们可能需要走很远才能找到车辆，这影响了便利取车目标的实现。

为降低成本，改善用户体验，摩拜随即开展了产品的更新设计：一是因轴承传动造价高且车身重，舍弃轴承改为链条传动；将实心轮胎变为镂空轮胎＋辐条轮的形式辅之以塑料踏板以降低车重和防震；二是添加车篮；三是因全球定位系统充电的需要而在车篮底部设置太阳能发电板；四是刹车也随着改为前轮C刹＋后轮鼓刹的形式满足用户的安全需要。同时，为兼顾座椅调节和车辆防盗，座椅改为工具调节。这就是 Mobike Lite 版：将造价降到了 1 000 元以内，重量降低到 17 公斤，同时计费标准也变为每半小时 0.5 元。但 Lite 版的运营维护成本明显提高。

虽然目前摩拜单车还存在线上运营指示不清、定位不准、用户诚信不足、乱停乱放、盗窃损毁等问题，但不可怀疑的是摩拜已经引起了市场消费热情，成为人们争相使用的服务和谈论的话题。共享单车客观上根治了城市摩的这一顽疾，为此政府部门也积极配合这一新颖的绿色出行方式。共享单车还有力地促进了自行车生产企业实现移动互联网转型：由过往的大规模生产自我设计的自行车，转变到为共享单车企业进行大规模定制。几大知名的自行车企业正在有效、持续地优化制造成本，消费者也有了便捷、安全和廉价的短途交通工具选择。可以说，共享单车实现了多赢的局面。

当然，也有人在输。比如大量的摩的司机，还有售卖偷来的自行车的修车人等。可是，我们都知道汽车的发明者，却没有谁在为其祖先是马车夫而骄傲。

思考题

1. 试总结摩拜新产品设计的原则有哪些？这些原则与其商业模式之间的关系如何？

2. 请思考共享单车用户的使用成本。设计摩拜单车时，如何进行制造成本与运营维护成本的权衡？

3. 请分析摩拜的运营成本及风险，并提出对策建议。

4. 摩拜声称 Lite 版可以 6 个月收回成本，而 Mobike Ⅰ的投资回收期为 2 年。假设平均每天被使用 6 次，试验证摩拜的上述论断。

□ 本章小结

新产品/服务的开发是企业的一项重要战略决策。提供何种产品和服务并如何定位决定了企业的未来发展方向。关注新产品/服务开发的关键问题能够使企业获得重要的竞争优势。

本章主要讨论了新产品、新服务开发的相关问题。首先讲述了新产品、新服务开发的重要性，并对新产品和新服务作了进一步的阐述和分类；其次分析了新产品的开发流程，分别为构想方案提出、可行性研究、产品设计、工艺设计和市场导入；最后分析了新产品开发的风险因素，包括技术风险、生产风险、市场风险、资金风险及其他风险，并提出了进行风险控制的对策。

□ 复习题

一、简答题

1. 简述新产品、新服务开发的重要性。
2. 简述新服务分类矩阵。
3. 简述新产品开发的发展目标及其类型。
4. 简述新产品的开发过程。

二、论述题

试述并行工程的基本思想，比较其与串行工程的区别。

第3篇

生产系统的运作管理

第5章 Chapter 5 需求预测

本章要点

- 了解不同的决策需要不同的预测方法；
- 理解四种最重要的定性预测方法；
- 掌握简单移动平均法和加权移动平均法，并掌握其 Excel 的运用方法；
- 掌握一次指数平滑法和二次指数平滑法，用 Excel 解决一次指数平滑法的运用问题；
- 掌握运用一元线性回归模型进行需求预测的程序和方法；
- 了解在预测中的两类误差是偏差和方差。

第1节　需求预测概述

一、预测

预测是对未来可能发生的事情进行评估，作为管理决策的基础，其基本原理是根据过去和现在的已知因素，运用已有的方法、知识和科学手段，探索人们所关心的事物在今后的可能发展趋势，并做出估计和评价，以指导行动。从原理上说，不论方法多么科学，预测只能是一种主观设想和主观判断。在早期的人类生活中，人们认为所有的未来事物都是确定的，一切都早已“命里注定”，只是人们不知道而已。但在概率论产生以后，人们就改变了对未来事物的认识观念。显然，未来将发生的事情由于受到各种扰动的影响，具有不确定性甚至是随机的。

（一）预测的概念

预测是根据过去和现在的已知因素，运用已有的知识、经验和科学方法，对未来事件进行判定和估算，并推测其结果的一种科学方法。

预测的基本出发点是假定过去的模式、变量间的关系及其相互作用的机理，使其在将来得以延续，然而商业环境中的种种不确定性使预测的不精确时有发生。预测既需要科学方法，又需要经验直觉，它是一门技术，也是一门艺术。我们的目的不是找到完美的预测，而是要养成经常回顾预测的习惯，并学会与不精确性和谐相处。

预测就是要掌握变化，作预测就是要从变化的事物中找出使事物发生变化的固有规律，研究各种变化现象的背景及其演变的逻辑关系。

（二）预测的类型

预测的类型可以按照三种分类方式划分，分别是预测时间跨度、主客观因素、预测对象。

1. 按照预测时间跨度分类

按照预测时间跨度可以分为长期预测、中期预测、短期预测，其各自的预测方法及意义如表 5－1 所示。

表 5－1　　按照预测时间跨度分类

预测类型	时间跨度	预测方法	预测意义
长期预测	5 年或 5 年以上	市场调研、人口统计等	产品研发、投资、生产能力扩充计划的依据
中期预测	1 个季度以上，2 年以下	集体讨论、时间序列法等	年度生产计划、生产与库存预算的依据
短期预测	1 个季度以下	趋势外推、指数平滑法等	调整生产能力、生产作业计划的依据

2. 按照主客观因素分类

按照主客观因素可以分为定性预测、时间序列预测、因果关系预测三种。

（1）定性预测又称主观预测法，基于估计与评价，主要用于难以获得可用数据的情形。它简单明了，不需要数学公式，包括销售人员意见汇总法、部门主管集体讨论法、德尔菲法等。

（2）时间序列预测是定量预测中一种十分重要的方法，基于这种思想：与过去需求相关的历史数据可用于预测未来的需求。这种方法是本章的核心，将详细介绍。

（3）因果关系预测假定需求与某些内在因素或周围的外部因素有关，它试图弄清预测对象的基础和环境系统情况。例如，广告、质量和竞争可能会对销售量产生影响。

3. 按照预测对象分类

按照预测对象可以分为经济预测、技术预测、需求预测。

（1）政府部门以及其他一些社会组织常就未来的经济状况发表经济预测报告。对于政府，关于未来的经济形势估计是预计税收收入、就业水平、货币需求等经济指标的基础；对于企业，这些报告中的经济增长指标可以用于规划自己的行动。

（2）技术预测是对技术进步情况的预计与推测。技术进步对于企业和行业发展具有重要意义：一方面提供了新产品和新原料，另一方面影响着行业竞争态势。故而技术预测成为企业抢占先机的第一步。技术预测最好由该领域的专家进行。

（3）需求预测不仅为企业给出了其产品在未来一段时间里的需求期望水平，而且为企业计划的控制决策提供了依据。经济预测是需求预测的基础，需求预测与企业生产经营活动关系最密切，是本章讨论的重点。

二、需求预测

需求预测是综合生产计划和主生产计划的前提，直接影响生产计划的具体编制和执行效果，对于采用备货生产方式的企业来说更是如此。收集可靠的数据，采用科学的预测方法，对预测结果做出恰当的解释，是提高需求预测工作质量的基本要求。

（一）需求预测的概念

需求预测是对某个特定的社会领域中某种产品需求数量的预测。它涵盖生产同种产品的全部企业，也就是从生产同种产品所有企业的立场出发进行预测。需求预测在企业经营计划体系中的位置如同轮船上的罗盘，其作用就是要掌握企业周围的经济和社会发展的一般动向，并相应地确定企业的发展方向，预测产品的前景，尤其是要根据新产品开发的需要，摸清开拓新市场的可能性，并对此做出评价。

（二）需求变动的构成

需求会受到各种因素的影响从而产生波动，其变动大体可分为趋势变动、季节变动、周期变动、突发变动和随机波动。

趋势变动是指数据随着时间的变化表现出的一种趋向，呈现渐进的、长期的上升或下降趋势，或停留在某一水平。季节变动是指由于受气候、节假日等的影响，需求在短时间内呈现的有规律的变动，如对时令产品的需求、周末的客流量等。周期变动是指需求量在较长时间（一年以上）里围绕趋势做有规则的上下波动。对需求的周期性影响可能来自大选、战争、社会压力等。突发变动是指受天灾人祸等突发事件的影响使产品或服务发生重大的不规则变动，这种变动在历史数据当中并不能反映正常情况，而且掩盖了真实的数据分布，因此对历史数据进行预处理时要剔除这些不规则的数据。随机波动是由很多不可控因素引起的、没有规则的波动，即需求的不可解释部分。几种需求变动的模式如图 5－1 所示。

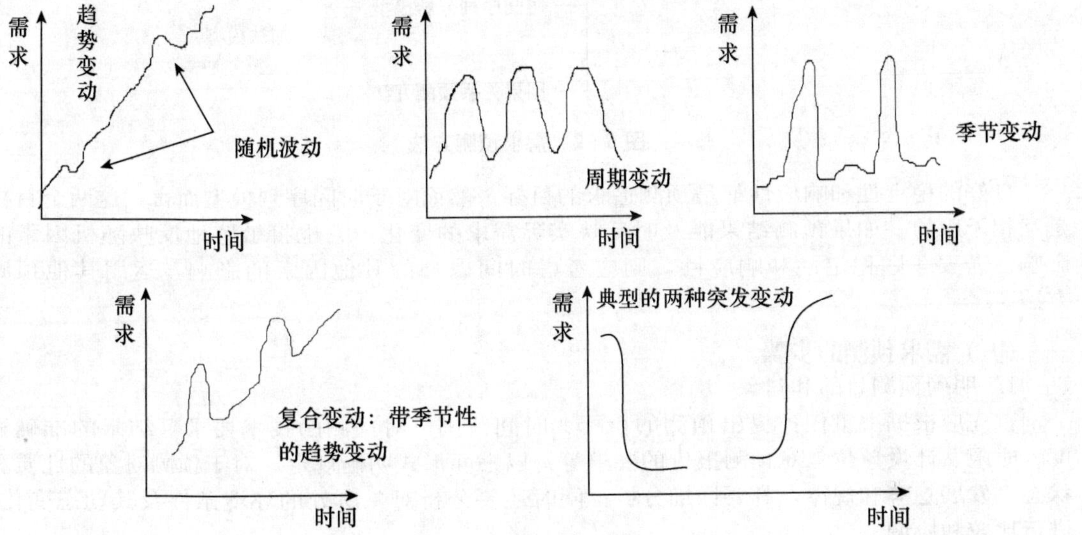

图 5－1　需求变动模式

（三）需求预测方法

需求预测方法分为定性预测方法和定量预测方法两大类。定性预测方法主要依据专家和有经验的市场人员的判断，在数据和资料缺乏时，定性方法是主要的预测方法。即使有足够的数据支持定量预测方法的应用，对定量预测的结果也需要与定性预测的判断相互验证，因此，不应当低估定性预测的重要性。

1. 定性预测方法

即依靠熟悉业务知识、具有丰富经验和综合分析能力的人员或专家，根据已经掌握的历史资料和直观材料，运用人的知识、经验和分析判断能力，对事物的未来发展趋势做出性质和程度上的判断，然后再通过一定的形式综合各方面的判断，得出统一的预测结论。主要包括部门主管集体讨论法、销售人员意见汇总法、德尔菲法和顾客期望法等。

2. 定量预测方法

即根据已掌握的比较完备的历史统计数据，运用一定的数学方法进行科学的加工整理，借以揭示有关变量之间的规律性联系，用于预测和推测未来发展变化情况。主要包括因果关系预测方法、时间序列预测方法等。

需求预测方法将在本章第 2 节、第 3 节详细讲解，其分类情况如图 5－2 所示。

（四）需求预测的衡量标准

需求预测通常从稳定性和响应性两个方面衡量。稳定性是指抗拒随机干扰，表现稳定需求的能力。稳定性好的预测方法有利于消除或减少随机因素的影响，适用于受随机因素影响较大的预测问题。响应性是指迅速反应需求变化的能力。响应性好的预测方法能及时跟上实际需求的变化，适用于受随机因素影响小的预测问题。

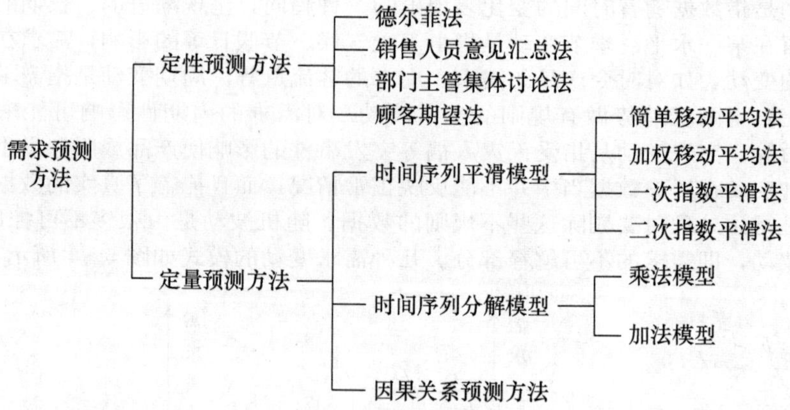

图 5－2 需求预测方法

良好的稳定性和响应性都是预测追求的目标，然而对于时间序列模型而言，这两个目标是互相矛盾的。如果预测结果能及时反映实际需求的变化，它也将敏感地反映随机因素的影响。若要兼顾稳定性和响应性，则应考虑时间以外的其他因素的影响，运用其他预测方法。

（五）需求预测的步骤

1. 明确预测目的和对象

首先应根据决策任务提出预测的目标、时间范围，对预测的技术要求（结果的准确程度、时限、计量单位、对预测报告的要求等）以书面形式明确规定。对于预测对象的性质和状态、发展趋势和规律，都要详细分析；同时还要分析对象所处的环境条件及其动态变化，进行比较和协调。

2. 选择预测方法

通过分析产品需求的影响因素，选择预测方法与模型，据以制定预测工作的组织日程。常用的方法是首先将资料列成表格，制成图形，以便直观地进行对比。分析判断的内容还包括寻找影响因素与预测对象之间的相互关系。

3. 收集资料

根据预测计划，使用科学方法收集各个层次、不同形式的数据资料。预测的资料来源大致有：国家政府部门的计划与统计资料；本系统的计划、统计和活动资料；商业部门的市场统计数据资料；国外技术经济情报和国际市场活动资料；各研究单位、学术团体的研究成果、刊物资料等。

4. 整理、分析数据

在对收集来的数据按种类、原因进行整理的基础上，明确所有的假设前提，运用预测模型进行分析。研究各个因素对预测对象变动的影响程度，对数据进行选择取舍，并确定相应的权重。预测人员在分析历史数据前，应该对市场和本公司过去的活动有透彻的了解，合理排除偶发事件。

5. 进行预测并付诸实际应用

根据预测方法的要求，使用数据分析结果，对相关领域进行预测，得出结论。通过计算产生的预测结果，是初步的结果，还要加以多方面的评价和检验才能最终使用。检验初步结果的方法通常有理论检验、资料检验和专家检验。对预测结果进行检验之后，就可以将预测结果运用于生产计划工作中。根据社会、政治、技术、经济各准则对多方案的预测结果进行优选，选取若干最合理的方案提供给决策部门参考。

6. 监控预测结果

对预测全程进行监控，若预测结果偏离预期，要重新检查预测方法、前提条件以及数据合理性；及时根据预测结果的反馈调整预测模型，以不断完善预测方法；最后分析总结原因，以便取得预测经验，不断提高预测水平。

第 2 节　定性预测方法

一、德尔菲法

德尔菲法（Delphi method）又称专家调查法，首先由美国兰德公司的奥拉夫·海尔默等人于 1984 年提出。它是一种让一组专家在匿名的情况下对问题达成共识的过程，其本质是利用专家的知识、经验、智慧等带有很大模糊性的无法量化的信息，通过通信的方式进行信息交换，逐步取得一致的意见，达到预测的目的。

（一）预测过程

（1）挑选专家。具体人数视预测问题的规模而定，一般 30～50 人为宜。在预测过程中始终由组织者函询或者派人与专家联系，避免专家之间交换意见。

（2）第一轮函询调查。向专家提出所要决策的问题，并寄去预测对象的背景资料。在首轮调查中完全不设框架，专家可以以任何形式回答问题。组织者对答案进行整理，汇总相同的事件、结论，剔除次要、分散的事件，并用准确的术语统一描述，将结果反馈给各位专家。

（3）第二轮函询调查。要求每位专家对所预测对象的各种事件的发生时间、空间、规模等提出具体的预测，并说明理由，同时请他们根据第一轮反馈结果修正或坚持自己的判断，并书面答复调查人员。组织者再次对专家意见进行统计处理，并反馈结果。

（4）第三轮函询调查。要求专家基于反馈回来的意见修正表，对组织者提供的综合意见及其论据加以评价，对预测对象进行预测修正或重新预测。

经过 3～4 轮函询调查，如果专家对决策问题的意见趋于一致，这个意见即可作为预测结果和决策基础。

（二）使用原则

德尔菲法适用于在没有历史数据帮助形成统计模型以及缺少企业内部有关经验进行推断性预测的情况。这种方法由专家会议法发展而来，同时避免了由于崇拜权威、随大流、不愿意公开发表不同意见等专家会议法的缺陷。当然，其缺点也是显而易见的：对专家的选择缺乏明确客观的标准；预测结果缺乏严格的数理分析；最终趋于一致的意见仍难以完全避免随大流的倾向。

为了尽量避免上述缺陷，使用该方法应遵循匿名性、反馈性、收敛性三个原则。匿名性是指对专家身份要保密，避免专家之间相互通气，使其不受权威、资历等方面的影响。反馈性即为了保证给专家提供充分反馈意见的机会，函询调查要经过 3～4 轮。收敛性即要求在专家意见相对趋于一致后再结束函询；若个别专家仍持明显不同的观点，应要求其详细说明理由。

二、销售人员意见汇总法

销售人员意见汇总法（field sales force）是指通过对企业销售力量中的成员定期对未来的需求做出的估计进行汇编而得出预测结果。销售人员是企业分层结构中处于最底层末梢的、直接面对所要预测的对象的基层人员，他们了解顾客的需求动向、购买计划等。

这种方法通常由各地区的销售人员根据个人的判断或与地区有关部门交换意见并予以判断后作出预测。企业对各地区的预测进行综合处理后，得到整个组织的预测结果。有时企业的总销售部门还根据经验、历史资料、对经济形势的估计等作出预测，并与各销售人员的综合预测值进行比较，以得到更加准确的预测结果。

该方法虽然简单易行，取样较多使预测结果较具稳定性，但是不可避免地带有销售人员的主观偏见，不易区分消费者“想要”和真正“需要”之间的差别；同时，预测结果也极易受当前销售情况的左右，如经过几个畅销期后易做出过于乐观的预测；此外，当预测结果可能作为销售人员的绩效评价指标时，预测结果容易被故意低估。

三、部门主管集体讨论法

对于新产品或服务进行预测时，销售人员可能无法做出准确的需求估计。部门主管集体讨论法（jury of executive）是指由高级决策人员召集销售、生产、采购、财务、研发等各部门主管开会讨论，与会人员充分发表意见，对某一问题进行预测，然后由召集人按照一定的方法，如简单平均法或加权平均法，对全体与会人员的预测值进行处理，得出预测结果。

该方法适用于制定长期规划以及开发新产品或服务。它可以快速获得预测结果，不需要准备历史统计资料。不过，与会人员容易相互影响，个别权威的观点可能左右其他人发表意见；同时，由于预测结果是集体讨论的结果，容易导致没有人对预测结果的正确性负责，甚至因责任不清造成草率发表预测意见。

有效使用该方法的关键是确保预测反映的不是一系列各自独立的结果，而应该是由管理者一致同意的唯一预测结果。

四、顾客期望法

顾客期望法（users’ expectation）是通过收集数据进行调查来提出假说并进行检验，进而确定顾客对产品或服务的兴趣的一种系统性方法。组织者通过信函、电话或访问的方式对现有的或潜在的顾客进行调查，然后对各种信息进行综合处理，即可得到所需的预测结果。

该方法的预测结果来源于顾客期望，能较好地反映市场需求情况，有利于改进产品，有针对性地开展促销活动，特别适用于新产品或缺乏销售记录的情况。但它也存在一些缺点：结果中包含大量的限制条件和障碍；较难得到顾客的通力合作，问卷回收率低；调查结果可能并未反映市场的看法，因为顾客所说不一定符合其实际所做。

第3节 时间序列预测方法

时间序列是指在一个给定的时期内，按照固定的时间间隔（日、周、月、季、年等），把某种变量的数值依发生的先后顺序排列起来的序列。一个时间序列可以分解成趋势、季节、周期、随机四种成分。

基于时间序列的预测方法假定通过过去的数据可以估计它们的未来，是一种以时间为独立变量，利用过去需求随时间变化的关系来预测未来需求的方法。时间序列分析常用的两个模型是时间序列平滑模型和时间序列分解模型。常用的时间序列平滑模型分析方法包括简单移动平均法、加权移动平均法、指数平滑法等。

一、时间序列平滑模型

（一）简单移动平均法

简单移动平均法（simple moving average，SMA）假定预测对象的未来状况和邻近几期的数据有关，故只选择近期几个数据加以算数平均，作为下期的预测值。如果根据时间序列数据绘制成的散点图所反映的需求既不快速增长也不快速下降，且不存在季节变动和周期变动，则移动平均法可以有效地消除预测中的随机波动。其预测公式为：

$$SMA_{t+1}=(x_t+x_{t-1}+\cdots+x_{t-N+1})\div N=\frac{1}{N}\sum_{i=t-N+1}^{t}x_i \tag{5-1}$$

式中，N 为移动步长，即选定的数据个数；x_i为第 i 期实际发生值。

对于移动平均法而言，选择合理的步长至关重要。移动步长越大，对随机扰动的平滑性越好，预测的稳定性也越好，响应性则越差。反之，较小的移动步长会产生相对大的波动性，但更能紧跟变化趋势。因此，在计算移动平均数之前，应先分析时间序列数值的变化情况，若变动缓慢，N 可取大一些；否则，N 取小一些。

（二）加权移动平均法

加权移动平均法（weighted moving average，WMA）是指在计算平均值时，并不是同等对待各时间序列数据，而是给近期数据以更大的权重。这种方法适用于存在可察觉的趋势时，用权重来强调近期数据。其预测公式为：

$$WMA_{t+1}=(\alpha_t x_t+\alpha_{t-1}x_{t-1}+\cdots+\alpha_{t-N+1}x_{t-N+1})\div N$$

$$=\frac{1}{N}\sum_{i=t-N+1}^{t}\alpha_i x_i \tag{5-2}$$

式中，WMA_{t+1}为 t 期期末加权移动平均值，即 $t+1$ 期的预测值；α_i 为实际需求的权重；x_i 为第 i 期实际发生值。

该方法的关键在于确定各期历史数据的权重值。移动步长对于预测值的影响与简单移动平均法类似。近期数据权重越大，越能灵敏地反映近期趋势，即预测的响应性越好，稳定性越差。权重选择带有一定的主观性，没有权重恒定的既定公式。

简单移动平均法和加权移动平均法都属于移动平均法，这类方法能有效地平衡需求波动，从而使预测保持稳定，但是存在以下三个问题：移动步长的选择须基于稳定性与响应性的权衡；移动平均值总是停留在过去的水平上，而无法预计将来更高或更低水平的波动；移动平均法需要大量的历史数据。

【例 5-1】　某公司产品的逐月销售量记录如表 5-2 所示。取 $n=3$，试用移动平均法进行预测。已知 12 月的实际销售量为 5 900 台，试对这两种方法进行比较。

表 5-2　某公司产品的逐月销售量记录

月份	1	2	3	4	5	6	7	8	9	10	11
实际销售量（百台）	50	51	53	54	55	57	56	55	56	58	57

解：（1）简单移动平均法。根据式（5-1），用简单移动平均法的求解结果如表 5-3 所示。其中，4 月的销售量预测是通过式（5-1）计算出来的，$SMA_4=51.33$，以此类推，5 月的销售量为 $SMA_5=52.67$，6 月的销售量为 $SMA_6=54$。类似地，可以预测出 7—12 月的销售量。

表 5-3　简单移动平均法预测值

月份	1	2	3	4	5	6	7	8	9	10	11	12
实际销售量（百台）	50	51	53	51.33	52.67	54	55.33	56	56	55.67	56.33	57

下面用这个例子说明在 Excel 工作表中，利用“数据分析”工具建立和使用移动平均模型的方法。第一步，将表 5-3 的数据输入到一个 Excel 工作表的单元格 D6：D17 中，利用这些数据绘制出折线图。选中图表，单击“图表”菜单，选择“添加趋势线”命令，在弹出对话框中的“类型”选项卡上选择“线性”，单击“确定”按钮。从图 5-3 中可以看出，产品销售量的趋势线是递增直线，销售量围绕一个稳定的水平上下波动。因此采用移动平均模

型对这个时间序列进行预测是合适的。

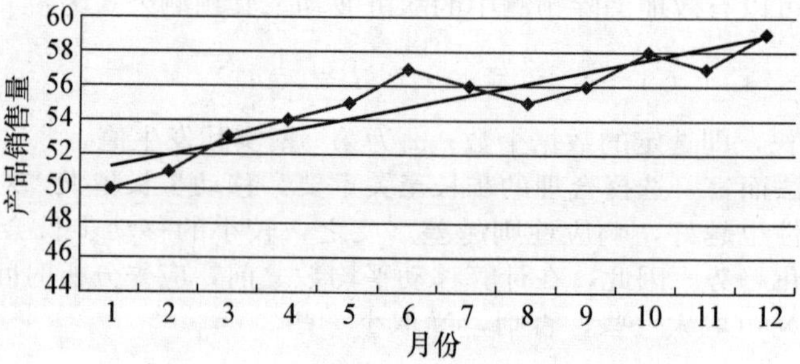

图 5-3 销售量趋势线

第二步，在 Excel“工具”菜单中选择“加载宏”，在“加载宏”对话框中选择“分析工具库”，单击“确定”按钮，在“工具”菜单下出现“数据分析”选项。如图 5-4 所示，在出现的“数据分析”对话框中选择“移动平均”，打开如图 5-5 所示的“移动平均”对话框。

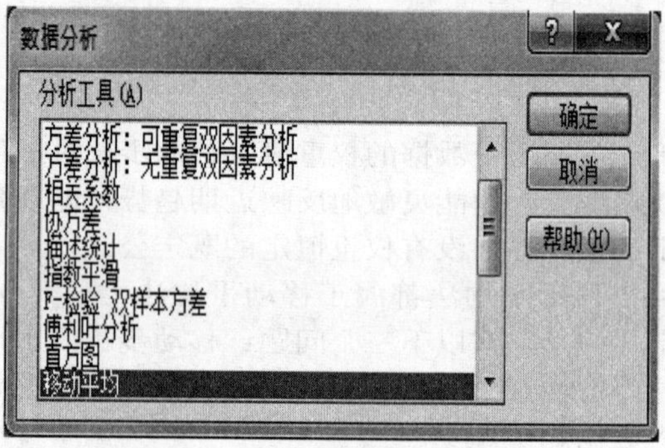

图 5-4 “数据分析”对话框

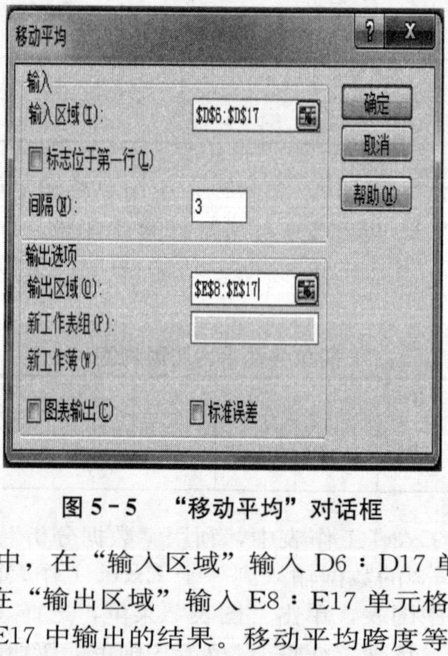

图 5-5 “移动平均”对话框

在“移动平均”对话框中，在“输入区域”输入 D6：D17 单元格，“间隔”输入 3，这就意味移动平均跨度为 3，在“输出区域”输入 E8：E17 单元格，单击“确定”按钮，就会看到图 5-6 中单元格 E9：E17 中输出的结果。移动平均跨度等于 3，这意味着从第 3 周开始有预测值，而这个预测值显示在图 5-6 中的单元格 E8 中。

	B	C	D	E
1				
5		月份	销售量观测值	移动平均法预测值
6		1	50	
7		2	51	
8		3	53	51.33
9		4	54	52.67
10		5	55	54.00
11		6	57	55.33
12		7	56	56.00
13		8	55	56.00
14		9	56	55.67
15		10	58	56.33
16		11	57	57.00
17		12	59	58.00

图 5-6　产品销售量时间序列移动平均分析工具生成的预测值

绘制产品销售量观测值和移动平均法预测值的图形，如图 5-7 所示。从图中可见移动平均法预测值的变动稍滞后于销售量观测值。其间隔数（该例题中为 3）越大，滞后性越强。简单移动平均法有两个主要缺点。首先，在它的基本形式里，赋予参与统计的 n 个月的数据以同样的权重。这可以通过对前 n 个月赋予不同的权重进行改进，即加权移动平均法，下面会详细阐述。其次，更重要的是它没有使用 n 个月以外的数据。指数平滑法可以解决上述两个问题，而且同样容易计算。

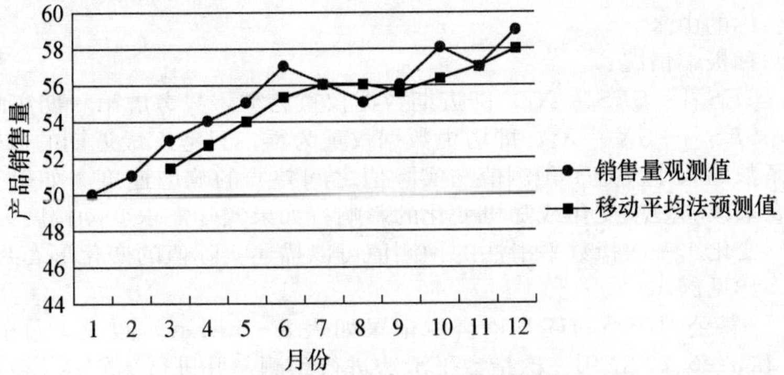

图 5-7　数据分析工具生成的销售量观测值与移动平均法预测值

（2）加权移动平均法。根据式（5-2），用加权移动平均法的求解结果如表 5-4 所示。其中，$\alpha_1=0.5$，$\alpha_2=1.0$，$\alpha_3=1.5$，n 取 3，4 月的销售量预测值为：

$$WMA_4=(0.5A_1+A_2+1.5A_3)\div 3=51.83$$

以此类推，有

$$WMA_5=(0.5A_2+A_3+1.5A_4)\div 3=53.17$$

$$WMA_6=(0.5A_3+A_4+1.5A_5)\div 3=54.33$$

从而可以预测出 7—12 月的销售量。

表 5-4　加权移动平均法预测值

月份	1	2	3	4	5	6	7	8	9	10	11	12
实际销售量（百台）	50	51	53	51.33	53.17	54.33	55.83	56.17	55.67	55.67	56.83	57.17

根据上述结果，对简单移动平均法和加权移动平均法的预测结果进行比较，可见在选取合适权重的条件下，加权移动平均法的预测结果比简单移动平均法的滞后性要小，即响应性要好。

（三）一次指数平滑法

一次指数平滑法（single exponential smoothing，SES）把经预测误差修正后的上一期预测值作为下一期的预测，是加权移动平均法的一种变形。加权移动平均法仅考虑最近数期的历史数据；指数平滑法借助上一期实际值与上一期预测值的加权和，并通过依次向前递推，进而考虑了所有期的历史数据。其中远期实际数据的权重比近期的低。其预测公式为：

$$SES_{t+1}=\alpha X_t+(1-\alpha)SES_t=SES_t+\alpha(X_t-SES_t) \tag{5-3}$$

式中，SES_{t+1}为$t+1$期一次指数平滑预测值；X_t为t期的实际预测值；α（$0\leqslant\alpha\leqslant1$）为赋予实际数据的权重，称为平滑系数。

其递推公式为：

$$\begin{aligned}SES_{t+1}&=\alpha X_t+(1-\alpha)[\alpha X_{t-1}+(1-\alpha)SES_{t-1}]\\&=\alpha X_t+\alpha(1-\alpha)X_{t-1}+(1-\alpha)^2SES_{t-1}\\&=\alpha X_t+\alpha(1-\alpha)X_{t-1}+\alpha(1-\alpha)^2X_{t-2}+(1-\alpha)^3SES_{t-2}\\&\cdots\cdots\\&=\alpha[(1-\alpha)^0X_t+(1-\alpha)^1X_{t-1}+(1-\alpha)^2X_{t-2}+\cdots+(1-\alpha)^{t-1}X_1]\\&\quad+(1-\alpha)^tSES_1\\&=\alpha\sum_{j=0}^{t-1}(1-\alpha)^jX_{t-j+1}+(1-\alpha)^tSES_1\end{aligned} \tag{5-4}$$

式中，可令$SES_1=X_1$。当t很大时，$(1-\alpha)^tSES_1$可以忽略，故第$t+1$期的预测值可以视为前t期实测值的指数形式的加权和。随着实测值期数增加，其权重以指数形式递减，这正是指数平滑法名称的由来。

下面讨论两种极端情况：

（1）$\alpha=0$，$SES_{t+1}=SES_1=X_1$，即近期数据权重为零，只考虑第一期实测值。

（2）$\alpha=1$，$SES_{t+1}=\alpha X_t=X_t$，即历史数据权重为零，只考虑最近期的数据。

指数平滑系数的大小决定了预测值与实际值之间差异的响应速度。如果实际需求稳定，可选用较小的α来减弱短期变化或随机变化的影响；如果实际需求变动幅度大，应选择较大的α来跟踪这一变化。一次指数平滑法的预测值可以描述实际值的变化形态与趋势，但总是滞后于实际值，详见例5-2。

【例5-2】 某公司产品的逐月销售量记录如表5-5所示。假设1月的预测值为11，分别取$\alpha=0.4$和$\alpha=0.7$，试用一次指数平滑法进行预测，并进行比较。

表5-5　某公司产品的逐月销售量记录

月份	1	2	3	4	5	6	7	8	9	10	11	12
实际销售量（百台）	10	12	13	16	19	23	26	30	28	18	16	14

解： 根据式（5-3），当$\alpha=0.4$时，有

$$SES_2=\alpha X_1+(1-\alpha)SES_1=0.4X_1+(1-0.4)SES_1=10.6$$

当$\alpha=0.7$时，有

$$SES_2=\alpha A_1+(1-\alpha)SES_1=0.7X_1+(1-0.7)SES_1=10.3$$

依此类推，可分别计算出各期的预测值，列在表5-6中。

表5-6　某公司产品的逐月销售量记录及预测值　　单位：百台

月份	实际销售量 A_i	预测销售量 SES_i（$\alpha=0.4$）	预测销售量 SES_i（$\alpha=0.7$）
1	10.00	11.00	11.00
2	12.00	10.60	10.30
3	13.00	11.16	11.49
4	16.00	11.90	12.55
5	19.00	13.54	14.97

续前表

月份	实际销售量 A_i	预测销售量 SES_i（α=0.4）	预测销售量 SES_i（α=0.7）
6	23.00	15.72	17.79
7	26.00	18.63	21.44
8	30.00	21.58	24.63
9	28.00	24.95	28.39
10	18.00	26.17	28.12
11	16.00	22.90	21.04
12	14.00	20.14	17.51

用这个例子说明在 Excel 工作表中实现指数平滑预测的方法。第一步，在一个新工作表的单元格 A2∶B13 内输入 1—12 月的销售量观测值。在“工具”菜单中选项“加载宏”，在随后弹出的“加载宏”对话框中选择“分析工具库”，然后单击“确定”按钮，会在“工具”菜单下出现“数据分析”选项，如图 5－8 所示。在出现的“数据分析”对话框中选择“指数平滑”，打开如图 5－9 所示的“指数平滑”对话框。

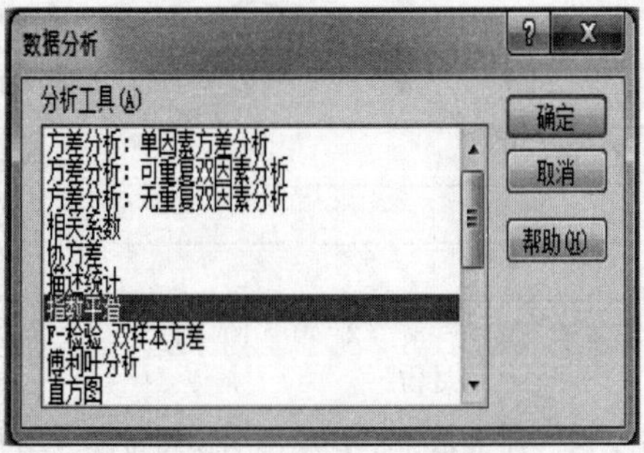

图 5－8　“数据分析”对话框

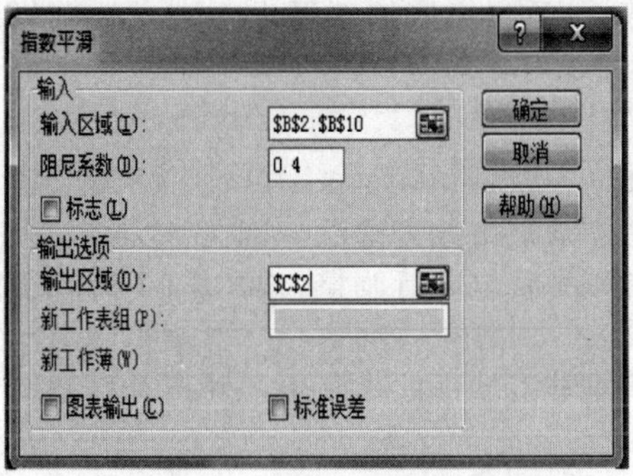

图 5－9　“指数平滑”对话框

第二步，在“指数平滑”对话框中，在“输入区域”输入 B2∶B13 单元格，在“阻尼系数”中输入“0.4”，在“输入区域”中输入 C2 单元格，单击“确定”按钮，会看到如图 5－10 中 C2∶C13 单元格的输出结果，要想预测第 13 个月的销售量，只需选择 C13 单元格，然后按住鼠标左键往下拉，就可以得出第 13 个月的预测值，结果显示在 C14 单元格中，如图 5－10 所示。如法炮制，在 D2∶D13 单元格输出 α=0.7 的预测值。

利用图 5－10 中单元格 A2∶D13 中的数据绘制数据分析工具生成的指数平滑预测图形如图 5－11 所示。从图 5－11 中可见，用一次指数平滑法进行预测时，预测值可以描述实际值的变化形态与趋势，但预测值总是滞后于实际值：当实际值呈上升趋势时，预测值总是低于实际值；当实际值呈下降趋势时，预测值总是高于实际值。

	A	B	C	D	E
1	月份	销售量观测值	指数平滑法预测值（α=0.4）	指数平滑法预测值（α=0.7）	
2	1	10	11	11	
3	2	12	10.6	10.3	
4	3	13	11.16	11.49	
5	4	16	11.896	12.547	
6	5	19	13.537 6	14.964 1	
7	6	23	15.722 56	17.789 23	
8	7	26	18.633 536	21.436 769	
9	8	30	21.580 121 6	24.631 030 7	
10	9	28	24.948 072 96	28.389 309 21	
11	10	18	26.168 843 78	28.116 792 76	
12	11	16	22.901 306 27	21.035 037 83	
13	12	14	20.140 783 76	17.510 511 35	
14			17.684 470 26	15.053 153 4	
15					

图 5-10　销售量时间序列指数平滑分析工具生成的预测值

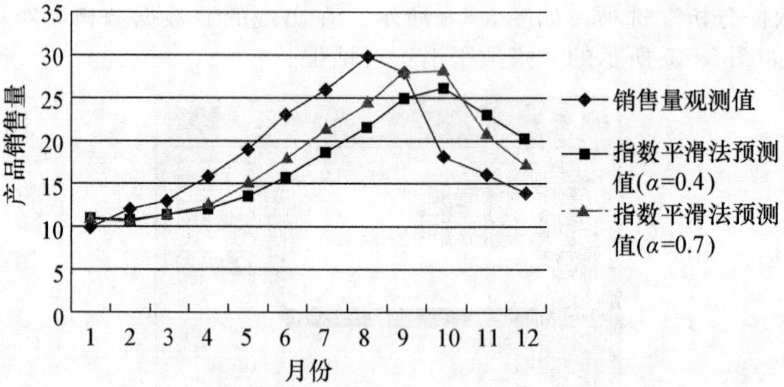

图 5-11　数据分析工具生成的指数平滑法预测值

比较不同的平滑系数对预测的影响，当出现趋势时，取较大的 α 得到的预测值与实际值比较接近（即预测精度较高）。预测值依赖于平滑系数 α 的选择。一般而言，α 较小则预测稳定性较好，α 较大则响应性较好。

（四）二次指数平滑法

二次指数平滑法（double exponential smoothing，DES）是对一次指数平滑值作再一次指数平滑的方法，也称为趋势调整指数平滑法。因为该方法先用一次指数平滑法进行预测，得到基数预测值，然后用趋势滞后值进行调整。面对有上升或下降趋势的需求序列时，可采用该方法避免一次指数平滑法的预测滞后现象。二次指数平滑法实质上是将历史数据进行加权平均作为未来时刻的预测结果，具有计算简单、样本要求量较少、适应性较强、结果较稳定等特点。

其计算公式为：

$$\begin{aligned} DF_t &= SF_t + T_t \\ &= [\alpha A_{t-1} + (1-\alpha) SF_{t-1}] + [\beta(SF_t - SF_{t-1}) + (1-\beta) T_{t-1}] \end{aligned} \qquad (5-5)$$

式中，DF_t 为第 t 期的二次指数平滑法预测值；SF_t 为第 t 期的一次指数平滑法预测值（SF_0 事先给定）；T_t 为第 t 期的趋势校正值（T_0 事先给定）；β 为趋势平滑系数；其余符号意义同前。

【例 5-3】　某公司产品的逐月销售量记录如表 5-7 所示。假设 1 月的预测值为 11，$T_0=0$，分别取 $\alpha=0.2$ 和 $\beta=0.4$，试用二次指数平滑法对 9 月的销售量进行预测。

表 5-7　某公司产品的逐月销售量记录

月份	1	2	3	4	5	6	7	8
实际销售量（百台）	10	12	13	16	19	23	26	30

解：由公式（5－5）得

$SF_2=\alpha A_1+(1-\alpha)SF_1=0.2A_1+(1-0.2)SF_1=11.2$

$T_2=\beta(SF_2-SF_1)+(1-\beta)T_1=0.08$

$DF_2=SF_2+T_2=11.28$

以此类推，可分别计算出各期的预测值，列在表5－8中。

表5－8　某公司产品的逐月销售量记录及预测值

月份	实际销售量	一次预测 SF_t	趋势 T_t	二次预测 DF_t
1	10	11.00	0.00	—
2	12	11.20	0.08	11.28
3	13	12.36	0.51	12.87
4	16	13.89	0.92	14.81
5	19	14.91	0.96	15.87
6	23	16.73	1.30	18.03
7	26	18.58	1.52	20.10
8	30	21.07	1.91	22.98
9	28	23.25	2.02	25.27

二次指数平滑法的预测结果与 α 和 β 的取值有关。α 和 β 越大，则预测的响应性越好；反之则稳定性越好。实际上，趋势平滑系数 β 的取值与 α 类似：较大的 β 取值表明更强调趋势的最近变化；较小的 β 取值则给予最近的趋势变动更小的权重，从而倾向于将当前的趋势平滑掉。总之，α 影响二次预测的基数，β 影响预测值的上升或下降速度。

二、时间序列分解模型

实际需求值是趋势、季节、周期或随机等多种因素共同作用的结果。时间序列分解模型从实际值中分解出各种成分，并在对各种成分单独进行预测的基础上，综合各种成分的预测值，得到最终的预测结果。通常由两种方法进行综合：其一是加法模型，即将各种成分相加来预测；其二是乘法模型，即将各种成分以比例的形式相乘得到综合结果。

$$F=T+S+C+I \tag{5-6}$$

$$F=T\times S\times C\times I \tag{5-7}$$

式中，F 为综合预测值；T 为趋势成分；S 为季节成分；C 为周期成分；I 为随机成分。

这里，主要讨论有线性趋势、相等的季节波动时间序列的线性季节模型。线性季节模型是线性变化趋势与季节性变化趋势共同作用的结果。

若采用加法模型，则预测值＝趋势预测值＋季节变动量。其假设为：无论趋势效应或平均值如何变化，季节变动量恒为常数。

若采用乘法模型，则预测值＝趋势预测值×季节因子。相乘式季节变动是季节变动的通常形式。其中，季节因子是指时间序列中随各季节变化所做的调整系数。

【例5－4】 某快餐店过去3年快餐销售量记录如表5－9所示，试预测未来一年该快餐店夏、秋、冬、春各季的销售量。

表5－9　某快餐店过去3年快餐销售量记录

季度	季度序号 t	销售量 A_t（份）	季度	季度序号 t	销售量 A_t（份）
夏	1	11 800	冬	7	9 213
秋	2	10 104	春	8	11 286
冬	3	8 925	夏	9	13 350
春	4	10 600	秋	10	11 270
夏	5	12 285	冬	11	10 266
秋	6	11 009	春	12	12 138

解：第一步：求趋势直线方程 $y=a+bt$，式中，y 为趋势预测值，t 为季节序号，a 和 b 为常数。可用作图法或最小二乘法求出 a，b。这里采用作图法，作散点图，引出一条拟合直线，如图 5－12 所示。该直线方程为：

$$T(t)=10\ 326+106.81t$$

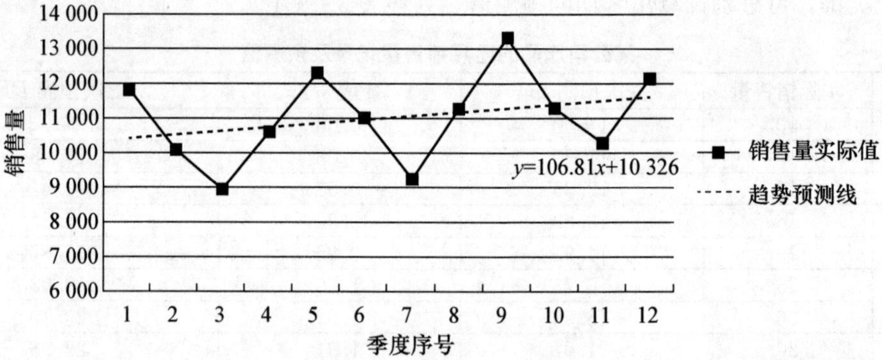

图 5－12　趋势预测图

第二步：计算季节因子 SI。季节因子为各周期内相应实际值与趋势值的比值的平均值。先求出每季度的实际值 A_i 与趋势值 T_i 的比值。例如，对于第一季度：

$$A_1/T_1=11\ 800\div(10\ 326+106.81\times1)=1.13$$

其余的比值经计算如表 5－10 所示。

表 5－10　实际值与趋势值的比值

t	1	2	3	4	5	6	7	8	9	10	11	12
A_i/T_i	1.13	0.96	0.84	0.99	1.13	1.00	0.83	1.01	1.18	0.99	0.89	1.05

这样，

$$SI(夏)=(1.13+1.13+1.18)/3=1.15$$

同理，

$$SI(秋)=0.98$$
$$SI(冬)=0.85$$
$$SI(春)=1.01$$

第三步：计算预测值。

预测值＝趋势预测值×季节因子

未来一年的夏、秋、冬、春各季对应的 t 值分别为 13，14，15，16，夏季预测销售量为：

$$(10\ 326+106.81\times13)\times1.15=13\ 472(份)$$

同理可求秋季为 11 585 份；冬季为 10 139 份；春季为 12 155 份。

第 4 节　因果关系预测方法

在时间序列模型中，将需求作为因变量，将时间作为唯一的自变量。这种做法简单，但忽略了其他需求的影响因素。因果关系预测模型则有效地克服了该弱点，通过对与需求有关的先导指数的计算，对需求进行预测。按照反映需求及其影响因素之间因果关系的不同，因果关系预测模型又分为回归模型、经济计量模型、投入产出模型等。本节只介绍一元线性回归模型预测方法。

回归可定义为两个或两个以上相关变量之间的函数关系。它根据一个已知变量去预测另一个或多个变量，这种函数关系通常可从观测数据中找出。回归模型普遍用于长期预测，它对主要事件和综合计划的长期预测很有用。例如，它对于预测产品族的需求情况极有用。即使同一族产品的单个产品在一段时间内的需求量变化较大，整个产品族的需求量也相当平稳。

在进行线性回归分析前，首先应作出数据散点图，观察数据是否呈线性或至少部分呈线性。线性回归是指变量呈直线关系的一种特殊回归形式。

一元线性回归模型可用下式表达：

$$Y=a+bX$$

式中，Y 为一元线性回归预测值；a 为 Y 轴截距，为自变量 $X=0$ 时的预测值；b 为斜率。

这里用最小二乘法来进行一元线性回归分析。最小二乘法的思路是使计算值和实际值偏差的平方和最小，即使偏导数为零，得到回归直线的参数值。参数 a 和 b 的计算公式为：

$$b=\frac{n\sum XY-\sum X\sum Y}{n\sum X^2-\left(\sum X\right)^2}$$

$$a=\frac{\sum Y-b\sum X}{n} \tag{5-8}$$

式中，n 为变量数；X 为自变量的取值；Y 为因变量的取值。

自变量 X 与因变量 Y 之间的相关程度可用相关系数 r 来衡量。

$$r=\frac{n\sum XY-\sum X\sum Y}{\sqrt{\left[n\sum X^2-\left(\sum X\right)^2\right]\left[n\sum Y^2-\left(\sum Y\right)^2\right]}} \tag{5-9}$$

r 为正，说明 Y 与 X 正相关，即 X 增加，Y 也增加；r 为负，说明 Y 与 X 负相关，即 X 增加，Y 减少。r 越接近于1，表明实际值与所作出的直线越接近，拟合度越好。

【例5-5】　对例5-4应用一元线性回归法进行预测，相关数据如表5-11所示。

表5-11　某快餐店过去3年快餐销售量记录

季度	季度序号 t	销售量 A_t（份）	4个季度销售总量	4个季度移动平均	季度中点
夏	1	11 800			
秋	2	10 104			
冬	3	8 925			
春	4	10 600	41 729	10 432.3	2.5
夏	5	12 285	42 214	10 553.5	3.5
秋	6	11 009	42 819	10 704.8	4.5
冬	7	9 213	43 107	10 776.8	5.5
春	8	11 286	43 793	10 948.3	6.5
夏	9	13 350	44 858	11 214.5	7.5
秋	10	11 270	45 119	11 279.8	8.5
冬	11	10 266	46 172	11 543.0	9.5
春	12	12 138	47 042	11 756.0	10.5

解：计算 a 和 b（$a=9\ 956.03$，$b=164.183$），然后求 Y（$Y=9\ 956.03+164.183X$），结果如表5-12所示。

表5-12　一元线性回归计算

X	Y	X^2	XY
2.5	10 432.3	6.25	26 080.75
3.5	10 553.5	12.25	36 937.25
4.5	10 704.8	20.25	48 171.60
5.5	10 776.8	30.25	59 272.40

续前表

X	Y	X^2	XY
6.5	10 948.3	42.25	71 163.95
7.5	11 214.5	56.25	84 108.75
8.5	11 279.8	72.25	95 878.30
9.5	11 543.0	90.25	109 658.50
10.5	11 756.0	110.25	123 438.00
$\sum X = 58.5$	$\sum Y = 99\ 209.0$	$\sum X^2 = 440.25$	$\sum XY = 654\ 709.50$

第5节 预测误差与预测监控

一、预测误差

预测误差是指预测值与实际值之间的差异。当预测值大于实际值时，误差为正；反之，误差为负。预测模型最好是无偏的模型，即应用该模型时，正负误差出现的概率大致相等。误差的主要来源在于过去的趋势在未来未必得到延续，其他来源包括模型中未包含正确的变量、变量间的关系定义错误、季节性需求偏离正常轨迹以及存在随机误差等。

平均误差是评价预测精度、计算预测误差的重要指标。它常被用来检验预测与历史数据的吻合情况，同时是判断预测模型能否继续使用的重要标准之一。在比较多个模型孰优孰劣时，也经常用到平均误差。本节将介绍平均绝对偏差、平均平方误差、平均预测误差和平均绝对百分比误差这四个常用的评价指标。

二、误差测量

(一) 平均绝对偏差

平均绝对偏差（mean absolute deviation，MAD）就是整个预测期内每一次预测值与实际值的绝对偏差（不分正负，只考虑偏差量）的平均值。用公式表示为：

$$MAD = \frac{\sum_{t=1}^{n} |A_t - F_t|}{n} \tag{5-10}$$

式中，A_t表示时段t的实际值；F_t表示时段t的预测值；n是整个预测期内的时段个数。

平均绝对偏差的作用与标准偏差相类似，但比标准偏差更容易求得。如果预测误差是正态分布，平均绝对偏差约等于0.8倍的标准偏差。这时1倍平均绝对偏差内的百分比约为58%，2倍平均绝对偏差内约为89%，3倍平均绝对偏差内约为98%。平均绝对偏差能较好地反映预测的精度，但不容易衡量无偏性。

(二) 平均平方误差

平均平方误差（mean square error，MSE）就是对误差的平方和取平均值。沿用式（5-10）中的符号，平均平方误差用公式表示为：

$$MSE = \frac{\sum_{t=1}^{n} (A_t - F_t)^2}{n} \tag{5-11}$$

平均平方误差与平均绝对偏差相类似，虽可以较好地反映预测精度，但无法衡量无偏性。

(三) 平均预测误差

平均预测误差（mean forecast error，MFE）是指预测误差的和的平均值。用公式表示为：

$$MFE = \frac{\sum_{t=1}^{n}(A_t - F_t)}{n} \tag{5-12}$$

平均预测偏差能很好地衡量预测模型的无偏性，但不能反映预测值偏离实际值的程度。

（四）平均绝对百分比误差

平均绝对百分比误差（mean absolute percentage error，MAPE）用公式表示如下：

$$MAPE = \left(\frac{100}{n}\right)\sum_{t=1}^{n}\left|\frac{A_t - F_t}{A_t}\right| \tag{5-13}$$

上述四种指标是常用的衡量预测误差的指标，但任何一种指标都很难全面地评价一个预测模型，在实际应用中常常将它们结合起来使用。

利用例 5－2 中的数据在 Excel 工作表中建立一个指数平滑模型来测量误差。第一步，在 Excel 工作表中输入观测值，并在单元格 E1：F2中输入如图 5－13 所示的文字。用上一节介绍的指数平滑预测方法计算出各月的预测值，在单元格 C3 中输入指数平滑模型预测公式“＝(1－$F$1/10)＊B2＋$F$1/10＊C2”。

F2　fx　=SUMXMY2(B2:B13,C2:C13)/COUNT(C2:C13)

	A	B	C	D	E	F
1	季度序号	销售量观测值	指数平滑预测值		平滑常数	2
2	1	10	11		MSE	18.38
3	2	12	10.2			
4	3	13	11.64			
5	4	16	12.728			
6	5	19	15.3456			
7	6	23	18.26912			
8	7	26	22.053824			
9	8	30	25.2107648			
10	9	28	29.04215296			
11	10	18	28.20843059			
12	11	16	20.04168612			
13	12	14	16.80833722			
14			14.56166744			

图 5－13　销售量时间序列指数平滑模型

第二步，计算平均平方误差。利用 Excel 内置函数，这种方法需要用到两个函数：SUMXMY2() 函数和 COUNT() 函数。SUMXMY2() 函数的功能是返回两数组中对应的数值之差的平方和。它需要两个参数，一个参数是第一个数组或数值区域，另一个参数是第二个数组或数值区域。COUNT() 函数的功能是计算某一范围内包含数字的单元格的个数。因此在单元格 F2 中输入公式“＝SUMXMY2(B2：B13，C2：C13)/COUNT(C2：C13)”，如图 5－13 所示。

第三步，确定最优平滑指数常数。在单元格 F1 中制作一个在 2～8 之间，以 1 为步长变化的微调项，控制单元格 F1 中平滑指数的变化。具体方法如下：在“窗体”工具栏上选择“微调项”工具，在单元格 F1 中用鼠标左键拖拽绘制出微调项，在微调项上单击鼠标右键，在弹出的快捷菜单中选择“设置控件格式”，然后在“设置控件格式”对话框中进行如图 5－14 所示的设置。单击微调项上的按钮，就可以很直观地看出移动平均跨度取 2～8 之间任何一个整数时的平均平方误差。对这些平均平方误差做比较，就可以得出使平均平方误差极小的最优移动平均跨度。

另外一个求最优移动平均跨度的方法是利用 Excel 的规划求解工具。这是一个从函数值所要达到的目标出发，反过来确定为达到这个目标自变量应取什么值的工具。规划求解的步骤如下：单击“工具”菜单，选择“规划求解”，在弹出的对话框中进行如图 5－15 所示的设置，然后单击“求解”按钮，就会在单元格 H1 中显示出使单元格 H2 中的平均平方误差极小的平滑指数。在本例中，这个最优平滑指数是 2。

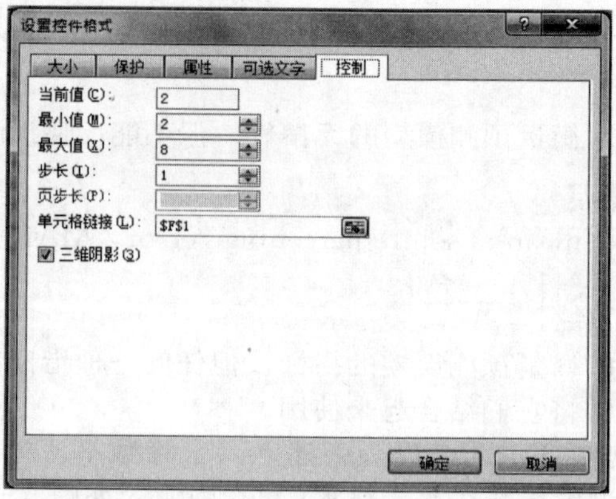

图 5 - 14 “设置控件格式”对话框

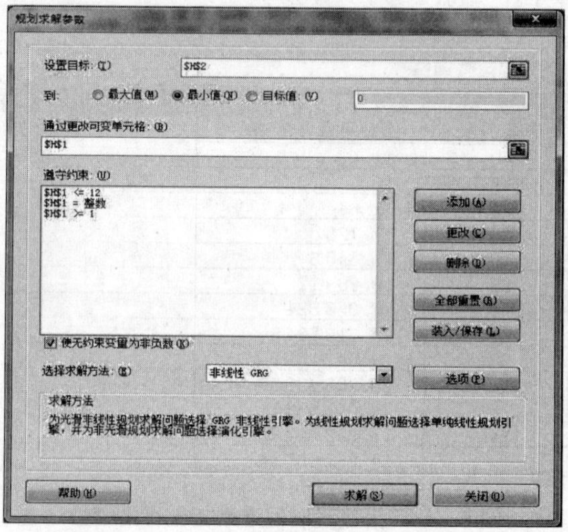

图 5 - 15 “规划求解参数”对话框

第四步，可以利用以上各个数据绘制销售量观测值曲线和指数平滑预测值曲线。在其中添加一个对平滑常数进行调节的微调项，以及显示平滑常数值和平均平方误差值的文本框，就得到如图 5 - 16 所示的可调图形。这里的微调项分别对应单元格 F1，F2 中的数据，分别输入公式＝”平滑指数＝”&F1 和＝”MSE＝”&ROUND（F2，3）。为了区分曲线，还可以单击曲线，按鼠标右键，对数据系列格式进行修改。

三、误差监控

预测的一个重要理论基础是：一定形式的需求模式在过去、现在和将来起着基本相同的作用。然而，实际情况是否如此呢？换句话说，过去起作用的预测模型现在是否仍然有效呢？这需要通过误差监控来回答。

误差监控就是将最近的实际值与预测值进行比较，看偏差是否在可以接受的范围以内，采用的手段一是计算跟踪信号，二是利用控制图进行动态监控。

所谓跟踪信号（tracking signal，TS），是指预测误差滚动和与平均绝对偏差的比值，即

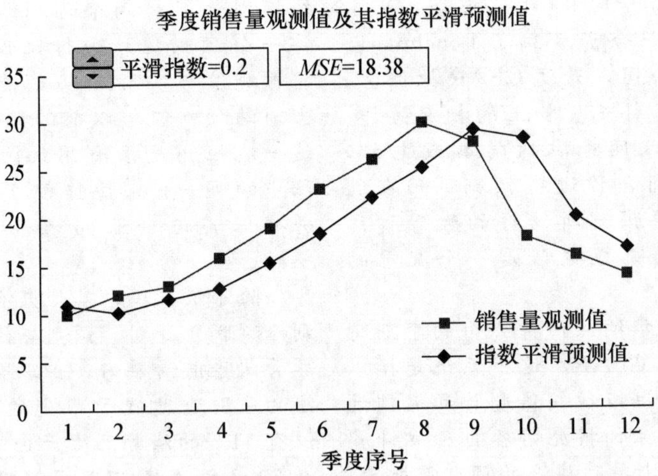

图 5-16　销售量时间序列观测值及其指数平滑预测值

$$TS=\frac{RSFE}{MAD}=\frac{\sum_{t=1}^{n}(A_t-F_t)}{\frac{\sum_{t=1}^{n}|A_t-F_t|}{n}} \qquad (5-14)$$

跟踪信号既反映了累积误差及其正负方向，也反映了其与实际发生值之间的预测程度。理想的预测模型的跟踪信号应为零，说明其为无偏模型，既不超前也不滞后于实际需求。

每当实际需求发生时，都应该计算跟踪信号。如果预测模型仍然有效，跟踪信号应该接近于零。反过来，只有当跟踪信号在一定范围内时，才认为预测模型可以继续使用。否则，就应该重新选择预测模型。图 5-17 所示的是另一种监控工具——控制图。

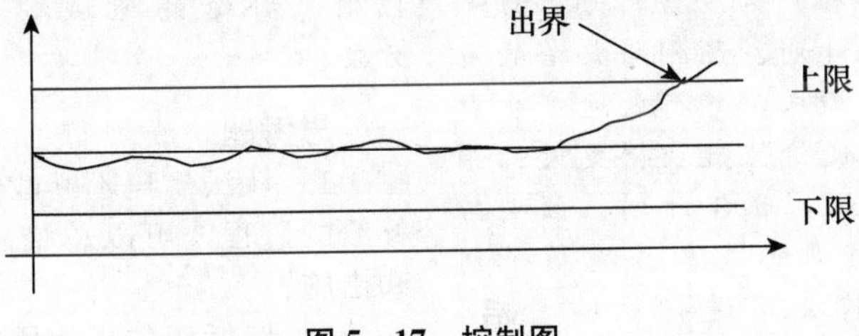

图 5-17　控制图

跟踪信号的预测误差上下限是为积累误差设置的，控制图的上下限是为单个预测误差设置的。运用控制图的假设条件是：预测误差服从均值为零的随机分布；误差的分布是正态的。

取平均平方误差的平方根 $s=\sqrt{MSE}$，查阅正态分布表，当控制上下限为 $0\pm0.2s$ 时，95%的误差将落入其中；当控制上下限为 $0\pm0.3s$ 时，99.7%的误差将落入其中。

本章案例 >>>

沃尔玛利用联合计划、预测与补给及互联网提高预测绩效

长期以来，沃尔玛因对收银机的收据进行仔细研究以及与供应商合作以降低库存而颇有名气。过去，与其他许多零售商一样，沃尔玛不与其供应商共享预测成果。结果，预测误差高达 60%。一般来说，零售商的订货往往超出其需求，以避免商品短缺而损失销售额，而供应商的生产也就对应它们所能售出的数量。为减少预测误差对库

存的不利影响，20 世纪 90 年代中期，沃尔玛、IBM 以及 SAP 合资成立了 Benchmarking Partners 有限公司，开发 CFAR 软件包，这意味着在预测和补充货物上的相互协作。该软件包使用互联网来取代传真或电话，使制造商和贸易商合作进行预测。而在过去，对每周都需要预测所储存的数千种商品的商店来说，传真或电话是一个沉重的负担。

沃尔玛最初用华纳兰伯特公司的李斯特防腐液产品来启用 CFAR。这个系统是按以下方式工作的：根据以往销售趋势和促销计划，沃尔玛和华纳兰伯特公司各自独立计算其未来 6 个月对李斯特防腐液的预期需求量。然后，它们通过互联网交换各自的预测结果。如果两者的预测差距大于预先给定的百分比，那么零售商和制造商还要利用互联网交换书面说明和支持数据。如此，双方经过必要的多次来回，最后集中在一个均可接受的预测范围内。试验给沃尔玛带来的好处包括：现货满足率由 85%上升到 95%，销售额显著增加，而库存费用显著减少。同样，由于有了更平稳的生产计划和更低的平均成本，华纳兰伯特公司也从中受益。

该项目由非官方行业标准协会监督实施，该协会后来将 CFAR 推广为联合计划、预测与补给的模型。联合计划、预测与补给的目标是改变当前的关系模式，并有效地产生更准确的信息，从而促使价值链获得更大的销售额和利润。换句话说，联合计划、预测与补给可以消除价值链中的成本并提高盈利能力。在华纳兰伯特公司进行试验之后，沃尔玛在 Sara Lee 公司也进行了联合计划、预测与补给试验。在试验中，双方交换信息，比如预测及补货数据。作为回报，沃尔玛从中受益：由于确保了在适当的时间和适当的地点有适当的产品，因此提高了顾客满意度和企业盈利能力。与 CFAR 十分相像，更为通用的联合计划、预测与补给模型要求对两个预测结果（每个合作伙伴一个预测值）进行比较。应当指出：在将预测值与实际销售额进行比较时，或将当前的预测值与以前的预测值进行比较时，这一流程也是很有用的。不论采用两种方法中的哪一种，协作都可以提高预测精度，并确保其与企业的未来计划和目标保持一致。

除了沃尔玛，其他几个一流公司也加入到检测联合计划、预测与补给的试验计划中。尽管试验前景看好，但联合计划、预测与补给的采用速度慢于事先的估计。研究表明：仅有 41%的消费品生产企业和 25%的零售商在 2003 年年底前不同程度地实施了联合计划、预测与补给。首先，许多企业还留有原来的传统系统，因而推迟了实施。其次，信息共享是联合计划、预测与补给成功的关键因素，要求合作伙伴之间建立一种信任，即它们是为彼此之间的最大利益而协同工作的。没有这种信任，就不可能实现完全的信息共享。联合计划、预测与补给也就不会成功。最后，联合计划、预测与补给的实施由于地理环境的不同而不同。例如，在欧洲，联合计划、预测与补给遇到的障碍就与美国有所不同，这就使得某些实践者要考虑联合计划、预测与补给的地域模型，而不是通用的方法。

思考题

1. 从沃尔玛不断改进联合计划、预测与补给的过程，可以总结出哪些规律性的特点和措施？

2. 概括沃尔玛运用联合计划、预测与补给前后的变化。

3. 你觉得将联合计划、预测与补给运用到一个企业，最大的内部阻力是什么？外部环境可能带来的压力有哪些？

4. 试评联合计划、预测与补给在零售业的运用前景，并给出你的理由。

□ 本章小结

预测是一个企业制定计划的基础，同时也是调整战略决策的基础。按时间跨度可分为长期预测、中期预测、短期预测。按主客观因素可分为定性预测、时间序列预测、因果关系预测。

产品或服务的需求变动可分为趋势变动、季节变动、周期变动、突发变动和随机波动。需求预测的一般步骤包括：明确预测目的和对象，选择预测方法，收集资料，整理、分析数据，进行预测并付诸实际应用，监控预测结果。

预测中的定性方法包括德尔菲法、销售人员意见汇总法、部门主管集体讨论法和顾客期望法。

预测中的定量方法主要有时间序列预测方法和因果关系预测方法。时间序列预测方法是一种以时间为独立变量，利用过去需求随时间变化的关系来预测未来需求的方法。其常用的两个模型是时间序列平滑模型和时间序列分解模型。前者又包括移动平均法（简单移动平均法、加权移动平均法）、指数平滑法（一次指数平滑法、二次指数平滑法）等。常用的时间序列分解模型包括乘法模型和加法模型。

因果关系预测方法考虑了除时间以外的其他因素，使用回归模型、经济计量模型、投入产出模型等数学模型，建立一个或多个自变量与因变量之间的因果关系。

预测误差是指预测值与实际值之间的差异。预测模型最好是无偏的模型。常用的评价指标有平均绝对偏差、平均平方误差、平均预测误差和平均绝对百分比误差等。误差监控就是将最近的实际值与预测值进行比较，看偏差是否在可以接受的范围以内，采用计算跟踪信号和利用控制图进行动态监控的手段来实现。

□ 复习题

一、简答题

1. 影响需求的因素是什么？
2. 常见的需求预测方法有哪些？
3. 预测误差是指什么？预测误差有哪些来源？
4. 测量预测误差有哪些指标？各有什么特点？

二、计算题

1. 灵浩机器公司是一家生产数控机床的公司，其产品的平均售价为每台50万元。过去两年内数控机床销售量如表5-13所示。

表5-13

年度	季度	销售量（台）
2015	第一季度	12
	第二季度	18
	第三季度	26
	第四季度	16
2016	第一季度	16
	第二季度	24
	第三季度	28
	第四季度	18

(1) 绘制回归直线，找到回归方程。

(2) 找到趋势和季节因子。

(3) 预测2017年的销售情况。

2. 位于A市的地毯商城保存了历年的地毯销售量记录（以平方码为单位）和该地区历年来批准的新建房屋数记录，如表5-14所示。

表 5-14

年份	批准新建房屋数（所）	销售量（平方码）
2008	18	13 000
2009	15	12 000
2010	12	11 000
2011	10	10 000
2012	20	14 000
2013	28	16 000
2014	35	19 000
2015	30	17 000
2016	20	13 000

如果当年的新建房屋数已知，如何预测该年的地毯销售量？

第6章 Chapter 6 企业综合计划体系

本章要点

- 描述生产计划系统的框架，说明其中主要计划的作用和它们的相互联系；
- 解释为什么生产计划应当是分层的；
- 理解规模经济和生产能力柔性；
- 学会几种确定生产能力的方法，并掌握量本利法和决策树法；
- 学会给定需求时在多种策略中选择最佳策略。

第1节 企业计划的重要性

综合计划是与企业战略目标相适应的一系列综合行动，指明了公司运作的发展方向。公司的下级计划是由综合计划指导制定的，是相对于综合计划来说更为具体、着重细节的计划。

图6－1中，箭头指向信息流输入或者输出的方向，运营能力中的重要指标包括现有机器的生产能力、未来生产能力计划、员工生产能力、现有员工水平等，这些输入数据是制定综合物料计划、设计人力资源计划的关键数据。例如，根据员工的生产能力，制定相应的培训计划及在适合的生产力测量方式基础上建立激励措施，这种人力资源计划对生产水平的提高是非常有用的。人力资源方面要输入的重要数据包括劳动力市场状况、培训能力等，这些数据基于员工的有效培训和能力提升，对预估未来的生产能力和销售计划起着重要作用。工程设计的输入包括与新产品开发、产品设计变更、机器标准相关的数据，产品设计变更对综合生产计划的设计影响很大，因为产品设计变更会引起制造加工流程、质量控制流程、员工组织安排等一系列变更。从综合计划输出来看，主要流向为由市场部门和销售部门负责的销售计划及由财务部门负责的资金计划。销售计划是企业根据历史销售记录和已有的销售合同，综合考虑企业的发展和现实的市场情况制定的针对部门、人员的任何时间范围的销售指标。它同时也可以反过来指导相应的生产作业计划、采购计划、资金筹措计划以及其他计划的安排和实施。

总的来说，企业综合计划是企业组织的前提、指挥的依据、协调的工具以及控制的标准。以生产企业为例（见图6－1），运营能力、人力资源与工程设计在综合生产计划体系中起到基础作用，它们是综合生产计划重要的输入。综合生产计划的前提是长期资源计划，其主要任务是确定企业产品组合在每个工厂的分配、选择生产过程和进行生产能力的规划，决定了企业的长期供给能力和竞争优势。综合生产计划是根据市场需求预测制定的，它的决策变量主要是生产率、人力资源规模和库存水平。其目标是如何充分利用生产能力满足预测的顾客需求，同时使生产率尽量保持均衡，并合理控制库存水平以降低总生产成本。对于流程型企业，综合生产计划的作用也是非常关键的，这是由这类企业的设备或生产设施投资大、生产连续进行、生产能力可以准确核定，以及采用备货的生产方式满足顾客需求的生产性质决定的。而对于按单生产型制造装配企业，如果产品是非标准化、定制化的，那么在制定综合生产计划时往往还没有订货合同，又不能事先生产出产品来等候顾客订货，加之生产能力随产品结构的变化而改变，不能事先准确核定，因此，综合生产计划只能起指导作用，这类企业生产计划的重点是生产作业计划。

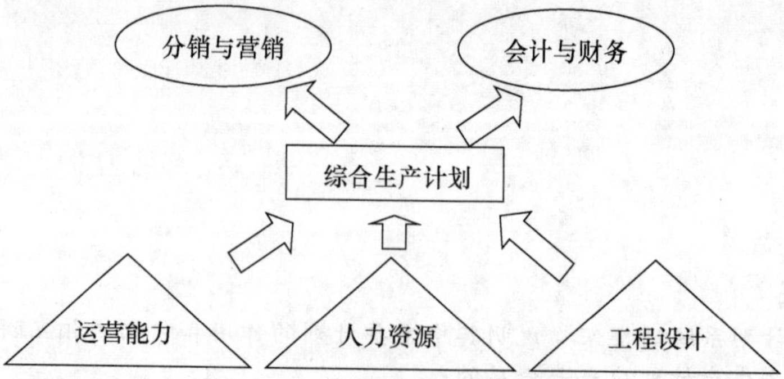

图 6-1　综合计划与企业职能

综上所述，企业综合计划由企业战略规划、企业生产计划、企业物流计划、企业营销计划、企业人力资源计划和企业财务计划组成。综合计划对各项职能计划起着统领决策的作用，反过来，各项职能计划在执行后的反馈信息又会影响企业综合计划的制定、改善和实施。

第 2 节　企业计划的分类

企业计划可从多个角度来划分，以便于对企业计划做分门别类的研究。根据不同需要，可有以下几种划分方法。

一、按时间划分

计划按时间可以分为长期计划、中期计划和短期计划。长期计划就相当于公司的战略规划，它明确了企业为实现战略目标的主要行动步骤，主要内容包括企业生产产品或服务的种类、规模的大小、生产的布局、工艺设备的选择等。中期计划是长期计划的具体化，同时又是短期计划编制的依据。一般来说，中期计划的展望期是一年，也称为年度计划，主要规定了企业用工规模、计划出产量、库存量等数据。短期计划即为长期计划和中期计划的具体落实，反映企业在短期内需要完成的目标和任务，直接关系到单位时间的作业内容和工作进度。事实上，按照计划时间长短划分是出于减小计划复杂性以及调整产出率和员工水平灵活性这两方面平衡的需要。公司应依据需要来制定不同的计划。

二、按管理层权属划分

对应于按时间划分的企业计划，按管理层权属可把计划分为战略层计划、战术层计划和作业层计划。战略层计划是企业最高层对企业未来发展的谋划，主要规定了企业的战略目标与市场地位，涉及产品发展方向、生产发展规模、技术发展水平和投资总量与结构等。战术层计划是在战略层计划的指导下，拟定实施目标，在现有资源条件下确定产品品种、产量、员工、产成品库存等。对应于短期计划的作业层计划是企业日常运营活动的具体安排，并对生产进度和质量进行控制，也对人员班次等进行安排。从战略层到作业层，计划的展望期越来越短，规定的内容越来越具体，展现出各自在企业计划中的不同作用，不同层次计划的特点如表 6-1 所示。

表 6－1　不同层次计划的特点

项目	战略层计划	战术层计划	作业层计划
计划期	长（≥5 年）	中（1 年）	短（月、旬、周）
计划时间单位	粗（年）	中（月、季）	细（日、班次、小时、分）
空间范围	企业、公司	工厂	车间、工段、班组
详细程度	高度综合	综合	详细
不确定性	高	中	低
管理层级	高层	中层、部门	底层、车间
特点	资源获取	资源利用	日常活动处理

三、按计划性质划分

按计划性质，可将企业计划分为综合生产计划、主生产计划、物料需求计划等。这些会在后续章节详细展开。决定了如何提供以及提供哪些产品或服务后，管理层必须计划其流程的生产能力。

综合生产计划（aggregate production planning）又称为中期生产计划或总生产计划，由于其计划期一般为一年，故许多企业也称之为年度生产计划。综合生产计划的对象主要是产品类。一个产品类中可以包含多个品种或产品族，它们具有相似的加工特征，以及相似的季节性需求变化特征，故可在计划生产率和库存水平时将其看做一类产品，不再作进一步的细分和规定。主生产计划（master production schedule，MPS）是生产计划系统的核心，是生产制造功能与市场营销功能的界面，是所有短期生产活动（包括材料采购、零部件外协、制造和装配等活动）的依据。物料需求计划是根据产品的零件表和零件的可用库存量，将主生产计划展开形成的最终的、详细的材料需求、零件需求及零件外协和作业计划。

第 3 节　企业计划的多层次性和协调性

生产计划系统应当是分层的。长期生产计划属于战略层计划，应当在公司层面编制和下达；综合生产计划和主生产计划属于战术层计划，应当在工厂层面编制和下达；物料需求计划和详细作业计划属于作业层计划，应当在车间层面编制和下达。下层生产计划必须在上层生产计划的约束条件内编制。最早在理论上提出生产计划层次结构的学者是美国生产管理学家 C. A. 哈克斯和 H. C. 米尔。本章主要讨论生产计划，生产计划的典型层次如图 6－2 所示。

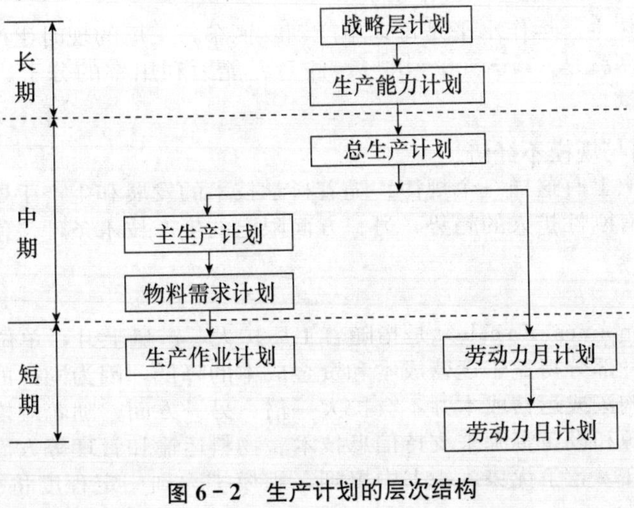

图 6－2　生产计划的层次结构

企业计划的协调性又体现在：生产计划是实现企业经营目标的最重要的计划之一，是企业内部生产运作系统正常运行的关键，也是企业内部生产计划体系中的龙头计划，是编制主生产计划、指挥企业活动以及编制物资供应计划、劳动工资计划和技术组织措施计划的重要依据；各种职能计划是编制成本计划和财务计划的依据；成本计划和财务计划是编制经营计划的重要依据。

第4节 生产能力计划

字典里对能力的定义是保存、接受、存储或供应的能力。在商务领域，能力通常理解为在一个具体时间段内系统获取输出数量的能力。在服务行业，可以理解为在单位时间内可以服务的顾客数量。在生产行业，能力可解释为在一个班次中可生产的产品数量。由此，我们引入生产能力的概念。

生产能力（capacity）是一个作业单元的生产设施在一定技术组织条件下，单位时间内满负荷作业能生产产品（或提供服务）的最大数量，即一个设施的最大产出率（output rate）。广义上，它是人员能力、设备能力和管理能力的综合；狭义上，它指人员能力和设备能力（可定量计算），即一个企业在一定的生产运作组织条件下，企业内部各个生产运作环节综合平衡后能产出一定种类的产品或服务的最大数量，是反映企业产出可能性的一种指标。

管理者必须提供满足当前与未来需求的生产能力，否则将会错失成长与盈利的机会。

一、生产能力计划

生产能力计划是对顾客需求和生产能力限制的估计，是对企业运营系统产出数量、品种、速度、时间、劳动力、设备配置以及库存等问题预先进行的考虑和安排。

生产能力意味着可实现的最大产出率，比如，每天生产400辆车，但没有说这个比率能维持多长时间，因此不知道每天400辆车是一天的峰值还是半年的平均值。为了避免出现这样的歧义，我们引入最优生产运作水平的概念，即规划的流程能力水平，也就是单位平均成本最小化时的产出量。由于权衡固定间接成本的分配和加班、设备磨损、不良率等其他花费比较复杂，因此确定这个成本最小化的值有一定的困难。能力利用率是衡量企业相比最佳生产运作水平差距的一个重要工具，可以用一个百分比来表示：

$$\text{能力利用率}=\frac{\text{所用能力}}{\text{最佳生产运作水平}}\times 100\% \tag{6-1}$$

如果工厂的最佳生产运作水平是每天生产500辆车，工厂的现时生产能力是每天400辆车，那么能力利用率就是400÷500＝80%。注意：能力利用率的分子、分母需要以相同的单位或时间段来衡量。

（一）规模经济与规模不经济

企业管理发展史上有这样一个规律：随着科学技术的发展和生产手段的不断创新，一方面造成了企业规模有刚性扩大的趋势，另一方面限定的生产技术条件又使企业规模发展受到经济规模的制约。

1. 规模经济

规模经济（economics of scale）是指随着工厂扩大、产量上升，单位产品的平均成本逐渐下降，这其中有一部分得益于运营成本和资金成本的降低，因为同样的设备要扩大一倍生产能力，所需要的购买或运营成本并不会扩大一倍。另一方面，随着规模变得更大，工厂可以充分利用人力资源和设备资源来支持信息技术、物料运输和管理等方面的支出。

迈克尔·波特在《竞争优势》一书中提到，规模扩大到一定程度将会产生规模不经济，如工厂员工过多会产生强大的工会，使劳工成本上升，管理费用也将增加。在一些行业，如高档时装，正是由于稀缺才昂贵，规模就不经济了。许多行业，如汽车、电力、家用电器、计算机芯片、冶金、石油化工、造纸等制造行业，以及金融、保险、广告、运输、百货商场、连锁超市等服务行业，都存在明显的规模经济性。即使像快餐业，由于实行连锁经营和标准化作业，也具有规模经济性。因此，在进行生产能力规划时，确认所在行业是否具有规模经济性，分析达到了什么样的规模才具有最佳经济性，对于制定正确的决策非常必要。

2. 规模不经济

规模不经济（diseconomies of scale）是指平均单位成本随着设施规模的增加而增加。规模过大会使复杂性增加、失去核心并带来低效率，从而导致产品或服务的平均单位成本增加。玛氏工厂运用高度自动化、大容量的设备来生产 M&M 巧克力。每小时，单条包装线上会经过 260 万颗巧克力豆。尽管直接操作机器的劳动力很少，维护设备所需的劳动力成本却很高。

（二）生产能力柔性

在对一件事情进行规划决策时，我们总会对未来做一个预测，这些预测建立在许多不同的假设之上。从前，人们的假设通常是静态的，而预测则是线性的。随着科学技术的进步和社会经济的发展，管理者发现他们的预测结果和实际情况差距越来越大，导致企业被动地调整计划、做出新的决策、承担更大的风险，而柔性则能使他们变被动为主动。

1. 生产能力柔性

生产能力柔性（capacity flexibility）的意思是快速提高或降低生产水平，或者是迅速从一种产品或服务转换成另一种的能力。柔性通过灵活运作的流程、员工以及借助其他组织的能力等策略来获取。越来越多的企业在设计供应链时会把柔性因素考虑在内。这样的话，就能把生产能力植入整个系统。

柔性制造技术在各工业发达国家已经得到广泛的应用，数控机床、加工中心、柔性制造单元（FMC）、柔性制造系统（FMS）应用日益广泛，计算机集成制造系统（CIMS）使生产设计、制造管理、供销、财务都用计算机统一管理，实现工厂全盘计算机管理。在 20 世纪 80 年代计算机集成制造系统呼声甚高，认为是机械制造的发展方向，但按这种概念建立计算机集成制造系统需要极大的硬件投资和很长的开发建设时间。由于技术的飞速发展，过分强调统一管理会无法适应多变的生产。因此现在计算机集成制造系统的概念必须更新，要有更多灵活的生产能力，才能适应快速多变的生产要求。

2. 生产能力柔性的影响因素

企业设计生产能力柔性时，可以考虑以下因素：

（1）产品、服务柔性。企业为了适应市场变化或者跟上市场新产品更迭的脚步，必须具备快速引进新产品或提供新服务的能力。同时，为了能尽量满足每个顾客的独特需求，企业也要具备定制化生产或提供服务的能力。

（2）数量柔性。在市场中，企业必然会面临需求未预期的波动，如果不能迅速应对市场变化，企业可能会面临不可避免的损失。此时，如果企业的产出量能在较大范围内自由增减，就能迅速处理市场的需求波动，不会造成过高的成本费用。

（3）流程柔性。流程柔性是柔性的生产系统和简单易操作的设备的有机结合。应用这些技术都是为了实现快速、低成本的产品转化，以及使多种产品在一起混合生产时耗费的成本低于单独生产这些产品时的成本，即获得范围经济性。

（4）人力资源柔性。具有柔性的人力资源是指掌握多种技能以及具有从一项任务快速转向另一项任务的能力。这类人力资源需要企业提供更广泛的培训，同时也需要管理者和员工共同努力，以获取工作分配上既快又好的转变能力。

（三）生产能力扩大的影响因素

当企业考虑增减生产能力时，最重要的考虑因素便是成本，而维持系统平衡、生产能力变动频率、外部运营和供给能力等因素也会影响企业的决策。

1. 成本

扩大生产能力时，会涉及以下一些成本：库存持有成本、缺货成本、招聘解聘成本、人员加班费用、库存变化费用、转包合同费用等。为了防止在需求量大时缺货以及考虑到企业运营的需要，企业一般会设置安全库存，在日常生产运营时，也可能会有未售出的多余库存。如此便会产生库存维护费用、仓库人员费用以及机会成本等负担。库存越多，持有时间越长，库存持有成本则越高。如果出现了缺货情况，企业也会损失很多原本可得的利润。在需求量大时，有的企业也会采取招聘新员工或让员工加班的方法，或者把部分任务转包给其他企业的方式来增加生产能力。遇到不可避免的外力因素或者其他原因，重新整理、安置库存也会发生库存变化的费用。以上这些成本都会影响企业增减生产能力的决策。

2. 维持系统平衡

理论上，在一个处于最佳平衡状态的工厂中，第一阶段的输出就是第二阶段的输入，第二阶段的输出就是第三阶段的输入，依此类推。但实际上，根本不可能达到这样的状态，因为对每个阶段来说最佳生产运作水平是不一样的。比如，车间一最有效率的生产运作水平是每月 90 单位的产品，车间二（流程中的下一个阶段）是每月 75 单位，车间三是每月 200 单位。另外，产品需求的多样性以及流程本身也会导致系统的不平衡。

解决不平衡的方法有很多种。第一，可通过诸如安排加班、租赁设备、通过转包合同获得多余生产能力等暂时性措施增加瓶颈阶段的生产能力。第二，可在瓶颈阶段前预留安全库存。第三，可大量复制或增设某个部门的设备，而这个部门与其他部门紧密相关，甚至相互依赖。这些方法现在被越来越多的企业运用到供应链设计当中。同时，这样的供应计划也有助于缓解供应商与客户之间的不平衡。

3. 生产能力变动频率

企业扩大生产能力时，有两种成本需要在决策时考虑在内：过度频繁地扩大生产能力的花费和停止不动的成本。过于频繁地扩大生产能力会导致巨额花费。直接成本就包括清理和重置旧设备以及培训工人熟悉新设备的成本。而且，购买新设备的花费总是远远超过清理旧设备的所得。在设备转化时期工厂或服务点的闲置又会导致机会成本。

相比较而言，从来不去扩大生产能力的成本也是很高的，这意味着生产能力需要大量外购，任何超额的生产能力都需要通过日常开支来外购。

4. 外部运营和供给能力

在某些情况下，与采用外包生产能力相比，或许不扩大任何生产能力要便宜得多。企业使用较多的两种方法是外包和生产能力共享。一个外包的典型案例是戴尔公司，戴尔公司把组装笔记本电脑的工作交由一家中国企业来完成。而生产能力共享可用以下这个例子来解释——几家有不同航线、不同季节需求的航空公司如果能在相同的航线上实现航班共享，对于这几家航空公司来说能节约很大一笔成本。

（四）确定合适的生产能力

1. 确定生产能力的步骤

一般而言，管理者通过以下步骤来确定生产能力：

第一步：估计未来的生产能力需求。

第二步：通过将预计需求与实际生产能力对比，找出生产能力缺口。

第三步：制定相关策略和方案。

在上一章中已经说明了需求预测的方法，在此，只要结合预测的需求量和实际生产能力，就能计算出缺口。如果一个工序是整个流程的瓶颈，增加瓶颈的生产能力就可扩大整个流程的生产能力。

【例 6-1】 甲公司生产两种口味的沙拉酱：A 和 B。任何一种都有瓶装和袋装两种选择。管理者需要确定接下来 5 年的设备、人力需求。

解：第一步：预测需求。假设现在公司的市场营销部门正在举行 B 沙拉酱的促销活动，并且提供了接下来5年的预测需求量（见表6－2）。这个促销活动预期将持续2年。

表6－2 产品预测需求量

		年份				
		1	2	3	4	5
A	瓶装（千）	60	100	150	200	250
	袋装（千）	100	200	300	400	500
B	瓶装（千）	75	85	95	97	98
	袋装（千）	200	400	600	650	680

现在3台瓶装包装机每年可以包装150 000瓶。每台机器需要2位操作人员，机器可以包装A，B两种沙拉酱，那么共需要6位瓶装包装机操作人员。5台袋装包装机每年可以包装250 000袋。每台机器需要3位操作人员，机器也可以包装两种产品，那么共需要15位袋装包装机操作人员。

通过把表6－2中每年两种产品瓶装或袋装需求量加总，我们可以计算出每年瓶装和袋装产品各自的需求量（见表6－3）。

表6－3 各包装产品总需求量

	年份				
	1	2	3	4	5
瓶装（千）	135	185	245	297	348
袋装（千）	300	600	900	1 050	1 180

现在，我们可以计算出第一年设备以及人力的需求。瓶装包装机每年的可用生产能力是450 000（3台机器×150 000），使用135÷450＝0.3的当年实际生产能力（0.3×3＝0.9台机器）。同样，我们需要300÷1 250＝0.24的当年袋装包装机实际生产能力（0.24×5＝1.2台机器）。操作人员第一年度的预测需求为：

0.9台瓶装包装机×2位瓶装包装机操作人员＝1.8位操作人员

1.2台袋装包装机×3位袋装包装机操作人员＝3.6位操作人员

第二步：确定生产能力。用以上的方法来计算剩下几年的数据，如表6－4所示。

表6－4 生产能力预测

	年份				
	1	2	3	4	5
瓶装					
生产能力利用率（%）	30	41	54	66	77
机器需求（台）	0.9	1.23	1.62	1.98	2.31
人员需求（位）	1.8	2.46	3.24	3.96	4.62
袋装					
生产能力利用率（%）	24	48	72	84	94
机器需求（台）	1.2	2.4	3.6	4.2	4.7
人员需求（位）	3.6	7.2	10.8	12.6	14.1

5年中，两种机器的实际生产能力都超过了预测需求，甲公司可以选择在实际生产能力和预测需求值之间制定销售和生产计划。

2. 确定生产能力的方法

另外还有几种方法可用来确定生产能力，如量本利法、决策树法等。

【例6－2】 某车间实行8小时工作制，每年工作日为250天，生产3种相同类型的零部件 A，B，C，每种零部件对某种设备的生产能力要求如表 6-5 所示。

表 6-5　各零部件的生产能力需求

产品	年需求量（件）	单位产品定额（台时）	所需加工时间（小时）
A	400	5	2 000
B	500	2	1 000
C	900	3	2 700
合计			5 700

求车间需要该类设备多少台？

解：

一台设备全年正常工作的生产能力＝250×8＝2 000(小时/台)

该设备需要量＝5 700÷2 000＝2.85(台)≈3(台)

因此，该车间在满负荷生产的前提下，需要此类设备 3 台。

(1) 量本利法。量本利法又称盈亏平衡分析法，通过分析产量、成本、收益三者的关系，用货币数量和产品数量表示成本与收入相等的一点，以此来确定企业的生产能力(见图 6-3)。

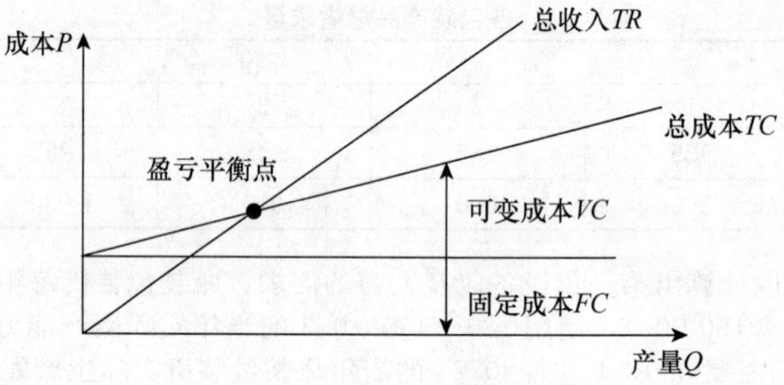

图 6-3　量本利法示意图

盈亏平衡点就是总收入等于总成本的点。设 FC 为固定成本，VC 为可变成本，TC 为总成本，TR 为总收入，P 为产品单价，Q 为产出量，$BEP(Q)$为以产量表示的盈亏平衡点，$BEP(P)$为以货币表示的盈亏平衡点。则

$$TC=FC+VC\times Q$$

$$TR=P\times Q$$

令总收入等于总成本，即

$$TR=TC$$

$$P\times Q=FC+VC\times Q$$

可得

$$BEP(Q)=\frac{FC}{P-VC}$$

或 $$BEP(P)=\frac{FC}{BEP(Q)}+VC \tag{6-2}$$

(2) 决策树法。解决生产能力问题的简便方法之一就是决策树，它可以清晰地列出各个步骤。决策树是一种图示模型，它展示了一个问题的解决步骤以及每一步的情况和结果。决策树能使企业对未来各种情况做出概率估计，并标注在一个树形结构上，然后计算出各种情况的期望值，比较这些数值可做出生产能力计划的决策。

解决决策树问题，是从树的末端开始从后往前，计算每一步的期望值。计算完成之后，需要排除估计出来是最高成本的那一枝，重复这样的步骤直到第一个决策点，这样问题就可以解决了。以下用一个例子来形象地阐述这个方法。

【例 6-3】 李世林的餐厅现在正值业务高峰期，预计今年将提供 80 000 份订餐服务。尽管厨房已经以 100%的生产能力运转，餐厅每年仍只能接待 105 000 人次的客人。未来 5 年的需求预测表明，下一年的需求量是 90 000 份，以后以 10 000 份的增幅逐年递增。

现在，李经理想扩建餐厅，但发现第 4 年的需求增长远高于原来的预测值。此时，需要决定是否扩建。从建设成本和停工期方面考虑，扩建两倍比一开始就建一个大餐馆更贵，但是，在需求增长低的时候进行扩建，设施的利用率则较低。这更多取决于需求。

解： 如图 6-4 所示，第 1 年（方形 1）的初始扩张可大可小，仅当初始扩张较小而需求增加时，才会到第 2 个决策点（方形 2）。如果初始扩张较小而需求较高，就必须制定是否在第 4 年进行第 2 次扩张。决策树上每一分枝的盈利都要估计出来。如果初始扩张较大，根据需求的高低不同，财务收益分别是 220 000 元或 40 000 元。考虑概率权重后的预期价值为 148 000 元。这一预期收益大于较小的初始扩张带来的 109 000 元的收益，因此在第 1 年进行大幅扩张是较优选择。

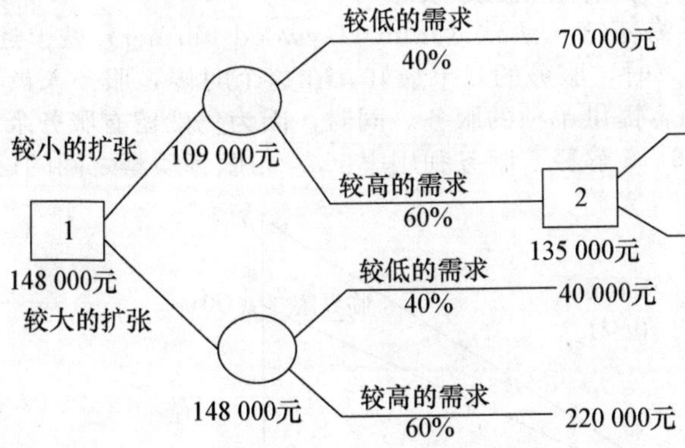

图 6-4　决策树法示意图

二、服务能力计划及其特性

能力计划对生产企业来说很重要，直接影响企业的竞争力；对服务企业来说，能力计划一样重要。尽管服务能力计划与生产能力计划有许多共性，设备规模也可以按照生产企业同样的方法来设计，两者却有明显的不同。服务能力计划更依赖于时间和选址，更容易受到需求变动的影响，而能力利用率直接影响服务质量。

两种生产的特性不同，其能力计划也相应地表现出各自的特性。服务能力计划的特性表现在以下几点。

（一）服务时间多变性

机器的运用可明确地计算出一件产品的生产时间，而服务需求与供给的多样性使得服务的单位时间很难确定；不同于货物，服务不能储存留到以后使用。因此，管理者需要把时间当作供应商之一。我们很难计算银行为一名顾客提供服务所需的平均时间，所以也就不能确定一个银行柜台接待顾客的能力，医院也一样。

（二）服务能力受到服务场所的限制

大部分服务不能运输，所以服务地点最好能设置在顾客附近。服务首先要能“运送”给顾客（不论是物理上的还是通过电话那样的沟通媒介），然后才能被“产出”。另一个城市的宾馆房间或是出租车对于在这个城市旅游的游客来说没有任何用处，所以服务必须在顾客需要的地方提供。

（三）需求波动性对能力计划有很大影响

一个服务提供系统的需求变化远远比生产企业更频繁。正如上面所说，服务不能储存，这意味着服务企业不能像生产企业那样用库存来满足需求。另外，顾客直接与生产系统接触，而这些顾客总会有不同的需求，对服务过程也有不同的评价，而且会要求不同程度的服务。此外，服务需求多变性也表现在顾客行为会直接作用于需求。顾客行为会受到小到天气、大到重大事件等因素的影响。你在春节时到学校附近的任何一家餐馆，可以发现基本上都没有客人。而若是在平常时期商务区的午餐时间，你就可以发现周边餐馆人满为患。就因为多变性，服务能力经常需要以10～30分钟为一个周期来计划；相反，在生产企业一周计划一次就可以了。

三、服务能力的充分应用

规划服务能力水平要考虑服务质量与服务能力两者之间的关系。

在实际运营中，总会出现这样的状况：如果服务能力水平太高，会造成资源浪费和高额的经营成本；而若是设计的能力太小，则会出现供不应求的情况，顾客不能及时享受到服务，就会造成服务质量差的评价，影响企业的形象。

美国华盛顿大学教授约翰·海伍德·法默（John Haywood Farmer）就上述问题提出："利用率达到最大服务能力的70%时，服务的效果最好。在这个时候，服务人员不至于闲得无所事事，同时又可以为每位顾客提供单独的服务。同时，因为仍然留有服务余量，可以应对服务市场需求量的变化。"图6-5解释了服务利用率（ρ）与服务质量之间的这种关系。

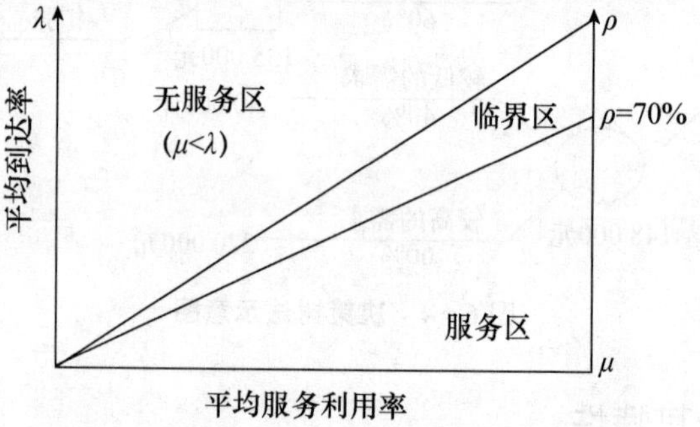

图6-5 服务利用率与服务质量关系示意图

平均到达率是指在某段时间到达服务点顾客的平均数量。服务利用率是当企业在最大能力水平运作时在该时间段可以服务的平均顾客数量。最优运营点在70%的最大能力附近。在临界区，服务系统的服务质量开始下降。在临界区以上，很多顾客将得不到服务。

服务机构服务项目的性质不同，相应的最优服务能力利用率也存在差异。风险很大的服务行业，例如急救中心、消防队等，需求的不确定性高，而且涉及人身安全，所以最佳服务利用率定得较低。而需求相对稳定的服务行业就可以确定在一个较高水平上，比如地铁运营或者一些不与顾客直接接触的服务设施。一些特殊情况的服务，最优利用率甚至可以超过100%，演唱会举办方总希望门票能销售一空，这不仅能带来100%的边际贡献率，如果看台走道都有热情洋溢的观众，也会有更好的现场效果。航空公司的运营也建立在这样的基础上，通过售出更多的经济舱座位来实现盈利最大化。

所以，企业在制定服务能力计划时，首先要考虑服务项目的性质；其次，通过管理措施，在服务质量和服务能力间达到平衡；最后，还可以从提高服务人员的素质、态度、工作效率以及改善服务环境等方面来优化服务质量。

第5节 单一因素计划与混合计划

企业一般可选择改变库存水平、增减工人数量、改变工作班次以及转包等方式。可以选择一种策略，也可以同时采用多种策略。表 6－6 对两种策略进行了比较。

表 6－6　两种策略的比较

	库存水平改变	生产率改变
优点	·将内部生产与外部需求隔开，维持内部生产的均衡 ·充分利用设备和人力 ·产品质量稳定	·市场适应性好 ·库存费用较低
缺点	·库存量大，占用资金多 ·市场适应性差	·不利于产品质量的稳定 ·设备和人力需要经常调整

库存水平改变是在计划期内保持生产速率和人员水平不变，通过调节库存或部分开工来适应需求；生产率改变是企业在计划时间范围内调节生产速率和人员水平，以适应需求，主要有聘用或解聘员工、安排加班、外包等。

每种策略都有各自的优缺点，比如改变工人数量，虽然灵活性很强，但是从另一个角度说，员工流动率大，企业劳资关系紧张，不利于保留忠实的员工队伍。不过在现实生活中，确实有适用这种策略的地方，如建筑工地雇用的建筑工人、公共服务或企业中的清洁工，就是按季节性的市场需要改变人员数量的情况。

一般地，企业不会极端地采用某种生产计划，而是适应需求将两种策略混合使用，可以是需求淡季时调节库存、人员水平小幅变动、加班等几种方式的结合。

【例 6－4】　某公司将预测的市场需求转化为生产需要。如表 6－7 所示，该产品每件需 20 生产小时加工，工人每天工作 8 小时。招收工人需要广告费、考试费和培训费，折合下来雇用一个工人需要 300 元，裁减一个工人需付解雇费 200 元。假设生产中无废品和返工。为了应对需求波动，有 1 000 件产品作为安全库存，库存单位持有成本为每件 6 元/月。假设每年的需求类型相同，因此在计划年度开始时的工人数等于计划年度结束时的工人数。相应地，库存量也近似相等。先比较一下不同策略下的费用（见表 6－8 和表 6－9）。

表 6－7　产品生产数据

月份 (1)	预计月需求量（件） (2)	累计需求量（件） (3)	每月正常工作天数 (4)	累计正常工作天数 (5)
4	1 600	1 600	21	21
5	1 400	3 000	22	43
6	1 200	4 200	22	65
7	1 000	5 200	21	86
8	1 500	6 700	23	109
9	2 000	8 700	21	130
10	2 500	11 200	21	151
11	2 500	13 700	20	171
12	3 000	16 700	20	191
1	3 000	19 700	20	211
2	2 500	22 200	19	230
3	2 000	24 200	22	252

表 6-8　仅改变工人数量的策略

月份 (1)	预计月需求量（件） (2)	所需生产小时 (3)=20×(2)	每月正常工作天数 (4)	每人每月生产小时 (5)=8×(4)	所需工人数 (6)=(3)÷(5)	月初工人变动数 (7)	人员变更费用 (8)
4	1 600	32 000	21	168	190	−37	7 400
5	1 400	28 000	22	176	159	−31	6 200
6	1 200	24 000	22	176	136	−23	4 600
7	1 000	20 000	21	168	119	−17	3 400
8	1 500	30 000	23	184	163	44	13 200
9	2 000	40 000	21	168	238	75	22 500
10	2 500	50 000	21	168	298	60	18 000
11	2 500	50 000	20	160	313	15	4 500
12	3 000	60 000	20	160	375	62	18 600
1	3 000	60 000	20	160	375	0	0
2	2 500	50 000	19	152	329	−46	9 200
3	2 000	40 000	22	176	227	−102	20 400
							128 000

表 6-9　仅改变库存水平的策略

月份 (1)	累计正常工作天数 (2)	累计产量 (3)=(2)×96.4	累计需求量（件） (4)	月末库存 (5)=(3)−(4)+1 000	库存持有成本（月初库存量+月末库存量）÷2×6 (6)
4	21	2 024	1 600	1 424	7 273.2
5	43	4 145	3 000	2 145	10 708.8
6	65	6 266	4 200	3 066	15 633.6
7	86	8 290	5 200	4 090	21 469.2
8	109	10 508	6 200	4 808	26 694
9	130	12 532	8 700	4 832	28 918.8
10	151	14 556	11 200	4 356	27 565.2
11	171	16 484	13 700	3 784	24 422.4
12	191	18 412	16 700	2 712	19 490.4
1	211	20 340	19 700	1 640	13 058.4
2	230	22 172	22 200	972	7 837.2
3	252	24 293	24 200	1 093	6 194.4
					209 265.6

表 6-8 中，持有 1 000 件安全库存需要 72 000 元，总费用为 200 000 元。4 月初的工人变动数是 3 月的工人数与 4 月所需的工人数之差（190−227=−37）。

若采用仅改变库存水平的策略，可得以下情况：累计 252 天内生产 24 200 件，平均每个工作日生产 96.03 件，需要 1 920.63 小时，每天需要工人 240.08 人，取 241 人，则每天平均生产 96.4 件。

表 6-9 中，4 月的期初库存是安全库存 1 000 件，所以 4 月的库存持有成本为 7 273.2 元。其他月份的期初库存是其前一月的期末库存，其库存持有成本如表 6-9 所示。总费用就是一年库存持有成本的总和 209 265.6 元。

现在来看混合策略（见表 6-10）。

表 6-10　一种混合策略

月份 (1)	累计正常工作天数 (2)	生产率 (3)	累计产量（件） (4)	累计需求量（件） (5)	月末库存 (6)＝(4)－(5)＋1 000	库存持有成本 （月初库存量＋月末库存量）÷2×6 (7)	人员变更费用 (8)
4	21	80	1 680	1 600	1 080	6 240	
5	43	80	3 440	3 000	1 440	7 560	
6	65	80	5 200	4 200	2 000	10 320	
7	86	80	6 880	5 200	2 680	14 040	
8	109	80	8 720	6 200	3 020	17 100	71×300 ＝21 300
9	130	108.4	10 996	8 700	3 296	18 948	
10	151	108.4	13 273	11 200	3 073	19 107	
11	171	108.4	15 441	13 700	2 741	17 442	
12	191	108.4	17 609	16 700	1 909	13 950	
1	211	108.4	19 777	19 700	1 077	8 958	
2	230	108.4	21 836	22 200	636	5 139	
3	252	108.4	24 221	24 200	1 021	4 971	71×200 ＝14 200
						143 775	35 500

4—8 月的 5 个月中，4 月的需求量最大，因此以 4 月为基准。4 月初需要生产 1 600 件，即每天 76.19 件。假设前一段采用 80 件/天的生产率，则每天需要 80×20÷8＝200 个工人。生产到 8 月底，累计 109 天生产了 8 720 件，在余下的 143 天内，要生产 15 480 件，平均每天 15 480÷143＝108.25 件，需 270.6 人，取 271 人，每天可生产 271×8÷20＝108.4 件。

在表 6-10 中，9 月的累计产量是 10 996 件。年总费用是库存持有成本和人工变动费用之和 179 275 元。

可见，混合计划的使用大大减少了生产成本，有效节约了资源，但要注意的是，混合计划并不是单一的，除了例 6-4 中列出的混合计划，还可以采取其他混合策略来进行生产。生产计划没有最优，只有更优，合理地把几种单一因素计划混合使用，可以收到很好的效果。

无论企业选择何种策略，都是为了使生产能力得到更充分的运用，使企业的资源利用最优化和利润最大化。综合计划决定了企业的战略目标，是管理层和执行层的行动指导，是企业经营管理的有效工具。

本章案例 >>>

生产能力变化对银行的影响

1995 年，洛克菲勒汉华银行与古老的大通曼哈顿银行合并了。合并后的新大通银行联合资产达 2 970 亿美元，连美国最大的银行花旗银行也相形见绌。原来直接竞争的两家银行联姻，使得新大通银行的全部存款超过 1 630 亿美元，消费者账户超过 400 万个。银行增加生产能力的一个主要动机是节约成本。大通希望截至 1999 年第一季度能够裁减 12 000 名员工，并使年费用降低 15 亿美元。到 1999 年年末大通全球投资服务公司收购摩根士丹利信托公司时，大通又扩充了生产能力。2001 年 1 月，大通收购摩根银行并获取大量投资银行专门知识，改名摩根大通公司。摩根士丹利将 4 000 亿美元的信托资产交给大通管理。除了规模经济优势，这一收购还为公司增加了大约 330 名经过高级培训的专业员工。在常说“资产当夜就回家”的投资银行业，管理层预期招聘、培训、留住一名这样的员工大约需要花费250 000美元。

由于银行业正处于历史上最大的并购浪潮中，生产能力翻番的现象并不少见。并购在一定程度上是对生产能力过多的一种明智反应。银行业也在成为一个技术驱动型的行业，从贷款到信用卡，金融产品与服务比以往任何时候都更多地通过计算机与电话销售，而不再通过银行分支机构。在技术上进行巨额投资的银行，在覆盖全国范围顾客方面获取了空前的能力。史无前例的资本投资产生了在更大的顾客基数上分摊成本的需要。电子革命时代借款方与存款方直接沟通更为容易，这也使得银行作为存储方中介的传统角色逐渐弱化。较低的利润使得银行加快步伐从事投资银行等批发业务。对这种业务而言，在某种程度上规模与高生产能力就等于优势。这种超大银行的趋势在北美已经很明显，在法国、德国乃至日本也正在出现——尽管这些国家的银行走向联盟的步伐比较慢。通过以电子方式跨越国界处理货币，银行正迅速感受到全球化与技术变革的力量。

尽管对规模大的银行来说这些原因令人印象深刻，但仍会存在生产能力过大的疑虑。一旦发生这种情况，消费者就会取消其账户而转向能够满足多种个人与企业需求的小银行。为了保护自己的利益，大银行必须提供与小银行一样的特殊服务。由于习惯于提供高度个性化的服务，因而小银行比大银行更容易做到这一点。大银行必须尽力提供消费者想要的同等水平与同等类型的服务。

思考题

1. 生产能力的变化对银行的影响体现在哪些方面？

2. 案例中，银行是通过哪些方式应对这种影响的？除此之外，还有其他方式吗？

3. 生产能力的变化对服务业的影响越来越大，试以其他服务行业为例，讨论这种变化造成的影响。

汽车公司的生产计划系统

某汽车公司根据来自销售商的信息制定生产计划，大体上分为两个阶段。第一阶段是制定月度生产预定计划，主要由成品车的基本生产计划和零部件供货内部指示表组成。第二阶段是确定每天的生产指标，也称确定逐日生产实施计划，主要由成品车的配送预定表和车种投入顺序计划表组成。

该汽车公司的整个生产计划系统基本上和丰田汽车公司一样，由内销产品生产计划和出口产品生产计划构成。

年生产计划系统中，首先是期间生产计划，即一年或半年的生产计划，例如生产多少辆“蓝鸟”的总量计划，按照公司的利润计划和销售计划编制。为了制定销售计划，销售预测就成了基础。

紧接着是上个月生产计划。这是在把握销售实绩和库存状况的同时，考虑到新技术、设备、人员、零部件厂的体制，以滚动的方式每月编制并修订的，也称基本日程No. 1。作为三个月生产计划的输入数据，还加上了来自销售商的预测订货。因为这个订货不是确定了的订货，所以每月要进行修正；确定了的订货，会在旬订货中出现。

另外，生产不一定只按与当月预计销售量平衡的数量进行。例如，虽然汽车畅销的月份是3月（年度末的人事调动时期）和7月（发奖月），但是在此前一个月，除了当月的预计销售量，还必须生产下月销售的库存车。这种政策性库存也编入基本日程No. 1中。

将三个月生产计划中最初的一个月（也就是下个月）的生产计划用该月的劳动天数除出来的就是月度分日生产计划（基本日程No. 2）。例如，一天生产多少辆“蓝鸟”这样的总分配额计划，并根据它决定勤务体制，即决定人工（以根据总作业时间得来的工作量为单位，一个人工指一个人在一天规定的作业时间内的完成量）总数（总工时）和加班体制，把劳动人员分配到各工作日中去。这个计划一经确定，在当月不能改变。这是因为要保证基本日程No. 1中的总量数。

以上三个生产计划主要是以每日生产方面的预测信息为基础的计划。

在下一个步骤中，开始时来自销售商（4S店）的信息起重要作用，即来自4S店的旬订货，包括车辆颜色在内的最终规格（最后项目）的信息也在其中，它同时包含销售商的销售预测和实际订货。

可见，这个旬订货对三个月（未确定）预测订货具有修正的意义，与基本日程No. 2

和 No. 3 没有太大的出入。

根据这个旬订货制定旬内分日生产计划(基本日程 No. 3)。

接着，是来自 4S 店的日变更信息。这就是每天来自 4S 店的日订货，是修正方才的旬订货信息的数据。对于旬订货，根据一般车种可以变更 2～5 成。但是，也有可以无限制地变更的车种。这一点与丰田的生产方式相比，可以说具有更能够反映销售市场上顾客的实际订货情况和更接近于订货生产的优点。发出日变更，要在该规格的汽车下线 4 天之前。

按照这个日变更信息，公司方面制定日节拍生产计划（基本日程 No. 4）。针对这个日生产计划，使用物料需求计划将计划展开生成零部件需求计划，每天向零部件厂订货。这里可以看到，这一点可能是该公司的生产计划系统与丰田公司的最大不同之处。

最后，每天要为装配生产线编制称为实际日程的车种投入顺序计划。

此外，关于出口产品的生产计划，没有旬内分日生产计划和日节拍生产计划，从月度分日计划直接跳到顺序计划是它的特点。

思考题

1. 该汽车公司的生产计划过程是怎样不断吸收来自销售商的预测和订货信息的？这样做的优点是什么？可能给生产计划的编制和实施造成什么困难？

2. 该公司的生产计划系统中，哪些计划属于综合生产计划范畴？哪些计划属于主生产计划范畴？

3. 该公司的生产计划系统对你有何启发？假如你所在的企业需要改进，可借鉴哪些方面？

□ 本章小结

生产计划本质上是一个计划体系，包括一系列计划，这些计划可以根据时间长短、管理层权属以及计划性质进行划分。生产计划体系中各计划以及生产计划与企业战略之间需要高度协调，才能对企业战略提供支撑，并在与其他计划的协调中得以有效实施。

生产能力计划是对顾客需求和生产能力限制的估计，是对企业运营系统产出数量、品种、速度、时间、劳动力、设备配置以及库存等问题预先进行的考虑和安排。生产能力意味着一段时间内生产系统可实现的最大产出率。在确定生产能力计划时，要研究规模经济性特征，辅之以生产能力柔性设计。影响生产能力扩大的因素包括成本、维持系统平衡、生产能力变动频率、外部运营和供给能力等，需要综合考量。确定生产能力的常用方法是量本利法和决策树法。服务能力要比生产能力更难以把握。服务能力受到时间、服务场所以及需求波动的较大影响。

在制定生产计划的过程中，常用的策略包括改变库存水平、增减工人数量、改变工作班次以及转包等几种方式，各种方法各有利弊。只有充分考虑计划的可行性以及成本大小后，方能制定较为完善的计划。通常，企业会综合考虑上述各种方法，制定混合计划。

□ 复习题

一、简答题

1. 企业计划有哪些分类方式？可分为哪些类型？
2. 生产能力指什么？用什么指标可以衡量生产能力？
3. 规模经济与规模不经济指什么？
4. 影响企业柔性的因素有哪些？
5. 服务能力计划的特性有哪些？

二、计算题

1. ××集团生产一种可以连接个人电脑并进行视频游戏的光盘游戏机。光盘比磁带读取的速度快很多。通过这样一种电脑视频连接，游戏变得非常实用可行。在一款简单手柄操纵驾驶游戏中，玩家实际上是观看一段真实驾驶的光盘录像。根据玩家的动作（如撞击栏杆），光盘根据片断瞬间作出移动，这样玩家就成为真实车辆事故中的一部分（当然是假的）。

请为××集团未来的12个月制定生产计划。这个计划要求在计划期内保持固定的雇佣水平。××集团在继续进行研究和开发活动，寻找新的软件，而且不愿意引发当地劳工的任何对立情绪。同理，所有员工必须整周雇佣，即使这不是成本最低的方案。未来12个月的需求预测如表6-11所示。

表6-11

月份	需求预测（台）	月份	需求预测（台）
1	600	7	200
2	800	8	200
3	900	9	300
4	600	10	700
5	400	11	800
6	300	12	900

已知制造成本为200元/台，劳动力和原材料各占一半。单位库存成本为5元/月。缺货导致的损失估计为20元/台。计划期初可用库存为200台。每台光盘游戏机需要10个人工小时，每天工作8小时。用固定的劳动人数制定总生产计划。为简便起见，假设每月工作22天，7月除外，此时工厂有3周假期（剩余7个工作日）。假设总生产能力超过总需求或者与之持平。

2. ××玩具厂生产A，B两种高级玩具，主要有结构制造、组装和喷漆等工序。一个玩具A的利润为450元，一个玩具B的利润为550元。表6-12给出了工厂各车间在全部生产一种玩具时的生产能力，混合生产时可对表中的数据进行线性组合。利用线性规划图解法确定两种产品各生产多少能使利润最大，并求出总利润。

表6-12

车间	玩具A	玩具B
结构制造	550	550
组装	800	300
喷漆	600	400

三、延伸思考题

1. 计划的可执行性与严肃性如何得到保证？
2. 你认为什么样的计划才是一个好计划？

第7章 独立需求的库存管理

Chapter 7

本章要点

- 掌握库存的定义、性质与作用；
- 理解影响企业库存决策的成本；
- 了解有效库存管理的条件；
- 了解库存管理系统；
- 学会使用库存模型解决库存相关问题；
- 了解库存管理在服务业中的应用。

库存管理是企业管理中一个古老的话题，任何一个社会经济组织，不管是营利性的还是非营利性的，不管是属于制造业还是属于服务业，都在生产、使用、持有库存，都面临库存管理的问题。库存管理是运营管理中较为成熟的内容，在企业中应用广泛。然而，库存问题又是企业最为常见和棘手的问题，库存控制不好，很有可能会阻碍企业的运作、降低顾客满意度、增加运作成本，甚至影响整个企业的资金链。因此库存管理是必要的，也是重要的。本章将介绍独立需求的库存管理。

第1节 库存的概念

一、库存的定义

库存是企业为了满足内部或外部顾客需求而持有的各种产品的储备。广义上的库存包括运营系统的投入要素和资源，如人力资源、资金、能源、设备以及原材料等，也包括运营过程中的半成品和在制品。

实际上，每个企业都会持有一定形式的库存。制造企业持有原材料的供应品、采购的部件、在制品和产成品等；超市储存新鲜蔬菜、罐装食物和家居用品等各种零售商品；医院储存药剂、外科器械、人体检查设备、被褥枕套等；计算机维修服务店也储存了各种型号的部件。甚至一个家庭也有各种库存，比如食品、服装、药品和个人卫生用品等。

传统制造业中，库存是指与企业产品的产出有直接关系的物料及组成产品一部分的物料。在服务业中，库存指的是有形产品部分以及用于服务管理的必要材料。等待服务的顾客也可以看做库存，类似于制造工厂中等待加工的零部件。①

无论是制造业还是服务业，库存分析的目的都是规范以下两个问题：

（1）应该什么时候订货？

① 戴维斯. 运营管理基础. 北京：机械工业出版社，2011.

（2）订货量应该是多少？

二、库存的分类

从不同的角度对库存可以有多种分类，以下介绍几种常见的分类方法。

（一）按库存在生产过程中所处的状态划分

按其在生产过程中所处的状态，库存可分为原材料库存、在制品库存和产成品库存。三种库存可以存放在一条供应链上的不同位置，如图 7－1 所示。

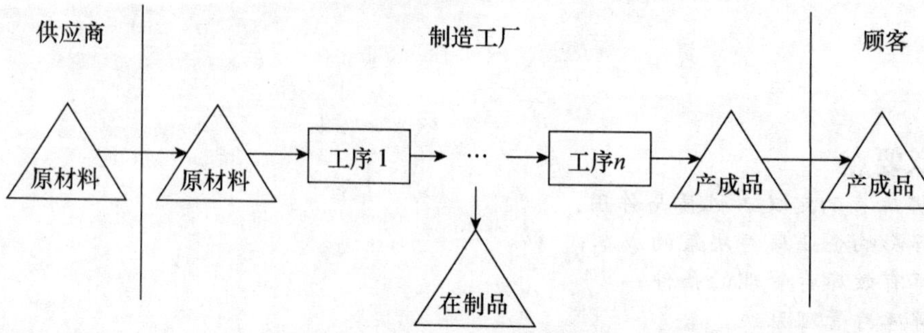

图 7－1　供应链上三种不同的库存

1. 原材料库存

原材料库存（raw material inventory）是指企业为了生产和加工产品，通过采购或其他方式获得和持有的原材料、零部件的库存。原材料库存最常见的是从供应商处获得，也可能由企业自己生产得到。

2. 在制品库存

在制品库存（work-in-process，WIP）是指原料或零件已被处理成半成品，但尚未成为产成品，未完成入库手续，包括正在加工的产品和准备进一步加工的半成品。

3. 产成品库存

产成品库存（finished products）也称成品库存，是指企业已经完成全部生产过程并已验收入库，可以按照合同规定送交顾客或对外出售的产品。

（二）按库存的作用划分

按其作用，库存可分为周转库存、安全库存、调节库存和在途库存四种。

1. 周转库存

当生产或订货是以每次一定批量，而不是以每次一件的方式进行时，一次订货后还没有使用而持有的那部分库存就是周转库存。

2. 安全库存

安全库存（safety stock，SS）又称缓冲库存，是指为了防止不确定性因素（如大量突发性订货、交货突然延期、临时用量增加、交货误期等特殊原因）而预计的库存保有量。安全库存用于满足提前期需求。

3. 调节库存

调节库存是为了调节需求或供应的不均衡、生产速度与供应速度的不均衡、各个生产阶段的产出不均衡而设置的一定数量的库存。例如电风扇或电烤炉的生产商为了保持生产能力的均衡，在淡季生产和持有一定数量的产品，以备旺季所需。对于季节性较强的产品或原材料，都需要设置调节库存。降低调节库存的基本策略是尽量使生产速度与需求变化相吻合。

4. 在途库存

在途库存（in-transit stock）是指正处于运输以及停放在相邻两个工作地之间或相邻两个组织之间的库存。在途库存的大小取决于运输时间以及该期间内的平均需求。

（三）按用户对库存的需求特性划分

按用户对库存的需求特性，库存可分为独立需求库存与相关需求库存。

1. 独立需求库存

独立需求库存是指用户对某种库存物品的需求与其他种类的库存无关，表现出对这种库存需求的独立性和不确定性。

2. 相关需求库存

相关需求库存是指用户对某种库存物品的需求与其他种类的库存有关。

独立需求库存问题和相关需求库存问题是两类不同的库存问题，本章只讨论独立需求库存问题。

一些规模较大的公司持有数量众多的库存，例如，通用汽车公司的供应链上有多达价值 400 亿美元的原材料、零部件、轿车和卡车等库存。不同类别的企业持有的库存数量和价值有很大不同，一家具有代表性的公司也许会持有其流动资产 30%的库存，将其运营资金的 90%投资于库存。

由此可见，库存可能带来很多麻烦，但有时企业又不得不持有库存。

三、库存的作用

库存对于企业至关重要。它不仅对于生产运作来说很有必要，而且有助于提高顾客满意度。在制造业中，平均库存成本占库存产品价值的 30%～50%，而在服务业中，超市为了能使顾客满意，要商品充足、品种齐全；医院要持有大量的药品和血浆制品以备不时之需，它们中的任何短缺都可能影响病人的健康。①

（一）预防原材料供应的不确定性

在向供应商订购原材料时，有很多原因会导致原材料交货延期：发运时间的变化；供应商工厂中原材料短缺而导致订单积压；供应商或运输公司发生意外的工人罢工；订单丢失，以及材料误送或送达的原材料有缺陷等。

（二）保持生产运作的独立性

过去的制造企业用库存作为连续运作之间的缓冲，以保持生产的连续性，否则就会由于设备故障而陷入混乱，并使部分业务临时中止。缓冲使得在解决问题时，其他业务不必临时中断。同样，拥有原材料库存的公司使生产过程和来自供应商的运送中断问题隔离开来，产成品库存使销售过程和制造过程割裂开来。

（三）缩短顾客提前期，提高服务水平

由于顾客的需求速率和产品的生产速率不一致，而且顾客需求具有很大的不确定性，因此厂商持有一定数量的产成品库存，如此顾客就能够及时得到所需要的商品，缩短顾客的订货提前期，提高顾客服务质量，有利于争取更多的顾客。

（四）保持生产的均衡性

出售贺卡、羽绒服、圣诞树等季节性商店会涉及调节库存。这类库存的储备能减轻生产系统要生产出大量产品的压力。在制定生产计划时，可以从淡季开始生产，使生产流程更加有条不紊，并降低生产运营成本。

（五）利用规模经济，降低成本

签订一份订单的成本包括员工工资、电话费、邮费等。所以每张订单的订货量越大，所要签订的订单数越少。同时，企业通常会给大宗订单提供折扣，大宗订单对于降低运输费用也有好处——运送的数量越多，单位运输成本越少。

---

① 威廉·史蒂文森. 运营管理. 北京：机械工业出版社，2008.

（六）降低价格上涨的风险

公司预测物价将上涨时，为避免成本增加，就会以超过平时正常水平的数量进行采购。

四、库存的代价

库存具有上述几个方面的作用，但企业管理改进的方向是不断降低库存，而不是增加库存，因为库存是要付出代价的。

（一）大量库存占用大量资金

企业的资金是有限的，而仓库内的库存却可视为静止不动的资金，大量库存会占用大量流动资金，影响企业资金的周转。如果企业的管理制度不健全，则很可能产生不良资产。

（二）产生库存成本

库存要产生许多库存成本，包括储存保管费用、保险费用、库存物品价值损失费用以及占用资金的利息等。

（三）高库存会掩盖企业经营、生产管理中的问题

过高的库存量会掩盖企业生产经营中存在的某些问题，这主要表现在以下几个方面：

（1）当废品率和返修率很高时，企业将加大生产批量，增加在制品或产成品库存；

（2）掩盖工人缺勤、技能训练差、操作不规范、劳动纪律松弛和现场管理混乱等问题；

（3）掩盖供应商质量问题和交货不及时问题；

（4）掩盖企业计划安排不当、控制生产不健全、需求预测不准确等问题。

第 2 节 库存成本

与库存相关的四个基本成本包括物品成本、持有成本、订货成本、缺货成本。

一、物品成本

物品成本（item cost）是指采购物品支付的价格，包括物品本身的成本和与物品运进工厂相关的直接成本。这些成本可能包括运输费用、关税和保险费用。对于公司内部生产的产品来说，物品成本包括直接物料成本、直接人工成本和工厂管理费用。这些成本可以从采购或财务部门获得，除非有数量折扣，一般物品成本都是确定的。

二、持有成本

持有成本（carrying cost）是指持有货物的成本。与库存水平和货物的持有时间相关，即在一定时期内，库存越高，持有成本越高。一般来说，任何与库存线性相关的成本都是持有成本。持有成本包括以下几个方面。

（一）储存成本

包括仓库租赁、照明、折旧、保险、税收、运行、保安以及库存管理费用。

（二）资金的机会成本

企业把资金用于库存而没有用于其他投资（例如短期存款、其他项目投资）等所损失的利息或收益。

（三）损耗成本

包括产品折旧、损坏、破损、过时和失窃等。在需要引进更新、更好的产品的高科技行业中，以及产品生命周期短暂（如易碎品、易腐品以及各种药品等）的行业中，该成本显得

尤为重要。

持有成本可以用两种方式表达：单位成本与单位价格百分比。单位库存持有成本是在一定时期内，比如一个月或者一年，将所有的持有成本换算成单位产品的成本。例如，每年每单位产品 10 元。另外，持有成本有时也可以用某一产品的价值百分比或平均库存的价值百分比来表示。据估计，一般持有成本为制造产品价值的 10%～40%。[①]

【例 7-1】　某公司库存相关的成本列示如表 7-1 所示，试计算其持有成本。

表 7-1

购买价格	6.50 元/单位
单位运输成本	0.50 元/单位
每次订货的通信费用	11.00 元/次
每次卸货的成本	25.00 元＋ 0.15 元/单位
税金	0.60 元/单位·年
安排运输的费用	125.00 元/次
保险费用	0.10 元/单位·年
仓库租金	12 000.00 元/月
平均库存损毁	1.30 元/单位·年
资金成本	20.00%
每月处理订货的费用	600.00 元/月

解： 库存的持有成本与库存的数量有关。在表 7-1 中与库存数量有关的成本可以分为两类，一类是随平均库存数量变化的成本，包括保险费用、税金和损耗成本；另一类是随购买数量变化的成本。

随平均库存数量变化的成本如表 7-2 所示。

表 7-2

税金	0.60 元/单位·年
保险费用	0.10 元/单位·年
平均库存损毁	1.30 元/单位·年
总计	2.00 元/单位·年

随购买数量变化的成本如表 7-3 所示。

表 7-3

购买价格	6.50 元/单位
单位运输成本	0.50 元/单位
每次卸货的成本	0.15 元/单位
总计	7.15 元/单位

因为库存的资金成本是 20%，因此库存的年单位持有成本为：

$$\text{年单位持有成本} = 2.00 + 7.15 \times 20\% = 3.43 \text{（元）}$$

三、订货成本

订货成本（ordering cost）即企业每次订货的费用，与订货次数有关，与订货量无关。不管是一批订购 10 单位还是 100 单位货物，与下订单相关的成本本质上都是一样的。一般说来，任何与订货的次数呈线性关系的成本都是订货成本。订货成本一般包括商务谈判费

① 罗伯塔·S. 拉塞尔. 运营管理：创造供应链价值：第 6 版. 北京：中国人民大学出版社，2010.

用、通信费用、运输费用、赶工费用以及采购单处理费用等。

在企业内部，机器设备的备货成本（例如通过调整机器、改变切割工具等为工作准备的设备）就类似于订货成本，即无论批量大小，它们都以每次运转的固定金额表示。

订货成本与持有成本的变化相反。每次订货量上升，订货次数就会减少，订货成本也相应降低。然而，增加每次订货量会导致库存的增加，从而提高持有成本。一般来说，随着订货量的增多，订货成本递减而持有成本递增。

【例 7-2】 同例 7-1 的已知条件，试计算其订货成本。

解：订货成本是跟订货次数有关的成本，本例中主要包括每次订货的通信费用、每次卸货的成本和安排运输的费用。因此每次订货的成本如表 7-4 所示。

表 7-4

每次订货的通信费用	11.00 元/次
每次卸货的成本	25.00 元/次
安排运输的费用	125.00 元/次
总计	161.00 元/次

订货成本为 161.00 元/次。

四、缺货成本

缺货成本（stock out cost）是由于库存不足而不能满足顾客需求的情况下产生的成本。如果缺货造成长期的销售损失，缺货成本中就会包含利润损失，例如不能满足或延迟满足顾客需求将会导致价格折扣或退款等形式的惩罚。缺货也可能引起顾客不满意和产品信誉的下降，从而造成长期的顾客流失和未来的销售损失。研究表明，大约有 8%的顾客会因缺货买不到所需的产品，最终导致丧失大约 3%的销售机会。①

另外，如果缺货发生在企业内部，如装配流水线的供应品上，错过生产与停工的成本将被视为缺货成本。这种成本能够在一分钟之内达到上百美元甚至更多。然而，因为损失利润、失去顾客的影响以及延误损失很难度量，所以只能主观估计。

在不考虑价格折扣时，物品成本是固定的，因此后三大类成本，即采购成本、持有成本和缺货成本，对库存决策起着重要的决定性作用。这些成本之间互相冲突，或存在背反关系。

第 3 节　有效库存管理的条件

一、库存分类管理——ABC 分类法

ABC 分类法通过对物料进行分类管理，把企业有限的精力投入在重要库存的管理上。

（一）ABC 分类法

ABC 分类法源于 19 世纪经济学家帕累托（Villefredo Pareto）在研究米兰的财富分布时发现的规律：20%的人口掌握着 80%的财富，即帕累托法则（Pareto's law），也称“二八法则”。把帕累托法则用于库存控制中，经常发现少量物资占用了大量的资金。为了以合理的成本更好地控制库存，根据物品的重要性对库存进行分类很有必要。ABC 分类法的基本思想是：按照所控制对象价值或重要程度的不同将物品分类，分别采取不同的管理方法。这通常建立在年资金使用量上，但也可能使用其他标准。我们用 ABC 分类法把物资分为三类

① 威廉·史蒂文森. 运营管理. 北京：机械工业出版社，2008.

（见表 7－5）。

表 7－5 ABC 分类法

种类	所占品种数量	所占资金使用量
A类	20%	80%
B类	30%	15%
C类	50%	5%

A 类是少数价值高的、最重要的项目，这些库存品种少，单位价值却较大。这类库存的品种数大约只占全部库存品种数的 20%，而资金使用量则占全部资金使用量的 80%左右。

C 类是为数众多的低值项目，这类库存的品种数大约占全部库存品种数的 50%，而资金使用量则占全部资金使用量的 5%左右。

B 类库存则介于这两者之间，这类库存的品种数大约占全部库存品种数的 30%，而资金使用量则占全部资金使用量的 15%左右。

若以曲线表示 A，B，C 三类库存之间的关系，则可绘出一条典型的 ABC 曲线，如图 7－2 所示。

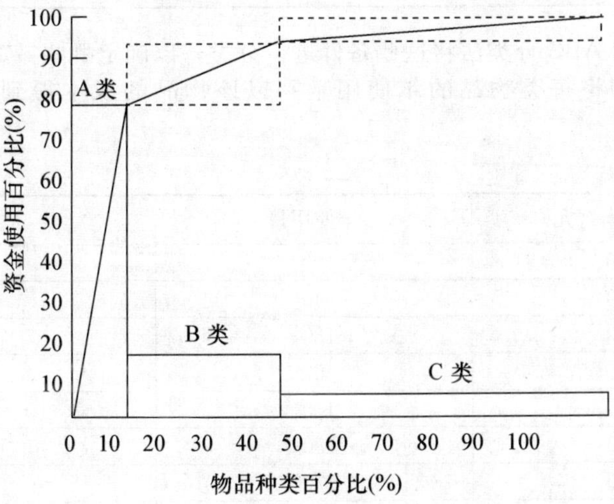

图 7－2 ABC 曲线

ABC 分类法的结果并不是唯一的，这里的百分比是近似值而不是绝对值。分类的目的只是把重要的物资和不重要的物资分离开来，实际的划分标准取决于具体的库存问题以及有多少人力和时间来对库存进行管理。

（二）ABC 分类法的步骤

（1）建立分类标准，通常使用物品的年资金使用量，也可以使用其他标准，如物品的稀缺性等。

（2）根据已经建立的标准将物品分类。

（3）根据每一类物品的重要性，对其进行不同程度的管理。

用年资金使用量进行分类的步骤如下：

第一，确定每类物品的年使用量。

第二，将每类物品的年使用量乘以该物品的成本得到总的年资金使用量。

第三，根据年资金使用量排列物品。

第四，计算累计年资金使用量和累计物品所占比例。

第五，检查年资金使用分布情况，根据年资金使用百分比将物品分为 A，B，C 三类。

【例 7－3】 某小型制造企业的维修部门负责管理备件的库存。这些备件的编码、单位成本和年使用量信息如表 7－6 所示。①

表 7－6

备件	单位成本（元）	年使用量
1	60	90
2	350	40
3	30	130
4	80	60
5	30	100
6	20	180
7	10	170
8	320	50
9	510	60
10	20	120

部门经理希望用 ABC 分类法将这些备件进行分类，以确定哪些零部件应该重点监控。

解： 首先，我们将每类物品的年使用量乘以该物品的成本得到总的年资金使用量（见表 7－7）。

表 7－7

备件	单位成本（元）	年使用量	年资金使用量（元）
1	60	90	5 400
2	350	40	14 000
3	30	130	3 900
4	80	60	4 800
5	30	100	3 000
6	20	180	3 600
7	10	170	1 700
8	320	50	16 000
9	510	60	30 600
10	20	120	2 400
总计			85 400

根据各备件的年资金使用量进行排序，并计算累计年资金使用量和累计物品所占比例（见表 7－8）。

表 7－8

备件	年资金使用量（元）	资金占用的比例（%）	资金占用的累计比例（%）	物品数量的比例（%）	物品数量的累计比例（%）
9	30 600	35.9	35.9	6.0	6.0
8	16 000	18.7	54.6	5.0	11.0
2	14 000	16.4	71.0	4.0	15.0

① 罗伯塔·S. 拉塞尔. 运营管理：创造供应链价值：第 6 版. 北京：中国人民大学出版社，2010.

续前表

备件	年资金使用量（元）	资金占用的比例（%）	资金占用的累计比例（%）	物品数量的比例（%）	物品数量的累计比例（%）
1	5 400	6.3	77.3	9.0	24.0
4	4 800	5.6	82.9	6.0	30.0
3	3 900	4.6	87.5	13.0	43.0
6	3 600	4.2	91.7	18.0	61.0
5	3 000	3.5	95.2	10.0	71.0
10	2 400	2.8	98.0	12.0	83.0
7	1 700	2.0	100.0	17.0	100.0
总计	85 400				

通过简单的观察，我们可以看出前三种备件占年资金使用量的比例最高，接下来的三种备件属于第二类，其余四种属于第三类。因此，这些备件的分类如表7－9所示。

表7－9

级别	备件	占年资金使用量的比例（%）	占总数的比例（%）
A	9，8，2	71.0	15.0
B	1，4，3	16.5	28.0
C	6，5，10，7	12.5	57.0

（三）基于ABC分类法的控制

ABC三类物料所占的种类比例与金额比例大不相同，所以对ABC三类物料应采取不同的物料控制方法。

1. A类物品的控制

最高优先级。A类物品价值高、项目少，但占用了大量的资金，需要从紧的库存控制。这就需要准确地预测需求，详细地记录，定期频繁地检查，以缩短提前期，尽量降低库存水平。我们对这类库存应该通过库存控制系统和库存模型方法来确定其订货量。另外，如果这类库存需从公司外部购买，还要密切关注采购政策和步骤。

2. B类物品的控制

中度优先级。B类物品价值、项目适中，占用的资金一般，需要A，C类控制之间的正常控制，包括适中记录、定期检查及正常处理等。

3. C类物品的控制

最低优先级。C类物品价值低、项目多，但占用的资金少，因此这类物品有时会持有较高的库存，以确保充足的供应。在监控方面，倘若建立一套完整的记录严格地执行库存管理，所节约的费用也许会低于所增加的成本。例如回形针、工厂表格等，这些属于C类的物料应存放在公开的地方，越靠近使用者越好，尽量消除使用者领料的麻烦。所以针对C类库存仅有一些简单的监控就可以了，简单记录或者没有记录，可以采用双箱系统或定期检查系统，大批量采购并持有安全库存。

表7－10列示了A，B，C三类商品库存管理和控制上的区别。通过ABC分类法的控制，有利于采购部门集中精力抓好A类物资的采购与控制，保证企业进行更好的预测、现场控制及减少安全库存和库存投资。但如果对C类物资的管理过于松散，有时也会造成损失。

表 7-10　　ABC 分类库存管理表

项目	A类	B类	C类
库存控制程度	紧	一般	松
控制单位	按品种甚至按规格	按大类品种	按该类总金额
检查	经常检查	一般检查	以季节或年度检查
统计	详细统计	一般统计	按金额统计
控制	严格控制	一般控制	金额总量控制
安全库存量	控制得较低	适中	允许较高

二、出入库管理

仓储的基本功能包括物品的进出、库存、配送等，物品的出入库及在库管理相结合，共同构成现代仓储的基本功能。有效的库存管理需要严格控制库存的出入库。

（一）入库管理

仓库接收物品入库时，承担着管理的责任，必须做到：

第一，对照订单与提单核查物品；

第二，核查物品数量；

第三，检查物品是否有损坏，如有则需要填写物品损坏报告；

第四，如有必要，需要检验物品。

仓库在接收物品之后，需要根据物品的类型、所需存储设备的类型、有效产出及订单大小等来确定物品的存储位置。以下是物品入库储存的几种方式。

1. 将功能相关的物品放在一起

将用途相近（功能相关）的物品摆放在一起，例如，将所有五金用品存放在仓库的同一位置。如果功能相关的物品同时订货，订单拣选就比较容易，仓库管理人员也对物品位置较了解。

2. 将使用频繁的物品放在一起

如果将频繁使用的物品摆放在靠近收发区域，物品进出仓库的搬运工作就会减少很多。使用频率不高的物品可以摆放在仓库靠里的位置。

3. 将性质相似的物品放在一起

性质相似的物品通常需要特定储存设施和搬运工具。小件包装物品通常会用到货架；而重型物件，如汽车轮胎或汽车钢圈，需要不同的设施和搬运工具；速冻食品则需要冷藏空间。

4. 将作业库存与储备库存分离

数量相对较小的作业库存（working stock），即经常从中提货的库存，可以放在货物集中和靠近出货的区域，而作为补充作业库存的储备库存（reserve stock），可以放在仓库更靠里的地方，这样可以使取货发生在一个较为集中的地方。

（二）出库管理

一旦收到订单，订单所需要的物品就必须从仓库中提出、组装，然后准备出货。所有这些活动都涉及人工和物品的搬运。应该妥善安排工作，以最低的成本提供期望的客户服务水平。我们可以用不同的方式来组织这项工作。

1. 按订单拣货

订单拣选者穿行于仓库之中，挑选订单所需要的物品，就像购物者在超市购物一样。然后物品被拿到出货区域准备出货。订单集合在出货区域，等到所有物品齐全，订单就完成了。这种方法一般用于物品定置存放的小型仓库。

2. 分区域拣货

仓库分区，订单拣选人员只在所在的区域活动。订单也根据区域来划分，每个订单拣选者在他们各自的区域拣选订单所需物品，并把它们送到集合区，订单在那里组装出货。每个订单都分开处理，一个订单完成后才开始处理另一个。

3. 多订单拣货

这种方式和分区域拣货类似，只是多订单拣货不是一次只处理一个订单，而是将几个订单集合在一起，所有需要的物品都按照分区划分。然后，订单拣选者穿行在他们所在的区域，挑选出订单组所需要的物品。此后，物品统一送到集合区域，再分成单个订单出货。

按订单拣货易于管理和控制，但是随着仓库物品数量和规模的增加，这种方式将变得笨拙和不适用。分区域拣货将订单取货过程分散到一系列小的区域，便于更好地逐个管理。多订单拣货最适合有很多物品，或者物品不多但有很多小订单的情况。

三、库存盘点

库存盘点系统可以是定期的或者连续的。

(一) 定期盘存系统

在定期盘存系统中，定期检查库存状况，如每周或者每月底。库存情况检查完毕后需要下订单补货，补货的数量要使得库存回到之前设定的水平。在这个系统中，在两次订货之间，通常不监控库存的状况，所以它的优点是不需要实时记录，而且通常许多商品同时订货，使订货成本与运送成本更经济。其缺点是各次检查之间缺乏控制。另外，为防止检查期间发生缺货情况，需要持有额外库存，因此库存水平较高。

大学的书店通常采用定期盘存系统。在每个学期的前几周，书店会盘点每种教材的数量，然后根据下学期的入学人数和现有库存的比较来预订下学期的教材。很多小杂货店就采用这种方法，一般由供应商每周或者每月检查一次来确定是否需要补货。

(二) 连续盘存系统

在连续盘存系统（也叫永续盘存系统或定量系统）中，我们需要连续记录每种货物的库存量。当库存量低于某一事先确定的水平（订货点）时，就需要订货来补充库存。而订货量是一个固定的量，该数量使总成本最小。这个数量也称经济订货批量，我们会在后面对此做详细讨论。连续盘存系统的一个优点是，库存水平可以实时监控，管理者随时可以知道库存的状况。这对关键物资来说尤其重要。然而，连续记录库存的数量所需要的工作量大、成本高，而且很难享受联合订货的数量折扣。

双箱系统（two-bins system）是一个非常基本的连续盘存系统，即运用两个箱子来掌控库存与订货作业。简而言之，当第一个箱子里的物料耗尽时，就开始订货。此时不会因第一个箱子的物料耗尽而造成缺货，因为尚有第二箱备用，第二个箱子容纳着订货到达之前满足期望需求的库存和安全库存。订单到货之后首先补充第二个箱子的库存，两个箱子如此交替使用。双箱系统省去了记录每一笔库存取用的麻烦，应用较为广泛。例如仓架上的隔板把仓架分隔为两部分，该隔板处即为订货点，领料时从隔板上层开始，上层领用完之后即发出订货。有色卡、橡皮圈等也可以用来进行双箱管理，有色卡标示订货点的位置，橡皮圈包裹着前置期库存和安全库存，这些都是双箱系统的具体应用（见图 7－3）。

连续盘存系统经常使用可以提高数据录入速度和准确性的工具，例如超市和零售店收银台所使用的扫描仪。扫描仪在读取商品条形码的同时，记录了交易，并且实时更新库存水平。这样的系统快速准确，可以为管理者提供库存状况的实时信息。条形码对零售业以外的其他商业部门来说也是非常重要的。许多制造企业的供应商和分销商也使用条形码系统和手持扫描仪来更新原材料库存、设备、在制品和产成品的相关信息。利用条形码，还可以自动完成路径选择、日程安排、检索和包装等活动。在医院，应用条形码可以减少药品分发的差错。

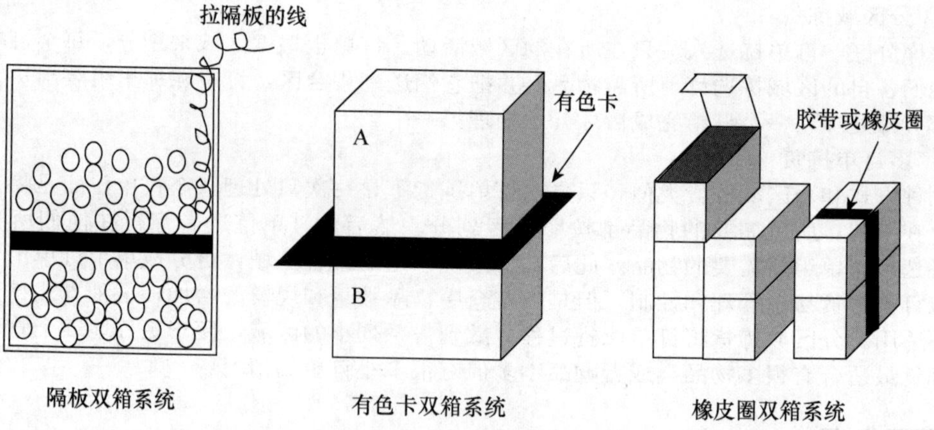

图 7-3　双箱系统示例

四、库存分析

从财务角度来看，库存属于资产，代表被束缚的资金，不能用于其他目的。财务部门希望库存尽可能少，因此需要评估库存水平。总库存投资是一种评估，但是它本身并不与销售有关，与销售有关的两个衡量指标是库存天数和库存周转率。

（一）库存天数

库存天数是指企业从取得库存/产品入库开始，至消耗、销售为止所经历的天数。它衡量的是基于使用量现有库存能维持的天数。周转天数越少，说明库存变现的速度越快。资金占用的时间越短，库存管理工作的效率越高。

计算库存天数的公式是：

$$\text{库存天数}=\frac{\text{当天库存金额}}{\text{平均每日销售金额}}=\frac{\text{平均库存金额}}{\text{平均每日销售金额}} \tag{7-1}$$

【例 7-4】　公司现有 9 000 万元的库存，年销售额是 48 000 万元，每年有 240 个工作日，请问库存天数是多少？

解：

$$\text{平均每日销售金额}=\frac{48\ 000}{240}=200(\text{万元})$$

$$\text{库存天数}=\frac{\text{当天库存金额}}{\text{平均每日销售金额}}=\frac{9\ 000}{200}=45(\text{天})$$

（二）库存周转率

库存周转率（inventory turn over，ITO）是衡量库存在工厂或是整条价值流中流动快慢的标准。最常见的计算库存周转率的方法是：

$$\text{库存周转率}=\frac{\text{该期间的销售额}}{\text{该期间的平均库存水平}} \tag{7-2}$$

或

$$\text{库存周转率}=\frac{360}{\text{库存天数}} \tag{7-3}$$

库存周转率考核的目的在于从财务的角度计划预测整个公司的现金流，从而考核整个公司的需求与供应链运作水平。

【例 7-5】　某制造公司在 2017 年第一季度的销售额为 200 万元，其季度初的库存价值为 30 万元，该季度末的库存价值为 50 万元，请问库存周转率是多少？

解：

$$库存周转率=\frac{该期间的销售额}{该期间的平均库存水平}=\frac{200}{(30+50)/2}=5(次)$$

相当于该企业用平均 40 万元的现金在一个季度里面周转了 5 次，赚了 5 次利润！

库存周转率对于企业的库存管理具有非常重要的意义。例如制造商，它的利润是在资金、原材料、产品、销售、资金的循环活动中产生的，如果这种循环很快也就是周转很快，在同额资金下利润率也就很高。

第 4 节　库存管理系统

库存管理系统是对何时订货、订多少货的策略实现，常见的类型有定量订货系统、最大库存订货系统、定期订货系统、最大最小订货系统。其中前两种订货系统的订货都是在达到某个库存量时发出，后两种订货系统的订货都是在固定的间隔期后发出。

一、定量订货系统

定量订货系统（见图 7－4）的目标是确定特定的一个点 R，当库存水平达到这一点时，就应当进行订货，且订货量为 Q。对应的补货策略是连续检查、固定订货量策略，即（Q，R）策略。该策略的基本思想是：对库存进行连续检查，当库存降低到订货点水平 R 时，即发出一个订货，每次的订货量保持不变，都为固定值 Q。该策略适用于需求量大、缺货费用较高、需求波动性很大的情形。

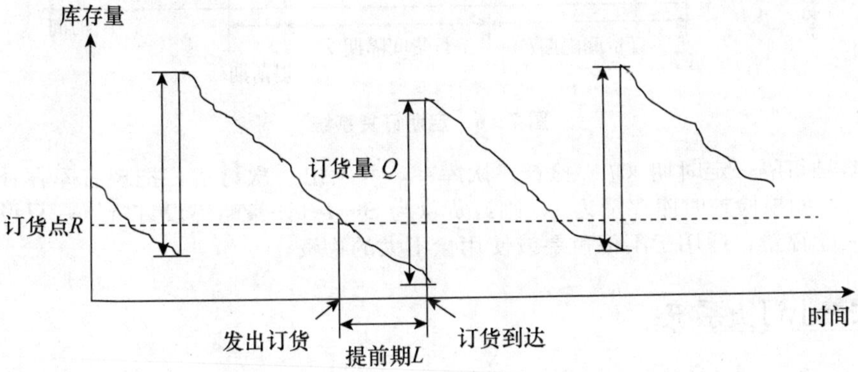

图 7－4　定量订货系统

二、最大库存订货系统

最大库存订货系统（见图 7－5）与定量订货系统一样，也是要随时检查库存状态，当发现库存降低到订货点水平 R 附近时，开始订货，订货目标在于使最大库存达到常量 S（实际上因订货提前期的库存消耗而小于 S）。若发出订单时的库存余量为 I，则其订货量为 $S-I$。对应的补货策略为连续检查、补充至最大库存量策略，即（R，S）策略。

该策略和（Q，R）策略的不同之处在于，其订货量按实际库存余量确定，因而每次的订货量是可变的。

三、定期订货系统

定期订货系统（见图 7－6）按预先确定的订货时间间隔按期进行订货，以补充库存。

在定期订货系统中，每一期的订货量不尽相同，订货量的大小主要取决于各个时期的库存使用率。对应的补货策略为周期检查、固定目标库存量策略，即（T，S）策略。

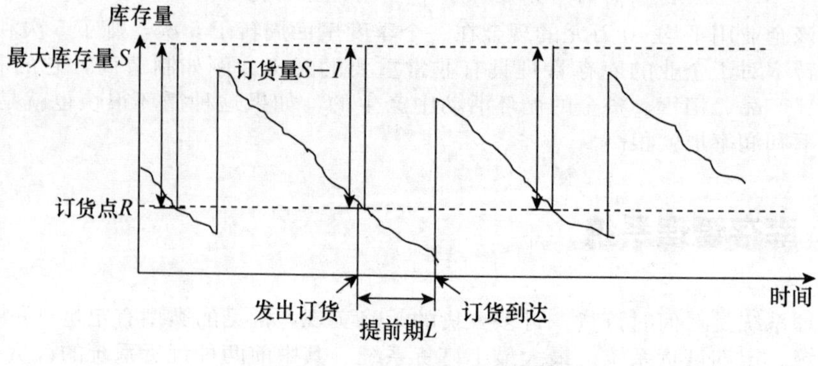

图 7－5　最大库存订货系统

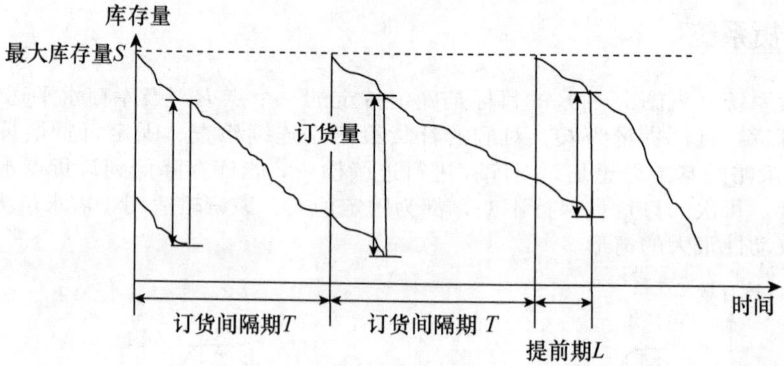

图 7－6　定期订货系统

该策略是每隔一定时期（T）检查一次库存，并发出一次订货，把现有库存补充到最大库存水平 S，如果检查时库存量为 I，则订货量为 $S-I$。该策略不设订货点，只设固定检查周期和最大库存量，适用于不很重要或使用量不大的物资。

四、最大最小订货系统

最大最小订货系统（见图 7－7）又称为非强制补充供货系统，是连续系统和定期系统的混合物。该系统每次定期检查，通过比较现有库存量与 R 的大小来决定是否补充订货。对应的补货策略为周期检查、低于最小库存水平 R，补充至最大库存量的策略，即（T，R，S）策略。按预先确定的周期检查库存水平，当库存量小于 R 时，发出订货，将库存补充到预定的目标水平 S；当库存量大于 R 时，不发出订货。

如图 7－7 所示，这种补货策略涉及固定检查周期 T、最大库存量 S、固定订货点水平 R。当经过一定的检查周期 T 后，若库存低于订货点，则发出订货，否则不订货。订货量的大小等于最大库存量减去检查时的库存量。

五、定量订货系统与定期订货系统的比较

定量订货系统和定期订货系统是两种最常见的库存管理系统。两者的基本区别是，定量订货系统是事件驱动，而定期订货系统是时间驱动。也就是说，在定量订货系统中，当到达规定再订货水平后，才能引发订货行为。这一事件有可能随时发生，主要取决于对该物资的

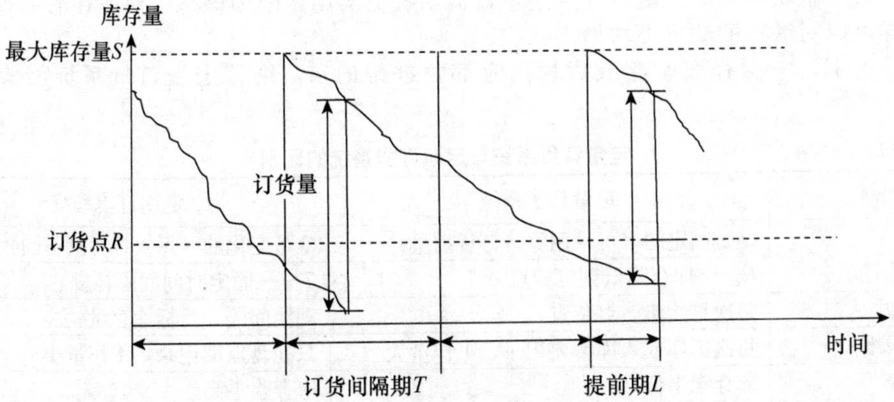

图 7－7　最大最小订货系统

需求情况。与之相对的是，定期订货系统只限于在预订时期期末进行订货，模型中唯一的驱动因素是时间的变化。

图 7－8 显示了当两种模型分别投入使用并成为一个实际运作系统后将会产生的结果。正如我们所看到的，定量订货系统着重于订货量和订货点。从程序上看，每次每单位货物出库，都要进行记录，并且立即将剩余的库存量与订货点进行比较。如果库存已降低到订货点，则要进行批量为 Q 的订货；如果仍位于订货点之上，则系统保持闲置状态直到出现下一次出库需求。对于定期订货系统，只有当库存经过盘点后才做出订货决策，是否订货依赖于进行盘点时的库存水平。

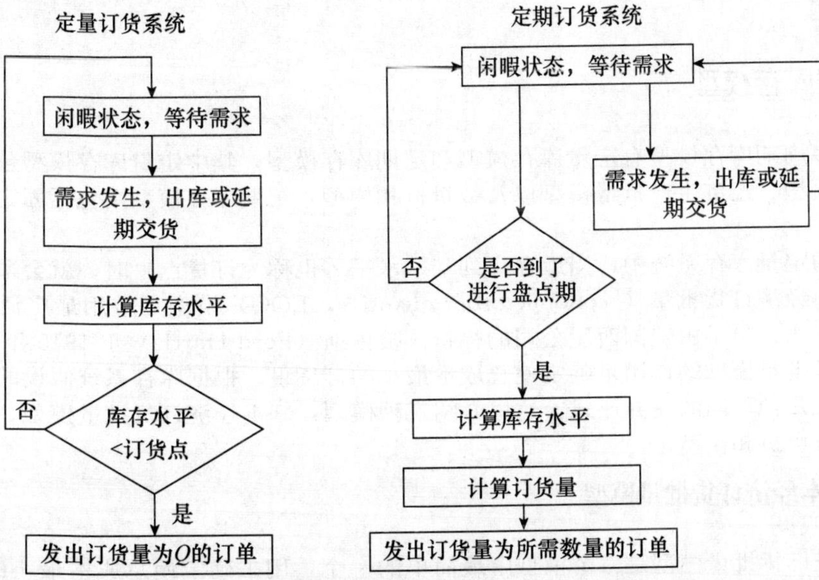

图 7－8　定量订货系统与定期订货系统的流程比较

资料来源：戴维斯．运营管理基础．北京：机械工业出版社，2011.

运用定量订货系统时，必须连续监控剩余库存量，因此它是一种永续盘存系统。而在定期订货系统中，库存盘点只是在盘点期发生。影响选择这两种系统的其他区别因素如表 7－11 所示。

（1）定期订货系统平均库存较大，因为要预防在盘点期发生缺货情况；定量订货系统没有盘点期。

（2）对于重要物资如关键零件，定量订货系统更实用，因为该系统对库存的监控更加密切，这样可以对潜在的缺货更快做出反应。

（3）由于每一次补充库存或货物出库都要进行记录，维持定量订货系统需要的时间更长。

表 7-11　　定量订货系统与定期订货系统的区别

特征	定量订货系统	定期订货系统
订货量	Q是固定的（可采用经济订货批量）	Q是变化的（每次订货量不同）
何时下达订单	R——库存降低到订货点时	T——固定时间间隔补货
决策参数	每次订货量、订货点	观测间隔、目标库存量
库存记录维护	每次出库或入库都要记录，工作量大	只在盘点期记录，工作量小
库存规模	库存水平低	库存水平高
适于物资类型	昂贵、关键或重要的物资	普通、量大的物资
优势	有订货批量折扣	将多个订单组合起来

第 5 节　库存模型

对于库存问题的研究主要分为两类，一类是多周期库存模型，一类是单周期库存模型。多周期库存模型是指有多个需求周期，需要不断重复订货，需要确定何时订货以及订多少的问题。而单周期库存模型则因为只有一个需求周期，所以不需要确定何时订货，只需要确定订多少的问题。

一、多周期库存模型

常见的多周期库存模型有定量库存模型和定期库存模型，其中定量库存模型包括基本经济订货批量模型、经济生产批量模型以及数量折扣模型，定期库存模型则包括固定订货间隔模型。

在连续的定量库存系统中，当库存降到某一水平（也称为订货点）时，就会采购某一固定量的货物。经济订货批量（economic order quantity，EOQ）模型是应用最广泛的确定订货量的传统方法，最早由美国西屋公司的福特·哈里斯（Ford Harris）于 1915 年提出。

经济订货批量模型的作用是确定使总成本最小的订货量。根据库存系统假设的不同，经济订货批量有几种不同的变异形式。这里介绍三种模型：基本经济订货批量模型、经济生产批量模型和数量折扣模型。

（一）基本经济订货批量模型

1. 模型假设

基本经济订货批量模型是三个模型中最简单的一个，用来确定使总成本最小的订货量。它的基本假设如下：

（1）只涉及一种产品；

（2）需求确定已知，并且保持稳定；

（3）提前期稳定不变；

（4）订货量一次性送达；

（5）不允许延期交货；

（6）没有数量折扣；

（7）根据平均库存计算持有库存；

（8）一次订货成本是常量。

图 7－9 中关于 Q 与 R 的锯齿形效果表明，当库存水平下降到 R 时，就应进行订货。订购的货物将在提前期 L 的期末收到，且 L 在这个模型中保持不变。

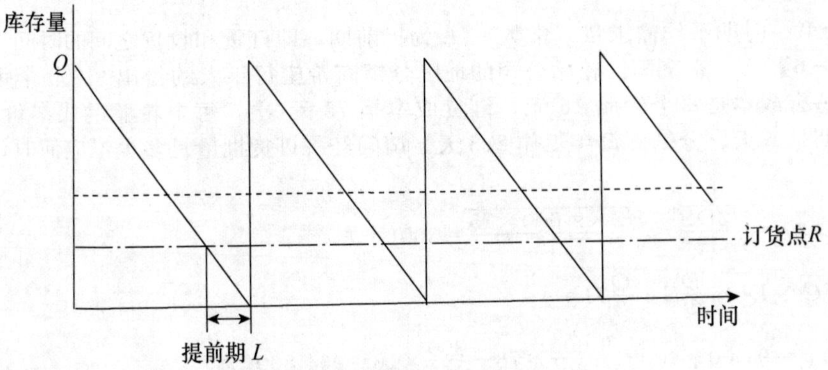

图 7－9　基本经济订货批量模型

2. 订货量的确定

库存商品的采购成本（即商品本身的成本）不受订货量影响，而库存持有成本和订货成本负相关。随着订货量的增加，订货次数会减少，订货成本会降低，而此时库存的数量却会增加，所以持有成本会上升。因此，实际上，经济订货批量要综合考虑这几种成本，总成本的计算公式如下：

年总成本＝年采购成本＋年订货成本＋年持有成本

$$TC=DC+\frac{D}{Q}S+\frac{Q}{2}H \tag{7-4}$$

式中，TC 为年总成本；D 为年需求量；C 为单位产品成本；Q 为订货量；S 为生产准备成本或订货成本；H 为平均库存水平下单位产品的年持有成本。

在等式右边，DC 是指产品的年采购成本，不受订货量的影响；$(D/Q)S$ 是指年订货成本（实际订货次数 D/Q，乘以每次订货的成本），随着订货量的增加而降低；$(Q/2)H$ 是指年持有成本（年平均库存 $Q/2$，乘以单位产品的年库存持有成本 H）。这些成本之间的关系如图 7－10 所示。

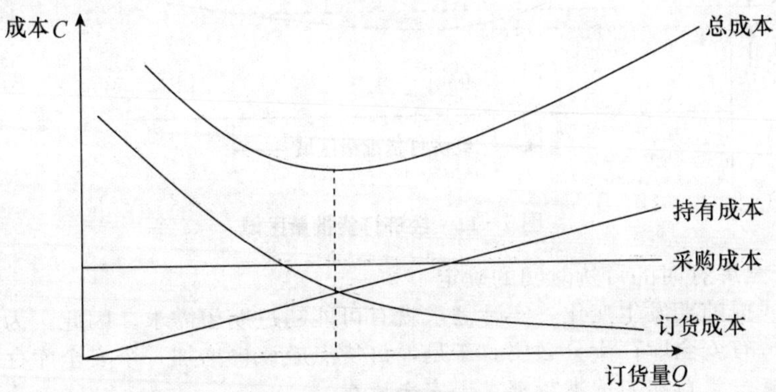

图 7－10　基本经济订货批量模型的成本曲线

如图 7－10 所示，总成本曲线呈 U 形（即有一个最小值），并且在持有成本与订货成本相等的订货量上达到最小值。运用微积分，我们可以得到经济订货批量的表达式如下：

$$EOQ=\sqrt{\frac{2DS}{H}} \tag{7-5}$$

3. 订货时间的确定

因为基本经济订货批量模型假设需求与提前期都是固定不变的，故无须安全库存，因此，订货点 R 就可以简单表示为：

$$R=\overline{d}L \tag{7-6}$$

式中，$\overline{d}$为第一时期平均需求量（常数）；L 为提前期，即订货和收货之间的时间（常数）。

【例 7-6】 一家全国性轮胎公司的地区分销商希望每年大约售出 9 600 个钢带子午线轮胎。年持有成本是每个轮胎 16 元，订货成本是 75 元/次，每个轮胎的成本价为 100 元，采购提前期是 5 天。分销商每年工作 288 天。请问经济订货批量是多少？应何时订货？

解：

$$EOQ=\sqrt{\frac{2DS}{H}}=\sqrt{\frac{2\times 9\ 600\times 75}{16}}=300(\text{个})$$

$$TC=DC+\frac{D}{Q}S+\frac{Q}{2}H$$

$$=9\ 600\times 100+\frac{9\ 600}{300}\times 75+\frac{300}{2}\times 16=964\ 800(\text{元})$$

$$N=\frac{D}{EOQ}=\frac{9\ 600}{300}=32(\text{次})$$

$$R=\overline{d}L=\frac{9\ 600}{288}\times 5=166.66\approx 167(\text{个})$$

因此，制定如下的库存政策：当库存水平下降到 167 个时订货 300 个。

一般来说，经济订货批量是一个近似值，因而它的计算基础——持有成本和订货成本——都是估计的，而且需求在现实中往往是不确定的。在实际应用中，我们可以进行取整处理，一般没有必要精确到小数。

总成本曲线在经济订货批量附近相当扁平（见图 7-11），尤其是在经济订货批量右边。换句话说，即使作为结果的经济订货批量与实际的经济订货批量不同，总成本也不会因此而增加太多。

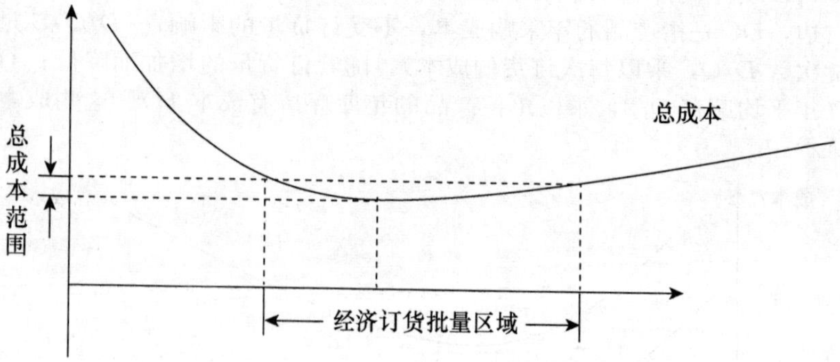

图 7-11 经济订货批量区域

4. 考虑安全库存时的订货时间的确定

一旦需求或提前期发生变化，实际需求就有可能超过期望需求。因此，为降低提前期内的缺货风险，持有安全库存十分必要。于是，订货点应该再增加一个安全库存量：

$$\text{订货点}=\text{提前期内的期望需求}+\text{安全库存} \tag{7-7}$$

如图 7-12 所示，安全库存能够减小提前期内的缺货风险。由于持有安全库存需要支付现金成本，管理者务必仔细权衡持有安全库存的成本与遭遇缺货的损失。随着缺货风险的降低，客户服务水平相应会上升。这里的服务水平是提前期内的需求不超过供给的可能性（即库存持有量足以满足需求）。因此，95%的服务水平表示，提前期内需求不超过供给的可能性是 95%。这里所指 95%的需求满足，并不意味着能够满足 95%的需求。缺货风险是服务水平的补充概念，95%的服务水平表示缺货风险为5%。

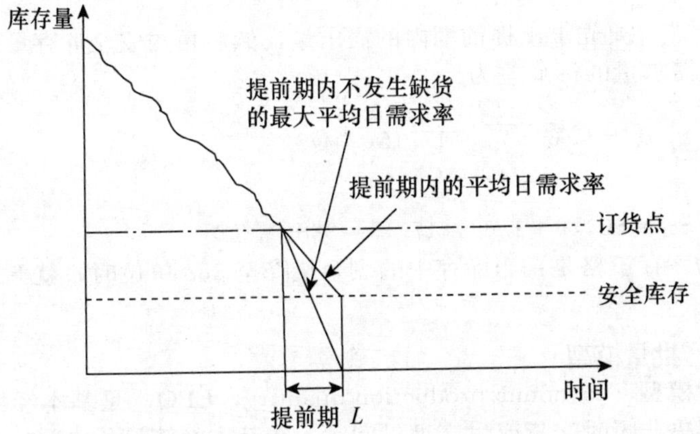

图7-12　安全库存降低提前期内的缺货风险

在需求或提前期不确定的情况下，订货点的计算公式为：

$$R=\overline{d}L+z\sigma_L \tag{7-8}$$

式中，R 为以单位产品计的订货点；$\overline{d}$为日平均需求量；L 为以天计的提前期；z 为某服务水平下的标准差个数；σ_L为提前期内需求量的标准差。

（1）提前期内期望需求量。订货提前期内的需求量只是从发出订单到货物接收之间库存使用量的一个估计值或预测值。它可能是一个简单的数（例如，如果提前期为一个月，则需求量可以假设为前一年的需求量除以12），或者是提前期内每天预期需求量的总和（如为期30天的提前期内日需求量的总和）。

$$\overline{d}L=\sum_{i=1}^{L}d_i \tag{7-9}$$

（2）提前期内需求量的标准差。日需求量的标准差为：

$$\sigma_d=\sqrt{\frac{\sum_{i=1}^{L}(d_i-\overline{d})^2}{L}} \tag{7-10}$$

因为σ_d指一天的标准差，如果提前期为若干天，利用统计学作为前提，即一系列独立事件的标准差等于各方差之和的平方根，可得提前期内需求量的标准差为：

$$\sigma_L=\sqrt{\sigma_1^2+\sigma_2^2+\cdots+\sigma_i^2} \tag{7-11}$$

假设计算出日需求量的标准差为10单位，且提前期为5天，则5天的标准差为：

$$\sigma_L=\sqrt{10^2+10^2+10^2+10^2+10^2}=22.36(\text{单位})$$

（3）安全库存量。z 为安全库存量的标准差的倍数，假设我们希望在提前期内不出现缺货的概率为95%，则与不缺货概率95%对应的 z 值为1.64。因此，安全库存量的计算如下：

$$SS=z\sigma_L=1.64\times22.36=36.67(\text{单位})$$

对于特定的服务水平，需求率或提前期的变动越大，则达到该服务水平所需的安全库存量也越大。同样，对应特定需求率或提前期的变化量，提高服务水平需要增加安全库存量。

【例7-7】　某产品的日需求量服从均值为60单位、标准差为7单位的正态分布。供应来源可靠，提前期固定为6天。订货成本为10元，年持有成本为每单位0.5元。不计缺货成本，缺货时的订单将在库存补充之后得到满足。假设全年365天都发生销售，求提前期内能满足95%的概率不出现缺货的订货量和订货点。

解：已知$\overline{d}=60$，$\sigma_d=7$，$D=60\times365$，$S=10$，$H=0.5$，$L=6$，则最优订货批量为：

$$Q_{opt}=\sqrt{\frac{2DS}{H}}=\sqrt{\frac{2\times60\times365\times10}{0.5}}=936(\text{单位})$$

为了求出订货点，要先求出提前期内的需求量，然后再与安全库存量相加。

6 天提前期内需求量的标准差为：

$$\sigma_L=\sqrt{\sum_{i=1}^{L}\sigma_{di}^2}=\sqrt{6\times7^2}=17.15(\text{单位})$$

订货点为：

$$R=\bar{d}L+z\sigma_L=60\times6+1.64\times17.15=388(\text{单位})$$

所以，本题的库存策略是：当库存中的剩余量降至 388 单位时，就下达订货量为 936 单位的订单。

（二）经济生产批量模型

经济生产批量模型（economic production quantity，EPQ）是基本经济订货批量模型的一个变形，用于解决非瞬时交货或生产批量问题。在基本经济订货批量模型中认为库存的补充是瞬时交货的，而实际生产中往往存在边消耗边补充的情况。

经济生产批量模型是生产中大量使用的模型，特别是某个部门是另一部门的供应商时，这种模型比较实用。这主要是因为在确定的条件下，生产某个零部件的实际产量超过该零部件的使用量，只要生产持续进行，库存就会不断增加。在生产周期中，库存的形成速度是生产率和使用率的差值。经济生产批量模型如图 7-13 所示。

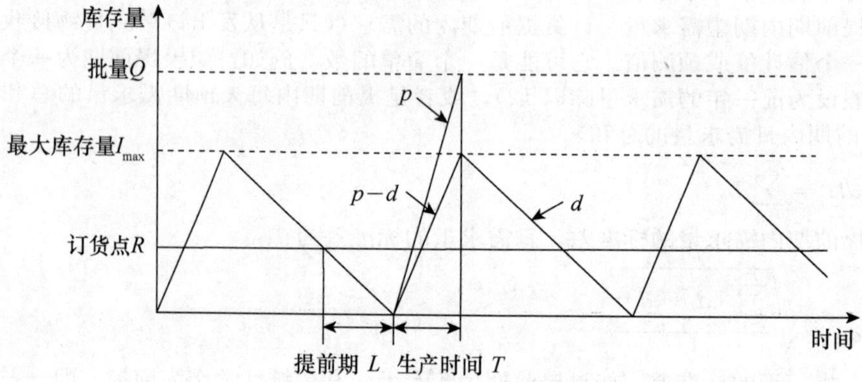

图 7-13 经济生产批量模型

1. 订货量的确定

这个模型不同于之前介绍的基本模型，因为引入了一个连续消耗率 d。如果我们用 d 表示对将要生产物资的固定需求（即消耗率），用 p 表示生产率，则可以推导出总成本公式（显然，生产率必须大于需求率或消耗率，否则需求无法满足）。然而，在这个模型中，如图 7-13 所示，因为是边补充边消耗的，最大库存量达不到 Q，平均库存量不是 $Q/2$，而是 $I_{max}/2$。因此，成本公式为：

$$TC=DC+\frac{D}{Q}S+\frac{I_{max}H}{2} \tag{7-12}$$

$$I_{max}=(p-d)\frac{Q}{p} \tag{7-13}$$

式中，$p-d$ 为每一时期累计库存量；Q/p 为需要生产补充的时间。

把式（7-13）代入式（7-12）中，利用微积分对 Q 求导，并使其等于零，可得

$$EPQ=\sqrt{\frac{2DS}{H}\times\frac{p}{p-d}} \tag{7-14}$$

由式（7-14）可见，当生产率趋于无限大时，右边的因子 $p/(p-d)$ 就趋近于 1，这

样就得到了基本经济订货批量模型的公式。

2. 订货时间的确定

因为经济生产批量模型中生产准备需要一定的时间，即提前期，而模型假设需求率是固定不变的，因此，订货点 R 就可以简单表示为：

$$R=\overline{d}L \qquad (7-15)$$

式中，$\overline{d}$为每一时期平均需求量（常数）；L 为提前期，即订货和收货之间的时间间隔（常数）。

【例 7-8】 D公司是生产氧气瓶的专业厂商。该厂年工作日为 220 天，市场对氧气瓶的需求率为 50 瓶/天，氧气瓶的生产率为 200 瓶/天，年库存成本为 1 元/瓶，设备调整费用为 35 元/次。求：

（1）经济生产批量；

（2）每年生产次数；

（3）最大库存水平；

（4）一个周期内的生产时间和纯消耗时间。

解： 已知 $S=35$，$p=200$，$d=50$，$H=CI=1$，则年需求量为：

$$D=50\times220=11\ 000(瓶)$$

（1）经济生产批量为：

$$EPQ=\sqrt{\frac{2DS}{H}\times\frac{p}{p-d}}=\sqrt{\frac{2\times11\ 000\times35}{1}\times\frac{200}{200-50}}=1\ 013(瓶)$$

（2）每年生产次数为：

$$N=\frac{D}{EPQ}=\frac{11\ 000}{1\ 013}=10.86\approx11(次)$$

（3）最大库存水平为：

$$I_{\max}=(p-d)\frac{Q}{p}=(200-50)\times\frac{1\ 013}{200}=759.75\approx760(瓶)$$

（4）一个周期内的生产时间为：

$$t_p=\frac{EPQ}{p}=\frac{1\ 013}{200}=5.065(天)$$

一个周期内的纯消耗时间为：

$$t-t_p=\frac{EPQ}{d}-t_p=\frac{1\ 013}{50}-5.065=15.02(天)$$

（三）数量折扣模型

前面讨论基本经济订货批量模型时，有一个基本假设是没有数量折扣，而现实生活中，量大从优却是商家经常给予的价格优惠，以刺激需求，诱发购买行为。数量折扣（quantity discount）是指当订货量达到一定数量的时候可以获得的价格折扣。在实际生活中，经常能够观察到很多商品的价格跟购买数量有一定关系。例如一个马克杯的单价可能是 15 元；而如果购买 20 个，价格是 10 元；如果购买 100 个，价格是 8 元。一些制造企业采购大量的原材料和物资时也会获得一定的价格折扣，零售商店也会因为采购大量的商品而获得折扣。

如图 7-14 所示，有几种数量折扣的情况：当采购量小于 Q_1 时，单位采购成本为 C_1；当采购量在 $Q_1\sim Q_2$ 之间时，单位采购成本为 C_2；当采购量大于 Q_2 时，单位采购成本为 C_3。而且有 $C_1>C_2>C_3$。

1. 数量折扣模型的原理

若订货量足够大，则单价可低一些（即存在折扣），那么在存在数量折扣的情形下，企业是否应该增加订货呢？

按数量折扣订货的优点为：

（1）单价较低。有数量折扣时，货物的单价较低。

（2）年订货成本较低。由于订货量增大，年订货次数减少，年订货成本较低。

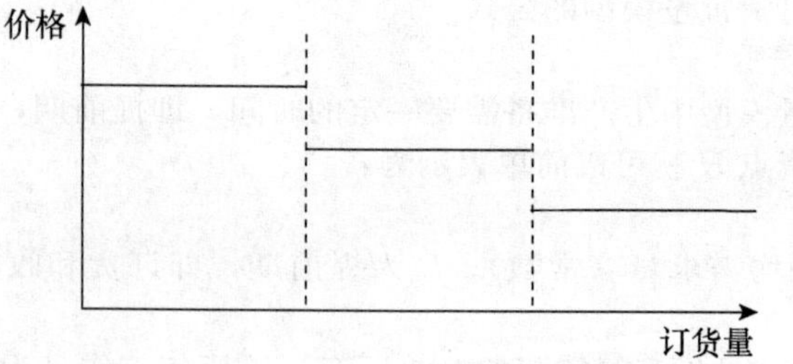

图 7-14　有数量折扣时的价格曲线

（3）较少发生缺货。持有较多的库存，因而较少发生缺货。

（4）装运成本较低。大量采购时，更有可能是整车运输，因而装运成本也较低。

按数量折扣订货的缺点为：

（1）库存量大，存储费用高。

（2）库存周转慢且货物容易陈旧过时。

因此，企业是否增加订货，关键要看是否有净收益。数量折扣下的买家目标是选取总成本最小的订货量，总成本由采购成本、持有成本和订货成本共同组成：

$$TC=DC+\frac{D}{Q}S+\frac{Q}{2}H \tag{7-16}$$

式中，C 为单位商品的采购价格；D 为年总需求。

在之前的模型中，经济订货批量是一个常量，它不会影响到总成本曲线的形状，即成本曲线的最小点不会改变，它们对应的最优订货批量都是一样的。但是，当存在数量折扣时，数量折扣会与订货量有关，这就可能会影响到最优订货批量，所以购买者必须在拥有价格折扣后的持有成本和经济订货批量成本之间作比较。

2. 订货量的确定

为了确定数量折扣模型的最优订货批量，我们可以首先计算出不同价格水平下相应的经济订货批量（注意：如果库存持有成本用固定的单位库存持有成本 H 而不是用单位成本 C 乘以比率 i 表示，那么 H 将随着价格水平 C 的不同而不同）。如果经济订货批量可行，也就是说，经济订货批量落在相应的数量范围内，那么我们就选择单价最低的经济订货批量。然而，经常出现的情形是一些经济订货批量并不一定能得到，即经济订货批量不可行，并不一定落在相应的数量范围内。在这些情况下，我们可以首先计算出不同价格水平下相应的经济订货批量，接下来计算出可以取到的经济订货批量下的总成本，对于取不到的经济订货批量则计算其数量范围内最小数量下的总成本。然后比较所有总成本，选择使总成本最低的最小数量或经济订货批量作为最优订货批量。

有两个折扣点的数量折扣模型的成本如图 7-15 所示。

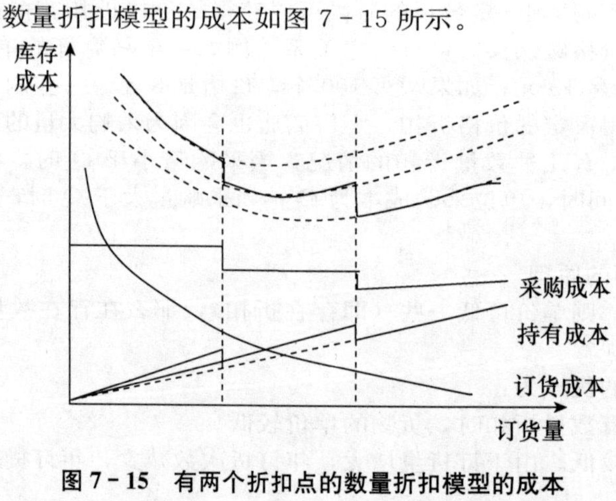

图 7-15　有两个折扣点的数量折扣模型的成本

确定最优订货批量的一般步骤如图 7－16 所示。

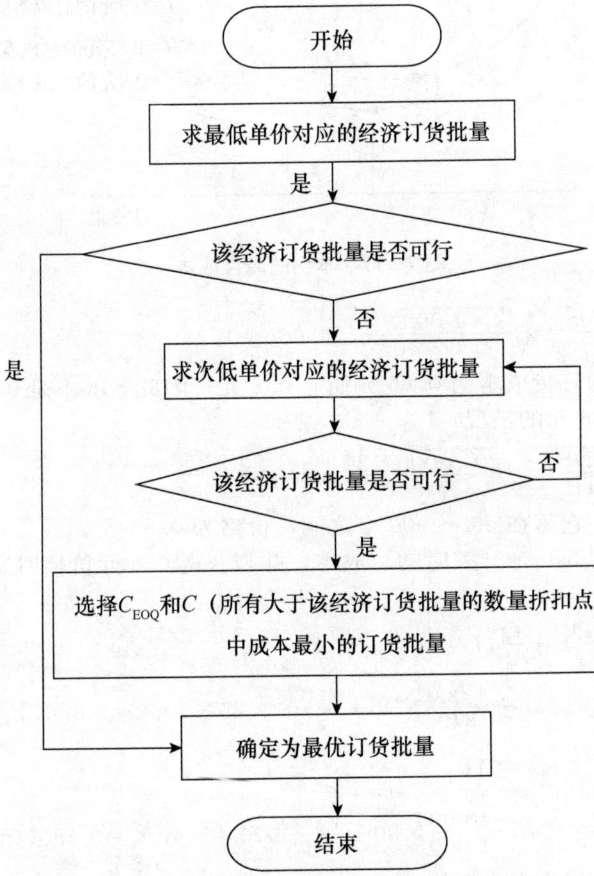

图 7－16　数量折扣模型最优订货批量的确定步骤

（1）求最低单价对应的经济订货批量。如果该经济订货批量可行（即按经济订货批量订货能取得对应的折扣），则该经济订货批量即为最优订货批量；否则转下一步。

（2）求次低价格对应的经济订货批量。如果该经济订货批量可行（即按经济订货批量订货能取得对应的折扣），则计算订货量为该经济订货批量时的总成本和所有大于该经济订货批量的数量折扣点（价格变化临界点）所对应的总成本，最小的总成本所对应的订货量即为最优订货批量；如果该经济订货批量不可行，则重复本步骤。

【例 7－9】　某电气公司每年使用 4 000 个拨动开关，每次订货成本为 30 元，每年的单位持有成本为购买价的 40%。假定供货单位提供给公司的折扣优惠政策条件如表 7－12 所示。

表 7－12

批量	单位价格
1～499 个	0.9 元
500～999 个	0.85 元
1 000 个以上	0.8 元

试确定在有折扣优惠政策条件下的最优订货批量。

解：库存成本如图 7－17 所示。

从最低价格开始，为各种价格寻找经济订货批量，直到确定出可行的经济订货批量为止。

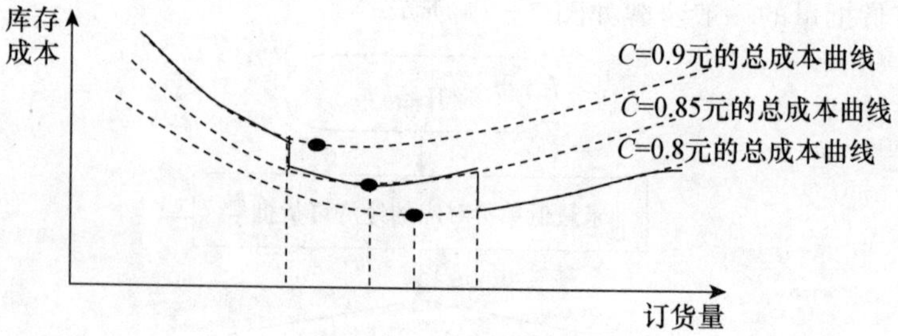

图 7-17 本例的库存成本

$$EOQ_{0.8}=\sqrt{\frac{2DS}{H}}=\sqrt{\frac{2\times 4\ 000\times 30}{0.8\times 40\%}}=866(\text{个})$$

由于 866 个开关的订货成本为 0.85 元而非 0.8 元，因此 866 不是 0.8 元的可行解。

然后看价格为 0.85 元的情况：

$$EOQ_{0.85}=\sqrt{\frac{2DS}{H}}=\sqrt{\frac{2\times 4\ 000\times 30}{0.85\times 40\%}}=840(\text{个})$$

这是一个可行解，它落在 500～900 个之间，价格为 0.85 元。

现在，计算批量为 840 个开关时的总成本，并与获得 0.8 元价格时所需的最小总成本做比较：

$$TC_{840}=DC+\frac{D}{Q}S+\frac{Q}{2}H$$

$$=4\ 000\times 0.85+\frac{4\ 000}{840}\times 30+\frac{840}{2}\times 0.85\times 40\%=3\ 686(\text{元})$$

$$TC_{1\ 000}=DC+\frac{D}{Q}S+\frac{Q}{2}H$$

$$=4\ 000\times 0.8+\frac{4\ 000}{1\ 000}\times 30+\frac{1\ 000}{2}\times 0.8\times 40\%=3\ 480(\text{元})$$

因此，最优订货批量为 1 000 个。

(四) 固定订货间隔模型

在定量库存模型中，订货量是固定的，而订货间隔时间是变化的，以上介绍的三种模型都是定量订货模型。有时，供应商会鼓励固定间隔订货的行为。即使没有这种政策，从同一个供应商处成组订货也会节约成本。更进一步，有些情况下无法监控自己的库存水平，许多零售单位（如药店、小杂货店等）就是这样。它们选用固定间隔订货方法，只需要周期检查库存水平即可。

如果需求率与提前期都是固定的，固定订货间隔模型每次的订货量就会是一个固定的数值，这与前面的定量库存模型一样。然而，当需求变化时，固定订货间隔模型与定量库存模型是不同的。定量库存模型下，订货由数量引发，而固定订货间隔模型下，订货由时间引发。因此，后者必须防备提前期内和下一个订货周期内的缺货，而定量库存模型只需防止提前期缺货即可，因为随时都可以有额外订货并在提前期内收到。所以，固定订货间隔模型比定量库存模型所需的安全库存更大。

固定订货间隔模型中的订货量由下式计算得到：

$$Q=\overline{d}(T+L)+z\sigma_d\sqrt{T+L}-I \qquad (7-17)$$

式中，$\overline{d}$为日均需求量；T 为订货周期；L 为提前期（天数）；$z\sigma_d\sqrt{T+L}$为安全库存量；I 为再订货时的库存持有量。

公式中第一项$\overline{d}(T+L)$是在订货周期内和提前期内的平均需求量，反映的是到下次订货之前和接收货物提前期这段时间内的需求量。第二项 $z\sigma_d\sqrt{T+L}$是针对某一服务水平的安全库存量。前两项合起来描述了要保持的库存水平。最后一项则是下订单时在库存中还有的库存量。

图 7－18 中描述的是订货周期固定、订货量变动的固定订货间隔模型。

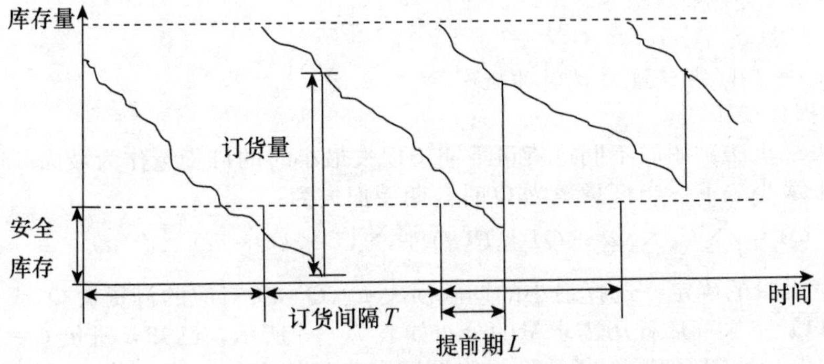

图 7－18　固定订货间隔模型

【例 7－10】　某药店销售一种非常受欢迎的非处方感冒药。这种感冒药的每日平均需求量是 6 包，标准差为 1.2 包。供应商每 60 天为该药店送一次货。在某次送货前，药店仓库中还有 8 包药品。采购提前期为 5 天。确定可以使该药店保持 95%服务水平的订货量。

解： 已知$\bar{d}=6$，$\sigma_d=1.2$，$T=60$，$L=5$，$I=8$，$z=1.64$，订货量为：

$$Q=\bar{d}(T+L)+z\sigma_d\sqrt{T+L}-I=6\times(60+5)+1.64\times1.2\times\sqrt{60+5}-8$$
$$=397.86\approx398(\text{包})$$

所以药店这次的订货量应为 398 包，如果 100 包为一箱的话，订货量为 4 箱。

二、单周期库存模型

尽管所有库存都面临过时的风险，但是有些产品因为其生命周期非常短暂而被认为是易逝品。易逝品一旦过期，产品的价值就急剧下降，通常只有很低的残值，如报纸和月饼等。这类产品的价值因为时间的变化而极具变化性（报纸的生命周期为一天；月饼的生命周期大约是中秋节前一个月的时间），对于这类易逝品的最优库存水平的决策问题，一般仅涉及一个需求周期，故也称为单周期库存模型（single-period model）。

单周期库存模型一般适用于：易变质的物品；使用期受限的物品；流行性、季节性物品；限时性服务等。

（一）单周期库存问题的特点

（1）侧重于订货量的确定。单周期库存问题仅涉及一个需求周期，因此没有订货时间的决策问题。

（2）订货量即为需求的预测量，因此库存控制的关键是需求量的预测。

（3）预测误差的存在导致两种损失（成本）：

1）欠储（机会）成本：需求量大于订货量导致缺货而造成的损失。

2）超储（陈旧）成本：需求量小于订货量导致超储而造成的损失。

欠储成本或超储成本对最优订货批量的确定起决定性作用。

（二）订货量的确定方法

确定单周期库存问题的订货量，可以有以下三种方法：期望损失最小法、期望利润最大法、边际分析法。

这三种方法可能会用到的符号如下：

C_u＝单件欠储成本＝$P-C$

C_o＝单件超储成本＝$C-S$

C＝单位成本

P＝单位售价

S＝单位处理价

d＝需求量

$P(d)$＝实际需求量为 d 时的概率

1. 期望损失最小法

期望损失最小法试图取不同订货量下期望损失最小时的订货量作为最优订货批量。

期望损失最小法下，当订货量为 Q 时，期望损失为：

$$E_L(Q)=\sum_{d>Q}C_u\times(d-Q)\times P(d)+\sum_{d<Q}C_o\times(Q-d)\times P(d) \tag{7-18}$$

最优订货批量的确定：选择最小的期望损失 $E_L(Q^*)$ 所对应的订货量 Q^*。

【例 7-11】 某商店挂历需求量的分布如表 7-13 所示，已知，进价 $C=50$ 元/份，售价 $P=80$ 元/份，处理价 $S=30$ 元/份。假设该商店只能进行一次订货，请问它应该购进多少挂历为好？

表 7-13

需求量 d（份）	0	10	20	30	40	50
分布率 $P(d)$	0.05	0.15	0.20	0.25	0.20	0.15

解：（1）计算单件欠储成本和超储成本：

$C_u=P-C=80-50=30$（元/份）

$C_o=C-S=50-30=20$（元/份）

（2）计算出当订货量分别为 0，10，20，30，40，50 份时，对应的期望损失 $E_L(Q)$，如表 7-14 所示。

表 7-14

订货量 Q（份）	需求量 d（份）						期望损失 $E_L(Q)$（元）
	0	10	20	30	40	50	
	$P(D=d)$						
	0.05	0.15	0.20	0.25	0.20	0.15	
0	0	300	600	900	1 200	1 500	855
10	200	0	300	600	900	1 200	580
20	400	200	0	300	600	900	380
30	600	400	200	0	300	600	280
40	800	600	400	200	0	300	305
50	1 000	800	600	400	200	0	430

（3）选择期望损失最小的值对应的订货量，即当订货量 $Q=30$ 份时，期望损失最小，为 280 元。

因此该商店的最优订货批量应为 30 份。

2. 期望利润最大法

期望利润最大法试图取不同订货量下期望利润最大时的订货量作为最优订货批量。

期望利润最大法下，当订货量为 Q 时，期望利润为：

$$E_P(Q)=\sum^{d<Q}[C_u\times d-C_o\times(Q-d)]\times P(d)+\sum^{d>Q}C_u\times Q\times P(d) \tag{7-19}$$

最优订货批量的确定：选择最大的期望利润 $E_P(Q^*)$ 所对应的订货量 Q^*。

【例 7-12】 用期望利润最大法解例 7-11。

解：（1）计算单件欠储成本和超储成本：

$C_u=P-C=80-50=30$(元/份)

$C_o=C-S=50-30=20$(元/份)

(2) 计算出当订货量分别为 0，10，20，30，40，50 份时对应的期望利润 $E_L(Q)$，如表 7-15 所示。

表 7-15

订货量 Q (份)	需求量 d (份)						期望利润 $E_p(Q)$ (元)
	0	10	20	30	40	50	
	$P(D=d)$						
	0.05	0.15	0.20	0.25	0.20	0.15	
0	0	0	0	0	0	0	0
10	−200	300	300	300	300	300	275
20	−400	100	600	600	600	600	475
30	−600	−100	400	900	900	900	575
40	−800	−300	200	700	1 200	1 200	550
50	−1 000	−500	0	500	1 000	1 500	425

(3) 选择期望利润最大的值对应的订货量，即当订货量 $Q=30$ 份时，期望利润最大，为 575 元。

因此该商店的最优订货批量应为 30 份。

3. 边际分析法

用边际分析方法来进行最优存储决策时，最优订货批量出现在这样的情况下：当订货量再增加一单位时，订购该单位物资产生的收益会小于因订购带来的成本。也就是说，如果增加一个产品订货能使期望收益大于期望成本，那么就应该在原订货量的基础上追加一个产品的订货。当增加到第 D^*+1 个产品时，如果式 (7-20) 首次不成立，则可得到 D^* 为最优订货批量。

$$P(D)\times C_u>[1-P(D)]\times C_o$$

$$P(D)>\frac{C_o}{C_o+C_u} \tag{7-20}$$

【例 7-13】 某批发商准备订购一批圣诞树供圣诞节期间销售。该批发商对包括订货成本在内的每棵圣诞树要支付 2 元，圣诞树的售价为 6 元。未售出的圣诞树只能按 1 元出售。如果他知道节日期间圣诞树需求量的概率分布，问该批发商应该订购多少棵圣诞树？

假设圣诞树需求量的概率分布如表 7-16 所示。

表 7-16

需求量 D	10	20	30	40	50	60
概率	0.10	0.10	0.20	0.35	0.15	0.10
P(D)	1.00	0.90	0.80	0.60	0.25	0.10

解： 欠储成本为：

$C_u=P-C=6-2=4$(元)

超储成本为：

$C_o=C-S=2-1=1$(元)

需求量的概率为：

$$P(D^*)=\frac{C_o}{C_o+C_u}=\frac{1}{1+4}=0.2$$

查表 7-16 可知，需求量大于 50 棵的概率为 0.25，再结合求 D^* 的条件，可以得出最优订货批量为 50 棵。

第 6 节 服务业中的库存管理

服务企业直接面对消费者，承担着对产品市场销售的支持以及对供应链上游制造企业生产决策的辅助功能，如果库存量小则难以满足消费者的需求，会失去消费者；如果库存量过大，又会耗费资源。与制造业面对的客户一般是长期合作的客户不同，大多数服务业面临的是单个零散的顾客，顾客的转移性大，如果不能及时满足其需求，顾客很可能选择竞争对手的产品或服务。因此，服务企业十分关注客户服务水平。然而，很多服务企业尤其是零售业的产品种类繁多，如果为了达到较高的服务水平而持有大量的库存，将会占据大量的资金，不利于企业的运作。因此，对于服务业库存管理尤为重要。例如沃尔玛所有分店销售的产品种类在 6 万～9 万种之间。从这些数据可以看出，沃尔玛的库存工作并不是那么简单。然而，沃尔玛的库存年周转 4.5 次，同行业竞争者的平均周转次数为 2.8 次。这得益于沃尔玛准确有效的库存记录，以及公司上下对库存管理的重视。

在另一些服务企业中，服务具有很高的易逝性，例如，宾馆的客房不能因为客满而要求顾客延期到其他时间来住宿；同样，飞机的座位一般也不能储存起来以备将来使用。对于这类服务企业，库存管理问题与单周期库存问题十分类似，关键在于对未来需求的预测。在这类企业的成本结构中，可变成本所占总成本的比重一般很低，故企业的利润与销售额直接相关。因此，这些企业的目标是通过尽可能提高企业的能力利用率以达到销售额最大化——收入最大化，即使这意味着用较大折扣吸引顾客，充分利用生产能力——只要这些价格高于可变成本即可。如一家宾馆的可变成本仅仅是清洁整理费用 50 元，包括人工费用以及毛巾、肥皂、牙刷等消耗品的费用，那么任何高于 50 元的客房收费都是有利可图的。因此，与其以每晚 99 元的优惠价收费而不让客房空着，也比每晚 235 元的标准价收费收益高。

对于这些服务企业的管理者来说，最大的挑战是如何确定不同价格水平下的可用服务能力水平，赋闲的服务能力一般可以以折扣价提前售出。譬如，航空公司通常对提前 21 天预订的机票打折，而且这是所提供的最低价。企业需要通过不同的价格水平调节需求：低价刺激需求，高价抑制需求；通过限制不同的价格水平控制能力供给。

本章案例 >>>

美特斯邦威的库存危机

飒拉（Zara）创造的快速时尚模式，是中国服装公司在过去几年最热衷学习的方向。但飒拉在中国最忠诚的学生——美特斯邦威（简称美邦），却未能拿到好成绩。任何一家飒拉模仿者都会被告知，在快速供应链下，保持低库存是这一模式盈利的基础。但美邦犯下了致命错误，库存不仅没降低，还比以前“慢”运营的时代增加了数倍。

美邦集团公司于 1995 年创建于中国浙江省温州市，主要研发、生产、销售美邦品牌休闲系列服饰。2008 年全系统销售额达 70 亿元，位居中国市场的本土和国际休闲服饰品牌之首。美邦在国内首创生产外包、直营销售和特许加盟相结合的虚拟经营模式，公司与以长三角和珠三角为中心的 300 多家生产供应商建立了合作关系。

然而，2012 年的美邦陷入了库存危机。从中金公司 2012 年 2 月 29 日发布的关于美邦库存状况的研究报告可知，其库存率近两年持续增长，截至 2011 年第三季度，美邦库存 29 亿元，而在 2009 年这个数字只有 9 亿元。尽管 2011 年年底库存已降至 25 亿元，但其中超过 15 亿元的货物皆为过季商品，服装行业的季节性、流行性、生命周期短等性质决定了衣服在仓库每滞留一天都会贬值。美邦的净资产约为 32 亿元，而仓库里那些过季衣服已占其净资产的近一半。

美邦库存管理存在的问题，大致可归为以下几点。

一、供应链上企业间的目标不一致

供应链中不同企业具有目标偏好的差异，如有的企业偏好利润，有的企业追求最大化市场占有率等。美邦希望能够储备更多的货品以支持销售量的增长，库存率最高增长到40%。2008年上市后美邦和大部分加盟商签订了为期3年的经营合同，要求加盟商每年要有25%的增长，这是一种强制性条款。其直营店的销售会考核业绩和单门店盈利，但是负责加盟商的销售员却只关心业绩指标，并不会过问加盟商的经营状况，也不会将此信息反馈给总公司。美邦将所有精力投入到如何将供应链速度提快的同时，销售的速度却被忽视。

二、供需信息传递沟通问题

美邦每一季订货会分南北两区，每个区花费3天时间，总共6天时间完成。第一天早上会讲述流行趋势，以及数据分析。在新款走秀之后就会让加盟商去各个订货厅自己订货。这种订货方式缺乏沟通，供需信息极不对称，造成如下问题：一方面由于美邦无法及时掌握店铺销售情况，不能对市场进行准确预测；另一方面，加盟商因无法共享销售信息，造成在订购何种服装的问题上判断失误，最终造成畅销商品经常缺货，同时滞销商品库存高企。如2011年秋季女装，美邦在款式上进行了较大突破，但是却不被加盟商接受。最终该女装的加盟商订货情况非常糟糕，而直营市场却反馈这一季的女装销售情况不错。

三、利益博弈加剧与加盟店之间的裂痕

之前，在美邦与加盟店之间的价格博弈中，后者占据优势。当大量加盟商到总部讨价还价谈货品折扣时，美邦意识到自己可能会被加盟商绑架，因此不惜高价开自营店，加强对销售渠道的控制权，两者的裂痕逐渐加大。美邦的加盟商以五七折的折扣从美邦进货，加上运费以及其他费用，成本大概在销售额的60%。一个商铺的租金要占到成本的15%，若是商场柜台的话这个数字要提高到18%。加上7%～8%的人员成本，当加盟商自负盈亏打八五折的时候，已经毫无利润空间，而直营店一般打的是五到六折，这是加盟商根本无法对抗的降价优势。最终导致的结果有两个：其一，消费者倾向于去直营店消费，加盟店销售业绩下滑。其二，加盟店赚取的利润甚微，生存困难，不愿再代理销售美邦的产品。美邦将自己的成本降低或利润增加建立在损害加盟商的利益基础之上的行为是一种短视的利己主义，美邦的连锁店中80%是加盟店，随着它们的退出，美邦积压的商品难以销售出去。

四、不合理的需求预测

美邦建立了企业资源计划（enterprise resource planning，ERP）系统，试图以信息化加强供应链管理。但美邦在具体操作过程中存在问题：美邦一般先在自己内部的电子商务网上发布新产品信息，加盟商则从网上查看新货品的实物照片，然后快速订货。公司在获得这些信息并加以整理后直接指导工厂交货。可以看出，美邦对未来市场的需求主要依赖于加盟商的订单，而不是前线的销售数据，极容易造成牛鞭效应。同时加盟商订货是主要根据自身喜好，并不知道产品的市场需求情况。最终导致美邦在追求规模效应的同时，一旦加盟商的销售预测出现问题，库存量就会大量增加。

思考题

1. 美邦库存问题的驱动因素有哪些？请基于其产品特性和供应链特性加以分析。

2. 查阅飒拉的近期资料，你认为美邦需要向飒拉学习什么？应如何解决库存问题？

□ 本章小结

库存管理是企业生产活动中的一个重要环节，本章主要探讨了库存管理的基本问题和常见的独立需求库存的模型，主要包括以下内容：

一是库存的概念及分类、库存的利弊分析。库存的存在是有其必要性的，主要是能有效缓解供需矛盾，但也带来了一些问题。

二是ABC分类法。基于二八法则的ABC分类法通过找出占用大量资金的少数物资，并

加强对它们的控制，能达到重点管理、事半功倍的效果，它是一种最为常见的库存管理策略。

三是两种补充库存的控制机制——定量订货系统与定期订货系统。定量订货系统具有连续监测库存状态、连续盘点、缺货风险小、安全库存较低、定量不定期等特点。定期订货系统则具有定期监测库存状态、定期盘点、缺货风险大、安全库存较高、定期不定量等特点。两种系统适用于不同的应用场合，定期订货系统更适用于C类物资的管理。

四是独立需求的库存模型。本章介绍了多周期库存模型和单周期库存模型。其中多周期库存模型又分别介绍了定量库存模型（包括基本经济订货批量模型、经济生产批量模型和数量折扣模型）和定期库存模型（固定订货间隔模型）。单周期库存模型适用于时尚产品、季节性产品等易逝品。

五是服务业中的库存管理。服务业中的零售业是制造业供应链的一部分，其库存管理方式和制造业有很大的相似之处。对于另一类服务业，如酒店、航空公司等则主要通过收益管理和定价来实现有效的库存管理。

□ 复习题

一、简答题

1. 简述库存的作用。
2. 简述高库存的代价。
3. 库存持有成本包括哪些费用？
4. 什么是在途库存？决定在途库存大小的因素是什么？
5. 经济订货批量模型的基本前提假设是什么？

二、论述题

1. 试述ABC分类法及其控制方法。
2. 试比较定量订货系统与定期订货系统各自的优势。

三、计算题

1. 上海财经大学学生社会调查项目通过POS系统数据对联华超市2016年10月的商品销售情况进行了全面统计，具体数据如表7-17所示，请运用ABC分类法对下列商品进行分类，并说明各类商品的管理策略。

表7-17

序号	商品名称	销售金额（千元）
1	好丽友好多鱼	44
2	康师傅妙芙欧式蛋糕	46
3	中华健齿白牙膏	48
4	好丽友·派	120
5	旺仔小馒头	280
6	真心香瓜子	1 200
7	上好佳	40
8	蛋酥卷香浓奶油味	30
9	洽洽香花生	1 000
10	桂花莲子藕粉	220
11	立顿Q果趣奶茶	160
12	太太乐鸡精	32
13	红枣莲子藕粉	28

续前表

序号	商品名称	销售金额（千元）
14	家乐火腿玉米糕	320
15	康师傅乐芙球	180
16	妈咪虾条	70
17	可比克	46
18	美涛保湿水	50
19	光友无明矾奶粉	44
20	好丽友蛋黄派	42

2. 某新华书店《新英汉大辞典》的年需求为 1 600 册，每册的单价为 40 元，已知每册的年储存费率为 20%，每次订货费用为 4 元，试求：

(1)《新英汉大辞典》的经济订货批量。

(2)《新英汉大辞典》的平均库存量。

(3)《新英汉大辞典》的年储存成本。

(4)《新英汉大辞典》的年订货成本。

四、实践应用思考题

1. 你是否曾因为打折而买回来很多不必要的用品？合算吗？

2. 你是否常常因为衣物过多而苦恼，但在关键时刻又没有合适的衣服可穿？原因在哪里？

3. 为什么绝大多数家庭在条件许可时都会保留一定数额的现金或活期存款？

第8章 运营流程管理

Chapter 8

本章要点

- 理解流程管理的概念、特点；
- 掌握制造企业和服务企业的流程结构；
- 学会绘制流程图，并利用流程图进行流程分析；
- 熟悉流程分析的步骤、内容；
- 掌握运营流程的绩效衡量办法；
- 理解流程再造的原则及其步骤。

对于一个企业来说，产品或者服务是企业的中心，那么产品和服务是以怎样的方式进行生产的？确定生产方式后，企业的设施设备该怎样布置？企业生产或服务的流程是怎样的？应如何评价企业流程的效率？又该如何进行流程改进？这些问题都是企业的核心问题，本章就该类问题进行阐述说明。企业合理选择流程结构和设施布置方式，可以有效提高产量，降低成本。流程分析、绩效衡量、流程再造更是企业在竞争激烈的环境下取胜的必要手段。

第1节 运营流程概述

每个组织机构，不论是公用事业公司还是私营公司，不论从事制造业还是服务业，都必须对流程进行管理以增加顾客价值。因此，本节就从流程、流程管理的定义出发，总结流程管理的本质以及运营流程的特点。

一、流程管理的概念

（一）流程的定义

流程（process）是一组为顾客创造价值的相关活动，这些活动利用一个或多个输入要素，对其进行转换并使其增值，最终向顾客提供一种或多种产品。每种业务都由一系列流程构成，企业的流程是对业务运作的规范，据此可以不断总结和固化优秀经验。流程包含六个要素：流程的输入资源、流程活动、流程结构（即流程活动的相互作用，例如串行还是并行，哪个活动先做、哪个活动后做）、输出结果、顾客、最终流程创造的价值（见图8-1）。

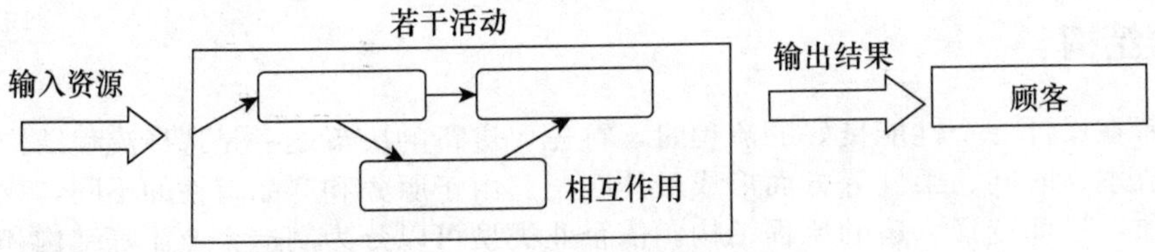

图8-1　流程的要素

（二）流程管理的定义

流程管理（business process management，BPM）是一种以规范化地构造端到端的卓越业务流程为中心，以持续地提高组织业务绩效为目的的系统化管理方法。① 端到端即从顾客需求开始，到顾客满意结束，如图8-2所示。该图中顾客是广义的，包括外部顾客和内部顾客。外部顾客是指已经或打算购买企业产品或服务的组织或个人。内部顾客主要指直接与外部顾客接触并为其提供服务的部门，如市场策划、顾客服务等部门。流程管理定义中的关键字包括规范化、流程、持续和系统化。

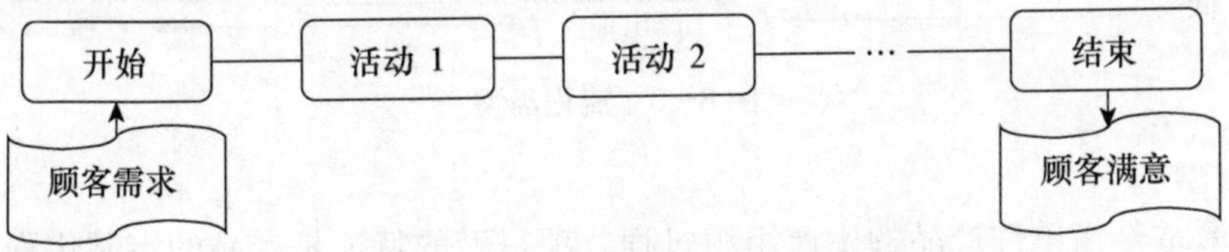

图8-2　端到端的业务流程

流程管理的核心是流程，流程管理的本质就是构造面向顾客的业务流程，使流程中每个活动都是增值的活动，并与流程相互配合。一个流程被规范构造成卓越流程后，管理人员采用规范的方法进行改进，并使设计持续下去，保证与时俱进。

业务流程管理的前提是保证企业战略的实施。在不断变化的外部环境中，企业需要不断调整战略，满足不同顾客的需要。据此，业务流程管理就是根据外部需求变化调整流程的过程，从而形成业务流程管理的完整闭环。

二、运营流程的特点

运营流程需要对企业中的各种资源进行有效整合。运营流程具有以下六个特点。

（1）目标性。流程应有明确的输出（目标或任务）。这个目的并非固定的，而是可以改变的，如一次满意的客户服务，或者一次故障的及时排除。

（2）内在性。流程包含在任何事物或行为中。企业所有的行为都可以用一套固定的描述来表达：输入资源是什么，输出结果是什么，中间的系列活动是什么，输出为谁创造了价值。

（3）整体性。流程不能由单个活动组成，至少需要两个活动才能建立结构或关系，才能进行流转。

（4）动态性。流程不是静止不动的，它按照一定的时序关系由一个活动到另一个活动展开。

（5）层次性。流程是一个嵌套的概念，组成流程的各活动可以看做子流程，继续分解成若干活动。

（6）结构性。不同的流程结构，如串联、并联、反馈等，给流程的输出效果带来很大影响。

① 葛星，黄鹏．流程管理理论设计工具实践．北京：清华大学出版社，2008．

三、流程结构

管理者在设计一个性能良好的流程时，首先要进行的决策之一是选择流程结构，使组织在质量、成本、时间、柔性等方面形成最佳匹配。由于服务和产品特性的不同，我们应该区分行业性质，进而选择合适的流程结构。依企业类型可以分为制造企业流程结构和服务企业流程结构。

（一）制造企业流程结构

对于制造企业而言，流程结构（process structure）按其产品的产出量来分，一般有三种基本方式：项目型（project process）、离散加工型（intermittent process）和流水线（line-flow process）。如图 8-3 所示。

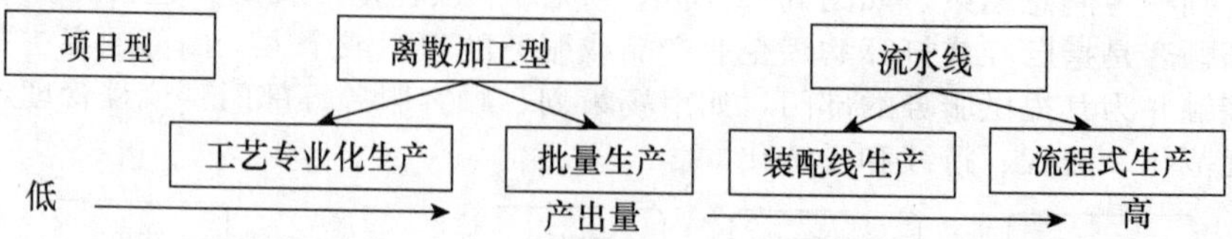

图 8-3 流程类型

1. 项目型

项目型通常是指单件产品的生产组织过程。项目型的特征是产品的定制化程度高，完全按照顾客的需求进行设计生产，其最大的优势就是具有强大的柔性，充分满足顾客定制化的需求；每项任务都有一个明确的开始和结束时间，生产每个产品所需的转化资源都可能需要特别的组织；企业的流程设计必须围绕特定要求和特定项目来配置、使用资源；每个项目所需要的资源种类和结构都是不同的。项目型的可变成本很高，但是固定成本可以忽略不计。项目型需要技能熟练的员工，因为他们必须在最少的引导和监督下独立工作。同时，针对不同的定制化工作，员工需要接受专门的培训。项目型生产流程的例子有造船、大部分建筑施工、电影制作、油井钻探和计算机组装。

2. 离散加工型

离散加工型是指分别在不同地点、不同时间生产出零部件，再按照一定的要求装配成成品的生产方式。离散加工型有如下特征：顾客需求有变化、不容易掌握，产品交货期短，企业要为顾客提供多种配置的产品；产品结构复杂，零部件种类繁多，采购及装配等活动相对困难，自制和外购同等重要，需要对供应商进行考核，要求生产计划、物料计划配合协调；生产周期长，不同零部件要求的加工周期差别很大，配套难度大，对某些影响产品交付的主要零部件需根据市场预测提前购买或保持一定的库存，企业因此库存成本较大；不同产品制造工艺流程不同，要求制造资源系统的柔性较高；产品关键制造资源的占用容易引起冲突，影响生产。离散加工型的可变成本较高，但是略低于项目型的可变成本。离散加工型的固定成本很高，对员工的要求比项目型要低，但是仍然较高。离散加工型可以进一步细分为工艺专业化生产和批量生产。

工艺专业化生产是指多品种、小批量产品的生产组织过程。完成生产需要相当大的复杂度和多样性，定制化程度相对较高且任何一种产品的批量都很小。劳动力和设备都具有柔性以应对相当大的任务多样性。企业通常根据订单生产产品，不提前生产。下一个顾客的特定需求是未知的，而来自同一个顾客的重复订单的到达时间也不可预知。因此，需将一个新的订单作为单件来处理。例如，一幅画的限量仿制、特别纪念 T 恤衫的定制等。

批量生产是指重复生产同一品种产品，通常批量较大，其实质上就是标准的工艺专业化生产。批量生产相比工艺专业化生产，区别主要有三：第一，批量要多一些，因为在生产过程中会重复生产相同或类似的零部件；第二，所提供产品的范围要小一些；第三，每个生产批次所处理的数量（或批量）要多一些。对一种产品（或组成该产品或其他产品的零部件）的一个批次进行加工，然后转向生产下一种产品，最后又再次生产最初的产品。批量生产的流程流向是混杂的，不存在经过整个设施的标准化的步骤顺序。批量生产最典型的例子就是麦当劳，一天24小时在重复生产汉堡包，一批12个。制鞋业采用的也是批量生产，其中一批就是指同一款式、同一尺寸的鞋子。

3. 流水线

流水线是指劳动对象按照一定的工艺路线，顺序地通过各个工作站，并按照一定的生产速度（节拍）完成工艺作业的连续重复的生产组织形式。其中，工作站是由机器设备和辅助工具构成的一个相对独立的作业单元，一般在一个工作站上连续进行的生产活动就是一道作业。节拍（takt time）又称产品间隔时间，是流水线生产中的一个重要概念，指的是在一个工作站上完成相邻两个产品的实际时间，是在一个工作站完成单位产品（零部件）所需要作业的最长时间。产出周期（见图8-4）就是产品完工时间，指完成单位产品的总时间，即从开始到完工的总时间。产出周期决定了装配线的节拍。

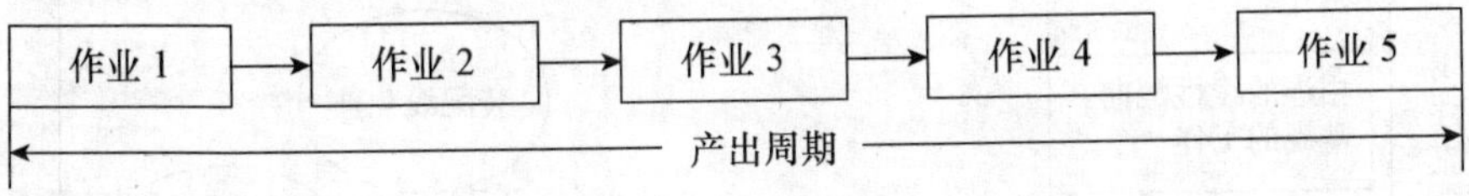

图8-4　产出周期

流水线一般用来生产批量大的产品且专业化程度非常高，其基本特征有：工作站专业化程度高，在流水线上生产固定的一种或几种产品，在每个工作地固定完成一种或几种工序；产品种类较少，加工工序之间很少持有库存，每道工序都是一次一次地完成相同的加工，所制造的产品基本不变；生产具有明显的节奏性，即按照节拍进行生产；工艺过程封闭，工作地按工艺顺序排列成链锁形式，劳动对象在工序间单向移动；劳动对象从一个工序到另一个工序，消除或最大限度地减少劳动对象耽搁时间和机床的情况；设备加工不间断，生产过程具有高度的连续性。流水线的固定成本高，可变成本低，是三大类运营组织过程中效率最高的。流水线可以进一步细分为装配线生产和流程式生产。

装配线生产是指按照一定速率，零部件按装配顺序从一个工作站到下一个工作站进行装配生产，适用于批量大且标准化的产品，因此，可以围绕特定的产品来组织资源。在该流程结构下，不存在很高的多样性，所制造的产品几乎没有可变性。装配线生产的订单不直接与顾客订单相联系。标准化的产品在需要之前就提前生产出来并作为库存持有，以便在顾客下订单时立即交货。通过对主要产品附加的标准化选项进行仔细控制，可以使产品有所差异。例子包括录像机和CD播放器等电子产品、汽车、厨房用品等。

流程式生产是按照预先确定的步骤连续进行产品的生产。该生产方式是大批量标准化生产的一个极端，具有固定的线性流向。流程的多样性可以忽略不计。在该生产方式下，一种主要的物料（如液体、气体或粉末）在流程中不停地流动，如石油提炼、钢铁制造、软饮料生产等。

4. 产品—流程矩阵

产品—流程矩阵（product-process matrix，PPM）将批量、产品结构和流程三个要素结合在一起，使所要制造的产品与制造流程本身相吻合，如图8-5所示。生产流程设计的一个重要内容就是要使生产系统的组织和市场需求相适应。生产过程的成败与生产过程的组织有直接关系。

在产品—流程矩阵中，矩阵的横向维度从产品种类、产品批量、定制化程度的角度衡量制造业的流程结构。对于制造业来说，产品高度定制化意味着在生产流程中有许多步骤的小批量。如果高度强调定制化、顶级质量和产品多样性，则可能的结果就是在制造流程中的所有特定步骤中降低批量，类似于项目型。

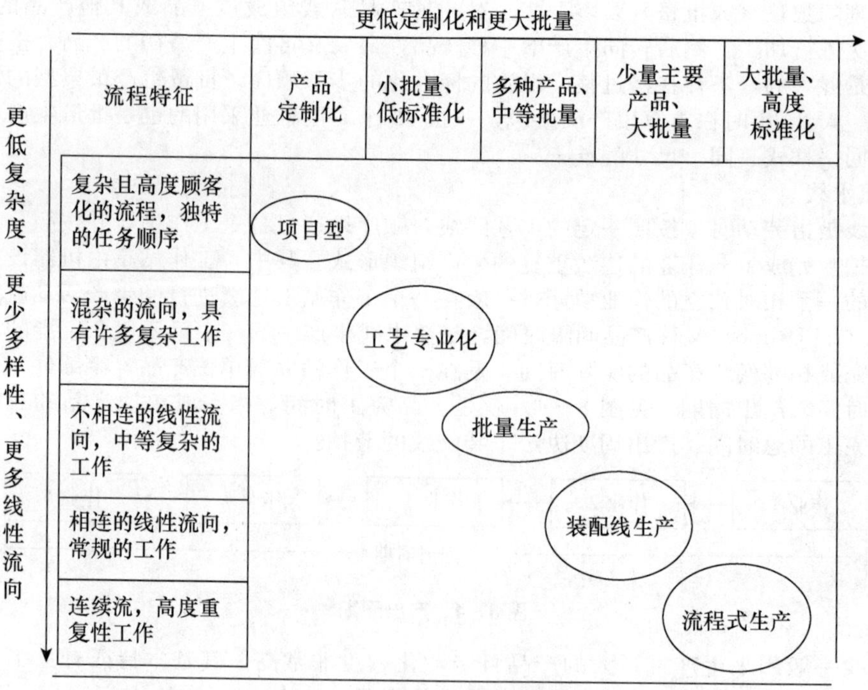

图 8－5　产品—流程矩阵

矩阵的纵向维度设计流程具有三个特征：复杂度、多样性和流向。流程复杂度指完成流程所需步骤的数量和复杂程度。流程多样性指因为高度定制化而在相当大的范围内影响流程完成方式的程度。如果流程随着每个产品或顾客改变的话，则每次的生产或者服务的完成都是独一无二的，流程具有多样性。流程流向是工作在流程各步骤所形成的序列中前进的方式，可以从高度多样性到线性，分为多种类别。而线性流程指的是顾客、物料或信息按照固定的顺序从一道工序线性地移向下一道工序。通常来说，项目型由于定制化程度最高，其复杂度、多样性相对较高，流向混杂。而流程式生产由于生产大批量、高度标准化的产品，其复杂度较低，多为连续流。

产品—流程矩阵表明：制造流程的最佳选择取决于流程的批量及所要求的定制化程度。如果流程的定位远离对角线，是不大可能获得最佳性能的。在选择流程时，根据产品结构属性，沿对角线选择和配置生产流程，可以达到最好的技术经济性。因此，产品—流程矩阵可以帮助管理人员选择生产流程，辅助企业制定生产战略。

（二）服务企业流程结构

对服务企业来说，好的流程设计应该主要考虑顾客接触度（customer contact），即在服务流程中顾客在场、主动参与并接受个人关注的程度。根据与顾客的接触度，可以将服务企业的流程结构分为三种：专业化服务、店铺式服务和大宗服务。①

1. 专业化服务

专业化服务是指那些顾客接触度很高，且顾客在服务过程中需要花费相当长一段时间的服务。它可以为顾客提供高定制化的服务，即服务过程可以根据单个顾客的需要调整。专业化服务一般都是以人员而不是以设备为基础的。它所重视的是流程（即服务是如何提供的），而不是产品（即提供什么样的服务）。由于服务的客户化和服务选择的多样性，流程较为复杂，而且其中许多步骤具有相当大的多样性，存在许多与常规工作模式不同的情况。很大一

① 奈尔杰·斯莱克，斯图尔特·钱伯斯，罗伯特·约翰斯顿．运营管理．北京：中国市场出版社，2009.

部分人工时间花在前台，而且负责与顾客进行接触的员工在提供服务过程中被赋予充分的自由。由于花费在每个顾客身上的时间和精力都很大，因此员工与顾客的数量比较高。提供专业化服务的人员和机构有管理咨询人员、律师、医生等。

2. 店铺式服务

店铺式服务的特点是它们的顾客接触度、定制化水平、顾客数量和员工自由度介于专业化服务和大宗服务之间。在此过程中，产品与流程处于同等重要的地位。工作流沿着一些明显的主导路径从一个工作站向下一个工作站移动，工作复杂度适中。服务的提供是在前台与后台、人员与设备的共同配合下完成的。提供店铺式服务的机构有银行、假日旅游公司、商业街上的商场店铺、汽车租赁公司、学校以及大多数饭店、宾馆和旅行社等。

3. 大宗服务

大宗服务指的是那些接待的顾客很多、顾客接触时间有限而且定制化程度不高的服务类型。该类服务通常以设备为基础，并以“产品”为导向。其工作是常规和程序化的，具有从一个服务提供者流向下一个服务提供者直到服务完成的线性流向。该类服务中大部分增值过程发生在后台，前台工作人员所需进行的判断很少，绝大多数员工都是非专业人员。员工之间有着明确的分工，并必须遵循既定的工作程序。提供大宗服务的机构有超级市场、全国性铁路网、机场、电信服务部门、图书馆、呼叫中心、警察局和公共机构问询处等。

4. 顾客—接触度矩阵

顾客—接触度矩阵（service-process matrix，SPM）将顾客接触度、服务设计和流程三个要素结合在一起，使所要提供的服务与服务的交付流程同步。如图8-6所示，该矩阵是进行流程评价和流程改进的出发点。

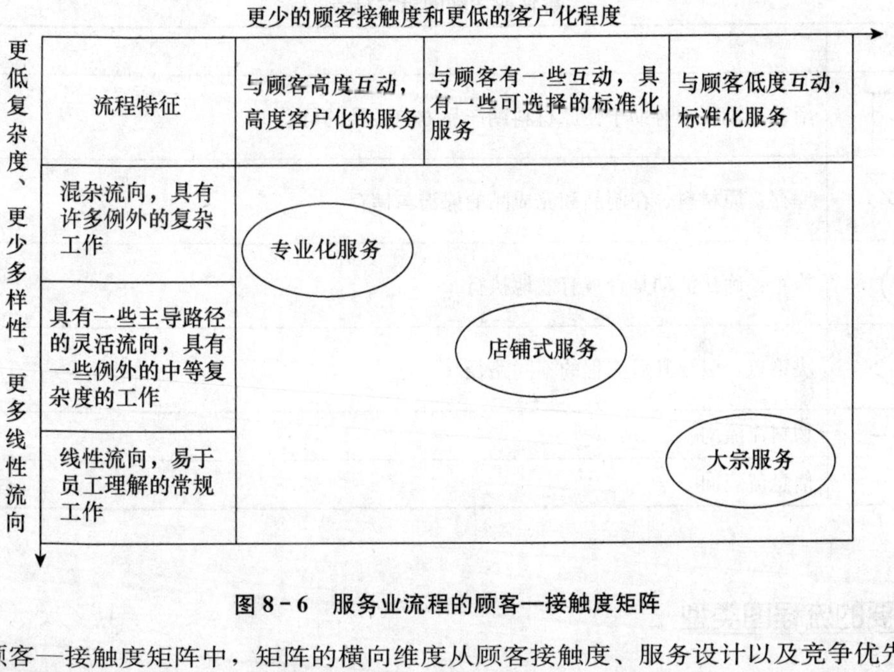

图8-6 服务业流程的顾客—接触度矩阵

在顾客—接触度矩阵中，矩阵的横向维度从顾客接触度、服务设计以及竞争优先级的角度表示所提供的服务。其中一个关键的竞争优先级是要有多大的定制化程度。矩阵的左侧代表高顾客接触度和高度定制化的服务，顾客更可能到达现场并进行主动接触，其竞争优先级要求更高的定制化程度，这种情况下流程对顾客是可见的，顾客会受到更多的个人关注。矩阵的右侧代表顾客接触度低、被动参与、较少关注个性化，是顾客不可见的流程。

矩阵的纵向维度涉及流程本身的三个特征：复杂度、多样性和流向。前台办公室复杂度、多样性较高，流向混杂。后台办公室复杂度、多样性较低，多为常规工作，线性流向。

第 2 节 流程图的绘制

现代的生产流程是一个复杂的程序，任何个人的直觉都不可能反映出全部生产活动及生产过程中相互间的关系，所以有必要引入流程图，以更好地管理流程，减少甚至避免生产的低效率。流程图（process flowcharts）是以图形的方式来描绘流程，包含整个流程的细节，可以帮助团队明确价值流，找到价值流中的增值部分和非增值部分。它可以表示工序之间、工艺之间的关系，可以使问题迅速形象化，从而使改进的工作得以有序进行。绘制流程图时必须掌握流程设计的原则和方法，并在企业内部进行全面彻底的贯彻，这样才能发挥最大作用。

一、流程图的设计组成

一个流程是流程单位流过运作的过程。流程图由一系列方框、倒三角、圆圈、菱形和箭线组成，如表 8－1 所示。方框代表增加流程单位价值的流程活动，依赖于我们选择的分析程度。倒三角代表等待区域或者缓冲库存。库存不增加价值，所以流程单位不要在库存上浪费时间。圆圈代表检查。菱形表示一个决策点，不同的决策会导致其后流程的不同路径。箭线在方框、倒三角、圆圈或者菱形之间，表示物料流和信息流的流向，指明流程单位经过流程的路径。

表 8－1　　　　事件或活动的表示符号

符号	含义
□	活动：流程中有助于使原材料朝产品方向转换的行动
▽	库存：原材料、在制品和完成品的停滞与储存
○	检查：确认活动是否被有效地执行
◇	决策点：引导其后流程的不同路径
——→	物料流流向
- - - - - →	信息流流向

二、主要的流程图类型

（一）业务流程图

业务流程图是按时间的先后顺序或依次安排的活动步骤，用标准化的图形形式表达的流程模型。这是应用最广的一种流程图。在绘制业务流程图时，首先将流程的主线路画出来，然后根据需要逐步将流程的细节部分予以表达。流程的主线路指的是构成流程的最主要活动之间的关联。比如，在企业的新产品开发流程中，调查市场—分析需求—设计产品—生产产品是流程的主线路，而产品设计复核等环节则属于细节部分。图 8－7 是面包制作的业务流程图。

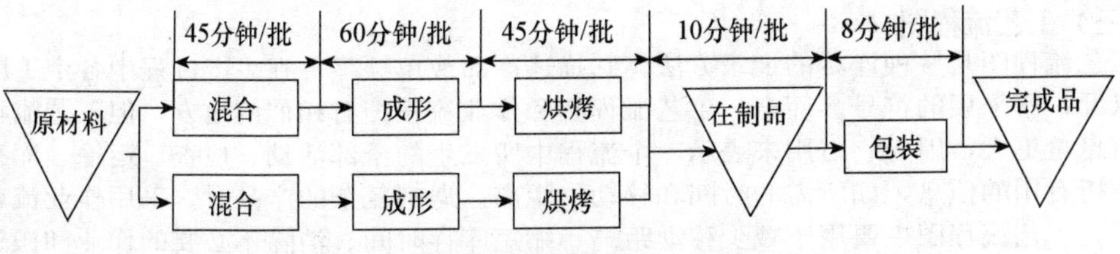

图 8-7　面包制作的业务流程图

(二) 作业流程图

作业流程图是以产品为对象，运用活动、检验两种符号来对产品生产过程进行总体分析，其目的是了解产品从原料开始到成品形成的整个生产过程。通过作业流程图可以了解生产系统由哪些生产环节、多少主要工序组成，经过怎样的加工顺序，从全局出发来分析问题。

作业流程图是对生产过程进行分析的特定方法。它是对产品生产过程的简要记录，在图上只用两种符号——活动和检查——来表示全部作业的时序安排，同时记录从原材料到制造成品的全部生产过程，指出外购件、自制件的相互关系和装配顺序，并在作业流程图符号旁标明所需时间、地点与距离等内容。

(1) 零部件进入装配线的先后，由右向左顺序排列，图 8-8 中，A，B，C，D 依次进入主装线；

(2) 每个自制部件的生产过程用活动（方框）和检查（圆圈）表示，由上至下按工艺顺序用短垂线连接；

(3) 外购件用水平线进入主装线，同时可以在水平线上标注名称、规格数量以及供应来源。图 8-8 中 E 就是外购件。

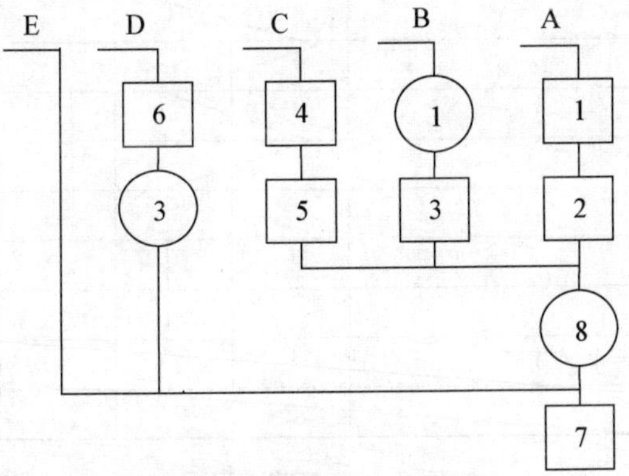

图 8-8　作业流程图框架

作业流程图绘好之后，再附一个简单的总结表，以便归纳、总结。总结表的结构如表 8-2 所示。

表 8-2　总结表

符号	含义	次数	时间
□	活动		
○	检查		

（三）工艺流程图

工艺流程图是一种详尽的记录方法。它描述产品或单项零件在生产过程中各个工序上的流动状况，所采用的符号多而全。工艺流程图和作业流程图有相似的地方，但工艺流程图提供的信息量更大，因为它可用来表示一个流程中所发生的全部活动、检查、运输、库存，以及对分析有用的信息，如所需的时间和移动的距离。遇到复杂的产品时，采用作业流程图比较简明。工艺流程图主要用于减少移动距离、缩短库存时间、消除不必要的作业和搬运，以及改进工厂布局等。

工艺流程图的绘制方法可结合图 8-9 进行分析。该图是一个物料型的工艺流程图，描述了公共汽车发动机在拆卸、清洗检查过程中所发生的一系列活动。在改进过程中，可以着重考察运输、库存等非生产性活动，尽量减少或消除这些活动，节约人力和资源。

工作单位：汽车维修车间	总结表				
工作名称：发动机拆卸、清洗	活动	含义	现行	改进	节约
工作地点：清洗组	▭	活动	3	2	1
操作工人：张三	→	运输	11	8	3
制图时间：2016 年 12 月 1 日	○	检查	1	0	1
	▽	库存	2	1	1
	距离		550	470	80

工作内容	▭	→	○	▽	距离	时间
1. 存放在旧发动机库						
2. 取起发动机						
3. 运到拆卸厂					180	
4. 放至工作台						
5. 拆卸发动机						
6. 运往清洁台					20	
7. 清洁						
8. 将全部零件装入托盘内					20	
9. 将零件装箱运车						
10. 运往发动机检查台					250	
11. 将托盘放在检查台上（手推车）						
	2	8	0	1	470	

图 8-9　工艺流程图

（1）标题栏。用于说明工艺流程表的属性，包括工作单位、工作名称、工作地点、操作工人、制图时间等。见图 8-9 的左侧部分。

（2）按时间先后顺序填写工作内容。图 8-9 中，“工作内容”就是按照发动机拆卸、清洗的步骤进行的一系列安排。

（3）在符号栏内，预先画好固定的几种符号，只需按顺序排列即可。图 8-9 中，预先画好活动、运输、检查、库存四种符号，见“工作内容”字样右侧的四列。

（4）填写时间和距离。将实际活动的距离时间填入图 8-9 中“距离”“时间”列。

（5）填写总结表，包括活动名称、次数、时间和距离。总结表位于表的前端、标题栏的右侧，总结了四类活动现行和改进后的每一步骤实际发生的次数，并计算改进后节约的活动数。

第 3 节 流程分析

流程分析是对生产或服务流程进行分析，以优化流程，达到低成本、高效率且产出质量符合标准的目的。

一、流程分析的内容

虽然不同的公司、不同的业务有不同的流程，但是流程分析仍具有一定的规律性，可以按照一般规律进行，如图 8-10 所示。在流程分析过程中，需要明确哪个流程是应该改进的，改进的方式是什么等问题。本节就根据流程分析的步骤图进一步分析说明流程分析的内容，包括分析需求、分析资源、分析瓶颈以及优化流程四大部分。

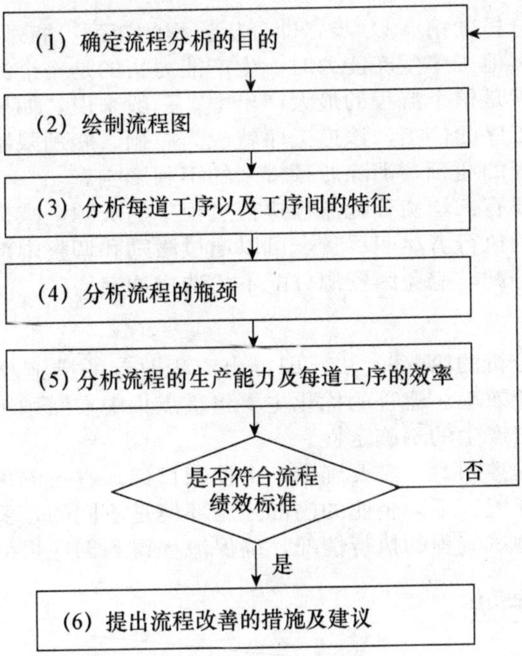

图 8-10 流程分析的步骤

（一）分析需求

分析需求对应流程分析的第（1）步和第（2）步，即确定流程分析的目的，绘制流程图。企业有必要分析现有的业务流程是否能满足顾客的需求，现有流程是不是最优流程，是否存在改进的必要。流程管理是以顾客需求为导向的。企业的顾客分为内部顾客和外部顾客。外部顾客是企业需求的来源，满足他们的需求是企业发展经营的目标。为顾客提供满意的服务是整个企业的责任，是企业运营流程的最终目的。

因此，企业可以从内部和外部两个途径获取顾客的需求从而更好地满足顾客的需求。外部获取顾客需求主要有两个途径：从社会宏观环境变化进行分析；从顾客直接获取。内部主要从直接与顾客接触的员工和部门获得，然后将这些信息进行整合。另外，可以建立客户关系管理（CRM）系统，对顾客数据进行统计、分析之后可以得到顾客需求的信息。

（二）分析资源

分析资源对应流程分析的第（3）步和第（5）步，即分析每道工序以及工序间的特征，分析流程的生产能力及每道工序的效率。企业有必要分析整个流程运行所需的资源，分析资源是否得到充分利用，是否有减少消耗的可能。

一个流程所消耗的资源主要有三种：人力资源、时间资源和财物资源。主要用以下公式[①]将人力成本转换成货币进行计算：

$$人力成本=\sum_{i=1}^{n}k(i)\times t(i) \tag{8-1}$$

式中，i 表示第 i 个员工；$k(i)$表示第 i 个员工的单位人工成本；$t(i)$表示第 i 个员工在流程中消耗的时间；n 表示有 n 个员工共同执行流程。

流程财物成本消耗主要指货币资金，只需将流程执行所需的所有财物资源相加即可。

流程运行时间越短对企业越有利，可以在保证流程运行结果的情况下缩短流程运行时间。缩短流程运行周期时间的方法主要有：删除那些没有明确输出对象的流程；简化流程运行过程中的重复控制；合理分工并实施标准化操作。

（三）分析瓶颈

分析瓶颈对应流程分析的第（4）步，即分析流程的瓶颈。瓶颈（bottleneck）主要发生在某工序生产能力小于其他工序生产能力时。生产能力指的是一个流程在一定的时间内所能实现的最大产出量，也就是整个流程的最大产出率。一般来说，如果生产能力不能满足后道工序的生产而造成后道工序的停工，该道工序就成为瓶颈。瓶颈限制了整个流程的产出。因此，企业有必要分析流程的瓶颈，消除瓶颈带来的不利影响。

消除瓶颈的方法主要有：均衡分配流程执行过程中的资源，减少由于资源不足造成的运行效率低下；保证流程的执行者尽职尽责，可以通过激励和调整内部人员构成的方法进行保证；协调各环节的资源分配，避免因资源分配不均造成冲突。

（四）优化流程

优化流程对应流程分析的第（6）步，即提出流程改善的措施及建议。流程分析的目的就是优化流程，提高企业效率。流程的优化主要将重点集中在瓶颈工序的优化上，最终稳定流程，尽量避免人为因素产生的不确定性。

企业在进行内部流程控制时，需要确定一个控制目标。进行流程内部控制需要注意：要充分考虑企业内部控制环境。不同企业的内部控制环境是不同的，要选择控制风险相对小的内部控制环境；要实际测试流程的执行情况，确保流程得到彻底贯彻。

二、生产流程的分析方法

根据绘制的流程图可以对每个环节进行分析与检查。每个作业分析都有若干个相同的因素。因此针对每个环节都可以提出六个问题，即一般认为要解决某个问题必须连续问六个问题，方能由现象触及本质。六问分析法的具体内容如表 8－3 所示。

表 8－3　　生产流程的分析方法

5W	现行方法	Why	分析	改正
What	做什么？	为什么做？	是否必须做？	取消或合并
Where	在哪里做？	为什么在这里做？	另一地点是否更好？	
When	何时做？	为什么那时做？	另一时间是否更好？	重新安排
Who	谁来做？	为什么由他做？	谁做更合适？	
How	怎样做？	为什么这样做？	怎样做更好？	简化

① 葛星，黄鹏. 流程管理理论设计工具实践. 北京：清华大学出版社，2008.

在对上述六个问题进行详细分析之后，可以采用 ECRS 技术进行改进，ECRS 即取消—合并—重新安排—简化。通常对于目的性问题，如做什么，可以采用取消与合并；对于时间、地点及操作者的人选问题，可以进行重新安排、优化组合；而对于操作手段不合理，则要简化。分析之后选择最佳方案，评价标准主要从经济价值、流程安全和管理方便几个方面考虑。

第 4 节　运营流程的绩效衡量

一、生产率

(一) 生产率的含义

衡量投入转化为产出的有效程度的指标称为生产率（productivity）。生产率反映了资源的有效利用程度。因此，生产率被定义为投入与产出之间的比率。

$$生产率=\frac{产出}{投入} \tag{8-2}$$

假定生产 100 个面包需要 6 千克面粉，则该面包店的生产率为 100/6=17 个/千克。

(二) 我国企业普遍采用的生产率指标

1. 劳动生产率

劳动生产率是指人们在劳动过程中的效率，属于单要素生产率，衡量一个时期的静态生产率。

$$劳动生产率=\frac{产品产量}{生产产品所消耗的劳动量} \tag{8-3}$$

2. 材料生产率

材料生产率是指每单位材料所提供的产值或者产量。

$$材料生产率=\frac{产值或产量}{材料量或材料费用} \tag{8-4}$$

3. 固定资产生产率

固定资产生产率是指每单位固定资产所提供的产值或产量。

$$固定资产生产率=\frac{产值或产量}{固定资产总值} \tag{8-5}$$

4. 流动资金生产率

流动资金生产率是指每单位流动资金所提供的产值或产量。

$$流动资产生产率=\frac{产值或产量}{占用流动资金总值} \tag{8-6}$$

(三) 生产率的测定

一般企业管理者会采用单要素生产率和多要素生产率来衡量运营流程的绩效。单要素生产率是单个投入资源的投入与产出之比；多要素生产率是一组投入资源的总投入与总产出之比。其中，总产出采用总的产出数量或总收益表示。

生产率是一个相对绩效指标，只有在进行比较时才有意义。为了提高生产率，应将企业的生产率与历史最好水平或者同行业的最高水平进行比较，这样才能树立标杆，明确改进方向。

二、效率

效率（efficiency）是指流程的实际输出与某些标准之间的比值。

$$效率=\frac{实际产出量}{标准产出量} \tag{8-7}$$

比如，一台包装谷物的设备的工作速度设计为 30 箱/分钟。如果在一段时间中，设备的实际工作速度为 36 箱/分钟，那么设备的效率就是 120%（即 36/30）。效率的另一种用法是衡量流程的得失。比如，如果一个流程的投入是 1 000 单位的资源，用于转化为其他形式的资源，而流程只产出了 800 单位新形式的资源，那么流程的效率就是 80%。

三、周期时间

周期时间（cycle time）是指一个流程相继生产出两件产品之间的平均间隔时间，有时也指一项工作从开始到完工所需的时间。周期时间常常用来指产出时间。我们必须根据流程的具体环境来判断其含义。

$$周期=两个产品之间的平均间隔时间 \tag{8-8}$$

四、产出时间

产出时间（throughout time）是指一单位产品通过整个流程所需的平均时间，包括产品的实际加工时间和产品在队列中等待的时间。

$$产出时间=单位产品在系统中通过的时间 \tag{8-9}$$

例如，一条生产线上有 6 个工作站，每个工作站的周期是 30 秒。如果 6 个工作站是连在一起的，每 30 秒就有一个产品从一个工作站传到下一个工作站，那么产出时间就是 3 分钟。

五、产出率

产出率（throughout rate）指的是在一定时间内流程的期望产出率。

$$产出率=\frac{1}{周期时间} \tag{8-10}$$

沿用产出时间中的例子，生产线的产出率是每小时 120 单位（60 分钟/小时×60 秒/分钟÷30 秒/单位）。在本例中，产出率就是周期时间的倒数。

六、流程周转率

流程周转率（process velocity）是一种相对较新的流程绩效指标，指产品或服务通过整个流程的总产出时间，即产出时间与完成产品或服务本身的增值时间的比率。其中增值时间是指完成产品本身的生产或服务本身的交付所用的时间。

$$流程周转率=\frac{产出时间}{增值时间} \tag{8-11}$$

假如一个产品产出时间为 6 周，而实际增值时间为 4 小时，则该产品的流程周转率为（6 周×5 天/周×8 小时/天）/4 小时=60。流程周转率为 60，表示完成整个产品的产出过程所需的时间是用于产品本身的生产时间的 60 倍。因此，对于一种产品来说，流程周转率越低越好。

流程周转率适用于制造业和服务业，既适用于某个特定环节，也适用于整个流程。企业不应只关注增值时间的效率，还需要关注流程周转率，即需要关注产出周期——从开始生产到完成以及准备发运交付的时间。我们可以通过减少非增值流程来降低流程周转率。

七、利特尔法则

利特尔法则[①]表明了产出率、产出时间、在制品库存之间的数学关系。利特尔法则表

---

① Little J D C. A proof for the queuing formula：$L=\lambda W$. Operations research，1961，3（9）：383-387.

明，可以通过估计产品作为在制品库存的时间来计算流程总的产出时间。该法则适用于整个系统，也适用于系统的一部分。利特尔法则如下：

$$产出时间=\frac{在制品库存}{产出率} \tag{8-12}$$

利特尔法则为精益生产的改善指明了方向。该法则表明，可以通过以下两种方式来缩短生产周期：(1) 提高生产能力，降低生产节拍；(2) 压缩库存数量。提高生产能力通常意味着增加很大的投入。然而生产能力的提升是有限的，不能超过市场的需求。一般来说，一定时期内的生产能力是大致不变的，而从长期来看，各公司也会力图使生产能力与市场需求相吻合。因此，最有效地缩短生产周期的方式就是压缩在制品数量。

利特尔法则在服务业中的应用相当广泛，具体表达式如下：

$$平均库存=平均单位时间产出\times平均流程时间 \tag{8-13}$$

【例 8-1】　一家小型机场的行李登记处登记的信息表明从早上 9:00 至 10:00，有 255 位乘客登机。此外，根据排队等候的乘客数量，机场管理人员得出等待登机的乘客平均数量是 35 人。那么，平均每位乘客需要排队多久？

解：早上 9:00 至 10:00，有 255 位乘客登机是指一个小时的产出为 255 位乘客。机场管理人员得出的等待登机的乘客平均数量是 35 人，这指的是平均库存为 35 人，平均每位乘客需要排队多久是指平均流程时间。

根据利特尔法则，可以得出：

$$平均流程时间=\frac{平均库存}{平均单位时间产出}=\frac{35}{255}=0.137\,25(小时)=8.24(分钟)$$

【例 8-2】　某金融公司为有资格的预制车库购买者提供贷款，在刚刚对其贷款申请处理运作进行了一次再造后，该金融公司正在评价这种变革对其服务绩效的影响。该分支机构在每 30 天的工作月内会收到大约 1 000 份贷款申请，并根据对每份申请的广泛审查，做出接受或拒绝的决定。在 1 月以前（流程Ⅰ），该公司对每份申请进行分开处理。平均 20%的申请被接受。一项内部的审计表明，在该公司批准程序的各个阶段中平均约有 500 份申请，这些申请还没有做出最后的决定。

为了应对顾客对处理每份申请处理时间的抱怨，该公司聘请了一家咨询公司帮助其改进决策流程，使之流线化。咨询公司迅速查明了目前流程存在的一个关键问题。大部分申请能够比较迅速地处理，有一些却因资料不充分或不明确而必须花费很长的处理时间。于是建议对流程进行如下改变（因此产生了流程Ⅱ）：

(1) 因为被批准的申请比例相当低，所以应该设立一个预审小组，根据严格的、相当机械的原则预先处理所有申请。

(2) 所有申请可以归为以下三类中的一类：A 类（看起来就很好）、B 类（需要进一步审查）、C 类（立刻就可以拒绝）。A 类和 B 类申请将传递给不同的专家评审分组。

(3) 每个评审分组将在其专业范围内评价申请并做出接受或拒绝的决定。

该金融公司试行了流程Ⅱ，发现平均 25%的申请属于 A 类，25%属于 B 类，剩余的 50%则属于 C 类。一般情况下，大约 70%的 A 类申请和 10%的 B 类申请被审查批准（所有 C 类申请都已经被拒绝）。内审检查进一步发现，预审小组平均处理 200 份申请，仅 25 份在 A 分组接受审查，大约 150 份在 B 分组接受审查。试用利特尔法则说明该公司是否改进了服务绩效。

解：(1) 计算并比较流程Ⅰ和流程Ⅱ的流程周转时间。

流程Ⅰ如下（见图 8-11）：

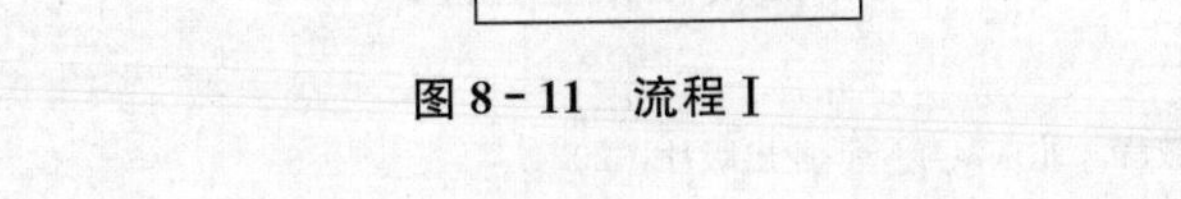

图 8-11　流程Ⅰ

流程周转时间＝平均库存/周转率＝500/1 000＝0.5(月)＝15(天)

流程Ⅱ如下（见图 8－12）：

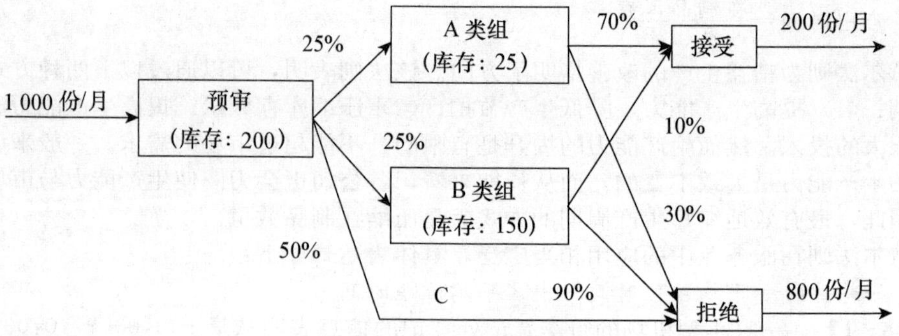

图 8－12　流程Ⅱ

吞吐速度＝1 000(份/月)
平均库存＝375(份)
平均流转时间＝I/R＝375/1 000＝11.25(天)

结论：在流程Ⅱ中，在接受或拒绝决定做出之前每个申请要等待 11.25 天。与流程Ⅰ的平均 15 天相比，时间的缩短是很明显的。

（2）进一步分析流程Ⅱ中 A，B，C 类的流转时间。

C 类流转时间＝预审时间＝200÷1 000＝0.2(月)＝6(天)
A 类流转时间＝预审时间＋再审时间＝6＋25×(1 000×25%)×30＝9(天)
B 类流转时间＝预审时间＋再审时间＝6＋150×(1 000×25%)×30＝24(天)

结论：流程总效率提高，但 B 类申请处理效率下降。

思考：接下来，该金融公司应该怎么办呢？

第 5 节　流程再造

一、流程再造的提出

现代企业面临越来越激烈的市场竞争，顾客需求日益多样化，产品/服务的复杂性提高。为了保持良好的市场竞争力，企业流程再造是理想的选择。走入困境的企业，成本高出对手几倍，顾客不满急剧增加，重组几乎是唯一的出路。这样的企业需要进行企业流程再造以焕发生机，获得新生。经营正常的企业，并未遇到真正的问题，为了获得更加有优势的竞争实力，企业应未雨绸缪，进行企业流程再造，让企业保持持久的竞争力。

企业流程再造是 20 世纪 80 年代在美国出现的一种企业管理理论，是美国工业企业在学习了日本制造业全面质量管理、精益生产、准时制生产、零缺陷（zero defect）等优秀管理经验基础上形成的一种全面变革企业经营管理、提高企业整体竞争力的管理理论。①

1993 年迈克尔·哈默和詹姆斯·钱皮出版专著《改造企业——再生策略的蓝本》，正式提出流程再造理论。该书对流程再造（business process reengineering）的定义是："业务流程再造是对企业的业务流程进行根本性的再思考和彻底性的再设计，从而获得可以用诸如成本、质量、服务和速度等方面的业绩来衡量的戏剧性的成就。"从流程再造的定义中可以看出，流程再造的核心特征为根本性、彻底性和显著性。

① 彭东辉. 流程再造教程. 北京：航空工业出版社，2004.

（一）根本性

根本性就是对企业的业务流程问一些根本性问题。如我们为什么要做现在的事情、我们应该用什么方式来做现在的事情等。通过这些问题，可以了解企业经营的战略和方法。企业流程再造时必须进行彻底改进，打破固有思维，对现有流程和系统进行综合分析和统筹考虑，结合企业战略取得最好的再造效果。

（二）彻底性

彻底性就是对事物进行追根溯源的改造，抛弃所有的陈规陋习，对流程进行再设计，创造全新的方法，而不是对企业进行局部的改良或者调整。

（三）显著性

业务流程再造不仅仅追求一般的业绩提升或绩效改进，而是追求企业业绩的显著增长，这是流程再造成功的标志。绩效的巨大飞跃需要创造全新的系统，同时彻底性的再设计和根本性的再思考可以降低成本，节约时间，使企业的管理水平产生质的飞跃，这样才能在市场上获得较大的竞争优势。

二、流程再造的基本原则

（一）以流程为中心

以流程为中心，就是使流程再造的目的由过去的以职能部门和分工为中心改造成以流程为中心。传统的职能管理部门间相互割裂，各部门只负责本部门的任务，忽视整体流程的效率。一般来说，要想进行成功的流程再造，必须采用循序渐进的方式，急于求成反而对流程再造不利，但也要避免过于谨小慎微，这样不能对流程进行根本性变革。企业可以采用适合自身的变革方式，但是无论采用什么方式，都要以流程为中心，同时着眼于整体流程最优。

以流程为中心还意味着企业形态的弹性特征。流程是直接面对顾客需求的，随着市场的变化，流程也必须随时变化。为了贯彻流程导向的原则，企业必须做好四件事。

第一，企业必须识别和命名它的各种流程。大多数企业有一套相对较少的关键流程——一般是5～15个，但流程的特性取决于企业所属的行业以及它为顾客生产的主要结果。一些典型的流程是获得订单、完成订单、开发产品、选择市场、提供售后服务和研发等。虽然这些流程不能完整描述企业的运作，但它们是企业的基本流程。通常还可以将基本流程划分为若干子流程，这些子流程可以用基本任务或活动来描述。

第二，保证企业中的每个人都意识到这些流程以及它们对企业的重要性。关键是每个人，从高级管理人员到基层车间，从公司总部到各个销售网点，都必须认识公司的流程，清楚流程的投入、产出和相互关系。

第三，重新设计企业的流程体系。企业的原有组织体系是基于职能结构的，因此要实现以流程为中心，一个极其重要的方面就是打破职能框架，重新组合流程。

第四，认真实施流程的管理。积极管理流程，寻找使流程得到改进的机会，并将这些机会变成现实。

（二）以人为本的团队式管理

建立优秀的流程需要高素质的员工，企业不仅要关心流程，更要关心人，因为最终是人来操控流程，影响整个流程的绩效。不同的员工拥有不同的知识背景，需要进行不同的培训。

对于员工要进行团队式管理，这是组织所承担的任务决定的。现代企业面临动态的市场环境，所以必须根据环境变化调整流程，以流程为中心，围绕整个流程的运转活动进行工作。在以流程为中心的企业里，企业领导者要将主要流程编制在一起，分配资源，制定战略。例如，一家制造企业必须有人将产品开发、生产与订货统一起来，以防两头各干各的；也必须有人制定企业的全面发展战略。让员工从“要我做”转变成“我要做”，这是流程再造的最高境界，也是坚持团队式管理的精髓所在。

（三）以顾客为导向

企业要想成功必须获得顾客，现代的市场竞争多是对顾客的竞争。所以在进行流程设计时，必须充分考虑顾客的需求，这样才能获得顾客的认可。企业存在的理由就是为顾客提供价值，而价值的提供是通过流程来实现的。只有改进为顾客创造价值的流程，企业的变革才有意义。顾客要的是流程的结果，而过程与顾客无关。所以流程再造必须坚持以顾客为导向，以顾客标准为标准。获得顾客的满意，就是流程再造成功的标志。

总而言之，流程再造的三个原则是相辅相成的，顾客导向决定了流程再造的流程导向，而流程导向又要求企业进行团队式管理。表 8-4 分析了流程再造原则与传统企业原则的不同点，可以发现流程再造更强调以全面的观点看待企业，充分考虑顾客导向，这样的组织在现代激烈竞争的环境下更易取胜。

表 8-4　流程再造原则与传统企业原则比较

流程再造原则	传统企业原则
以流程为中心	以职能为中心
以人为本的团队式管理	以工作顺序为基础的部门式管理
以顾客为导向	以成本为导向

三、流程再造的步骤

流程再造对于企业来说是至关重要的，主要包括四个步骤，即流程再造的准备工作、流程再造的分析、流程再设计以及流程再造的实施。四个步骤相辅相成，每个步骤都为其他步骤的进行做好准备，为企业流程再造服务，确保企业的高效运行（见图 8-13）。

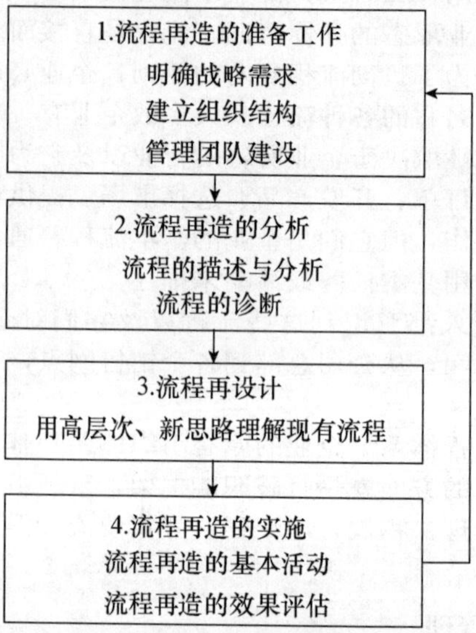

图 8-13　流程再造的步骤

（一）流程再造的准备工作

1. 明确战略需求

每个企业都有自己的战略目标，流程再造必须服务于战略需求。通过确定流程再造和管理变革来实现企业的战略目标。流程再造的必要性和可行性要经过严格的检查。这就为业务流程再造确定了方向和重点，使流程朝正确的方向再造。

这一阶段要做的主要工作有：（1）树立企业的远景；（2）选择实施流程再造的时机；

(3) 取得企业管理层的支持；(4) 运用信息技术进行流程再造。

2. 建立组织结构

进行企业流程再造需要建立面向流程的组织结构。传统的组织结构是面向部门职能的，不是企业整体流程的绩效最大化。面向流程管理与面向职能管理特征的比较如表 8-5 所示。

表 8-5　面向流程管理与面向职能管理特征的比较

特性	面向流程	面向职能
组织结构	扁平化 关注的焦点是流程	层次状 关注的焦点是职能
运营机制	以流程为主 针对顾客的点对点管理 简单的流程 达到顾客服务、成本和效率全局最优	以职能为主 存在职能界限 不连续的流程 运营局部最优
员工	按流程安排 技能综合、多面手 工作以小组为中心 关注的是顾客	按职能安排 专业技能分工 工作以个人为中心 对顾客有限的关注
技术	在流程中被集成 评价以流程目标为主 针对流程的计划和控制	由于职级界限而被分离 评价以职能目标为主 计划和控制之间松散的连接
沟通	水平方向	垂直方向
企业文化	流程拥有主权 整个流程以顾客为焦点 传递服务的语言	职能贵族 前线（市场）/后线（内部） 隔开专业术语

资料来源：彭东辉. 流程再造教程. 北京：航空工业出版社，2004.

3. 管理团队建设

业务流程再造需要组织内各人员相互配合才能实现最终的目标，这些人包括流程再造负责人、再造小组和再造工作领导小组。要选择合适的人负责流程再造，其必须具有全局观念，注重流程，关心组织目标的实现和企业流程绩效的改善。管理团队必须具有持久的热情和锲而不舍的毅力。流程再造是一项长期工程，只有具有热情和毅力才能带动全体人员齐心协力，共同保证流程再造的实现和组织业绩的大幅改善。

（二）流程再造的分析

1. 流程的描述与分析

要想进行流程再造，需要将流程的活动关系和不同流程之间的关系清楚地表述出来，所以要对流程进行详细的描述与分析。用文字描述企业的现有流程，包括对活动、控制、资源、业务规则和信息流等方面的描述，同时涉及活动、信息以及其他相关流程特性之间的相互关系的表达。要描述业务流程，首先要勾勒出需要再造的流程的大致轮廓，把大流程分解成多个子流程。对流程进行分析应该从流程的开始到最后，确认流程组成的信息系统、人力资源、控制、实体和其他流程资源的同时，要关注流程效果，例如流程周转率、缺陷率等相关参数。

通常采用绘制流程图的方法表述。首先绘制流程图和各级子流程图。前期的信息准备可以通过不同的途径获得。通过与流程参与者面谈，了解信息流及相互之间的关系；根据信息处理方式和处理过程中涉及的资源，确定所处理信息的附加值；通过访谈记录相关的信息和资料。分析现有流程需要做的工作有：

(1) 描述整个流程，包括有关的分工、部门和内外部顾客等。

(2) 确认组成流程的各个要素，如信息系统、员工、管理等流程。

(3) 记录现有流程的运行情况，包括顾客满意度、周转速度等一系列内容。

(4) 记录流程时间、内部运货时间以及轮空时间，并衡量再造的效益。

(5) 把大流程分解成小流程，将人员分配到各小流程中。

(6) 再造流程要选择关键流程进行再造，对其他流程进行调整即可。

2. 流程的诊断

进行流程再造要对关键流程进行更加深入的分析，找到流程的关键点，即对流程的绩效有决定性作用的要素。在找到关键点之后，要抛弃原有流程的动作，关心新流程的结构。

通过诊断要确定流程的弊端，最常见的弊端就是阻碍或分立有效工作流程的活动和业务政策。因此分析业务流程要侧重于不需要的活动、活动中的瓶颈等方面。

对业务流程进行诊断要做好以下工作：

(1) 对文件以及报告的必要性进行详细审查，确定不需要的文件和报告。

(2) 确认正式和非正式的导致非增值活动的政策。

(3) 确认各个部门的职能信息系统并整合成一个单一的全流程系统。

在流程诊断过程中，要进一步分析对于企业整体效率产生消极影响的授权体制、企业原则、工作流程等问题。

（三）流程再设计

流程再设计包括对各种改造方案的选择，要寻找既能实现企业战略，又能与人力资源、组织变革相结合的方案，尽量将岗位和工作流、信息管理和技术等方面搭配，完成新流程的设计。新流程设计时要打破成规，标新立异，大胆突破。

1. 流程再设计的方法

新流程的设计有不同的方法，这取决于企业决定再造的范围。基于不同的环境，企业可以采用渐进式再造法或者全面重新设计法。对于核心流程的再造有四个基本方法：清除、简化、整合、自动化。

清除（eliminate）主要是指对企业原有流程内的非价值增值活动予以清除。例如，过量产出，活动之间的等待，不必要的运输，反复的加工，多余的库存，缺陷、故障与返工，重复的活动。

简化（simplify）是指进行清除工作后，对剩下的复杂活动进行适当的简单化处理。企业搜寻过分的复杂活动可以从具有下列特点的领域开始，如表格、程序、沟通、技术的指导、物流、流程间组织、问题区域。

在对流程的任务体系经过充分的清除、简化后，还需要对这些被分解的流程进行整合（integrate），使流程顺畅、连贯，更好地满足顾客的需求、完成任务。从流程的整体眼光来看，一个流程可以整合的环节主要有任务、任务的承担者、流程的上下游。

在清除、简化、整合工作的基础上，企业可以应用自动化（automate）。自动化并非对任何流程的管理与控制都有效，企业也没必要追求百分之百完美的计算机系统支持。实现自动化的经验法则主要有三个方面：脏活、累活与险活以及乏味的工作；数据的采集与传输；数据的分析。

2. 流程再设计的步骤

对于流程的每一个环节都要考虑是否有必要存在，结果是不是流程完成的必要条件。如果不是，就要去掉这个环节。在流程再设计过程中主要从事四方面的活动，如图 8-14 所示。

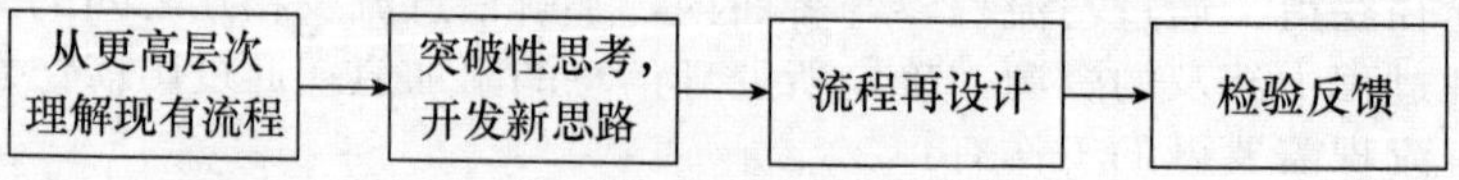

图 8-14 流程再设计的步骤

3. 流程再设计的原则

流程再设计要注意：

（1）模式上得到突破。进行流程再设计要打破旧有的规则，大胆创新。

（2）与行为目标相一致。要确定所设置的流程的行为目标与结果真正一致，评价流程设计的标准就是顾客满意度，其次才是企业的利益。

（3）提高生产效率。把流程管理的重点从工作分割和专业化转化为任务的压缩和整合。

（4）职位设置。要围绕流程的最终目标进行职位设置，去掉不必要的职位。

（5）消除等级制。要用平等的自我管理小组代替原有的官僚体制。

（6）考虑信息技术的作用。要采用新的信息技术支持新流程的设计。

（四）流程再造的实施

1. 流程再造的基本活动

实施流程再造时，需要根据专门设定的人力资源结构及信息技术平台执行新的流程。

（1）信息技术的运用。流程再造过程中信息技术发挥着很大的作用，信息技术人员的主要作用就是负责建立并运行新的信息技术体制，以支持流程再造工程。进行流程再造，首先要建立详细的系统分析指标，即详细分析并设立信息流程再造的指标。信息技术人员要确保新系统的协调，仔细检测每一步骤，安装并应用数据库和用户界面。

（2）改善管理。进行流程再造必须改善原有的管理体制，进行业务单元的重新组织、岗位重构、岗位转换，通过培训向员工授权并改进工作质量。在新的组织结构中，要规定新的职责，员工知识和技能也必须得到发挥，因此培训是非常必要的。所有的培训必须根据新的组织结构和文化来做出改变。进行组织改造遇到阻力是很正常的，要借助一些工具来促进再造的实施。

（3）组织结构再造。组织结构再造着重向新的组织结构过渡，根据新的流程设计，建立提高员工知识技能的计划，发展企业文化，改善企业的奖惩制度。实施强有力的再造时，可以通过沟通和交流来缓解产生的矛盾。同时在再造的流程中，必须把员工的意识、热情和期望结合在一起。按照流程和用户的需要进行重新培训，加强沟通，这为基层授权改革提供了良好的基础。

2. 流程再造的效果评估

在实施了新的流程再造之后，要监控和评估流程的表现，包括对战略构想阶段所设置目标的评价和新流程的动态监控，同时确认它与公司其他流程、管理活动之间的联系，这些是评价阶段的主要任务。

（1）评估的内容。评估业务流程应该从以下几个方面考虑：流程的表现，即循环期、成本、顾客满意度、资源消耗等；信息技术的表现，即故障时间、系统利用率、文件减少率等；生产率指标，即每小时的订单处理量、每星期完成的销售量等。进行评估的同时要比较顾客需求与流程行为目标之间的差异，这可以作为确认是否需要进一步改进的根据。

（2）结合质量改进等其他工作。虽然流程再造的目标与改进质量工作的目标不同，但是如果流程再造与全面质量管理相结合，会取得更好的结果。同时，只有对新流程的某些方面进行不断的调整，才能取得良好的效果，不断增加必要的流程改进。

对再造后的流程进行跟踪评价，一方面可以在新设计流程运行的早期阶段提供对重新设计的流程行为的审查；另一方面可以为新流程的进一步调整提供依据。

本章案例 >>>

体检流程的变化

我们常常因为入职、入学或者了解自身的健康状况等参加体检。

以前，体检都是通过各个医院进行的，每人拿着体检表，摸索着到各科室完成各项体检项目。当时，如果是常规检查比较容易，而差异化体检（与其他人的体检项目不同）

就比较麻烦，容易发生张冠李戴的错误。被体检者还普遍感到因各项检查费时不同而排队等待的焦虑，以及因一些项目需要空腹进行而产生的不适。

现在，我国出现了大量的健康中心、体检中心等，提供专业的体检服务。大致流程是：提前一天电话预约，确定具体的个人信息以及需要体检的项目。同时，健康中心会交代体检前的注意事项等。

第二天入检前，需要到前台领取体检表以及二维码（标识个人信息）。电子系统已经按照体检要求以及舒适度安排每个人的体检顺序。在每一个体检科室前，都会有电子标牌提示你前面有多少人等待。如果有特殊要求，比如时间仓促等，还可以要求工作人员在后台更新你的体检顺序，以减少等待时间。

思考题

1. 试画出过去体检和现在体检的流程图。
2. 对比分析两个流程带给体检者的不同感受。
3. 你认为两个流程的变化有哪些？这些变化的基础是什么？

□ 本章小结

本章首先介绍了流程管理的定义及其特点。流程管理是业务流程管理的简称，指的是一种以规范化地构造端到端的卓越业务流程为中心，以持续地提高组织业务绩效为目的的系统化管理方法。运营流程具有目标性、内在性、整体性、动态性、层次性、结构性的特点。

制造企业按其产品的产出量来分，一般有三种基本流程结构：项目型、离散加工型和流水线。根据与顾客的接触度，服务企业的流程结构分为三种：专业化服务、店铺式服务和大宗服务。

流程图由一系列方框、倒三角、圆圈、菱形和箭线组成。主要的流程图类型为业务流程图、作业流程图和工艺流程图。

流程分析的内容包含分析需求、分析资源、分析瓶颈以及优化流程。在流程分析过程中，运用六问分析法，即为什么、做什么、怎样做、谁来做、在哪里做以及何时做对关键流程进行重点改进。

在对流程进行评价时，主要运用以下七大指标：生产率、效率、周期时间、产出时间、产出率、流程周转率以及利特尔法则。

流程再造的基本原则为以流程为中心、以人为本的团队式管理、以顾客为导向。在对流程进行再造时，基本步骤为流程再造准备工作、流程再造分析、流程再设计和流程再造实施。

□ 复习题

一、简答题

1. 简述工艺专业化生产与批量生产的区别。
2. 简述流程分析的步骤。
3. 简述关键流程选择的原则。
4. 阐述流程再造的原则。
5. 简述流程再造的步骤。
6. 请回答例 8-2 最后的思考问题。

二、论述题

1. 试述顾客—接触度矩阵。
2. 试述流程分析的内容。

三、延伸思考题

2005年5月9日，时任中国台湾亲民党主席的宋楚瑜回长沙省亲，下榻长沙华天大酒店。结束大陆之行前，宋楚瑜在回答记者提问时不忘感谢华天大酒店，并表示他们在此享受到了"迄今为止最好的服务"。

你相信宋楚瑜的话吗？你如何评价他的话？为什么？

第 4 篇

质量管理

第9章 Chapter 9 质量管理理论与方法

本章要点

- 掌握质量及质量管理的概念，了解质量大师的质量观；
- 理解质量策划、质量检验、质量改进；
- 了解质量管理工具以及质量统计方法，学会相关计算；
- 理解六西格玛质量管理；
- 理解服务质量管理的含义，并掌握如何管理和测量服务质量；
- 学会分析服务承诺与服务质量之间的关系；
- 掌握全面质量管理的概念，理解全面质量管理的实施过程；
- 理解 PDCA 循环。

美国著名质量管理专家朱兰（J. M. Juran）在第 48 届美国质量管理学会年会上指出，20 世纪以“生产力的世纪”载入了史册，21 世纪已是“质量的世纪”。伴随着全球经济一体化的发展，国际市场的竞争日趋激烈，与时间和成本一样，质量已成为企业生存与发展的主要决定因素。广泛应用国内外先进的质量管理方法和技术对于企业改进产品质量、提高产品竞争力具有重要意义。

第1节 质量与质量管理

一、质量概念及其发展

消费者时时在关心质量，常常会谈论质量；企业视质量为生命；政府部门对质量常抓不懈；媒体不断报道各种质量问题。我国将每年的 3 月 15 日确定为消费者权益日，以此提高全民对质量的重视。那么，什么是质量呢？

（一）质量的概念

ISO 9000：2005《质量管理体系——基础和术语》中给质量作了如下定义：一组固有特性满足要求的程度，也就是指产品、体系和过程的一组固有特性满足顾客和其他相关方要求的能力。质量一词不仅仅用一个单一的术语来表示，为了表达这些含义，需要使用恰当的形容词，如相对质量、质量水平和质量量度。相对质量表示实体的优良程度在比较意义上按相对的基准排序；质量水平和质量量度是指在定量意义上进行精确的技术评价。

1. 有形产品的质量维度

美国质量管理学家加文对有形产品的质量构成提出了八个维度，分别是性能、特点、可靠性、耐用性、可维修性、一致性、审美性、声誉，如表 9－1 所示。

表 9-1 有形产品的质量维度

维度	定义	举例
性能	产品的主要工作特征	汽车的马力、电脑的运行速度等
特点	不是产品的主要特征，是附加上去的，但也有可能对顾客来说非常重要	车载 GPS、音响
可靠性	产品在一定时间内故障失灵的概率	航空业的高可靠性十分重要
耐用性	产品预期的使用年限	产品的保质期
可维修性	产品维修的难易程度和维修的速度	iPhone 手机的维修就相对麻烦
一致性	产品的设计及其运作与现有标准的符合程度	手机使用说明的待机时间
审美性	产品外观上的吸引力，主观概念，不同的顾客有不同的想法	手机越来越薄，美观而适合携带
声誉	企业过去成绩的反映，是新产品推向公众时公众所掌握信息中很重要的一部分	免检产品的声誉更好

2. 无形产品的质量维度

帕拉苏拉曼（A. Parasuraman）、贝利（Leonard L. Berry）和蔡斯莫尔（Valarie A. Zeithamal）对服务中的质量进行了系统彻底的研究，将其归纳为如下五个维度，如表 9-2 所示。

表 9-2 无形产品的质量维度

维度	定义	举例
可靠性	可信和准确完成服务的能力	快递的及时送达
有形性	服务具有的物质证明	餐馆的布置、医院的设施等
响应性	服务人员的积极性和主动性	对投诉的回复，对排队的疏导
确定性	员工的知识涵养和取得顾客信任的能力	技能证书、职称等
关怀性	员工对于顾客的关心和个性化服务	对顾客的聆听和与顾客的沟通

（二）质量概念的发展

质量概念的发展大致可划分为三个主要阶段。

在第一阶段，克劳士比提出，质量就是符合标准，第一次就做对最经济。这种观点站在一个生产者的立场，追求设计和技术上的达标，而忽略顾客的存在。后来许多企业发现技术标准达标并不能让顾客接受，于是有了第二阶段的发展。

在第二阶段，约瑟夫·朱兰提出了质量的适用性观点：质量是产品在使用过程中成功地满足顾客要求的程度，因为实践发现，顾客并不知道生产中的规范，而更关注产品的适用性。这种观点跳出了原来狭隘的圈子，不再局限于生产者的角度，而是开始关注顾客的需求。质量的评判以顾客的需求为标准，是质量概念的一次重大飞跃。

随着质量学的发展和壮大，第三阶段的全面质量管理理念由此诞生。费根堡姆和克劳士比指出，企业一切过程的质量都得把关，它不是一个孤立分散的项目，而是涵盖了组织的方方面面，包括上游的供应商。该理念重在全员参与、以人为本，目的是降低成本，提高顾客满意度，实现众多利益相关者的共赢。

二、质量管理的概念及其发展

（一）质量管理的概念

1. 质量管理的定义

质量管理是管理科学中的一个重要分支，随着现代管理科学的发展，现代质量管理也已发展成为一门独立的管理科学——质量管理工程。ISO 9000 对质量管理的定义是：在质量方面指挥和控制组织的协调的活动。其具体解释是：确定质量方针、目标和职责，并在质量体系中通过诸如质量策划、质量控制、质量保证和质量改进，使其实现全部管理职能的所有活动。

2. 质量管理专家

弗雷德里克·泰勒的科学管理理论对管理学产生了巨大推进作用，质量管理作为一门重要的学科也在生产力日益发展的近现代社会迅速发展，其中不乏大家学者，以他们闪耀着智慧光芒的质量哲学对质量管理作出了巨大贡献，现在仍然有着深远的影响。

(1) 约瑟夫·朱兰。约瑟夫·朱兰，1904 年出生于罗马尼亚，后移民美国。他所倡导的质量管理的理念和方法始终影响着世界及质量管理的发展。他一生阅历丰富，做过工程师、企业主管、政府官员、大学教授、政府董事、管理顾问等，并创办了朱兰学院和朱兰基金会。他主编的《朱兰质量手册》为他赢得了国际威望，被称为当今世界质量管理的“圣经”，这本书奠定了全面质量管理的理论基础。

朱兰 20 世纪 50 年代前往日本讲授质量管理原则，对第二次世界大战后日本经济的复苏和质量革命有巨大影响。他主张企业中不同层级的人使用不同的语言，对于高层的管理人员来说，语言应该是“钱”，以便引起他们对质量的足够注意。对于低层的工人来说，语言应该是“事情”。而对于中层员工来说，这两种语言应该都掌握以便上下层的沟通。朱兰还提出质量即适用性的概念，即产品在使用期间应该能够满足使用者的需求，强调了顾客导向的重要性。

朱兰质量思想还包括经典的质量管理三部曲：

1) 质量计划——实现质量目标的准备程序。

2) 质量控制——对过程进行控制，保证质量目标实现。

3) 质量改进——有助于发现更好的管理工作方式。

朱兰根据统计数据指出，许多公司错误地把过多的精力放在了第二个步骤，其实应将更多的精力放在其他两个步骤，特别是第三个步骤。另外，朱兰还提出了质量螺旋和质量的二八原则等。

(2) 爱德华·戴明。爱德华·戴明 1900 年出生于美国，少年时家境清贫，一直在外打工。早年曾到美国西屋电气公司的霍桑工厂做过研究，与当时在贝尔研究所的休哈特见面后，两人成为亦师亦友的莫逆之交。

戴明于 20 世纪 50 年代前往日本讲课，对质量管理理念在日本的普及和深化起了巨大的作用，以其命名的戴明奖至今仍是日本质量管理的最高荣誉。

戴明对于质量并没有明确的定义，他倡导通过减少变异性来改进质量，并且认为质量改进是一种持续的过程。戴明还指出，领导层对于质量问题有着不可推卸的责任。

戴明将质量工具 PDCA 循环（plan，do，check，action）作为全面质量管理的科学工作程序，因此该环也称为戴明环，他把这种工具传向日本，并将它发扬光大。稍后全面质量管理的章节中将具体介绍戴明环。戴明另一个为人所铭记的贡献是他针对美国企业管理者提出的质量管理 14 条（见表 9-3）。

戴明认为，接受这 14 条原则并采取相应的行动，标志着管理者对企业的生存以及对投资者和员工的利益负责。这 14 条原则是戴明管理理念的一个精练表达。

(3) 费根堡姆。费根堡姆曾经担任美国通用电气公司的质量总经理，也是国际质量科学院的第一任主席。在 1961 年的《全面质量管理》一书中，他提出了全面质量管理的概念，以使整个组织参与到以顾客为导向的质量管理活动中。

在费根堡姆的质量观中，有以下三个质量步骤：

首先，质量第一，管理层要对质量问题保持注意并且不断努力，试着去制定合适的计划以达到较好的质量，而不是仅仅纠正不合格项。

表 9-3 戴明的质量管理 14 条

(1) 要有一个改善产品和服务的长期目标，而不是只顾眼前的利益。
(2) 要有一个新的管理思想，不允许出现交货延迟或差错和有缺陷的产品。
(3) 要有一个从一开始就把质量造进产品中的办法，而不要依靠检验去保证产品质量。
(4) 要有一个最小成本的全面考虑。在原材料、标准件和零部件的采购上不要只以价格高低来决定。
(5) 要有一个识别体系和非体系原因的措施。85%的质量问题和浪费现象是由于体系的原因，15%是由于岗位上的原因。
(6) 要有一个更全面、更有效的岗位培训计划。不只是培训现场操作者该怎样干，还要告诉他们为什么要这样干。
(7) 要有一个新的领导方式，不只是管，更重要的是帮，管理者自己也要有新风格。
(8) 要在组织内树立一种新风气。消除员工不敢提问题、提建议的恐惧心理。
(9) 在部门间要有一种协作的态度，以帮助从事研究开发、销售工作的人员多了解制造部门的问题。
(10) 要有一个激励、教导员工提高质量和生产率的好办法。不能只对他们喊口号、下指标。
(11) 要有一个随时检查工时定额和工作标准有效性的程序，并且要看它们是真正帮助员工干好工作，还是妨碍员工提高劳动生产率。
(12) 要把重大的责任从数量转到质量上，要使员工都能感到他们的技艺和本领受到尊重。
(13) 要有一个强而有效的教育培训计划，以使员工能够跟上原材料、产品设计、加工工艺和机器设备的变化。
(14) 在管理层建立一种结构，推动全体员工都来参加经营管理的改革。

其次，要引入现代质量技术，员工要一致采用新的技术来改进系统的效果，而不是局限于传统的质量部门。

最后，组织的承诺很重要，要强化质量意识，全体人员都应该得到不断的激励和培训，因为每个人的工作都影响着最终产品的质量。

在他的定义中，质量控制是一组协调组织成员质量保持和质量改进努力的有效体系，该体系的目的是用最经济的水平生产出顾客完全满意的产品。他认为，质量不应一味追求所谓的“最佳”，而应该追求顾客使用和售价的最佳。

费根堡姆摒弃了当时风头正盛的质量控制技术与方法，而是将质量控制作为一种管理方法。他认为，要让质量计划发挥出作用，管理者必须承担起不容推卸的责任，包括三个质量步骤以及对员工的承诺，其本人还要作出一定的贡献。

（4）克劳士比。克劳士比提出了“零缺陷”的口号，即第一次就要把事情做对，并且把一次做对和次次做对作为工作质量的一个执行标准。

他提出的原则有：1）质量即符合要求；2）质量的系统是预防；3）工作标准的零缺陷；4）质量的衡量标准是不符合要求的代价。

克劳士比认为质量问题就像生病一样，组织体系可以通过接种质量“疫苗”来预防问题的产生。质量“疫苗”的接种，需要经过决心、教育和实施三个步骤。其中教育是任何组织在任何阶段都必不可少的过程，可用 6C 来表示（见表 9-4）。

表 9-4 克劳斯比的 6C

领悟（comprehension）：从高层管理者扩展开去的对质量的理解和落实。
承诺（commitment）：始于高层管理者的表明决心的质量政策。
能力（competence）：显示教育培训在现阶段的重要性。
沟通（communication）：分享成功的心得，提升参与热情，便于全员的理解领会。
改正（correction）：关心预防和纠正以提高绩效。
坚持（continuance）：将质量管理融入工作生活，成为一种常态、一种习惯。

（5）休哈特。休哈特是美国著名的统计学家和管理咨询顾问，也是现代质量管理的奠基

者，人们尊称他为“统计质量控制之父”。

休哈特生于1891年，曾经在加利福尼亚大学伯克利分校学习，之后担任西屋电气公司工程师，在那里与戴明结识。

休哈特著有《产品生产的质量经济控制》一书，该书被公认为质量基本原理的起源。在贝尔实验室工作期间他具有划时代意义地向上级提出了使用控制图的建议。控制图可以帮助工人判断一个过程中发生的波动是随机波动还是异常波动。如果是随机波动，则工序仍处于受控阶段。他关于抽样和控制图的著作引起了质量问题领域相关人士的浓厚兴趣，而且对这些人产生了一定的影响，其中最杰出的包括戴明和朱兰。

休哈特还是著名的休哈特环（PDCA循环）的创造者。这个环用不断的循环强调了持续改进的重要性，打破了过去企业管理活动开始和结束的传统节点观念。后来经过戴明的改良发展成为戴明环，是全面质量管理的科学工作步骤。

（6）石川馨。石川馨是日本著名质量管理专家，著有《质量控制》一书，曾获“戴明奖”“日本Keizai新闻奖”和“工业标准化奖”，还著有非技术质量分析课本——《质量控制指南》，曾担任东京大学教授，对日本乃至世界质量管理的发展作出过巨大的贡献。他还是20世纪60年代初期日本质量圈运动最著名的倡导者。

石川馨是著名的质量管理工具石川图的创造者。石川图又名因果分析图、鱼骨图。在生产质量管理中，石川图可以帮助企业逆向剖析各个部门的问题，是一种由结果反推各个因素缺陷的工具。石川馨的质量管理理论归纳为表9-5。

表9-5　石川馨的质量管理理论

石川馨总结了日本公司的质量管理实践，将全面质量管理归纳如下：
（1）不能由个人完成，而是应该由团队合作完成。
（2）从总裁到生产人员、销售人员通力合作，全面质量管理就不会失败。
（3）中层管理者要做好经常被谈及和批评的准备。
（4）在过程中不能混淆目标和实现目标的方法。
（5）全面质量管理更像一剂中药，精心熬制慢慢起作用。
在实现全面质量管理方面，石川馨又做了如下归纳：
（1）坚持质量第一，而不是短视的利益。
（2）面向消费者，以消费者为导向。
（3）下道工序是顾客。
（4）用数据、事实说话。
（5）尊重人的经营，尊重员工。
（6）跨职能管理。

（二）质量管理理论的发展

质量管理科学经历了多个阶段的发展，在不同的时期都有不同的质量管理理论在发展和变化。按照质量管理的手段和方式划分，质量管理大概经过了五个理论阶段。

1. 传统质量管理理论

传统质量管理理论是工业革命之前的原始质量管理理论。当时的工业仍是家庭生产和手工作坊的形式，质量理念虽然已经存在，但仍是模糊、不统一的感觉和意识，产品的质量主要依赖工人的操作，以及根据眼、手等人体感官的估计和度量。所谓的标准，实质是工人长久积累的经验。工人集操作者、检验者、管理者于一身，是质量管理中的重要角色。

2. 质量管理检验理论

工业革命之后，工厂逐渐取代了工场手工业，资本主义的社会化大规模生产开始出现。出于分工的需要，独立的职能部门承担了质量管理的责任。对产品的检验是其中的主要内容。质量检验采用各种精密仪器，对产成品进行严格的把关。然而质量检验理论存在重要的缺陷：首先，大规模的质量检验成本巨大；其次，质量检验属于“事后行为”，一旦不合格品发生，企业只能被动接受损失。因此休哈特提出了“预防缺陷”的概念，即采用统计质量控制对生产流程加以监管，统计质量管理理论由此诞生。

3. 统计质量管理理论

统计质量管理理论把数理统计理论应用到质量管理领域，找出产品的异常波动，及时控制和预防，把生产的各个环节控制在正常状态下。在这样的控制下，质量改善的成效显著。但这个方法也有缺点：很容易过分依赖数理统计方法，而轻视组织管理的工作和生产者的能动性。再加上数理统计的专业知识博大精深，员工参与度不高，质量管理容易变成少数质量专业人员才关心的事，不利于群体质量意识的树立和该方法的进一步推广。

4. 全面质量管理理论

全面质量管理理论强调执行质量是企业全体员工的事，各个环节都要关注质量并为之努力。全体人员都要树立起质量意识并且勇于承担质量改进的职责。与统计质量管理相比，全面质量管理使得全体员工都参与到企业的质量计划之中，而不仅仅是依靠固定的程式。全面质量管理挖掘了企业全体人员的潜能，综合各种学科、各个部门、各种分析工具，上下各部门齐心协力，将全过程的质量做得优秀、经济、安全和可靠。

5. 社会质量管理理论和全球质量管理理论

产品和服务的质量将越来越具有社会化和国际化的性质；社会质量监督系统和质量法规将更加完善和严密，国际质量管理组织将发挥更大的作用。国际质量标准，如ISO 9001质量管理体系将进一步增加和完善，更高水平和更高层次的国际标准将出现。质量文化高度发展，代表更高水平的全面质量管理。质量控制与抽样理论朝多元化、小样本化、模糊化、柔性化等方向继续深入发展。质量将随着政治、经济、科学、文化的发展而同步发展。

（三）著名的质量标准与质量奖项

1. ISO 9000 与 ISO 14000

ISO 9000 与 ISO 14000 是质量管理与保证的国际标准。1987 年，国际标准化组织（International Organization for Standardization，ISO）首次颁布了以上两个标准，目的是帮助企业保持高效的质量体系。时至今日，ISO 9000 已经成为业务往来中质量管理方面最为重要的参考文件，而 ISO 14000 的主要关注点在环境管理方面。

ISO 9000 标准族的制定是基于 ISO 9000：2000 文件中定义的质量管理八大原则，包括：顾客关注度、领导力、人员参与、流程方法、系统的管理方法、持续改进、基于事实的决策方法、互惠互利的供应商关系。与环境管理相关的 ISO 14000 标准族强调的是环境责任。ISO 14000 定义了三套与环境相关的方法：其一是对空气、水和土壤质量的定义；其二是环境管理所要求的战略方法；其三是鼓励将环境因素考虑到产品设计之中。

2. 马尔科姆·鲍德里奇质量奖

美国的马尔科姆·鲍德里奇质量奖通常授予那些在质量成就和管理上表现突出的公司。这一奖项包括四大类，授予四类不同企业：制造型企业、服务型企业、小型企业和非营利机构。该奖项旨在推动企业形成把卓越的绩效作为日益重要的竞争力要素的意识。

马尔科姆·鲍德里奇质量奖的基本观点主要有九项，包括质量是由顾客决定的、高层管理者需要创造一种清晰的质量价值观、卓越的质量需要设计与执行俱佳的制度、不断改进制度等。目前，许多地区已经采用马尔科姆·鲍德里奇质量奖作为质量奖励计划的基本标准。

第 2 节 质量管理方法

现代质量管理方法包括质量策划、质量检验和质量改进。

一、质量策划

质量策划是指制定质量目标，并开发为达到这些目标所需要的手段和相关资源的行为。它是现代企业质量管理步骤之中必不可少的环节，主要包括产品策划、管理和作业策划、编制质量计划、作出质量改进规定，是供应商为了满足产品、项目的质量要求进行的策划。

（一）质量功能展开概述

质量策划最常用的方法是质量功能展开（quality function development，QFD)。质量功能展开是一种以顾客为驱动的产品开发方法，由质量专家赤尾洋二在 1966 年首次提出，20 世纪 70 年代初首先由日本的三菱重工实践。质量功能展开是一种在产品设计阶段应用的系统方法，它将来自顾客或市场的需求准确无误地转移到产品生命周期各阶段的有关技术和措施中，其核心是倾听和理解顾客的需求。一旦了解到顾客的需求，这些需求必须转化为产品或服务有关的技术指标。例如，“草坪平整机的切割高度应容易调整”，该陈述可以联系到制造材料、尺寸设计、产品结构、产品使用说明及生产中所用的机器等。这个过程有助于公司从顾客的角度，确定对顾客重要的产品特性，并与竞争对手进行比较，从而帮助企业更好地理解与关注那些需要改进的产品特征，目的是达到更高的顾客满意度。它把顾客的复杂需求分解为多个不同的层次，将市场的顾客需求转化为对企业内部管理者、设计者等人员的要求，加权评分，找到瓶颈，确定流程中的关键环节和关键工艺，将市场与企业时时紧密联系，防止企业与市场需求脱节，始终保持更新和同步，时刻确保产品设计满足顾客的需求和价值。

总的来说，质量功能展开主要具有以下特点：

（1）质量功能展开是一种顾客驱动的产品开发方法，能使企业不断地倾听顾客的意见和需求，然后通过合适的方法和措施在开发的产品中体现这些要求。

（2）质量功能展开是在实现顾客需求的过程中，帮助产品开发各个职能部门制定出各自的相关技术要求和措施，并使各职能部门协调工作的方法。

（3）质量功能展开是一种在产品设计阶段进行质量保证的方法，它能使设计和制造出来的产品满足顾客的需求。

（二）质量屋

质量功能展开的结构是以一系列矩阵为基础的。它以研究顾客需求作为起点，通过市场研究，将顾客对产品的需求和偏好进行分类。顾客需求信息可用特定的矩阵形式表现出来，这一矩阵称为质量屋。

1. 质量屋的构成

质量屋是一种确定顾客需求和相应产品或服务性能之间联系的图示方法。完整的质量屋通常包括以下六个部分：顾客需求及其权重、设计要求、关系矩阵、竞争性评估、相关矩阵和特殊规格或目标值，如图 9－1 所示。

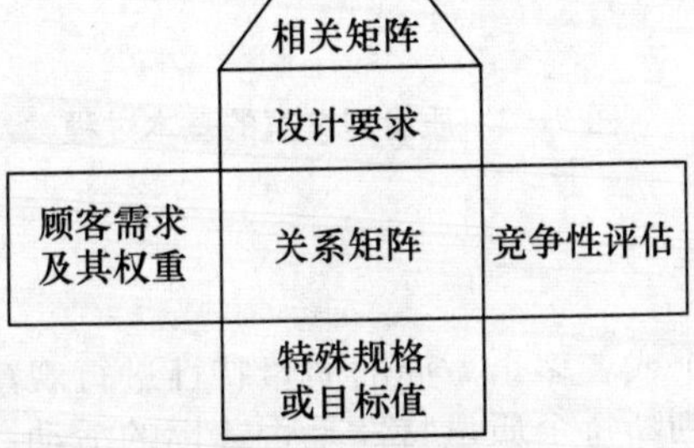

图 9－1　质量屋

（1）顾客需求及其权重。即将顾客的各项需求分别填入表中，并且采用专家评分法等赋予各项顾客需求恰当的权重，以反映其重要性。

（2）设计要求。即如何解决，是实现产品功能、满足顾客需求的手段，一般由专家根据顾客需求分析推演而来。

（3）关系矩阵。即顾客需求与设计要求之间的相关程度，用于描述各设计要求对顾客需求的贡献和影响程度。

（4）竞争性评估。即从顾客的角度，对本企业产品和市场上其他竞争者的产品在满足顾客需求方面进行比较。

（5）相关矩阵。这是质量屋的“屋顶”，反映各质量特性之间的相互关系。根据影响程度的大小，一般用相应的符号表示相关的强弱程度。

（6）特殊规格或目标值。即对设计要求进行竞争性评估，确定技术要求的重要度和目标值等。

质量屋矩阵将顾客需求属性信息转化为具体运营或技术设计目标，对重要的产品特性及其改进目标进一步细分，同时使产品开发过程的注意力始终放在让顾客满意这一重心上。

2. 质量屋的构建

质量屋的构建一般有以下几个步骤：

（1）分析调查顾客需求。

（2）列出满足顾客需求要求的技术特征。

（3）把顾客需求和技术特征联系起来，构建顾客属性和技术特征关系矩阵。

（4）将自己的产品与竞争对手的产品进行比较，估计能占有的份额。

（5）评判竞争产品的技术。

（6）确定需要的技术特征，在流程中进行输入。

3. 质量屋的分解

在采用质量屋对顾客需求进行逐步分解时，按照质量策划的步骤要经过产品规划、零部件展开、工艺计划和生产计划四大阶段。在此过程中，可采用瀑布式分解方法，将上一步的输出作为下一步的输入，基本构成要素如图 9－2 所示。

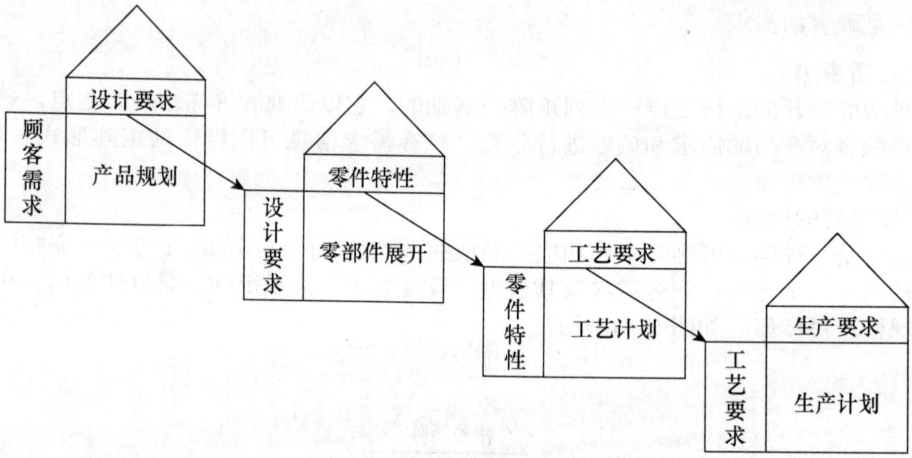

图 9－2 质量屋分解的基本过程

二、质量检验

质量检验是对产品的一个或者多个方面的质量特性进行观察、测量、试验，并将结果与规定的质量要求做对比，以判断每个质量特性是否达标的活动。

（一）质量检验三职能

质量检验的三项职能如下：

（1）鉴别职能：这是质量检验最基本的职能，判断产品是否符合规定的质量要求，该职能是把关职能的前提条件。

（2）把关职能：质量检验将产品最终分为合格和不合格两类，对于工序的每个环节都加以区分和隔离，以保证最终产品的质量。

（3）报告职能：质量检验收集、积累并且分析各种质量信息，及时向有关部门报告质量的状况和动态，使得管理层能有效掌握信息。对于质量改进来说，它是一个重要的环节。

（二）质量检验三阶段

按照产品生产流通的顺序来划分，质量检验可以分为以下三个阶段。

（1）进货过程中的质量检验：它是产品生产的起点，对于各种原材料、辅料、零配件进行严格的检验，是保证产品质量的第一道不可疏忽的防线。

（2）工序过程中的检验：对于生产过程的每道工序，都要进行细致的检验，防止有问题的产品流入下一加工环节。需要检验的是某一工序是否处于稳定状态，是否到达各自的质量要求。

（3）最终检验：全部加工活动完工之后的完工检验和出厂前最后一道防线的成品验收检验，都必须严格按照要求进行，避免不合格品对顾客造成不利影响，也最终影响企业。

（三）质量检验的操作方法

最简单且最广泛使用的质量检验方法是抽样检验方法。

抽样检验的目的是通过测试这一批产品的样品，查清它们的质量状况，并且确保产品质量能够达到一开始的要求标准。对于某件产品，如果它不合格所造成的损失大于检验的成本，就应该进行 100%的全数检验。当然，在现实中，这种情况不太常见。

1. 抽样误差

当我们从更大的总体或工序的产出中进行抽样，而不是检测整个总体或产出情况时，那么样本结果就有可能没有代表总体或工序的实际情况，会出现抽样误差。抽样误差分两种：第一种情况是总体本身合格却被认为出错，或者工序处于稳定状态却被认为失控，这种错误称为 α 错误、第一类错误或生产方风险。第二种情况是总体出错却被认为合格，或者工序失控却被认为运行正常，这种错误称为 β 错误、第二类错误或者需求方风险。具体如图 9-3 所示。

		总体或工序的实际情况	
		合格或受控	出错或失控
样本显示的总体或工序	合格或受控	一致	β错误 第二类错误
	出错或失控	α错误 第一类错误	一致

图 9-3　抽样误差

如何平衡第一类错误和第二类错误是决定样本容量和控制界限时的一个主要考虑因素。

2. 接受概率函数与抽样特性曲线

假设一批产品的不合格率为 P。对于一批送检产品，不合格率实际上是不知道的，且不是一个固定值。它有可能是合格的，但不巧在检验中抽到的不合格品太多，而被误判送回；也有可能是不合格的，但恰巧抽到了比较多的合格产品而被接受。因此一批产品到底是否能接受不是一个确定的问题，产品批量存在一个接受概率，即不论合格与否它通过检验被接受的概率。

接受概率的函数为 $L(P)$，取值在［0，1］之间，其中自变量 P 是某一批量的不合格率。不合格率 P 越大，被拒绝的概率就越大，被接受的概率就越小，因此 $L(P)$ 是一个减函数。

把接受函数在坐标图上表示出来，称为抽样特性曲线（operating characteristic）。每个抽样方案都对应着一条抽样特性曲线，不同的抽样特性曲线对于产品质量的辨别能力也不同。若是一个理想状态，则对于不符合质量要求，即不合格率大于某一限定水平 P_0 的，全部拒收，即接受概率为零；符合要求的全部接受，即接受概率为 1，如图 9－4 所示。

这样的抽样特性曲线实际上是不存在的，它需要 100％检验，并且检验中能够完全杜绝"冤判"和"漏判"。在现实中，抽样特性曲线更多是弯曲的形态，如图 9－5 所示。即使批量的质量非常好（如不合格率在 P_1 的左侧），也并非 100％接受该批产品，而是以一个很高的概率被接受，以一个比较小的概率 α 被拒绝。当批量的质量很差时（如不合格率在 P_2 的右侧时），也并不能 100％拒绝，而是以一个比较高的概率被拒绝，以一个相对低的概率 β 被接受。

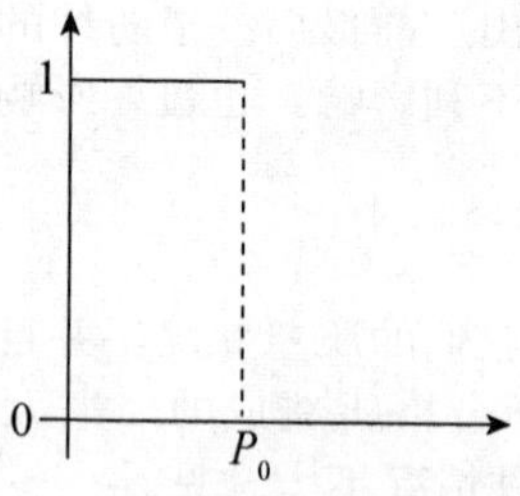

图 9－4　一般情况下的抽样特性曲线

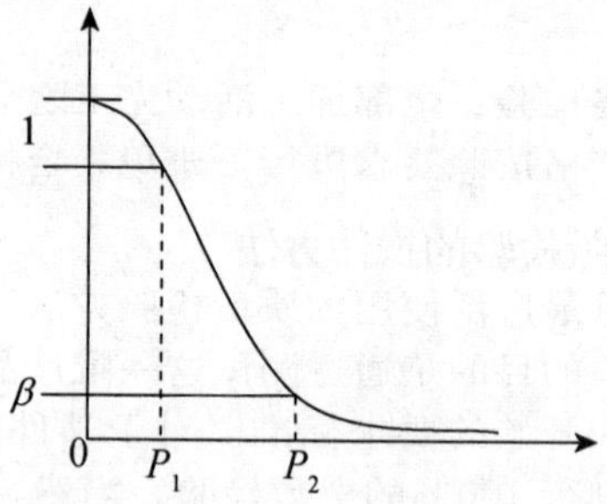

图 9－5　现实中的抽样特性曲线

3. 抽样特性曲线的确定

抽样特性曲线由总批量、抽样样本容量、合格判定值共同决定的抽样计划确定，具体在计算时，可以借助可接受质量水平、批允许不合格率、α 以及 β 得到。

（1）批量 N 是检验批中包含的所有单位产品的数量。

（2）抽样样本容量 n 是抽样样本包含产品的数量。

（3）样本不合格数 d 是样本中实际检验出来的不合格产品的数量。

（4）合格判定值 Ac 用于判定是否合格。若 $d \leqslant Ac$，则判定该批量合格；若 $d > Ac$，则判定该批量不合格。

（5）合格品被拒绝的错误用 α 表示，称为第一类错误，即弃真的错误，它是生产方所承担的风险。

（6）不合格品被接受的错误用 β 表示，称为第二类错误，即采伪的错误，它是接受方所承担的风险。

（7）可接受质量水平（acceptable quality level，AQL）是某一批量交验抽样时可允许的最差质量水平，更偏重于生产者角度，不超过该水平就接受该批次。

（8）批允许不合格率（lot tolerance percent defective，LTPD）是允许的最大次品水平，超过它就不合格，它更偏重于下游接受者或消费者的角度。

【例 9－1】　某产品零部件的提供方按照 $AQL=2.5\%$ 来生产，承担的第一类错误概率 $\alpha=5\%$，而接受方认定的 $LTPD=7.5\%$，且承担的第二类错误概率 $\beta=10\%$，则 n 和 Ac 如何选择？

解：用 $LTPD$ 除以 AQL：0.075/0.025＝3，在表 9－6 的第二列中不小于 3 且与 3 最接近的是 3.206。

表 9-6　　$\alpha=5\%$，$\beta=10\%$的一个抽样方案表

Ac	$LTPD/AQL$	$n\times AQL$
0	44.890	0.052
1	10.946	0.355
2	6.509	0.818
3	4.890	1.366
4	4.057	1.970
5	3.549	2.613
6	3.206	3.286
7	2.957	3.981
8	2.768	4.695
9	2.618	5.426

再看这一行对应的 $Ac=6$，对应的 $n\times AQL$ 等于 3.286，已知 $AQL=0.025$，得$n=131.44$，取 132，所以最后 $n=132$，$Ac=6$。也就是说，抽样方案是样本容量为 132，允许的不合格品数为 6。

抽样特性曲线上有两点，分别是（AQL，$1-\alpha$）和（$LTPD$，β）。且在 AQL 和 $LTPD$ 之间的曲线非常陡峭，可以迅速变动。AQL 处的斜率越趋向于无穷，$LTPD$ 处的斜率越趋向于 0，抽样特性曲线的结构就越和理想型的一致。

4. 抽样特性曲线的影响因素

N，n，Ac 的变动，都会对抽样特性曲线的形状造成影响。

若 n，Ac 不变，N 变动，对抽样特性曲线的影响不是很大，当 $N\geqslant 10n$ 时一般就不考虑 N 所造成的影响了。但当 N 过大时，若出现了错误情况，那么因为基数大，造成的损失也非常大。

若保持 N 和 Ac 不变，当 n 增加时，抽样特性曲线将变得更加陡峭，因为样本容量增加带来了检验严格性的增加，因此对于错误也有一定的预防作用，第一类错误的概率将略微下降，而第二类错误的概率将会显著下降，这样对于接受者来说，在严格不增加巨大成本的情况下是较有利的。

若 N 和 n 相对不变，Ac 变大，即意味着允许的不合格品上限增大了，检验比原来放松了，抽样特性曲线将变得更加平缓。

三、质量改进

质量改进是许多日本公司日常经营的基石，也是它们取得成功的重要法宝。在日本，改善叫做 kaizen，意指小的、连续的、渐进的改进。企业通过生产经营中的一系列细节活动，比如流程的优化、材料的节省、员工的激励等，达到提高质量、节省成本的效果。如今许多国家的公司都已注意到了这样的方法，提高产品和服务的一致性，减少变异性。质量改进已经成为企业解决质量问题的一个重要途径。

（一）质量改进的基本过程

任何一个质量改进活动都要遵循 PDCA 循环的原则，其四个阶段的内容分别如下。①

（1）计划（P）：制定方针、目标、计划书、管理项目等。

（2）执行（D）：按计划去做，落实具体对策。

（3）检查（C）：对策实施后，测量对策的效果。

（4）处理（A）：总结成功的经验，实施标准化，以后就按标准进行。

① 敬思群. 质量管理基础. 北京：科学出版社，2005.

对没有解决的问题，转入下一轮 PDCA 循环，为制定下一轮计划提供资料。

（二）质量改进的步骤

质量改进的步骤就是一个 PDCA 循环，可分为若干步骤完成，过去习惯的说法是“四个阶段、八个步骤”，随着 ISO 9000 标准的颁布实施，该说法逐渐成为公认的形式。

1. PDCA 循环的概念

PDCA 循环是全面质量管理中的重要工具，由休哈特提出，经过戴明的改良更加适用。计划、执行、检查、处理是戴明环的四大步骤，具体工作步骤如表 9－7 所示。

表 9－7　　PDCA 循环

每一个 PDCA 循环可概括为四个阶段、八个步骤。	
计划	（1）寻找质量问题。 （2）寻找产生质量问题的原因，可借助鱼骨图等。 （3）从各种原因中找出对质量影响最大的因素，即主要原因。 （4）针对原因，研究措施，制定对策和计划。
执行	（5）按预定计划的对策认真执行。
检查	（6）检查执行效果。
处理	（7）巩固成绩，进行标准化。 （8）寻找遗留问题，为下一个 PDCA 循环提供依据。

2. PDCA 循环的特点

（1）PDCA 循环是一个周而复始的过程，四个阶段不停地运转、不停地改进，如图9－6所示。

（2）PDCA 循环是一个子母系统，大环的环节中还有小环的存在。各部门、各小组各司其职，大环指引并推动小环，小环支持并促进大环，构成一个有机的体系，如图 9－7 所示。

（3）PDCA 循环并不是原地踏步，而是不断旋转，逐步上升，如图 9－8 所示。

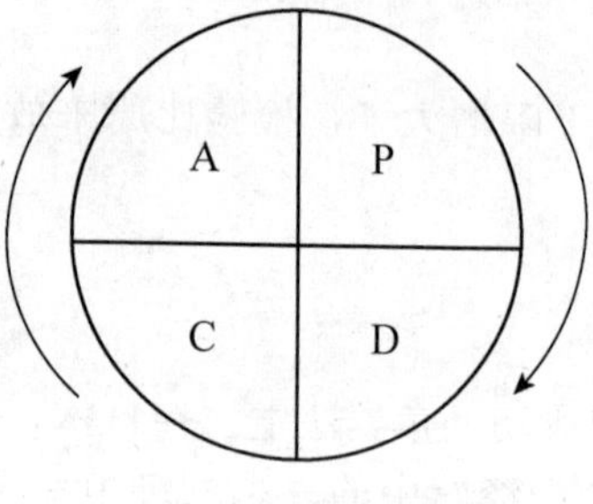

图 9－6　PDCA 循环

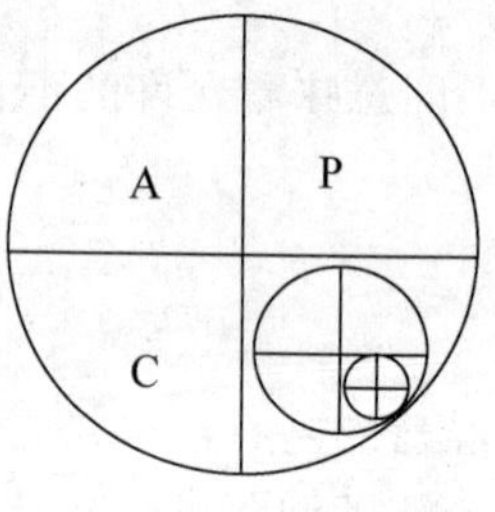

图 9－7　PDCA 的环节

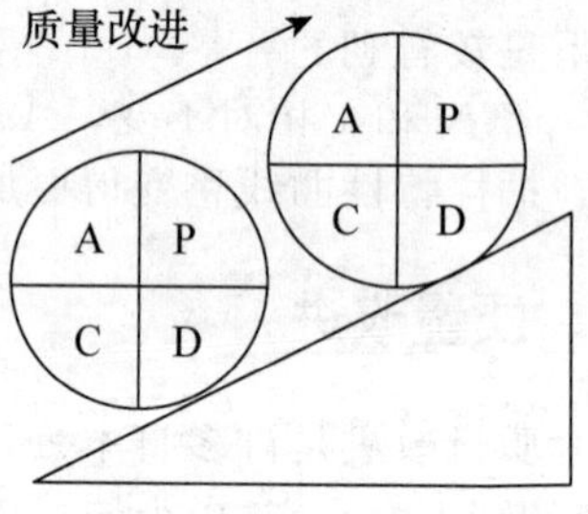

图 9－8　PDCA 的循环改进

（三）质量改进的组织

质量改进的组织形式分为正式和非正式两种，这主要取决于改进项目的规模。质量改进的组织分为两个层次：管理层即质量委员会，从整体的角度为改进项目配备资源；实施层即质量改进团队，具体实施改进项目。

1. 质量委员会

质量改进组织工作的第一步是成立质量委员会（或其他类似机构），其基本职责是推动、协调质量改进工作并使之制度化。质量委员会通常由高级管理层的部分成员组成，高层管理者亲自担任质量委员会的领导和成员时，委员会的工作最有效。

2. 质量改进团队

质量改进团队不在公司的组织结构图中，是一个临时组织，团队没有固定的领导。尽管质量改进团队在世界各国有各种名称，如质量控制小组、质量改进小组、提案活动小组等，但基本的组织结构和活动方式大致相同，通常包括组长和成员。

第 3 节　质量管理的工具

在质量管理过程中，统计技术在建立、保持、改进质量管理体系中已成为开展数据分析活动不可或缺的组成部分。国内大量实例表明，流程图、联列表、因果分析法、鱼骨图、帕累托图、直方图等质量管理工具十分重要，通过产品质量和服务质量两类指标的统计分析，可以及时了解生产质量状况，对企业提高工作效率和经济效益十分有利，应鼓励各类人员将其应用于实践，以便进一步促进质量管理体系的有效运行。下列质量工具常常在质量改善中用于收集信息，分析决策，帮助公司实现工序改进，提高质量。

一、流程图

流程图显示的是生产产品或提供服务过程的每一个步骤。一般用矩形框表示操作的任务，用菱形框表示决策选择点，用箭线表示先后顺序。流程图的作用是能够帮助确定流程之中哪些点有问题，找出瓶颈，优化流程。流程图的形式多种多样，一般有两种表现形式：上下流程图是最常见的一种流程图，它仅表示上一步与下一步的顺序关系；矩阵流程图不仅表示上下关系，还可看出某一过程的负责部门。某汽车维修店的流程图如图 9－9 所示。

采用流程图作为质量管理的工具，能够在操作过程开始前将可能出现质量问题的地方找出来，采取一定措施加以预防，从而主动、系统地保证质量。

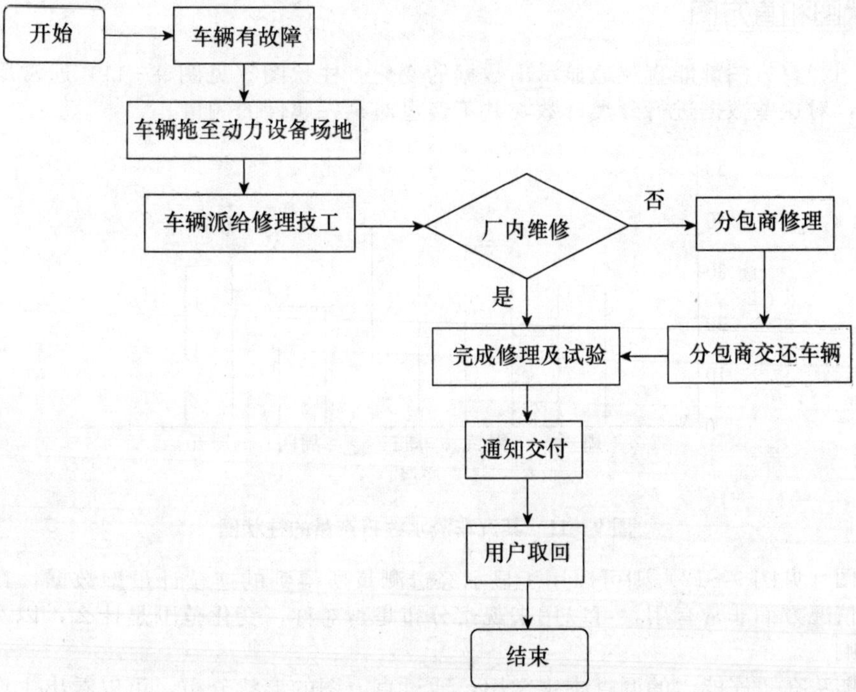

图 9－9　某汽车维修店的流程图

二、鱼骨图

鱼骨图由于图画完后像一条鱼的骨头而得名，其中鱼头的位置是存在的问题或缺陷，鱼骨上衍生出许多问题可能的产生原因。它可以用来帮助判断引起某一问题的原因所在。鱼骨图的优点是可以使复杂的问题看起来更加清晰和有条理。绘图的时候要先确定产生原因的主要类别，再对每个原因层层具体分析，找出最根本的原因。在绘图之前一般会先讨论，咨询相关专家确定主要原因类别后展开。某餐厅问题的鱼骨图如图 9－10 所示。

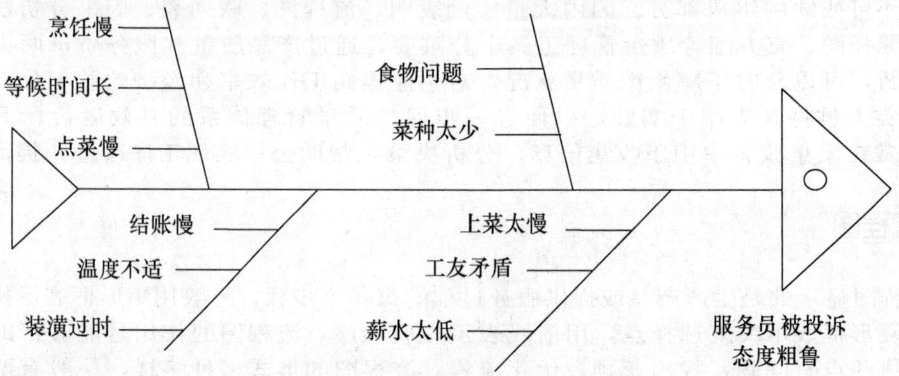

图 9－10　某餐厅问题的鱼骨图

与流程图相比，鱼骨图主要用在出现质量问题后进行系统性原因分析，从各个方面系统地寻找产生问题的可能原因，采取措施加以修正，以提高质量。它是一种被动的工具，属于事后纠错。

三、柱状图和直方图

柱状图和直方图都能直观地显示出数据的变化。柱状图（见图 9－11）通常用于描绘计数型数据，对这些数据进行分类计数，并不经过对某一属性的测量。

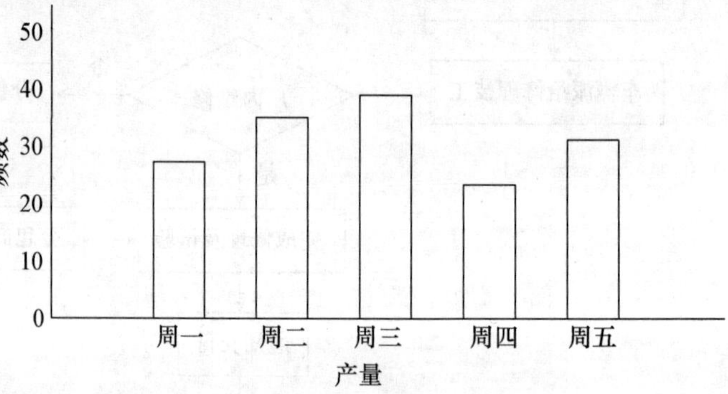

图 9－11　某汽车流水线日产量的柱状图

直方图（见图 9－12）则可以用于显示经过测量所得到的连续计量型数据，在掌握观测值的分布情况方面非常有用，可以用来观察分布是否对称，变化范围是什么，以及有无异常情况的影响。

直方图法在工序能力的调查中很常用，通过直方图的形状分布，可以看出生产过程中质量特性的分布情况。不过，主要还是通过实际分布范围和公差设定范围的比较，以及实际分布中心与公差设定中心的偏离程度，来判断工序是否处于受控范围之内。直方图的一些情况及分析如图 9－13 所示。

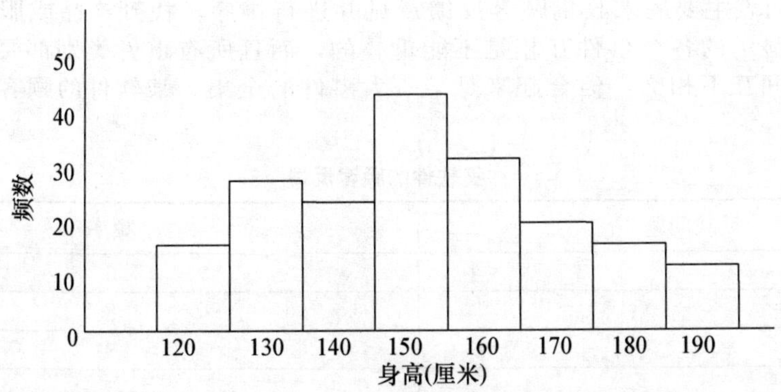

图 9－12　某学校学生身高的直方图

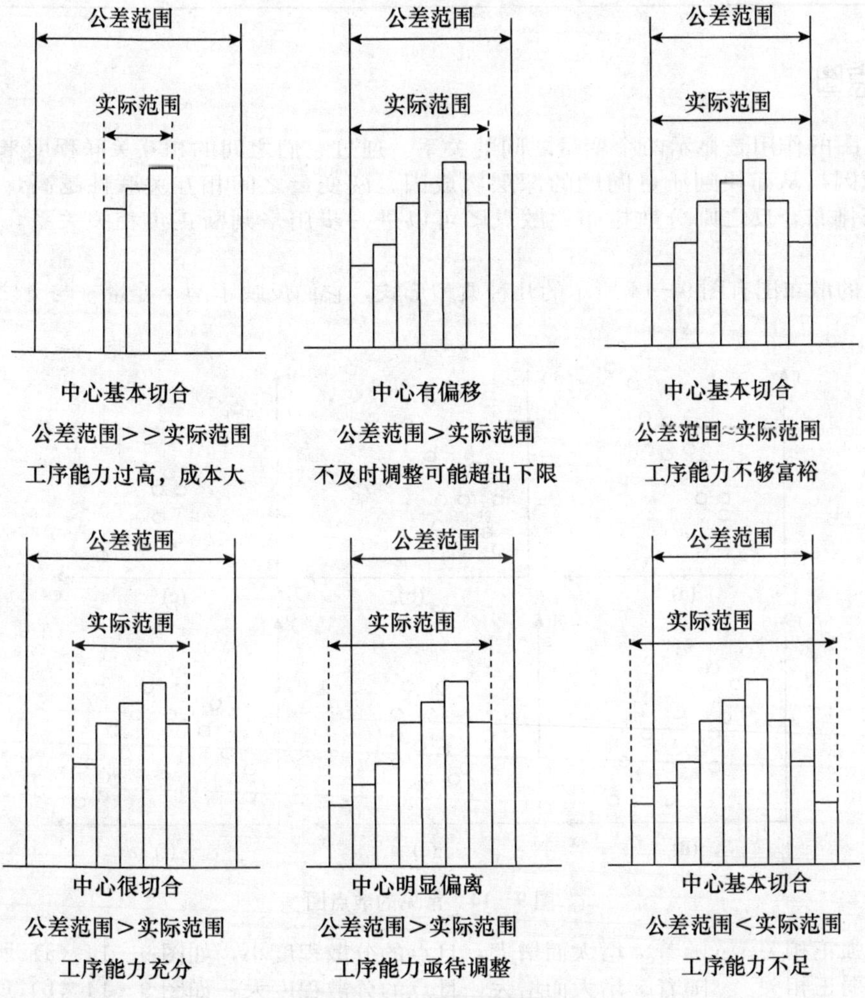

图 9－13　直方图示例

四、联列表

联列表是收集某个流程数据时，记下各个事件发生的频率并在表中反映出来的表。在质量管理中，联列表主要用来收集顾客反馈意见并进行排序，找到产品或服务的痛点。注意：联列表所显示的各个事件互相是不能重叠的，而且所有事件类别都要考虑在内，因此所有事件之间互不相交，但合起来是某一大事件的全集。某软件的顾客反馈联列表如表 9-8 所示。

表 9-8　某软件的顾客反馈

反映问题	频率
配置要求太高	6
人机界面不友好	8
兼容性太差	8
不稳定、易崩溃	5
价格太贵	12
其他问题	7

五、散点图

散点图的作用是显示两个变量之间的关系，通过它们之间的相互关联程度来分析问题产生的原因，从而找到质量问题的深层次成因。两变量之间相互关联性越高，图上的点就越紧密排布，反之则分散排布。散点图可以进一步用来判断正负相关关系，进行回归分析等。

常见的散布图有图 9-14 所示的几种典型形式，它们反映了两个变量 y 与 x 之间的相关关系。

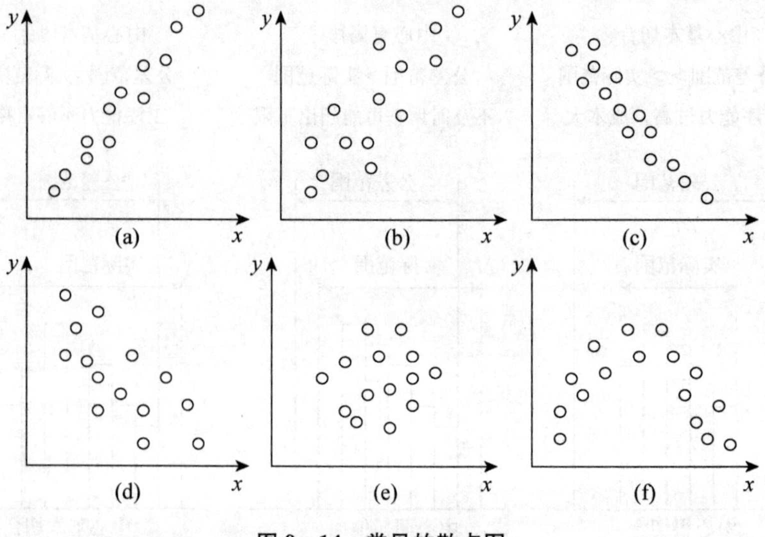

图 9-14　常见的散点图

（1）强正相关。y 随着 x 增大而增大，且点的分散程度小，如图 9-14（a）所示。

（2）弱正相关。y 随着 x 增大而增大，且点的分散程度大，如图 9-14（b）所示。

（3）强负相关。y 随着 x 增大而变小，且点的分散程度小，如图 9-14（c）所示。

（4）弱负相关。y 随着 x 增大而变小，且点的分散程度大，如图 9-14（d）所示。

（5）不相关。y 与 x 无明显规律，如图 9-14（e）所示。

（6）非线性相关。y 与 x 呈曲线变化关系，如图 9-14（f）所示。

六、帕累托图

帕累托图将错误事件按照发生的频数用降序排列，因此排在第一位的就是频率最高的错误，是帕累托图的关注点。帕累托图有助于决定行为的优先顺序，抓住过程之中的主要矛盾。首要问题解决之后不再是频率最高的错误，原先排名第二的问题就上升为新的主要矛盾亟待解决。因此，帕累托图的使用是一个动态的不断改良的过程。图中的累积百分比线用于累积错误数量。

当然，错误的频率有时并不反映错误的严重程度，有时为了更科学，可以对各种问题配以权重。某餐厅的帕累托图与经改进后的帕累托图如图 9－15 和图 9－16 所示。

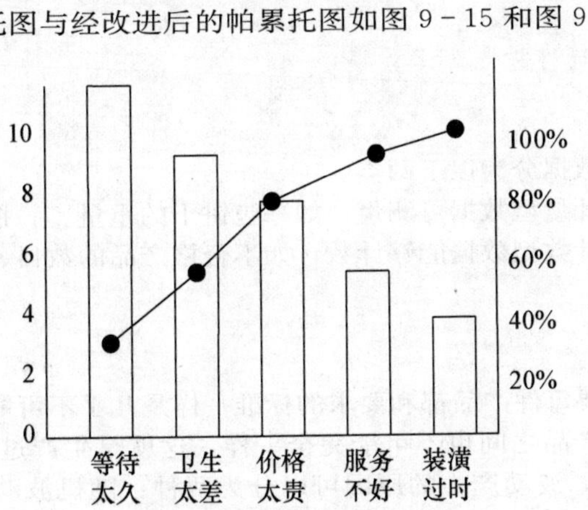

图 9－15　某餐厅的帕累托图

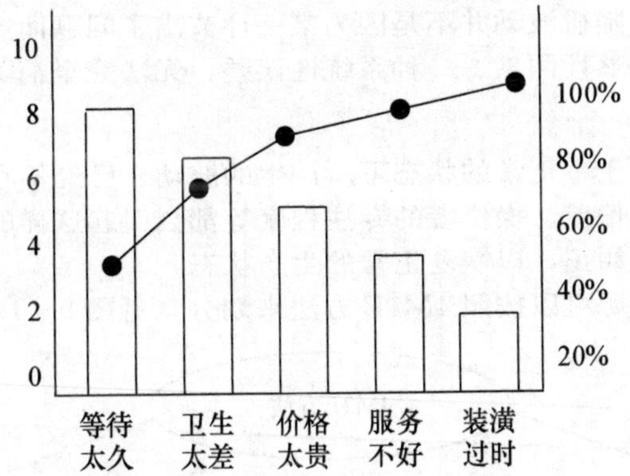

图 9－16　某餐厅经改进后的帕累托图

除了以上工具，控制图也是常用的工具。这七种方法构成质量管理的七种常用工具。另外，还有质量管理的七种新工具：亲和图、关联图、树形图、矩阵图、优先级判定矩阵、过程决策程序图、网络图。

第 4 节　质量统计方法

现代质量统计方法由休哈特进一步发展。第二次世界大战后，劳动力匮乏，企业纷纷意识到对产品进行样本检验比传统的逐件检验经济许多，对于破坏性检验更是如此，因而质量统计方法得到了广泛的应用。要判断一篮苹果甜不甜，不能每个都尝一口；要鉴定一批弹药合不合格，也不能全部打一遍。因此科学有效的质量统计方法的诞生顺应了生产发展的需求。

一、方法分类

质量统计方法分为两种：抽样检验和统计过程控制（statistics process control，SPC）。抽样检验是对已经生产出来的产品的质量做评判（见前面的质量检验）。统计过程控制是对正在进行之中的工序是否按照规定进行所做的评判。尽管两者所针对的产品时间环节不一样，抽样检验属于事后检验，统计过程控制属于事中控制，但它们在数学上是共通的。

二、数据类型

质量统计中采用的数据分为以下两类。

（1）计量型数据。计量型数据可测量，如一包饼干的重量、一根绳子的长度等。

（2）计数型数据。计数型数据能够计数，如不合格产品的数目、等待的顾客人数等。

三、工序过程的波动

在生产过程中，想要每件产品都和要求的标准一样是几乎不可能的，最终产品总会和标准有细微的不同，每件产品之间也不可能完全一样，这就是生产过程中的变异性。工序过程中也存在这样的波动，波动产生的原因可以分为两种：随机波动和异常波动。

（一）随机波动

随机波动是工序过程中不可避免的细微作用，机器设备的小幅震动、气温气候、操作人员的动作都有可能造成。随机波动并不是因为某一环节出了问题而产生，而是在所有环节正常时依然存在，是一种偶然性因素、一种系统性误差，无法完全消除。

（二）异常波动

异常波动是工序已处于不正常的状态下所产生的波动，已经不在可控制的范围之内。原材料的缺陷、机器设置的偏差、操作者的专注程度等都会引起这样的波动。在发现异常波动之后，可以通过调整及时纠正，以恢复正常的生产状态。

工序过程中波动的来源可以按照 4M1E 方法来划分（见图 9－17）。

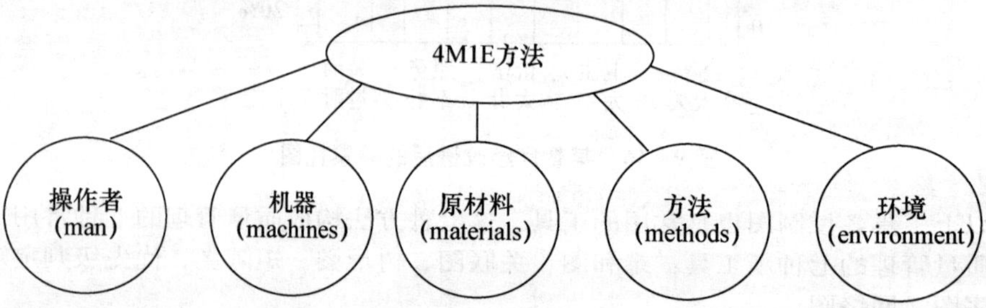

图 9－17　4M1E 方法

4MIE 俗称人、机、料、法、环境五大因素。由于这五种因素存在于生产系统中，并且不可能一直保持同一水平，因此生产出产品的质量不尽相同，具有变异性。

根据概率论与数理统计中的中心极限定理，当抽样的样本不断扩大并且趋向无穷时，分布将近似于正态分布。生产中的抽样虽不是绝对意义上的无穷，但因数量大且将连续不断，可以认为质量情况的分布也接近于正态分布，如图 9－18 所示。标准差 σ 越小，正态分布的钟形曲线越陡峭，如图 9－19 所示。

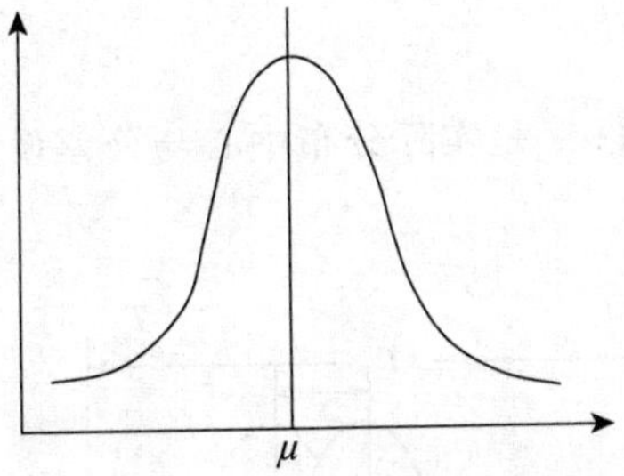

图 9-18　均值为 μ 的正态分布的概率密度曲线

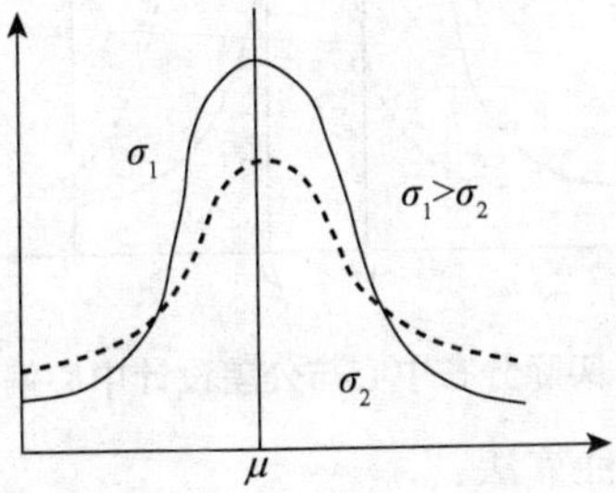

图 9-19　不同标准差、同均值下正态分布的概率密度曲线

所谓工序，是指制造某种产品或达到某一结果所经过的一定步骤。在生产中，它是完成产品加工的基本单元。工序质量则是指 4M1E 因素共同作用下稳定生产出合格产品的能力，通常用工序能力来衡量。因而工序质量是保证产品质量的基础，而产品质量相应也反映了工序质量。

工序能力是某道工序在一定时间内稳定状态之下的实际加工能力。工序能力越高，产品的质量特征越集中；工序能力越低，产品的质量特征越分散凌乱。工序能力可以用工序能力指数来衡量。在工序能力分布中心与公差中心完全重合的情况下，工序能力指数可用 C_p 表示，其公式如下：

$$C_p=\frac{T_U-T_L}{6\sigma}=\frac{T}{6\sigma} \tag{9-1}$$

式中，T_U是公差的上界；T_L是公差的下界；T 是公差的范围。

这个数值越大，说明工序生产的精度越高。它反映了工序能力满足质量标准的程度，是技术要求除以工序能力的比率。该数值大于 1，则说明公差的界限大于实际测量值的极差范围，表明过程仍在控制之内。该数值小于 1，则说明实际波动已经超出了公差允许的范围，有些产品失控了。一般使用的最小比率是 1.33，小于这个值就要寻找解决方法了。具体的数值划分范围如表 9-9 所示。

表 9-9　　工序能力等级表

工序能力指数范围	工序能力判定
(1.67，+∞)	能力可能过高，视情况可以考虑降低成本
(1.33，1.67]	能力较充分、稳定
(1.00，1.33]	能力尚可，但接近 1 时要留心，仍要努力提升
(0.67，1]	能力不足，要采取有效措施改进
(−∞，0.67]	能力严重缺乏，应考虑重新整改、设计

在现实工序能力调查中，工序能力分布中心与公差中心完全重合的情况是很少见的，大多数情况下都存在一定的偏差，所以在工序能力分析时，计算工序能力指数一般采用修正之后的工序能力指数，用 C_{pk} 来表示。

$$C_{pk}=(1-K)C_p=\frac{T-2\varepsilon}{6\sigma} \tag{9-2}$$

式中，K 是相对偏移量，$K=\frac{2\varepsilon}{T}$；ε 是实际分布中心与公差设计中心的绝对偏移量，如图 9-20 所示。

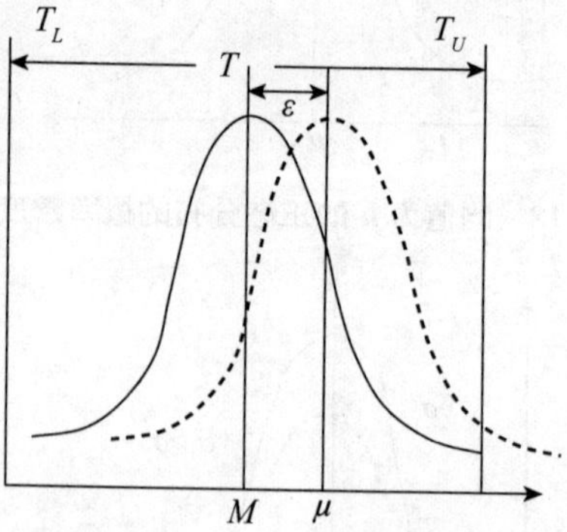

图 9-20　实际分布中心与公差设计中心偏移示意图

修正的工序能力指数还有一种算法：

$$C_{pk}=\min\left\{\frac{\mu-T_L}{3\sigma}, \frac{T_U-\mu}{3\sigma}\right\} \tag{9-3}$$

在得出修正后的工序能力指数之后，就可以像原来一样参照表 9-9 对工序能力做出判断，并采取相应措施。

除了计算工序能力指数，有时候计算出产出的缺陷率也是非常重要的。如果工序以某一稳定的标准差进行生产，那么我们就可以利用已经给出的工序均值和标准差，计算生产部件超出设计规格上下限的概率。

我们首先要做的是使用规格限制的上下限来计算 Z 值。该 Z 值代表的是工序规格限制的上下限偏离工序均值的程度，其在概率分布图中从 0 点向左或向右偏离。

$$Z_{T_U}=\frac{T_U-\mu}{\sigma}$$

$$Z_{T_L}=\frac{T_L-\mu}{\sigma}$$

在计算出这些 Z 值之后，可以使用 Excel 中的 NORMSDIST 函数（或者查表）来计算产品超出规格限制的概率。

下面的例子将详细介绍如何在实际生活中计算工序能力指数与产品缺陷率。

【例 9-2】　质量保证部门的经理正在评估一个工序的能力，这一工序的主要任务是将压缩润滑脂注入气溶胶罐。设计规格要求每平方英寸（psi）的压强为 60 磅，规格上限和下限分别为 65 磅/平方英寸和 55 磅/平方英寸。我们从生产出来的产品中提取出一个样本，研究后发现样本的平均压强为 61 磅/平方英寸，标准差为 2 磅/平方英寸。请问该工序的能力指数是多少，产品缺陷率是多少？

解： 由题可知：$T_U=65$，$T_L=55$，$\mu=61$，$\sigma=2$。

$$C_{pk}=\min\left[\frac{61-55}{3\times2}, \frac{65-61}{3\times2}\right]$$

$$=\min[1, 0.666\ 7]=0.666\ 7$$

可见该工序的能力指数并不理想。

计算罐压小于 55 磅/平方英寸的概率如下：

$$Z_{T_L}=\frac{T_L-\mu}{\sigma}=\frac{55-61}{2}=-3$$

$$p_1=\text{NORMSDIST}(-3)=0.001\ 349\ 898$$

计算罐压大于65磅/平方英寸的概率如下：

$$Z_{T_U}=\frac{T_U-\mu}{\sigma}=\frac{65-61}{2}=2$$

$$p_2=1-\text{NORMSDIST (2)}=0.022\ 750\ 132$$

因此总概率为：

$$p_1+p_2=0.024\ 100\ 030$$

即缺陷率为2.4%。

表9-10是产品设计规格界限对应缺陷率的参考表，前提假设是标准差保持不变且工序均值恰好位于设计规格界限中间。

表9-10

设计界限	缺陷产品数量	缺陷率
$\pm 1\sigma$	1 000件中有317件	0.317 3
$\pm 2\sigma$	1 000件中有45件	0.045 5
$\pm 3\sigma$	1 000件中有2.7件	0.002 7
$\pm 4\sigma$	100万件中有63件	0.000 063
$\pm 5\sigma$	10亿件中有574件	0.000 000 574
$\pm 6\sigma$	10亿件中有2件	0.000 000 002

四、控制图

控制图由休哈特提出，主要用来判断过程是否处于稳定状态，预报是否存在影响质量的异常因素的干扰。控制图还将显著性检验的统计原理结合其中，并且带有控制的上下界，通俗易懂，效果显著，是七种常用的质量管理工具之一。

控制图多种多样，最常规的是休哈特控制图，如图9-21所示。其中*UCL*的意思是控制上界（upper control limit），*LCL*的意思是控制下界（lower control limit），*CL*的意思是中心线（center line）。若控制图中根据系统抽样描出来的点全部落在上下界之间，且点的排列没有异常，则可判断该过程处于稳定状态；反之，则存在异常因素的干扰，需要盘查分析并及时解决。

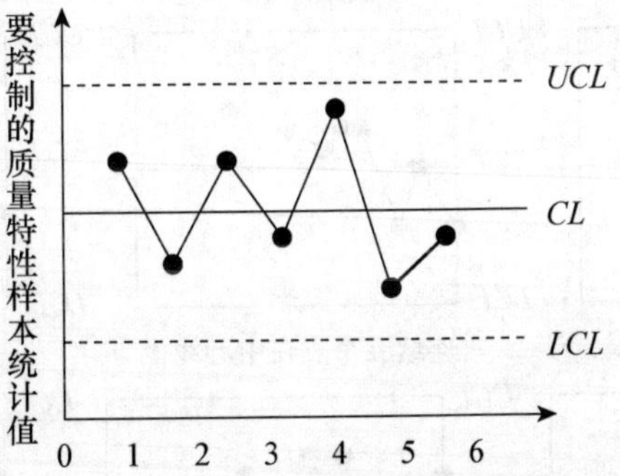

图9-21 休哈特控制图

通常的原则是根据 3σ 来确定控制界限，即取中心线为正态期望 μ，上下控制界限为 $\pm 3\sigma$。

控制图中自然也避免不了抽样检验的两类错误。在控制图中的第一类错误是把稳定的过程判断为异常，比如出现偶然打出界限的点，根据出线的原则就属于不正常，这一类错误发生的概率记为 α。第二类错误是将异常的过程判断为正常，过程实际已经偏离了典型，然而还有一部分质量特性的值介于控制上下界之间，若抽取到了这类产品也会发生错误，它的概

率记为 β。两类错误如图 9－22 所示。图中左边的阴影面积是 α，右上的阴影面积是 β。两类错误是无法同时消减的，将图中上下控制界限变宽，虽然 α 减小了，但是可以看到 β 显著增大了。实践之中通常只考虑第一类错误，而 $\pm 3\sigma$ 的界限也不是偶然的，它是实践得出的能使两类错误总和最小的幅度，美国、日本以及中国都采用这种方式。

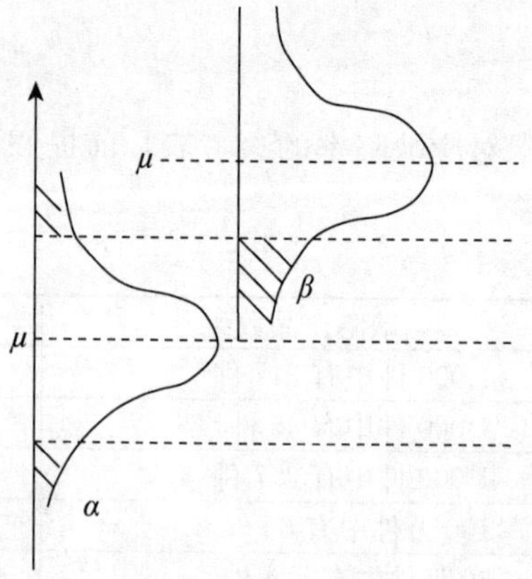

图 9－22　两类错误的图示

需要说明的是，统计控制只能说明工序有没有出现异常波动，并不能反映工序是好是坏，因为有可能工序突然比稳定情况质量更高，这也属于异常波动。失去控制指的是工序没有按照预期情况进行。正常情况下，各组样本的均值点应该随机、无趋势地分布在中心线两边。图 9－23 是一些常见的控制图中的异常打点情况，应该调查异常情况。

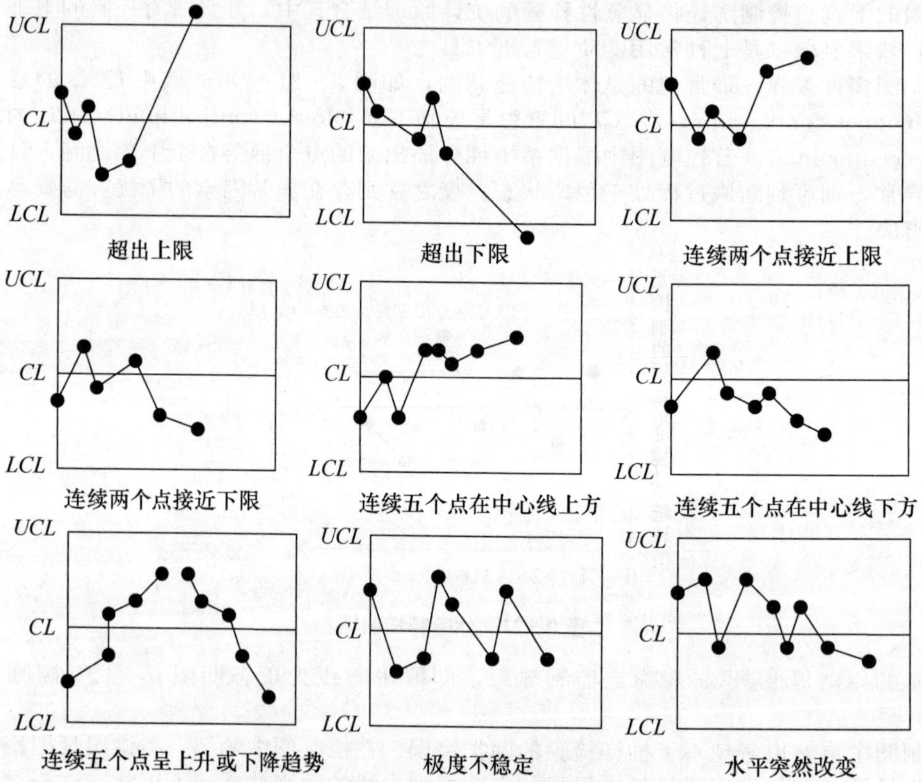

图 9－23　常见的异常打点情况

【例 9-3】　计算控制界限。某电子元器件的质量标准为 10，根据过去的记录分析方差波动是 9，现在抽取容量为 100 的样本，要求置信度是 95%，则控制上下界是多少？

解：置信度 95%表示合格品有 95%的概率不被拒绝，即犯第一类错误的概率是 5%。

$$控制上下界=\mu\pm Z_{\alpha/2}\times\frac{\sigma}{\sqrt{n}}$$

式中，期望的标准 $\mu=10$；样本容量的大小 $n=100$。

在正态分布表中查到特定 α 水平的分布值 $Z_{\alpha/2}=1.96$。根据历史记录的方差波动算出标准差波动为 $\sigma=3$。

所以，最后得控制上界=10.588，控制下界=9.412。

抽取样本测量的该质量特性的均值处于（9.412，10.588）之间，在 95%的置信度下可以接受，（9.412，10.588）称作接受域。

五、统计过程控制的应用

（一）计数型数据

计数型数据的应用就像数理统计中的离散型变量，生产要么合格要么不合格，即只有两种情况，属于两点分布。通过抽样统计，并与工序的长期水平进行比较，可以判断工序是否处于受控状态。

例如，不合格率的控制图中，长期的不合格率是不合格率的平均值$\bar{p}$，样本的标准差则是$\sqrt{\frac{\bar{p}(1-\bar{p})}{n}}$，其中 n 为样本容量。由此可以得出控制上限$=\bar{p}+Z_{\alpha/2}\times\sqrt{\frac{\bar{p}(1-\bar{p})}{n}}$，控制下限$=\bar{p}-Z_{\alpha/2}\times\sqrt{\frac{\bar{p}(1-\bar{p})}{n}}$，如果计算出来的控制下限小于零，则取零为控制下限。

因为基于抽样控制，所以选择的样本容量一定要足够大，并具有代表性。因长期水平的确定来自历史数据，所以信息的收集筛选及准确确定也十分重要。

（二）计量型数据

在应用计量型数据时，构造控制图时主要注意四个方面：样本容量、样本个数、抽样频率，以及控制界限。

1. 样本容量

在工业企业之中，建议选择的样本容量较小，因为样本太大，成本会太高，而且生产瞬息万变，抽样太多容易丧失代表性。

一般选择 4～5 个样本比较经济实惠，若超过了 15 个，下面介绍的$\overline{X}$—R 图就不再适用，而要选择$\overline{X}$—σ 图。

2. 样本个数

建立好控制图后，抽取的每个样本都可以用来与之比较，以判断工序是否处在控制之下。从统计角度看，抽取大约 25 个样本比较合适，效果较好。

3. 抽样频率

对于一个工序的抽样具体间隔多久一次是值得权衡的问题，抽样太频繁成本较高，可能得不偿失；抽样太偶然则可能不能很好地控制工序。一般对新工序可抽样频繁一点，防止产生状况造成巨大损失，随着时间推移，工序渐渐成熟可靠后，可慢慢减少抽样频率。

4. 控制界限

正如上面所介绍的，最常用的方法是上下限位于中心线上下 3σ 的范围内，这样理论上将会有 99.7%的样本均值落在接受域之内。落在外面的样本已经处于失控状态。

5. 构造$\overline{X}$—R 图

$\overline{X}$—R 图分为$\overline{X}$图和 R 图。其中$\overline{X}$图是描绘工序抽取均值情况的图，显示工序情况与目标均值的接近程度；R 图是根据各个样本的极差来观察工序波动率的图，反映工序中波动率的变动程度。

假设抽取 n 个样本，每个样本容量为 m，每个取值为 X_{ij}（$i=1, 2, \cdots, m$；$j=1, 2, \cdots, n$）。根据定义 $\overline{X}_j=\frac{\sum_{i=1}^{m}X_{ij}}{m}$ 计算每个样本的均值；再将样本均值取平均 $\overline{\overline{X}}=\frac{\sum_{j=1}^{n}\overline{X}_j}{n}$；算出每个样本的极差（每个样本中最大值与最小值的差）R_j，对这些极差再取平均值得 $\overline{R}=\frac{\sum_{j=1}^{n}R_j}{n}$；最后计算控制界限。公式如下：

$$\overline{X}\text{ 图的控制上界}=\overline{\overline{X}}+A_2\overline{R}$$

$$\overline{X}\text{ 图的控制下界}=\overline{\overline{X}}-A_2\overline{R}$$

$$R\text{ 图的控制上界}=D_4\overline{R}$$

$$R\text{ 图的控制下界}=D_3\overline{R}$$

式中，系数 A_2，D_3，D_4 都可以通过控制图系数表（见表 9－11）查到。

表 9－11　**控制图系数表**

m	A_2	D_3	D_4
2	1.88	0	3.27
3	1.02	0	2.57
4	0.73	0	2.28
5	0.58	0	2.11
6	0.48	0	2.00
7	0.42	0.08	1.92
8	0.37	0.14	1.86
9	0.34	0.18	1.82
10	0.31	0.22	1.78
11	0.29	0.26	1.74

根据表 9－11 中的数据，计算得出两图的控制上下限、中心线，再将各个样本的相关数据与控制图进行比较，如果点出界，则判断为工序异常；如果界内的点出现倾向、周期、迫近等情况，也属于异常情况。

第 5 节　六西格玛质量

著名的六西格玛（six sigma，6σ）方法起源于 20 世纪 70 年代，是当时摩托罗拉公司为了应对来自日本企业的质量挑战而采取的一种质量管理方法。然而，使得六西格玛享誉全球的却是美国通用电气公司对它的采用和发扬光大。1995 年通用电气的首席执行官杰克·韦尔奇毅然引入六西格玛管理方法，对员工展开“黑带”“绿带”培训，并且把六西格玛拓展到公司所有的经营领域。1996 年公司六西格玛培训净支出是 2 亿美元，节省成本 1.7 亿美元，但到了 1998 年公司就因此节省资金 75 亿美元，1999 年节省 160 亿美元，如此辉煌的业绩使得六西格玛管理方法名声大噪，通用电气也一直稳居世界 500 强企业的前列。

如今，六西格玛管理方法被越来越多的企业和公司采用，已经发展成为一门精深的管理艺术。

一、六西格玛的定义

从统计意义上讲，σ 的意思是标准差，6σ 的意思就是 6 倍标准差，代表着产品质量合格率达 99.999 7%以上，即每 100 万个产品或操作之中最多只有 3.4 个失误。但以上这些只是六西格玛的最终成果，并不是实施的步骤和过程。真正的六西格玛是以这些统计数据为基础的一个围绕顾客追求产品高质量的管理方法和理念，而不仅仅是 0.000 34%这个统计意义的数字。

六西格玛是一种理念，一种严格控制质量水平、追求完美卓越的理念；六西格玛也是一种文化，一种在企业内定量研究、提高效率并且不断自我超越的文化；六西格玛更是一种语言，一种不同工种、不同部门之间沟通交流的工具；最后，六西格玛还是一种工作方法和管理手段，即六西格玛设计和质量改进方法。

二、六西格玛方法

（一）六西格玛的统计方法

参见质量统计方法相关内容，我们可以知道满足正态分布 $N(\mu,\ \sigma^2)$，规格上界为 USL 和规格下界为 LSL 时，所得到的不合格率为：

$$\begin{aligned}\text{不合格率} &= P(x<LSL)+P(x>USL)\\ &= 1-\Phi\left(\frac{USL-\mu}{\sigma}\right)+\Phi\left(\frac{LSL-\mu}{\sigma}\right)\end{aligned} \tag{9-4}$$

当设计的公差是 $\pm 6\sigma$，也即 $USL=\mu+6\sigma$，$LSL=\mu-6\sigma$ 时，不合格率为：

$$\text{不合格率}=1-\Phi(6)+\Phi(-6)=0.001\ 8\text{ppm}$$

在这样的情况之下，每 100 万件产品之中只有 0.001 8 件不合格品，这已经是非常高的水平了，在实际生产中不用这么高的精度，而且它有可能带来高成本，所以我们允许现实中的分布中心和公差中心有 1.5σ 的偏移，可以是往左边或者右边两者其一的偏移。图 9－24 以向右偏移为例，虚线是偏移后的正态曲线。

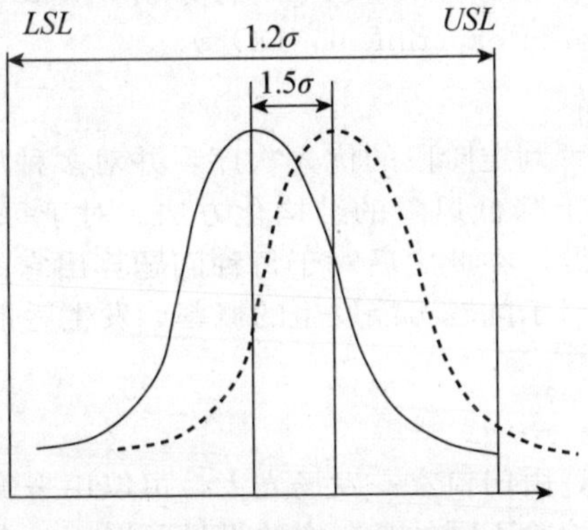

图 9－24　移动 1.5σ 的正分布图

这时，左半部分的曲线超出规格下界的部分已经非常少，由于中心离规格下界的距离已经是 7.5σ，因此左半边的不合格可以忽略为零。

$$\text{不合格率}=1-\Phi(4.5\sigma)+0=3.4\text{ppm}$$

即在 100 万件产品之中有 3.4 件不合格品。

（二）六西格玛质量改进方法

从上面的数学过程可以看出，σ 的上升不是简单的线性上升，而是巨大的成倍数的上升，从 4σ 到 5σ 再到 6σ 的改善，是一个漫长的过程。

六西格玛质量改进（improvement for six sigma，IFSS）方法把组织的活动看成一个输入和输出的过程，找出对于顾客而言关键的质量问题（输出），并分析出它的影响因素（输入），以消除有缺陷的输入。在这个改进过程中，整个组织团队使用的是同一种方法，即DMAIC方法：界定（define），测量（measure），分析（analysis），改进（improvement）和控制（control），它也是基于戴明环发展而来的。

1. 界定阶段

界定的主要任务是：确定该项目的关键顾客，辨别顾客的关键需求，并且识别顾客需求和实际流程能力之间的差距，将差距比较大的作为亟待改善的对象，确定项目。

2. 测量阶段

测量的用途是对流程中影响差距的环节进行量化，判断是在硬性技术问题上有误还是在管理方式上有误，制定合适的数据采集计划，如此在下一环节进行分析时就有了方向。

3. 分析阶段

在分析阶段，要综合运用各种质量管理的方法和工具，尤其是统计分析工具，筛选出引起质量缺陷的原因。特别是要根据帕累托原理，重视少数重要的关键原因，这样既不会消耗团队太多的精力和资源，又能一步步将真正的原因找出来。

4. 改进阶段

针对质量问题，对分析阶段得到的少数关键因素作进一步研究，判定它们是不是真的对输出有影响。找出最佳的解决方案，拟定行动计划并加以实施。

5. 控制阶段

为项目付出努力得到想要的效果后，应使它能够持续下去，并防止回到原来的状态。因此，要对改进后的新流程展开监测以保持较高的水平。

三、六西格玛的分析工具

在六西格玛的众多分析工具之中，有许多是之前已经介绍过的质量工具，比如帕累托图、鱼骨图、直方图和柱状图、联列表、控制图等，它们的原理此处不再赘述。接下来介绍两种新的运用比较广泛的工具：故障模式影响分析（failure mode and effect analysis，FMEA）和实验设计（design of experiment，DOE）。

（一）故障模式影响分析

故障模式影响分析是一种判定阶段的优先次序，并对多种风险可能性进行识别、评价、分析，以在现有的技术基础上降低风险的结构化方法。对于每个要素、每个流程先进行识别，列出可能存在的潜在问题。在此之后对于每种问题算出它的风险优先级数（RPN），比较得出它们的重要性排名。对于问题可能发生的概率、发生后带来的损失以及及时发现问题的概率都要进行观察。

（二）实验设计

实验设计也称多元检验，由田口玄一发扬光大，可以用来确定输入变量和输出变量之间的因果关系。与一般的统计检验不同的是，实验设计可以用一个变量的子集同时进行多个变量的检验。常见的实验设计方法可分为两类：一类是正交实验设计法，另一类是析因法。

1. 正交实验设计法

正交实验设计法是利用正交表选择条件，安排步骤，通过少数的实验，得到最优的实验方案。在调查复杂的系统性质和多个因素对性质有怎样的影响时，此方法能够找出影响大的因素，以及因素之间可能的相关关系，从而进行流程的优化。

2. 析因法

析因法对于分析两个或两个以上变动的因素有很好的效果，在新产品的研究开发和流程改进方面都有用武之地。

四、六西格玛质量管理中的责任

六西格玛在企业实施的过程中存在许多不同的角色，在一个项目之中，有倡导者、黑带大师、黑带、绿带和改进团队等（见图 9－25）。

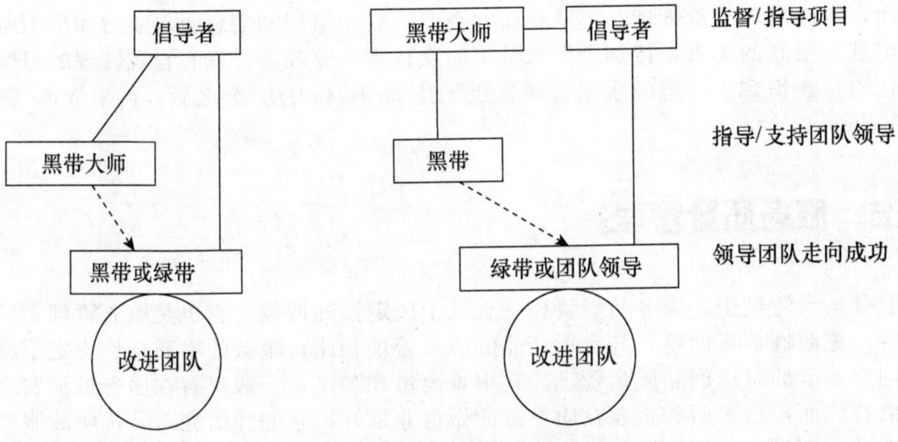

图 9－25　组织支持六西格玛工作的各个角色

资料来源：里查德·B. 蔡斯. 运营管理. 北京：机械工业出版社，2003.

（1）倡导者的责任是负责需要进行改善的过程，在项目之前就要确定合适的工作衡量标准，还要在过程之中不断确保所进行的改进是有效果的。

（2）黑带大师需要对统计工具有深刻的了解，对过程改进有不凡的造诣，因此与普通的黑带相比，他们会领导更多的团队工作。

（3）黑带指的是对六西格玛质量改进团队进行引领的人，在推行和推广六西格玛方面是企业的中流砥柱，通常水平下每个黑带 1 年带领 100 个绿带。

（4）绿带具有足够的六西格玛知识，能胜任加入团队或者独自完成某些直接与己相关的小型项目。

（5）改进团队是在团队领导带领之下进行质量改进的有六西格玛专业知识和资格的人员。

带领团队的可以是黑带或者绿带，黑带上面是黑带大师，黑带大师上面是项目倡导者。

五、六西格玛质量的持续改进

在企业长期实施六西格玛质量管理的过程中，常常会出现在项目上投入大量人力、物力、财力并严格按照 DAMIC 方法对流程进行改善之后，仍然无法达到 6σ 水平的现象。3σ 和 4σ 比较成功地达到之后，从 5σ 到 6σ 是一个非常有挑战性的过程，因为在 5σ 的水平上大多会遇到瓶颈。

产生这种瓶颈的原因是 DAMIC 的重点在渐进地改进流程，要把流程之中各种各样的质量问题加以解决。但如果是在一开始的设计之中就存在缺陷，则过程改善之中也始终无法完全消除问题，因为在起始的设计方向上就有了偏误。

此时就需要实施六西格玛设计（design for six sigma，DFSS）。六西格玛设计的步骤称为 DMADV，分别是界定（define）、测量（measure）、分析（analyze）、设计（design）和验证（verify）。它保留了一部分 DAMIC 的内容，也在此基础之上增加了设计等环节。除了 DMADV，六西格玛设计还有另一种模式 PIDOV，即策划（plan）、识别（identify）、设计（design）、优化（optimize）和验证（verify）。具体选用哪种模式，要以组织的质量现状为参照。

六西格玛设计与六西格玛质量改进的差别更多体现在预防的功能上，它在初始时就瞄准 6σ 的质量水平，开发出能够满足顾客需求的产品和服务。六西格玛设计好比选了一颗优良的种子，而六西格玛质量改进则是在它成长的过程中悉心浇灌，努力呵护。虽然目的都是使组织质量达到最优，但所侧重的阶段并不一样。

然而，六西格玛质量管理并不适合所有企业，对于组织的信息收集能力和员工所具有的质量意识都有很高的要求，特别是要求员工的文化素质要较高，具有自我管理的习惯。当员工的文化质量意识到了一定的水平，质量也到达 3σ 和 4σ 的层次之后，再采取 6σ 就比较合适了。

第 6 节 服务质量管理

在服务运营管理中，服务质量管理一直处于决定性的地位，它也是服务管理领域研究的重要内容，重要性不言而喻。与有形产品的质量管理相比，服务的本质特性决定了服务质量管理不同于一般的有形产品质量管理。它很难衡量和测试，一般只有在服务被消费之后才能得到评估。然而，很多服务企业在质量方面做得非常好，它们凭借完善、优质的服务获得了极高的声誉，深受广大消费者的青睐和信任，麦当劳、联邦快递、迪士尼、星巴克等就是依靠优质服务获取市场、取得成功的。

一、服务质量的定义

服务质量是一个复杂的概念，它是指服务满足一定需求的全部特征和性质。对服务企业而言，质量是在服务传递过程中形成的，顾客对服务质量满意的定义是：将对服务的实际感知与对服务的期望进行比较，当感知超出预期时，服务被认为具有特别质量，即一种高兴和惊讶；当感知没有达到预期时，服务注定是不可接受的；当感知与预期一致时，服务质量是令人满意的。服务期望受到口碑、个人需要和以往经历的影响。①

二、服务质量模型

（一）感知服务质量模型

1982 年，北欧学派代表人物克里斯汀·格鲁诺斯第一次提出顾客感知服务质量的理论，并对它进行了详细的研究，这是服务管理学科最重要的突破之一。

服务质量涉及五个方面的要素：可靠性、响应性、保证性、移情性、有形性。顾客从以上五个方面将预期的服务与接受、感知的服务质量相比较，最终形成自己对服务质量的判断。从满意度来看，它可能为正，也可能为负，如图 9－26 所示。

1. 可靠性

可靠性是指服务提供者能够可靠、准确地提供或完成所承诺服务的能力。可靠性意味着公司按照其承诺行事，它体现在服务提供的各个环节，如按时到达、定价与宣传一致、解决问题到位，例如邮政特快专递服务（EMS）提出的“次晨达”服务。顾客喜欢与信守承诺的服务企业打交道，企业要保持言行一致。

2. 响应性

响应性是指帮助顾客并迅速提供服务的愿望。这个要素强调的是在处理顾客的任何问题时始终保持专注、快捷。响应性主要表现为两点：一是顾客为获取员工帮助和信息咨询的等

① 蔺雷，吴贵生. 服务管理. 北京：清华大学出版社，2008.

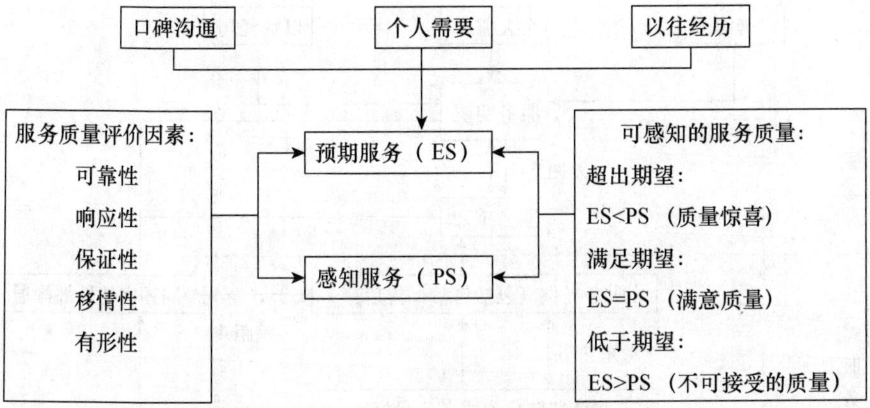

图 9-26　感知服务质量模型

待时间长短；二是企业为满足顾客需求所提供服务的柔性和能力。出现服务失败时，迅速解决问题会给质量感知带来积极的影响，例如，在误点的航班上提供补充饮料可以将顾客潜在的不良感受转化为美好的回忆。

3. 保证性

保证性是指员工具有的为顾客提供服务所需的自信、知识与能力。当服务对顾客而言包含高风险，或顾客自己没有能力评价服务产品时，该维度非常重要，如金融服务、证券交易服务、医疗和法律服务等。

4. 移情性

移情性是指服务提供者能够设身处地为顾客考虑，给予他们特别的关注。移情性的本质就是通过个性化的服务使消费者感到自己是独一无二的，表现为对消费者的关心和细致入微的关怀。移情性有以下三个特征：接近顾客的能力、敏感性和有效地理解顾客需求的能力。

5. 有形性

有形性是指服务组织中有形的设施、设备、人员外表等。有形性是顾客评价服务质量的重要依据。那些顾客到企业所在地接受服务的行业，如餐饮业、零售业、银行业、保健业等，非常强调有形性在顾客评价服务质量中的重要作用。

(二) 服务质量差距模型

20 世纪 80 年代中期到 90 年代初，美国营销学家帕拉苏拉曼、蔡斯莫尔和贝利等人在对顾客感知服务质量进行了更加深入的研究之后，提出了服务质量差距分析模型，通过这种模型可以分析质量问题的起因，从而协助服务企业管理者采取措施改善服务质量。①

他们的研究结果表明，服务组织管理人员、服务组织员工和顾客之间对于服务质量的期望和心理方面存在差距。这些差距可以分为五种，所以后人也把这个模型称为 5GAP 模型。这五个差距分别是：顾客期望和管理者认知的差距；管理者认知和服务质量标准的差距；服务质量标准和服务传递的差距；服务传递和外部沟通的差距；顾客期望和顾客感知的差距。很显然，第五点是之前反复提到的，是这五点中最重要的，也是建立服务质量差矩模型的理论基础。服务质量差距模型如图 9-27 所示。

1. 差距 1——顾客期望和管理者认知的差距

指顾客对服务的期望同管理者对顾客期望的认知之间的差距，最直接也最明显的差距往往是顾客想要得到的服务和管理人员认为顾客希望得到的服务两者之间的差距。

2. 差距 2——管理者认知和服务质量标准的差距

指管理人员对顾客期望的认知同企业制定的服务质量标准之间的差距。即使管理人员已

① 王丽华. 服务管理. 北京：中国旅游出版社，2007.

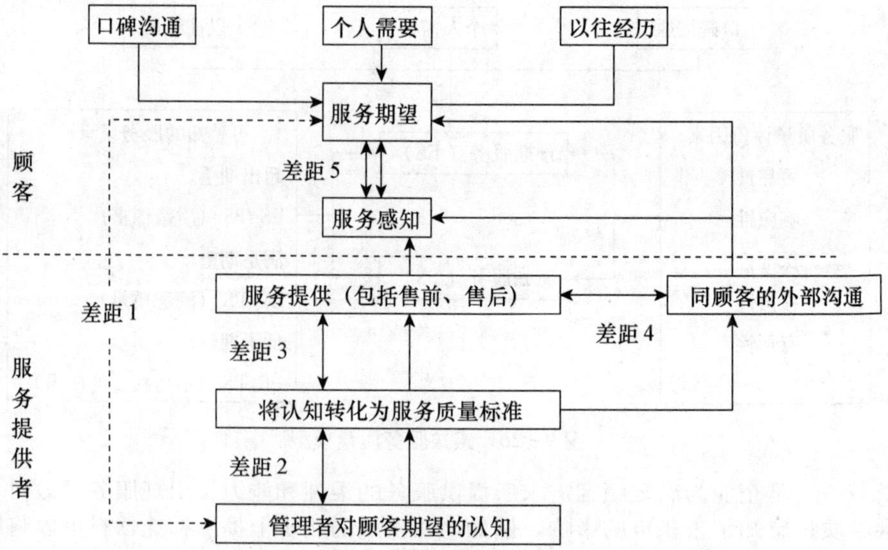

图 9-27　服务质量差距模型

经准确理解了顾客的需求，有时也不能将其融入到制定的服务质量标准中。

3. 差距 3——服务质量标准和服务传递的差距

指服务质量标准同企业实际所提供的服务之间的差距。存在这一差距意味着企业向顾客所提供的服务未能达到企业制定的服务质量标准。

4. 差距 4——服务传递和外部沟通的差距

指企业进行外部市场沟通时承诺的服务同企业所提供的实际服务之间的差距，即承诺—兑现差距。

5. 差距 5——顾客期望和顾客感知的差距

即顾客对服务的期望与顾客对服务的感知之间的差距，这一差距实质上是前四个差距之和。

（三）狩野模型

1. 狩野模型简介

受行为科学家赫兹伯格双因素理论的启发，东京理工大学教授狩野纪昭（Noriaki Kano）和同事高桥文雄（Fumio Takahashi）于 1979 年 10 月发表了《质量的保健因素和激励因素》一文，第一次将满意与不满意标准引入质量管理领域，并于 1982 年日本质量管理大会第 12 届年会上宣读了《魅力质量与必备质量》的研究报告。论文于 1984 年 1 月 18 日正式发表在日本质量管理学会（JSQC）的杂志《质量》总第 14 期上，标志着狩野模型（KANO model）的确立和魅力质量理论的成熟。

2. 狩野模型的内容分析

狩野模型定义了三个层次的顾客需求：基本型需求、期望型需求和兴奋型需求。这三种需求根据绩效指标分类就是基本因素、绩效因素和激励因素。

（1）基本型需求。这是顾客认为产品必需的属性或功能。当其特性不充足（不满足顾客需求）时，顾客很不满意；当其特性充足（满足顾客需求）时，无所谓满意不满意，顾客充其量是满意。

（2）期望型需求。这要求提供的产品或服务比较优秀，但并不是必需的产品属性或服务行为。有些期望型需求顾客甚至不太清楚，但他们希望得到。在市场调查中，顾客谈论的通常是期望型需求，期望型需求在产品中实现得越多，顾客就越满意；当没有满足这些需求时，顾客就不满意。

（3）兴奋型需求。这要求提供给顾客一些完全出乎意料的产品属性或服务行为，使顾客产生惊喜。当其特性不充足，并且是无关紧要的特性时，则顾客无所谓；当产品提供了满足这类需求的服务时，顾客就会对产品非常满意，从而提高顾客忠诚度。

3. 狩野模型需求分析

（1）基本品质（需求）。如果此类需求没有得到满足或表现欠佳，顾客的不满情绪会急剧增加，并且此类需求得到满足后，可以消除顾客的不满，但并不能带来顾客满意度的提高。产品的基本需求往往属于此类。对于这类需求，企业的做法应该是注意不要在这方面失分。

（2）期望品质（需求）。此类需求得到满足或表现良好的话，顾客满意度会显著提高；当此类需求得不到满足或表现不好的话，顾客的不满也会显著增加。这是处于成长期的需求，顾客、竞争对手和企业自身都关注的需求，也是体现竞争能力的需求。对于这类需求，企业的做法应该是注重提高这方面的质量，要力争超过竞争对手。

（3）魅力品质（需求）。此类需求一经满足，即使表现并不完善，也能使顾客满意度急剧提高，此类需求如果得不到满足，往往不会带来顾客的不满。这类需求往往是顾客的潜在需求，企业的做法就是发掘这样的需求，领先对手。

4. 狩野模型的实际操作意义

在实际操作中，企业首先要全力以赴地满足顾客的基本型需求，保证顾客提出的问题得到认真的解决，重视顾客认为企业有义务做到的事情，尽量为顾客提供方便，以满足顾客最基本的需求。然后，企业应尽力去满足顾客的期望型需求，这是质量的竞争性因素，要提供顾客喜爱的额外服务或产品功能，使其产品和服务优于竞争对手并有所不同，引导顾客树立对本企业的良好印象，使顾客满意。最后争取满足顾客的兴奋型需求，为企业建立最忠实的顾客群。顾客角度服务有效性三维评价模型如图 9-28 所示。

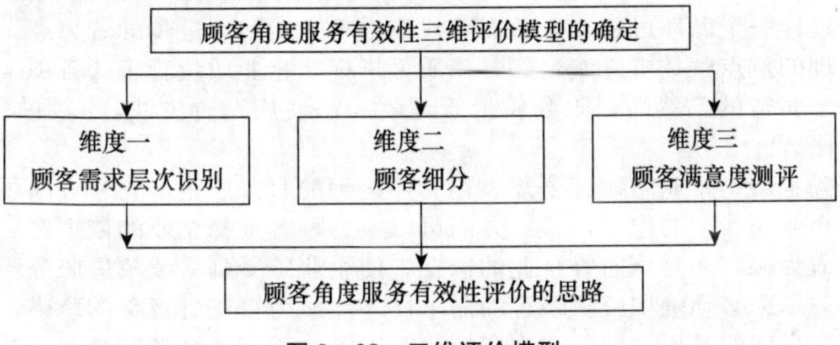

图 9-28　三维评价模型

三、服务质量测量

测量服务质量是一项挑战，因为服务包含许多无形因素和心理因素，难以设定精确的量化标准。因此需要特殊的方法来实现这一评估，本书将介绍一种以服务质量差距模型为基础的测量方法——SERVQUAL 模型。

（一）SERVQUAL 模型

SERVQUAL 模型是目前从顾客角度评价服务质量最有影响力的模型。该模型于 1988 年由美国营销学家帕拉苏拉曼、贝利和蔡斯莫尔等人提出，是一份包括 22 个测试问题的调查问卷，应用于服务业评价顾客感知服务质量。

根据研究，他们提出了服务质量五维度的观点，并根据这 5 个维度设计了包括 22 个问项的调查表，建立了 SERVQUAL 感知质量评价方法。这种方法的基本工作原理就是对顾客的期望和实际服务体验分别评估，然后对比评估的结果，找到其中的差距，进而得到最后对服务质量的评价。SERVQUAL 量表由两份组成，详见本书附录。

（二）服务质量测量的范围

服务质量包括的内容很广，总的来看由五大要素组成。

1. 服务内容

服务业门类广泛，每一种服务都有其特定的服务内容。旅游业为旅游者提供食、住、行、游、购、娱等服务；医疗服务为人们提供诊断、开方、手术、保健等服务。①

2. 服务过程

服务过程是指完成服务提供的方法或服务提供的顺序，可以通过问卷调查来测量服务中的事件顺序是否恰当。

3. 服务结构

服务结构是指有形设施布局结构和服务组织结构设计是否匹配。其中，人员资格是重要的质量因素。

4. 服务结果

服务结果是指顾客对服务质量的最终评估。通过与行业平均水平的对比来监控，同时服务人员对自己的表现是否满意也是服务结果的重要部分。

5. 服务影响

这里是指服务对顾客的长期影响，包括对社会和社区造成的影响。例如，教育机构对某地升学率提高的贡献，医疗服务对社会平均寿命延长所做出的努力等。

四、服务承诺

（一）服务质量管理的着力点

质量管理是一个有秩序的、不断推进的过程，正如戴明所指出的，质量管理实际上是一个循环。对于这样一个循环过程，企业需要找到推动它运转、进步的着力点。对于制造企业来说，质量管理的重点就是事先制定好各项质量指标，企业质量管理的各项工作也都是以这些标准为中心来实行的。然而，服务质量管理就无法使用这种方法，必须找到另外的着力点，即服务承诺。②

首先，服务承诺是企业向顾客公开表述的要达到的服务质量，它一方面可以起到树立企业形象、提高企业知名度的作用，另一方面可以成为顾客选择企业的依据之一。但更重要的是，它还可以成为顾客和公众监督企业的依据，使企业感受到持续改进服务质量的压力。

其次，服务承诺必须确切反映顾客的需求，才能成为真正有意义的承诺。因此，建立有意义的服务质量承诺的过程，就是深入了解顾客需求、不断提高顾客满意度的过程。

再次，根据有意义的质量承诺，企业能够确定反映顾客需求的、详细的质量标准，进而依据质量标准对服务过程中的质量管理系统进行设计和控制。服务承诺可使企业关注以顾客需求为出发点的质量标准，而不是由企业管理人员设想出的质量标准。因此，服务质量承诺还可以成为企业内部管理的目标。

最后，服务承诺可以产生积极的反馈。与有形产品的顾客相比，接受服务的顾客缺乏对低质量服务申诉的动力，因为服务的不可触性使顾客缺乏必要的证据。而且，服务业的顾客往往不了解自己所拥有的权利，也不了解申诉的途径。而服务承诺有可能使顾客有动力、有依据提出申诉，可以使企业明确了解所提供服务的质量和顾客所希望的服务质量之间的差距。

（二）服务承诺的目的

在制造业，传统的质量管理和评价集中于生产过程和产品本身。很长一段时间内，企业

---

① 王丽华. 服务管理. 北京：中国旅游出版社，2007.

② 刘丽文. 服务运营管理. 北京：清华大学出版社，2004.

一直认为，要想经营获得成功，就要设计和制造出性能最好的产品，即产品导向。但现在，该观念已经逐渐被顾客导向的观念取代，因为企业发现，自己认为性能最好的产品并不一定是顾客认为最能满足其需求的产品，真正对质量的评价应当来自顾客。在服务业，由于顾客在服务过程中的参与，以顾客为导向就具有更重要的意义。因此，服务承诺作为服务质量的一个着力点，其目的必须是使顾客满意。

（三）服务质量有意义的承诺

服务承诺作为一种企业吸引潜在消费者的有效手段，在生活中并不少见，最简单的，例如“包修、包退、包换”的三包服务，就是最常见的服务承诺之一。但很多服务企业的管理人员认为，服务不能被承诺，理由如下：第一，服务主要由人来提供，而人的行为具有随机性、波动性，顾客在其中的参与也会导致服务结果的不同，因此服务不可能像有形产品那样，有整齐划一的质量；第二，服务不能像有形产品那样退换，或者说，服务中的实体部分可退换，但是存在服务质量差错的无形部分却不能退换。那么，对于服务企业来说，什么才是有意义的承诺呢？本书认为，有意义的承诺包括对顾客满意度的承诺、承诺条款的具体化以及对未实现的承诺的赔偿。

（四）服务承诺的履行

服务组织不但要敢于和善于提出服务承诺，而且要切实有效地履行服务承诺。与实物产品承诺不同，服务承诺是关于人、行为及政策的承诺。因此，服务承诺的履行涉及服务组织的政策、程序、服务生产线的负荷能力和人的管理，比实物产品承诺的履行要困难许多。服务组织在履行服务承诺的过程中，主要应采取以下管理策略。

1. 加强运行部门与营销部门的协调

营销部门是承诺者，运行部门是承诺履行者。承诺者和承诺履行者之间缺乏沟通和协调，就容易造成服务实绩与服务承诺之间的脱节。

2. 加强后台人员的配合

服务承诺的履行需要二线或后勤支援人员的配合。后台人员较少直接接触顾客，对顾客的期望和要求以及与之相关的服务承诺了解得不如前台人员多，这可能影响他们在服务过程中履行服务承诺的责任心及反应能力。

3. 加强顾客的参与和配合

在参与服务过程时，顾客的行为会影响服务质量和效果，顾客有效的参与行为是保证服务质量和满意度的必要条件和重要条件。因此，服务组织对自己承诺的履行离不开顾客的有效参与和配合。

（五）服务补救

就目前而言，不同的学者对服务补救有不同的定义。一般而言，服务补救应该是服务组织在出现服务失误时所做出的一种即时性、主动性的反应。其目的是通过这种反应，将服务失误对顾客感知服务质量、顾客满意和员工满意所带来的负面影响降到最低限度。如一个预定要在波士顿一家戏院演出的摇滚乐团，在热身演出已经开始后取消了演出。该戏院向观众退回了票价的 50%，这就是一种服务补救行为。

1. 服务补救的方法

服务补救有逐件处理法、系统响应法、早期干预法和替代品服务补救法四种基本方法。[①]

（1）逐件处理法。逐件处理法强调顾客的投诉各不相同。这种方法容易执行而且成本较低，但是具有随意性。例如，最固执或者最好斗的投诉者经常会得到比通情达理的投诉者更令人满意的答复。该方法的随意性会带来不公平。

（2）系统响应法。系统响应法使用规定来处理顾客投诉。由于采用了识别关键失败点和

---

① 王丽华．服务管理．北京：中国旅游出版社，2007.

优先选择适当补救标准这一计划性方法，它比逐件处理法更加可靠。只要响应规定不断更新，这种方法就非常有益，因为它提供了一致和及时的响应。

（3）早期干预法。早期干预法试图在影响顾客以前干预和解决服务流程问题。例如，发货人发现由于卡车故障影响了出货，他就可以马上通知顾客，在必要时顾客可以采取其他方案。

（4）替代品服务补救法。替代品服务补救法通过提供替代品服务补救，从而利用竞争者的错误去赢得其顾客。有时，处于竞争中的企业支持这种做法。例如，一家超额预订饭馆的工作人员将顾客送到与其竞争的饭馆。如果对手可以提供及时和优质的服务，它就可利用这一机会。由于竞争者的服务失败通常是保密的，因此该方法实行起来比较困难。

2. 服务补救的意义

（1）确保服务可靠性。从顾客角度看，服务企业是否具备核心竞争力是与服务的可靠性，即是否能够提供履行承诺的服务紧密联系在一起的。可靠性是服务质量的核心，服务补救可以实现企业的承诺，保证服务的可靠性。

（2）留住老顾客。即通过服务补救留住老顾客，履行服务承诺，从而提高顾客承诺度、减少顾客不满意。如某顾客在一家饭馆吃饭，吃到的菜有一种怪味，该饭馆立即免费换一盘新菜或者给予更多的优惠。这就是一种服务补救的策略。服务补救的作用还有很多，在此不再赘述。

第7节 全面质量管理

一、全面质量管理理论的诞生

全面质量管理理论诞生于20世纪50年代左右，目前已经在全球范围内获得了广泛的认可。最早提出全面质量管理概念的人是美国的费根堡姆，但是全面质量管理最早实行却是在日本和西欧的一些国家。特别是日本，结合本国实际并加以创新，取得了巨大的成功。可以说，全面质量管理对其第二次世界大战后经济奇迹般的迅速崛起功不可没。现在全面质量管理早已超脱了原来的意义，演化成了一种综合、全面的经营管理理念和方式。

全面质量管理（total quality management，TQM）在日本称作全公司质量管理（company-wide quality management，CQM)。费根堡姆在1961年的《全面质量管理》一书中对全面质量管理的定义是：“为了能够在最经济的水平上，并考虑到充分满足顾客要求的条件下进行市场研究、设计、制造和售后服务，把企业内各部门的研制质量、维持质量和提高质量的活动构成为一体的一种有效的体系。”日本企业界对全面质量管理的定义为：企业组织的所有部门和全体人员综合运用多种方法，对生产全过程中影响产品质量的各种因素进行控制，以最经济的办法生产使顾客满意的产品。

二、全面质量管理的内涵

TQM和TQC两者都经常被提到，通常都翻译为全面质量管理。但TQC与TQM是不能完全割裂分离出来的。中国质量协会在《全面质量管理基本知识》一书中就写道：“对于全面质量管理的称呼，各国有所不同，例如有称为CNQC的，也有称为TQM的等，称呼不同，但是其实质内容是相同的。”因此TQM与TQC是同一个理念，在细节方面可能有各自的侧重，本质上并无区别。

（一）全面质量管理的内容

全面质量管理之所以能称为全面，主要就在于以下几个方面之“全”。

1. 全面的控制

从市场调查、产品设计、试制、生产、检验、仓储、销售到售后服务的各个环节都应该牢固树立“顾客第一”的思想。

2. 全面的人员

各部门任何一个员工都有责任共同做好工作，生产出质量达标的产品。组织必须向员工授权，广泛地采用团队形式作为授权载体，依靠团队发现和解决问题。

3. 全面的质量

不仅包括产品或服务质量，还包括工作质量的严格要求，这也是产品质量的前提。同时，不仅关注产品的适用性，对于安全性、经济性、环保性也比较重视。

4. 全面的质量管理方法

它是一门综合运用统计学、行为学、心理学、信息技术等各种学科方法的受顾客驱动的学问。

（二）全面质量管理的原则

1. 以顾客为中心

全面质量管理以顾客为中心，不断通过 PDCA 循环进行持续的质量改进来满足顾客的需求。顾客有两种界定标准，一种是“具有消费能力或消费潜力的人”，另一种是“任何接受我们的产品或服务的人”。顾客可以分为内部顾客和外部顾客。内部顾客是指企业内部的从业人员：基层员工、主管、经理乃至股东。外部顾客分为显著型和隐蔽型两种。显著型是指具有消费能力，对某商品有购买需求，了解商品信息和购买渠道，能立即为企业带来收入的顾客；隐蔽型是指预算不足或没有购买该商品的需求，缺乏信息和购买渠道，可能随环境、条件、需要变化的顾客。

顾客满意包括产品满意、服务满意和社会满意三个层次。产品满意是指企业产品带给顾客的满足状态，主要是产品的质量满意、价格满意。服务满意要求企业在产品售前、售中、售后以及产品生命周期的不同阶段采用相应的服务措施，并以服务质量为中心，实施全方位、全流程的服务。社会满意是指顾客在企业产品和服务的消费过程中所体验到的对社会利益的维护。它要求企业的经营活动要追求先进文化，遵循诚信原则，促进社会和谐。

2. 领导者的作用

一个企业从总经理层到员工层，都必须参与质量管理的活动，其中，最为重要的是企业的管理层必须对质量管理给予足够的重视。我国的《质量管理法》规定，质量部门必须由总经理直接领导。这样才能够使企业中的所有员工和资源都融入全面质量管理之中。

3. 全员参与

产品和服务的质量是企业中所有部门和人员工作质量的直接或间接反映。因此，组织的质量管理不仅需要最高管理者的正确领导，更重要的是全员参与。只有充分参与，才能使他们的才干为组织带来最大的收益。为了激发全体员工参与的积极性，管理者应该对员工进行质量意识、职业道德、以顾客为中心的意识和敬业精神的教育，还要通过制度化的方式激发他们的积极性和责任感。在全员参与过程中，团队合作是一种重要的方式，特别是跨部门的团队合作。

4. 过程方法

将活动和相关的资源作为过程进行管理，可以更高效地得到期望的结果。质量管理理论认为：任何活动都是通过“过程”实现的。通过分析过程、控制过程和改进过程，就能够将影响质量的所有活动和所有环节控制住，确保产品和服务的高质量。因此，在开展质量管理活动时，必须着眼于过程，把活动和相关的资源都作为过程进行管理，才可以更高效地得到期望的结果。

5. 系统管理

将相互关联的过程作为系统加以识别、理解和管理，有助于组织提高实现目标的有效性和效率。开展质量管理要用系统的思路，对组织内所有的方面进行全方位管理。在建立和实施质量管理体系时尤其如此。一般其系统思路和方法应该遵循以下步骤：确定顾客的需求和期望；建立组织的质量方针和目标；确定过程和职责；确定过程有效性的测量方法并用它来测定现行过程的有效性；寻找改进机会，确定改进方向；实施改进；监控改进效果，评价结果；评审改进措施和确定后续措施等。

6. 持续改进

持续改进总体业绩应当是组织的一个永恒目标。质量管理的目标是顾客满意。顾客的需要在不断提高，企业必须持续改进才能持续获得顾客的支持。另一方面，竞争的加剧使得企业的经营处于一种“逆水行舟，不进则退”的局面，要求企业必须不断改进才能生存。

7. 以事实为基础

有效决策建立在数据和信息分析的基础上。为了防止决策失误，必须以事实为基础。为此必须广泛收集信息，用科学的方法处理和分析数据和信息，不能“凭经验，靠运气”。为了确保信息的充分性，应该建立企业内外部的信息系统。坚持以事实为基础进行决策，就是要克服“情况不明决心大，心中无数点子多”的不良决策作风。

8. 互利的供方关系

组织与供方是相互依存的，互利的关系可增强双方创造价值的能力。在目前的经营环境中，企业与企业已经形成了“共生共荣”的企业生态系统。企业之间不再是短期甚至一次性的合作，而是致力于双方共同发展的长期合作。

三、质量问题

（一）质量问题

按照信息获取的程度，质量问题可以分为以下三类：结构式质量问题（structured quality problem）、病态结构式质量问题（ill-structured quality problem）及半结构式质量问题（semi-structured quality problem），如图 9－29 所示。

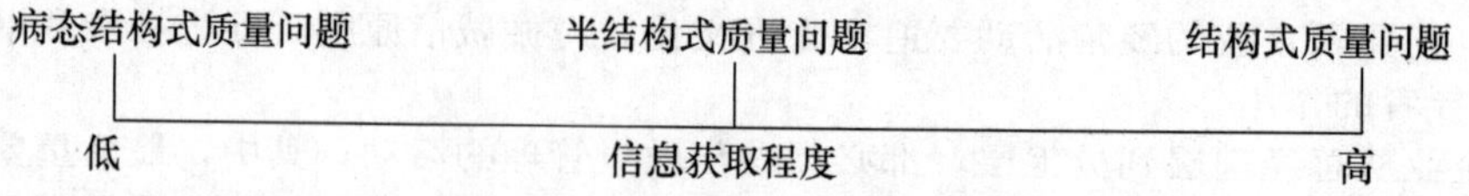

图 9－29 三类质量问题的信息获取程度比较

（1）结构式质量问题：这类问题可以获得完全信息，可以清楚地知道发生了什么状况。这类问题的解决可以使用定制化的程序，对于相应的问题采用相应的方法。

（2）半结构式质量问题：这类问题的清晰程度介于结构式和病态结构式之间，解决时可以遵循一定的步骤来处理，但也要随时注意及时对出现的不确定情况进行清晰判断和冷静决策。

（3）病态结构式质量问题：这类问题的信息高度模糊，具有隐匿性和综合性，不容易理清问题的脉络，它每时每刻都有可能在变化。对于它的最优解决方案可能在下一刻就不再起作用了。无法采用定制化的思路来处理，最好的方法是进行专门的系统性研究，根据环境优先性选择创造性的方案加以解决。

（二）质量问题的影响因素

在质量统计方法中我们曾经介绍了 4M1E 五个因素，全面质量管理还需要考虑测量（measurement）。因此，对质量造成影响的六个因素是：

（1）操作者的影响：操作者的质量意识、手艺好坏以及工作精神状态等都会对产品质量造成影响。

（2）机器的影响：机器调整设定的精度、维护的情况等会对质量造成影响。

（3）原材料的影响：原材料的质量、成分构成、物理性质等会对质量造成影响。

（4）方法的影响：采用的工艺、流程的选择、操作的规章等都会产生一定的影响。

（5）测量的影响：质量的测量方法是否标准精确、是否消除了异常因素的干扰会对质量造成影响。

（6）环境的影响：生产环境的温度、湿度、亮度、舒适度条件等也会有影响。

四、全面质量管理的实施

全面质量管理的实施要遵循以下五个步骤。[①]

（一）设计试制阶段的全面质量管理

在设计试制过程中，全面质量管理的任务主要有两项。第一项任务是根据产品的使用要求，对顾客使用本产品的情况进行实际调查，并以调查结果和科学研究成果等信息为基础，保证和促进设计的质量。全面质量管理要求将顾客的需求放在首位，因此，顾客需要什么样的产品，企业就应该设计什么样的产品。第二项任务是考虑现有的生产条件，努力获得较高的生产率和良好的经济效率。

全面质量管理的具体内容在设计试制过程中大约体现在十个方面，包括根据科学的信息制定质量标准和目标、保证开发研究工作的质量、确保方案论证的质量以及保证工艺图纸的质量等。因此，在设计试制过程中，全面质量管理所要完成的任务就是监督整个质量过程。

（二）生产阶段的全面质量管理

由于传统的质量管理理念的影响，绝大多数人都片面地认为全面质量管理仅仅是在生产制造过程中进行的。实际上，全面质量管理是涉及全过程的质量管理。生产制造过程中的质量管理只不过是全面质量管理中比较小的一部分。

在生产制造过程中，全面质量管理要求做到五点，分别是加强工艺管理、组织好技术检验工作、把握好质量动态、加强不合格品的管理以及抓住工序质量关键点。其中，工序经常是造成质量事故或决定产品质量能否满足顾客需要的关键点。因此，我们通常在工序质量关键点中建立质量管理点，并运用控制图来保证质量。

（三）辅助生产阶段的全面质量管理

每生产一件产品都需要采购必需的原材料、生产工具和机器设备，因此，对于辅助生产过程来说，全面质量管理所管理的内容就是生产所需物资供应的质量管理，只有控制好原料的质量，才能为达到良好的产品质量打下基础。辅助生产过程中全面管理质量的另一个方面就是工具供应质量的管理。在产品的生产制造过程中必须使用各种各样的工具，工具质量管理的好坏直接影响到质量管理的效果。

（四）产品使用阶段的全面质量管理

全面质量管理涉及全过程和全方位的质量管理，因此，产品到用户手中后，仍然需要我们重视质量管理。在产品的使用过程中，全面质量管理的具体内容之一就是开展产品技术服务工作。在软件行业和电子行业中，特别是电子产品模块化的生产中，产品的技术服务工作已成为产品全面质量管理的重要内容之一。

全面质量管理在产品使用过程中的另一个重要内容就是进行使用效果和使用要求的调查，并且认真处理出厂产品的质量问题，即产品的售后服务已经上升为质量管理的内容。

（五）维修过程的全面质量管理

影响产品质量的因素可以从 5M1E 入手进行分析，有针对性地找出导致质量事故的原因，从而更好地预防质量问题的发生。

全面质量管理在维修过程中的任务主要有三项：消除人为差错，因为在众多的质量问题和质量事故中，人为差错是最主要的原因；使用先进的技术和维修方式；采用制造过程中的

---

① 刘立户．全面质量管理．北京：北京大学出版社，2004.

质量管理方法，如设置工序关键点和运用控制图等。

经过以上这些步骤之后，在全面质量管理的实施上要取得成功，还得注意到对组织核心价值观的注入，营造持续改善的气氛。要能够授予并培养员工的创新能力，使员工为了质量的最优而不断努力，激励员工不断进步，并使员工时刻关注消费者的需求。

本章案例 >>>

丰田汽车“召回门”事件

“日本制造”享誉世界，“丰田制造”几乎是日本制造的代名词，1936—1972 年丰田累计生产汽车 1 000 万辆，1972—1976 年仅 4 年时间丰田又生产了 1 000 万辆汽车，20 世纪 90 年代初丰田汽车年产量近 500 万辆，击败福特汽车名列世界第二。丰田靠着独步全球的精益生产方式（lean production）和供应链利益一体化的“大丰田战略”，再加上全球金融危机对美国汽车业的沉重打击，终于在 2008 年取代美国通用汽车成为全世界汽车制造商的老大。然而，2009 年的大规模全球召回事件考验着丰田乃至日本制造业。

丰田著名的“召回门”事件始于 2009 年秋季。数据显示，丰田所产车辆突然加速问题自 2000 年以来涉嫌与累计致死 34 人的车祸投诉相关。丰田决定在中国、美国以及欧洲实施大批量召回，美国丰田还决定暂时停止生产此次召回的子品牌。其中美国召回 230 万辆，欧洲召回 140 万辆，中国召回 7.5 万辆。实际上，自 2009 年年底在美国加利福尼亚爆发汽车史上最大的召回事件以来，丰田又遭遇了“踏板门”“脚垫门”“刹车门”“生锈门”“转向门”等一系列风波。

众多汽车产业专家则开始怀疑丰田的质量神话是否依旧坚挺。有关人士指出，丰田连续大规模召回与它的零件通用化战略、捆绑式管理模式有关。更有专家指出，丰田质量的下降，与其产量快速膨胀、忽视科学管理有直接的关系。

事实上，丰田这几年连续召回已经大大触动全球消费者的神经，尤其当丰田引以为傲的雷克萨斯也发生召回时，有关丰田质量的神话广遭质疑。在一系列对外解释中，丰田竭力否认质量问题与其成本之间的关系，其相关高层管理者在一次道歉之后，不得不进行下一次道歉。2004 年 7 月至 2009 年 8 月，丰田在中国共有 24 次召回，涉及车辆近 120 万辆。而同期丰田在中国市场售出的汽车也不过是 130 多万辆，也就是说，丰田在中国平均每卖出 10 辆汽车，就有 9 辆存在隐患需要召回。如此频繁地大批量召回，让丰田的质量大打折扣。在一项“你是否还会购买丰田汽车”的网上调查中，有 1 万多名网友参与，其中有 73% 的网友表示不会购买。

丰田也承认质量有问题。丰田社长丰田章男提出“质量比数量更重要”，丰田宣布放弃夺取全球 15% 市场份额的目标，从而退出了全球销量第一的争夺战。

综上所述，从短期影响来看，丰田召回事件直接导致股价下跌、评级下降、销量下降、经济损失巨大（召回问题车的巨额成本、车型停售带来的损失，以及巨额索赔等），同时竞争对手趁机争夺丰田的市场（通用、克莱斯勒、福特、现代出台优惠政策拉拢丰田的顾客）。从远期影响来看，丰田品牌受损、声誉下降，严重影响消费者的企业战略终于铸成大错。快速扩张的发展模式无所谓对错，但在无限追求企业规模的过程中应该控制好快速发展和稳健发展之间的关系。在长期形成的优秀企业文化指导下，客观分析和处理外部威胁和机会、内部优势和劣势之间的相互关系，科学预测外部环境的发展变化，合理整合企业内部资源和能力，有效控制生产经营管理各环节的平衡协调，才能使公司的快速发展立足于坚实的土壤之上。我国许多企业处于高速发展时期，在高速发展的过程中，必须进一步强化企业文化建设的基础地位，处理好快速发展与稳健发展之间的关系，客观分析内外部环境，根据企业现状和特点实现科学发展与平衡发展。

丰田的精益生产起源于 20 世纪 70 年代，其最终目标就是提高全公司的利润，消除浪费。精益生产的思想包括准时制生产，即只在用户需要时，按需要数量生产用户满意的产品，同时追求七零管理：零浪费、零缺陷、零库存、零停滞、零切换、零工伤、零工序间在制品。实现精益生产的重要手段有拉动式看板管理，即后道工序向前道工序领取工件，前道工序只生产将被领取的那部分工件，实现适时、适量、适产品的生产。

思考题

1. 要克服本案例生产过程中的质量问题，你认为应当抓住哪些环节？

2. 丰田的精益生产和质量管理目标之间是否有冲突？主要表现在哪里？

3. 丰田召回事件对我国制造企业有什么启示？

□ 本章小结

本章主要讲述质量、质量管理、质量管理的工具和质量统计方法，并介绍六西格玛质量管理的方法和服务质量的特性与测量模型。首先介绍了质量和质量管理的含义，而后介绍了它们的发展过程，通过理论知识的不断阐述，引出了质量管理的方法和工具。质量管理的方法分为三个部分：质量策划、质量检验、质量改进。在分析质量策划时，引入了质量功能展开和质量屋的概念；在分析质量检验时，引入了抽样特性曲线；在分析质量改进时，通过 PDCA 循环阐述了质量改进的过程和步骤。质量管理的工具列举了常用的七种工具：流程图、鱼骨图、散点图、柱状图和直方图、联列表、帕累托图以及控制图。在质量统计方法中，着重分析了质量管理中广为采用的抽样检验法和统计过程控制。在分析统计过程控制时，还介绍了 $\overline{X}$—R 图的构造过程。针对于六西格玛质量管理方法，介绍了其统计方法和质量改进方法（DMAIC），并对六西格玛质量管理方法下的持续改进作了分析。

服务质量的测量与有形产品的质量评价有很大的不同，其测量可以从多个维度、采用多种模型进行。在对服务质量进行管理的过程中，要重视服务接触，恰当地进行服务承诺。

□ 复习题

一、简答题

1. 简述质量管理理论的发展过程。
2. 简述六西格玛质量改进的方法。
3. 简述质量屋的概念以及其建造的步骤。
4. 简述 4M1E 方法。
5. 简述质量功能展开的概念。
6. 简述服务质量的特性。
7. 提高服务感知的方法可以有哪些？
8. 狩野模型的内容是什么？
9. 简述全面质量管理的八大原则。
10. 试分析质量功能展开的作用。
11. 简述设计中的全面质量管理。

二、论述题

1. 试述质量管理七种工具的作用。
2. 六西格玛管理的过程改进模式 DMAIC 与 PDCA 循环有何联系？
3. 服务质量的测量模型侧重什么？
4. 试述全面质量管理的实施过程。

三、计算题

1. 一种钢板平均能够承受 20 000 千克的力，并且已知方差是 800 000 平方千克。

（1）样本大小 $n=4$，并且要使第一类错误产生的可能性为 0.03，求均值的控制界限。

（2）样本大小 $n=5$，并且要使第一类错误产生的可能性为 0.03，求均值的控制界限。

2. 使用 $\overline{X}$—R 控制图，对研磨和钻孔工序进行检验。已抽取了观测数为 $n=20$ 的 6 组样本，且已计算出样本均数和极差，如表 9-12 所示。

表 9-12

样本	均值	极差
1	3.06	0.42
2	3.15	0.50
3	3.11	0.41
4	3.13	0.46
5	3.06	0.46
6	3.09	0.45

(1) 查表得 $A_2=0.18$，$D_3=0.41$，$D_4=1.59$，试计算 $\overline{X}$—R 图的上下控制界限。

(2) 工序是否处于控制状态？为什么？

四、延伸思考题

1. 大白新近购买了某世界知名品牌的智能手机一部。遗憾的是手机不小心摔坏了。他在微信朋友圈里吐槽，抱怨手机太不经摔了！为此引来了朋友们的纷纷议论。大家分为两派：一派认为是他自己不小心，不能怨手机厂商；另一派认为手机太不经摔也是质量问题。你的观点是什么？为什么？

2. 日本 7—11 公司要求所有员工每周必须至少有两餐食用 7—11 公司自产的食品。你认为这样做的目的是什么？

3. 大黑刚刚领到了大学毕业后的第一笔工资，决定好好犒赏一下勤劳节俭、辛苦培养他的父母亲。他精心地挑选了一家餐馆，请父母一起共进晚餐。当父母看到他买单时的费用不菲时，抱怨说这餐馆虽然环境不错，但是口味其实一般，太贵了！结果弄得一家人不欢而散。你认为他们对餐饮的评价分歧在哪里？为什么？

M

第5篇

服务运营管理

第10章 服务收益管理

Chapter10

本章要点

- 掌握服务收益管理的本质特征；
- 理解服务收益管理的方法；
- 理解收益管理在各行业的应用。

第1节 收益管理基本理论

一、收益管理的产生和发展

收益管理（yield management，YM/revenue management，RM）又称产出管理、价格弹性管理、效益管理、实时定价，起源于美国航空业。1978年美国政府颁布《解除航空公司管制法》解除航空管制后，在美航空公司的数量从19家猛增到1984年的400多家，短短7年时间里增加了20倍。面对日益激烈的市场竞争，美国航空公司（American Airline）基于对市场需求的分析和计算机技术的应用，开始实施收益管理，取得了令人瞩目的成绩。[①] 具体地，收益管理经过了YM和RM两个阶段。YM阶段是1987年前，贝洛巴巴（Belobaba）提出revenue management这个概念后[②]进入RM阶段。据统计，美国航空公司1989—1991年间通过收益管理获益14亿美元。美国航空运输业的两次行业革命促成了收益管理的产生和发展，第二次世界大战之后迅速发展起来的运筹学与管理科学是收益管理发展和应用的理论基础；而产生于20世纪50年代的计算机以及网络技术为收益管理的发展和应用提供了必不可少的技术基础。[③] 美国航空公司当年采用了基于世博计算机系统（Semi-Automated Business Research Environment，SABRE）的收益管理应用系统DINAMO（Dynamic Inventory and Maintenance Optimizer）。目前收益管理已成功应用于宾馆酒店、汽车租赁、铁路客运、电视广告等服务行业。

二、收益管理的相关概念

（一）收益管理的概念

我们经常遇到这样的情形：乘坐同一航班同一等级的座位，机票的价格却不相同，有时

① 周晶，杨慧．收益管理方法与应用．北京：科学出版社，2009.

② Belobaba P P. Survey paper—airline yield management：an overview of seat inventory control. Transportation science，1987，21（2）：63-73.

③ 陈志刚．网络收益管理与定价研究．北京：中国物资出版社，2008.

甚至相差很多；入住同一酒店同样级别的客房，房价有时也大不相同；在同一餐馆用餐，午餐时打八折，晚餐时却没有任何折扣，有些餐馆的返券仅适用于工作日，不能用于节假日和周末；午夜打长途电话的花费要比白天便宜很多。如何解释这些现象呢？实际上，这是因为它们或多或少都使用了一种先进的管理方法——收益管理。

所谓收益，总体上讲是指实现的收入占最大可能收入的比值。这与"收益是指该财产收取的天然的或法定的孳息"是一致的。具体对于 YM 和 RM 来说，实现收入的计算又有所不同。YM 强调每一乘客每公里所创造的收入，其计算方法是乘客总数×总飞行公里/总收入。RM 强调每一座位每公里所创造的收入，其计算方法是座位总数×总飞行公里/总收入。

而收益管理的定义则有很多种。克罗斯（Robert G. Cross）认为，收益管理是在微观市场水平上预测顾客需求并优化生产能力和价格的艺术和科学。① 这一定义描述了收益管理的作用原理。戴维斯（Davis）等指出了收益管理的实质，简单地将收益管理描述为诱导或者说强迫顾客向企业支付尽可能高的价格的过程。② 而金（Kimes）等力图全面准确地描述收益管理的内容和本质，将收益管理定义为运用信息系统和定价策略，在合适的时间、合适的地点，以合适的价格将产品销售给合适的顾客。③

多纳吉（Donaghy）和利姆伯曼（Liemberman）等学者从技术出发，认为收益管理是企业生产能力的管理工具，即通过对信息系统、管理技术、概率统计和组织理论、经营实践和知识等进行优化组合，增强企业的收益能力和对顾客的服务能力。这种认识强调了技术手段在收益管理过程中的作用。

琼斯等（Jones et a1.）把收益管理理论视为酒店业主实现盈利能力最大化的服务管理系统，即通过对细分市场盈利能力的辨别，确定销售价值、价格设定、折扣生成、订房过滤准则，由此有效控制价格、客房资源，以实现酒店盈利能力的最大化。这是从系统角度分析市场、价格、存量等要素对收益的影响，强调整体收益最大化。

利特尔伍德（Littlewood）提出的机票预订折扣费用准则理论和二阶分类模型、贝洛巴巴提出的预期边际座位值理论等，开启了收益管理研究的新篇章。

乔恩塞伊特尔（Jaunceyetal）从企业经营目的的视角，提出收益管理就是根据需求预测，调整客房入住率以实现客房收益最大化。

胡质健认为，收益管理是指对消费者的行为模式进行分析，对市场供求关系的变化进行预测，在此基础上优化产品和服务、销售价格和销售渠道的组合，以最大限度地满足各细分市场的需要，同时最大限度地提高企业产品、服务的销售总量和单位销售价格，从而获得最大收益的动态管理过程。④

对以上关于收益管理理论基本内涵的观点进行归纳可以看到，收益管理理论的目标是提高企业的收益、利润，基本内涵是企业在市场预测和市场细分的基础上，利用先进的管理方法和技术手段，优化资源和价格，实现利润最大化。

对收益管理进行定义很难做到全面而又准确，它既是涉及众多领域的一种商业哲学，也是包含众多方法的方法论。本书将收益管理定义为：在对市场供求关系和各细分市场上消费者行为模式进行分析和预测的基础上，确定最优价格和最优库存预订策略，实现最大限度提高产品的销售总量和单位产品的平均价格，从而获取最大收益的动态管理过程。收益管理的核心是价格歧视，即根据不同的顾客需求特征和价格弹性执行不同的价格标准，通过价格剥

---

① Cross R G. Revenue management：hard-core tactics for market domination. Broadway Books，New York：NY，1997.

② Davis F D，Bagozzi R P，Warshaw P R. User acceptance of computer technology：a Comparison of two theoretical models. Management science，1989，35（8）：982-1003.

③ Kimes S E，Chase R B，Choi S，Lee P Y，Ngonzi E N. Restaurant revenue management. Cornell hotel & restaurant administration quarterly，1998，39（3）：32-39.

④ 胡质健. 收益管理：有效实现酒店收入的最大化. 北京：旅游教育出版社，2009.

离将那些愿意并消费得起的顾客和为了使价格低一点而愿意改变自己消费方式的顾客区分开，在恰当的时间将适当数量的产品以合适的价格销售给适当的顾客，最大限度地开发市场潜在需求，以获得最大效益。为说明收益的概念，现举例如下。

【例 10-1】 伦敦飞往悉尼的某航班容量为 300 个座位。现在通过市场细分以及消费者行为分析得知，高价值 A 类顾客愿意支付 1 000 英镑，其边际成本为 100 英镑，因此边际贡献为 900 英镑。低价值 B 类顾客只愿意支付 500 英镑，其边际成本为 80 英镑，因此边际贡献为 420 英镑。现预测 A 类顾客期望数量是 175 位，B 类顾客期望数量是 150 位。如何分配航班座位才能获得最大的收益？

解： 通过边际分析可以知道，两类顾客预期边际收益相等的座位安排能够获得最大的收益。座位分配工作如此展开：

首先，分别分配 A，B 两类顾客 180 和 120 个座位。经测算，A 类顾客超出 180 个的概率为 46%，而 B 类顾客超出 120 个的概率为 88%。因此，A，B 两类顾客的预期边际贡献分别为 0.46×900=414 英镑和 0.88×420=370 英镑。为使两者的预期边际贡献相等，必须调高 B 类顾客超出的概率、降低 A 类顾客超出的概率，也即分配更多座位给 A 类顾客，更少座位给 B 类顾客。经过不断逼近，得到分配 A 类顾客 184 个座位、分配 B 类顾客 116 个座位，其预期边际贡献大抵相等。这样就得到了收益最大的座位分配方案。

最大可能收入为以全价 1 000 英镑卖掉 300 个座位的收入，即 300×900=270 000 英镑。现在分配 A 类顾客 184 个座位，B 类顾客 116 个座位，那么该方案的收益为：

$$\text{收益}_{(184\text{个全价，}116\text{个低价})}=\frac{184\times900+116\times420}{270\ 000}=79.4\%$$

如果该航空公司售出了 200 张全价票和 90 张低价票，那么其收益是 80.7%。

请注意：收益最大化不一定是载运率最大化，也不一定是平均收益最大化。

【案例分析 10-1】 某航班有 300 个座位：全价为 1 900 元，折扣价为 1 300 元。现在有三种销售结果及其收入，如表 10-1 所示。

表 10-1

序号	票价结构	销售结果	总收入（元）	平均收入（元）	载运率
1	50 张全价，250 张折扣价	最高载运率	420 000	1 400	100%
2	190 张全价，50 张折扣价	最高平均收入	426 000	1 775	80%
3	135 张全价，135 张折扣价	最高总收入	432 000	1 600	90%

计算可知，收益最大的是第二种结果。实现收益最大化的关键是价与位的优化组合。

从会计学的角度，收益是指来自企业期间交易的已实现收入与相应费用之间的差额。因为采用收益管理的行业具有固定成本高而边际成本低的特点。为简化起见，本书后续内容若无关会计科目，都将实际收入视为收益。

（二）收益管理的核心

与传统的价格管理和销售理念不同，收益管理策略主要体现在如下方面。

1. 平衡供需

收益管理关注的重点是价格而非成本。解决短期需求波动的策略以价格为先，调整产能为后。

2. 定价基准

采用以市场为导向的定价方法，而非以成本或利润为导向的定价方法，按照消费者愿意接受的价格来定价，必要时降低成本以满足利润的要求。

3. 销售对象

销售对象不是大众市场，而是将客源市场细分，在细分市场中采取歧视价格，用不同的价格满足不同价格敏感度的市场，形成最佳的市场组合，寻求提高收益的机会。

价格歧视策略的经济学分析如下：如图 10－1（a）所示，经济学供需平衡分析的前提是忽略消费者的差异，对大众市场采用统一价格。假设需求函数是 $q=100-p$，则平衡发生在 $p^*=50$，$q^*=50$ 处。因此得到收益 $r=p^*\times q^*=2\,500$。也就是图 10－1（a）中的阴影部分面积。

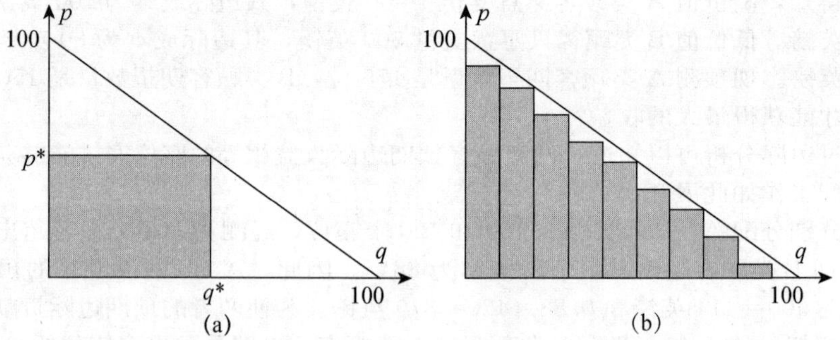

图 10－1　收益管理的经济学原理

如果采用歧视价格（见图 10－1（b）），那么收益为 $r=(1)(99)+(1)(98)+\cdots+(1)(1)=4\,950$，这几乎是大众市场平衡价格下收益的两倍。

4. 关注重点

保留产品待价而沽。将部分甚至全部产品和服务保留下来，等到适当的时机销售给最有价值的顾客，从而颠覆了“先购先得”的观念。

5. 决策依据

收益管理决策的制定基础在于知识而不是假设。这些知识包括对供求关系的预测及消费者购买行为的分析等，以便针对细分市场做需求预测，而非主观臆断。收益管理策略建立在预测的基础上。预测误差可能导致收益风险。

6. 把握规律

每个产品都有价值周期，针对每个细分市场的价值周期将产品的供应和价格最优化，使同样的产品和服务在不同市场环境下拥有不同的价值和价格，以获取最大收益。

7. 绩效评估

收益管理是一个动态管理过程，收益管理人员要不断评估提高收益的机会，并采用相应的策略。有时一天内要多次更新数据，多次进行优化运算，多次改变策略。为此，要让一线员工拥有决策辅助工具，使他们能够针对细分市场做出机动性决策。

三、收益管理适用行业的特征

收益管理将是 21 世纪最重要和回报率最高的管理策略之一。在酒店业，由于收益管理系统对公司决策和创利的巨大影响，世界许多著名酒店集团，特别是欧美的主要酒店集团管理层都对收益管理高度重视，先后建立了专门的收益管理部门，并配置了能进行大量数据分析和实时优化处理的计算机系统。目前其应用领域逐步向银行、汽车租赁①、交通运输、电信、电力等服务行业拓展。收益管理并非适合所有行业。一般来说，收益管理适用于具有如下特征的行业。

（一）服务能力相对固定

例如航空业、酒店业等，这些行业因需购买新飞机、修建新酒店、开设新营业网点等，前期投资规模大。其最大服务能力在相当长时间内难有变化，而市场需求变化大，因此，短

① 王勇，夏杨．汽车租赁收益管理的研究现状综述．现代管理科学，2011（4）：90-92.

期内不可能通过改变服务能力来满足需求变化。在有限能力条件下通过策略性地定价提高收益是其行业特征之一。

(二) 需求可预测

借助计算机或人工预订系统，可以通过收集顾客和市场信息了解不同顾客需求变化的规律，进行分析预测，据此制定出合理的资源存量配置和定价机制进行需求转移，从而实现最大化企业收益的目的。

(三) 产品或服务具有易逝性

不同于传统制造业的产能，航空、酒店、租车等服务企业的服务能力具有易逝性。在一定时间内未被使用的服务能力将永久性地消失，损失其潜在的收益。通过价格折扣等手段可以有效降低资源的闲置率，实现收益增长。

(四) 顾客需求多元化

航空、酒店、银行等行业的市场具有多元化特征。不同顾客对企业产品或服务的价值、时间和价格等的敏感度不同。采用单一价格策略将会造成顾客流失或潜在收益流失。采用高价策略将失去价格敏感性顾客和导致资源闲置，采用低价策略则无法满足大量需求，导致高价值顾客向低价值顾客转移，服务质量难以提升，最终影响企业收益。对市场进行有效细分，为不同细分市场的顾客制定不同的价格从而实现资源的高效分配是解决企业资源闲置或潜在收益流失问题的重要途径。

(五) 市场需求波动较大

航空、酒店、银行等行业面临顾客需求不确定、呈季节性或时段性波动、淡旺季严重不均等问题。企业完全有必要基于市场需求变化规律，在旺季提高价格增加收益，在淡季通过折扣等提高资源利用率，减少资源闲置。

(六) 固定成本高而边际成本低

前期投资大决定了行业的固定成本高。而同时增加一个单位服务（比如航班上增加一名乘客、再多租出去一辆车、增加一间房间的旅客等）的边际成本非常低。以波音 737－300 机型的航班为例。根据某航空公司机型成本数据，平均每个航班的总成本大约 6 万美元，其中固定成本分摊大约 5.5 万美元，而增加一名乘客的边际成本约为 30 美元。固定成本是边际成本的 1 833 倍，因而多载旅客能在不明显增加成本的基础上获取更大的收益。

(七) 产品或服务可预售

通过预售产品或服务，可以用一定折扣提前锁定价格敏感而时间不敏感的顾客，降低资源闲置概率；同时，要设置限制条件防止对时间或服务敏感的顾客向低价流动，造成潜在收益损失。预售数据可用于动态分析预测，根据不同需求层次的顾客购买资源的分布情况和剩余服务能力进行动态定价，在确保资源不闲置的前提下，尽量将资源留给愿出高价的顾客。

四个不同行业的收益管理如表 10－2 所示。

表 10－2　　四个不同行业的收益管理

项目	航空客运业	酒店业	汽车租赁业	游艇业
资源	航程	不动产	场所	航行
资源单位	一个座位	房间一晚	租赁一天	一个舱位
资源类型	服务等级	房间类型	汽车类型	舱位等级
类型数量	1～3	1～很多	3～10	5～10
产品	航线	到达日期/入住天数	到达日期/租赁天数	游艇
每类资源的产品	新型航空公司很多	很多	很多	少

第2节 收益管理的过程与方法

一、收益管理的实施过程

收益管理的实施过程是指收集和整理各种反映过去、现在和未来情况的信息和数据，进行分析和预测，制定收益管理策略，如客房价格、销售渠道、细分市场、销售限制条件等，并付诸实施。实施过程中，将预测结果和实际情况进行对比和分析，找出偏差，检查预测准确性，评估收益管理策略，不断完善收益管理工作。

收益管理工作是从分析数据到预测未来，再到回顾评估和总结收益管理策略的一个循环过程，如图 10－2 所示。

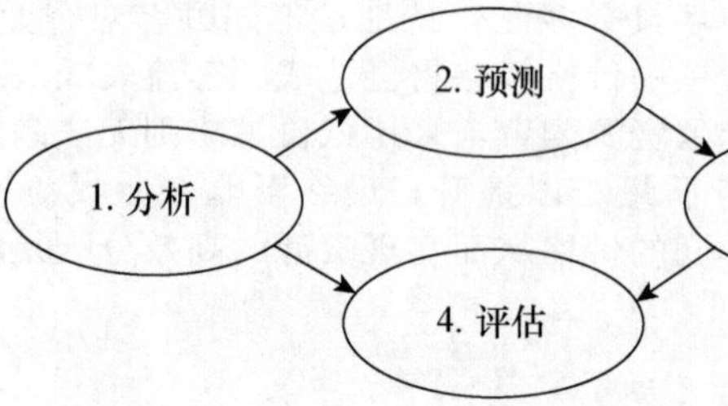

图 10－2　收益管理过程循环图

收益管理的主要环节有如下几个方面（见图 10－3）：

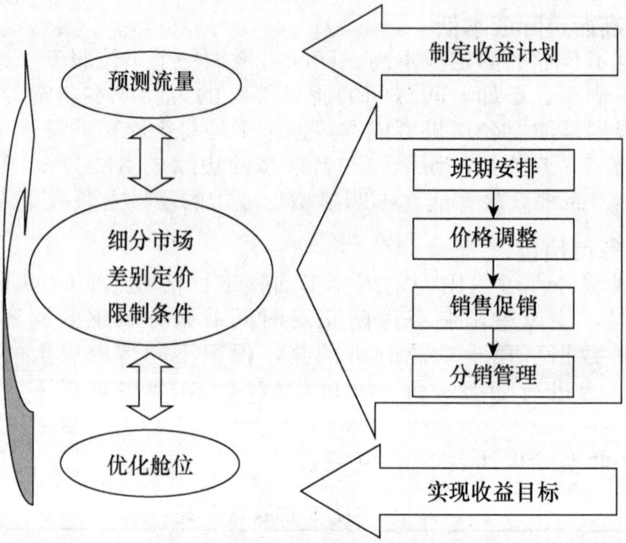

图 10－3　收益管理的主要环节

首先是制定收益计划，即确定在未来一段时间内计划获取的收益将是多少。计划是管理的首要职能，是开展后续工作的基础。良好的收益计划将有利于实现收益最大化。

其次是预测分析与模拟。包括流量预测与监控、市场分析与定价决策、动态调整优化三个方面。市场分析与定价决策还包括对市场进行细分然后差别定价，并确定限制高价顾客购买低价服务的条件。

在此基础上进行管理，如班期安排、价格调整、促销、分销管理等。这是对市场预测与分析的检验与策略的实施环节。该环节需要良好的授权以保证直接面对市场的一线员工有权进行动态调整。相应的信息技术、收益管理系统也将辅助这些决策。

最后是实现收益目标。要针对计划进行目标检验和分析，找出经验与不足，修正对市场的分析预测知识，不断提高收益管理水平。

二、需求预测

（一）需求预测的重要性

提高预测的准确性对整体的经营非常重要。以酒店业为例，影响旅游市场的因素非常多，不仅包括外部的政治、经济、文化以及自然环境等因素，还包括酒店内部因素以及酒店所在微观市场的供求关系和竞争因素。影响因素如此多而复杂使得酒店管理者难以完全理解和把握未来态势。不过，可以通过运用科学的手段，如计算机软件和数理统计方法分析研究历史数据，推断酒店市场的变化趋势，同时可通过充分调查研究影响微观市场变化的各个因素，修正预测误差，提高预测准确率。在实际工作中，预测准确率成为衡量收益管理人员工作水平和业绩的重要指标之一。很多酒店要求预测误差绝对值控制在3%之内。

如能准确预知未来，酒店经营管理人员就敢于并善于承担风险，以取得最大的可能收益，避免因短时和仓促的决策丧失良机；就能减少对未来不确定性的恐惧，从而避免出现短视决策和仓促决策的情况。

有社会学家找了一组人进行心理测试，给每人两个选项，让他们自行选择。一个选项是工作一天，然后马上支付每人200美元工资。另一个选择是做一天同样的工作，付给每人600美元，但是要等一年后才能兑现。测试结果表明，尽管第二个选项的工资是第一个选项的3倍，但是大多数被试还是选择了第一个选项。原因是他们对一年后能否得到600美元没有信心，第二个选项让他们感到不安全，对他们来说，现在的200美元比一年后的600美元更实在、可靠。

上面的例子说明，对大多数人来说，现在比将来更重要，人们更愿意接受确定的结果，即使不确定性可能带来更高的收益。因此，很多人为了眼前的小利而抛弃了未来的大利。这种对未知情况的恐惧心理在酒店经营管理过程中的一个显著表现是大多数经营管理者急于把酒店的产品和服务，如客房尽早卖出去。因此，在离客人入住日还很早时，便将客房销售一空。其实，如果预测酒店需求将很大，就不该急于将房间过早地销售一空，而要预留一定比例的客房，等到离入住日较近时以更高的价格销售。可见，准确预测和分析市场供求，增强对未来的信心，敢于并善于承担风险，有助于打破常规，获得高额回报。

进行收益管理工作，每天都要做非常多的决策，如选择销售渠道、决定价格高低、是否接受某个预订、增减销售限制条件、选择细分市场等。收益管理的每个决策都建立在准确预测的基础上。如果对未来市场需求的预测过于乐观，就可能会把房间价格订得太高，或者客房销售渠道以及销售限制条件控制得太严，导致很多房间卖不出去，最后不得不临时降价以提高客房出租率。相反，如果对市场需求的预测过于悲观，就可能会把房间价格订得太低，或者没有对销售渠道和销售条件加以限制，导致大部分房间甚至全部房间很早就卖完，坐失增加收益的良机。由此可见，预测准确是多么重要！

（二）常用的预测方法

最早有关收益管理预测问题的研究是Beckmann and Bobkowski（1958）对旅客订座需求统计模型的研究。在McGill and van Ryzin（1999）的文献综述中列出了1958—1999年几乎每年的主要研究人员。

有关预测的理论研究方法有两种：统计方法和随机过程方法。统计方法是对需求分布建模，通过对旅客需求分布的研究来建立描述旅客订座、取消和购票不登机（No-Show）等行为的统计模型。大量的实验研究表明，正态概率分布可以较好地拟合总需求的分布。随机过程方法是对到达过程建模，通过对单个订座要求到达过程的分析建立随机到达过程模型，以此构造总需求分布。大量研究表明，混合泊松过程得出的累积分布比较符合实际数据。

由于商业机密的原因，航空公司一般不愿将其具体预测方法公开。在实际应用中大多数预测还是使用相对简单的移动平均技术和指数平滑技术，最近则开始使用订座轮廓分析，对特殊情况就需要人工干涉了。另外，目前在处理历史数据时一般采用时间序列预测法（多用指数平滑法处理），而不进行因果分析。随着收益管理研究的深入，开始出现有关顾客选择模型的研究来辅助需求预测。美国航空公司的研究（Smith，1992）表明，影响顾客选择的因素包括航班离港时间、联程与直达、整个路程的时间、价格和服务限制等，顾客选择模型影响顾客取消概率、售出概率等收益管理模型中的其他重要部件。

1. 季节指数法

它是指先利用完整的历史时间序列预测出趋势值，再计算出季节指数，然后对趋势值进行调整的预测方法。最常用的公式是：

$$Y = TS + E \tag{10-1}$$

式中，Y 代表预测对象，T 和 S 分别代表预测对象的趋势值和季节指数，E 代表不规则变动。使用季节指数法预测航班某一运价等级的旅客需求有两种具体方法：

（1）温特斯（Winters）法。温特斯法根据观察值时间序列和季节指数时间序列资料，用指数平滑法对长期趋势和季节变动逐步平滑调整，进行趋势、季节变动预测，从而克服了传统方法的局限。这种方法适用于对含有线性变动趋势和季节变动不稳定的时间序列的预测。

（2）博克斯-詹金斯（Box-Jenkins）法。20 世纪 60 年代提出的博克斯-詹金斯法是目前较好的单一变量时间序列预测法。这种方法比较完善，预测精确度高，但计算量很大，需要借助计算机进行计算。其基本模型有以下几种：自回归模型、移动平均模型、混合回归移动平均模型、积分自回归移动平均模型。

2. 同期预测法

同期预测法就是使用不同周期的历史数据预测未来周期的同一时期。这种方法在使用的数据上排除了季节变动的影响，又分为多种具体方法：

（1）时间序列法。使用时间序列预测法中的简单平均法、指数平滑法，利用历史航班最终订座数预测未来同一航班的订座数。

（2）回归预测法。即记录航班订座每天的变化量和变化原因，然后分析变化量和变化原因之间的关系，建立回归模型进行预测。但请注意，这样会使信息存储量成倍增长，在现实中难以实现。因此人们采取了折中的回归预测法，即利用航班总订座数和在时间 T 以前的订座数的相关关系，建立回归方程预测航班总需求。

设航班总订座数为 Y，在离港的 T 时刻以前订座数为 X，则可以利用若干历史航班在 T 时刻以前的订座数 X_i 和航班总订座数 Y_i，结合最小二乘法建立回归方程：

$$Y_i = a + bX_i \tag{10-2}$$

若已知当前订座数 X_i，可求出 Y_i，即得到航班总订座。

（3）增量预测法。即根据订座系统中航班订座数据随离港日期临近的变化情况，使用航班已有订座加上随后会产生的订座增量来预测航班最终的订座需求。这种方法又有两种模型：古典增量模型和改进增量模型。

（三）预测方法的选择

在实际旅客需求预测中，由于航空公司的航班数量很多，预测工作量相当大，选择预测方法不可能仅以预测精确度为依据。一般要综合考虑以下方面：

1. 便于理解

收益管理中的需求预测方法从最简单的算术平均法到复杂的积分自回归移动平均模型都可以使用，但必须考虑到预测离不开人的参与，任何方法只有被人们很好地理解，才能有效发挥作用。

2. 便于使用

航班的订座需求预测是一个动态的过程，需要不断根据新的订座数据及时产生预测结果，才能满足决策的需要。选择方法时必须考虑到模型的难易程度。

3. 预测精确度

不能一味考虑简单化而不考虑航班数据的复杂性。所选择的预测方法应该和数据的特点相匹配，这样才能提高预测精确度。

4. 实践中航班需求预测的基础

包括实践工作者对航班需求预测的认识、实践中使用的预测方法、实践中积累的航班信息资料等。

5. 投资要求

一般来说，数据存储量越大、计算量越大，所需的投资就越大。

对航空收益管理中各种预测方法的评价如表 10-3 所示。

表 10-3

方法	简单	便于使用	精确度	所需信息量	实施局限性
温特斯法	较复杂	较方便	较高	少	
博克斯-詹金斯法	复杂	方便	较高	少	计算量很大
传统时间序列法	简单	方便	低	少	不能满足决策精度要求
回归预测法	较简单	方便	高	较多	
古典增量预测法	较简单	方便	较高	较多	
改进增量预测法	较简单	方便	高	多	信息存储量大

三、超订策略及模型

（一）超订的概念

总有些预订了机票的旅客因误机或行程变更等不能按时乘坐飞机。如果预订了机票的旅客在航班接近起飞时取消订座或者不登机，航空公司将难有机会再出售该座位。还有些旅客会重复订座，中转旅客也有可能错过衔接航班。据估计，美国航空市场上有近 50%的预订机票被取消或未登机。海南航空离港数据显示，我国国内航班的取消和购票不登机率为 2%～5%。如果不采用措施，那么将有大约有 15%的座位在起飞后将未被乘坐而空耗。故此，航空公司采用超订（overbooking，OB），即预售比实际座位数更多的座位，来弥补这一空耗损失。超订是航空公司减少座位空耗损失、提高座位利用率、提高收益的主要手段之一。但因取消和购票不登机率具有较大不确定性，因此会出现起飞前实际要求登机的旅客数多于实际可用座位数的问题，即超售（oversale，OS）。一旦发生超售，就会有旅客被溢出，即该旅客被拒绝登机（denied boarding，DB）。因此，最早人们普遍认为超订不道德，所以不太被企业采纳。1978 年朱利安·赛蒙推销超售竞买计划（oversale auction plan），推动了企业进行收益管理，也得到了消费者的理解。现在，航空公司通过发表超订声明（notice of overbooking of flights）向旅客明确超订状况和超售处理方法。航空企业从超订中得到了巨大的好处，如海南航空在客座率 98%以上的航班实行超订，其收益每年增加近 260 万元。

超订的基本原则是：当超订一个座位的边际收入等于实超一个的边际成本时，收入将达到最高（见图 10-4）。随着超过服务能力的预订数量增多，能够有效地降低因为取消和购票不登机等造成的空耗损失，但同时也会增加因超订带来的顾客无法登机的成本（如退款、惩罚等）。超订管理的原则是让超售与空耗的期望成本相等，即两者的总成本最低。

超订的关键环节包括基础数据采集分析、预测、超订点计算、被拒绝登机的妥善处理、管理制度与业务流程制定和计算机支持系统。

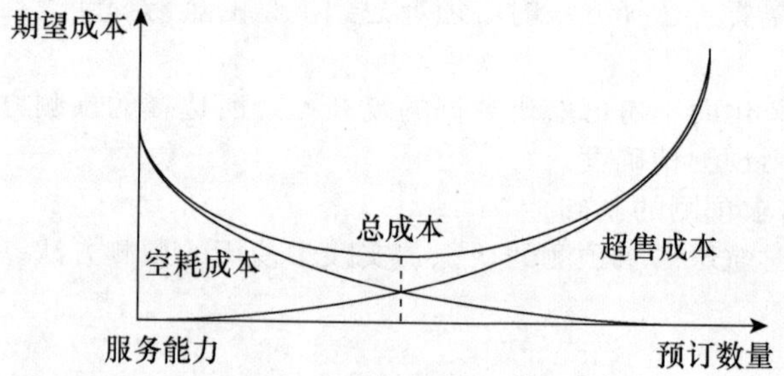

图 10-4 超订的成本分析

研究超订问题就是要控制增加预订量，在拒绝服务的潜在风险和增加公司收益之间寻求平衡。超订研究分为静态模型和动态模型两种。静态模型不考虑退订率和新预订请求随时间的动态变化，用于计算超订水平，代替实际产品数作为存量控制模型的输入。动态模型则考虑顾客到达、退订和存量控制决策等随时间变化的情况。

（二）取消和购票不登机率预测

超订管理中最重要的一点是预测取消和购票不登机率。

1. 取消和购票不登机率预测中历史数据的选取

在选取预测数据时对同类数据要进行归类。这里的同类数据包括各天中的同一时间、各周同一天、各季节的取消和购票不登机人数。当然，还需要考虑特殊时间，如春节期间。如果单纯考虑各周同一天、各天同一时间这些因素，预测就可能非常不准。发生特殊事件时，必须同时考虑上次发生类似事件的取消和购票不登机情况。

2. 取消和购票不登机率的预测模型

取消和购票不登机率的预测方法有很多，常用的预测模型如下。

（1）n 周同一天直接平均法。以观察期数据之和除以数据个数求得平均数，作为下一期的预测值。如前 n 周每周一的取消和购票不登机人数直接加起来再除以 n 就是下周一的取消和购票不登机人数预测值。直接平均法简单，容易实现，但结果有时不够准确。特别是观察期资料有明显的季节变动和长期增减趋势变动时，预测结果往往误差较大。

（2）加权平均预测法。在 n 周同一天直接平均法的基础上加以改进，根据观察期各资料重要性的不同，分别给予不同权数后加以平均。加权平均预测法的关键是确定适当的权数，但至今还没有找到一种确定权数的科学方法，只能依经验而定。一般的做法是给予近期数据以较大的权数，距预测期远的数据则权数递减。

（3）指数平滑预测法。通过指数加权来平均，所取指数又叫平滑系数。该方法较为科学。这种方法中，近期实际取消和购票不登机率在预测中占较大比重，因而能较准确地反映出总的发展趋势。

$$新预测值=\alpha\times上次实际取消和购票不登机率+(1-\alpha)\times上次预测值 \quad (10-3)$$

式中，α 为平滑系数，$0<\alpha<1$，平滑系数的取值可以由预测人员判断选定，或者选用若干个 α 值进行试验，选取误差较小的 α 值用于预测。

（4）逐年预测法。在特殊季节、特定日子，前面介绍的预测方法不再适用时，必须采用逐年预测法。即用上年同期的实际取消和购票不登机人数、前年同期的实际取消和购票不登机人数来预测今年同期的可能取消和购票不登机人数。

（三）超订点的确定

超订决策模型的演进大抵经过了从基于经验判断的手工处理，到确定性模型，再到基于概率的风险模型，最后到基于成本的超订模型的过程。超订的技术研究包括早期的静态方法和后来的动态方法。早期由于航空管制的原因，超订研究的重点在于在公司内部业务管理和外部管制要求限度内控制旅客溢出而被拒绝登机的概率，也就是受控制的超订问题。这一时期的研究大多不考虑超订决策后旅客取消座位的动态问题。Beckmann（1958）最早提出非动态的超订优化模型，其确定订座水平的模型的目标是最小化空耗损失和超售成本，得出每个航班的超订点。

20 世纪 80 年代后，超订问题的研究多采用动态方法。对超订问题的动态研究方法有离散时间和连续时间两种处理方式。Rothstein（1968，1971）第一次用动态方法解决航空公司超订问题，其模型将超订问题描述为一个非齐次的马尔可夫序贯决策过程，利用动态规划求解。后来他将该方法也应用于旅馆收益管理。

1．超订点确定模型

确定模型的目的是确定超订点，也就是在分析影响因素的基础上计算可销售座位数（AU）。可能销售座位数的计算要综合考虑航班的总运力、减载座位数、升舱潜力以及取消和购票不登机率。由于种种原因，航班常常减载。而当低等级舱作为有超量需求同时高等级舱有剩余座位未售出时，就有必要重新调整各仓容量以满足低等级舱的过剩需求。这时就会对部分低等级舱位旅客进行升舱。高等级舱位的剩余座位数就是低等级舱位的升舱潜力。

$$AU=\frac{CA-LS+PU}{1-\text{取消和购票不登机率}} \tag{10-4}$$

式中，CA 为某舱级总运力；LS 为该舱级减载座位数；PU 为升舱潜力。具体如表 10-4 所示。

表 10－4　经济舱可销售座位数计算示例

总运力	取消和购票不登机率	减载座位数	总运力	头等舱需求	升舱潜力	可销售座位数
100	20%	5	8	5	3	123
130	10%	10	10	8	2	136
200	5%	25	24	12	12	197

2．超订点动态模型

确定模型简便易行，但是没有考虑取消和购票不登机率的变化及其带来的空耗损失和超售成本。而取消和购票不登机率具有很大的不确定性。当实际取消和购票不登机率高于预测值时，将会导致空耗损失。

$$\text{空耗损失}=\text{可能的空位数}\times\text{舱位中最高子等级的票价（或平均票价）} \tag{10-5}$$

如果实际取消和购票不登机率低于预测值，将会导致旅客溢出而被拒绝登机的成本，这将导致企业给旅客的赔偿、企业声誉损失、旅客必要食宿的费用、票价差额补偿以及航班延误等。

超订的目的是为航班设置一个最佳可销售座位数。可销售座位数的确定要考虑空耗损失和被拒绝登机成本。超过实际座位数的每一个可销售座位数的增加都减少空耗损失。可销售座位数越大，空耗损失越小，但被拒绝登机成本越大。被拒绝登机成本增加到一定程度，净收益必将减少。为了算出每个可销售座位数所能带来的最佳收益，要先算出该可销售座位数可能产生的总收益，再算出该可销售座位数可能带来的损失。总收益减去损失，得出净收益。将每个可销售座位数的净收益进行比较，可得出最佳可销售座位数。这就是超订点动态模型的基本思路。总收益的计算公式如下：

$$\text{总收益}=\sum(\text{每个子等级的可销售座位数}\times\text{子等级平均票价}) \tag{10-6}$$

损失的计算比较复杂，通常损失包括空耗损失和被拒绝登机成本。空耗损失为可能出现的空耗数乘以所有座位的平均票价。计算被拒绝登机成本时考虑的因素要多一些，不能直接用被拒绝登机人数乘以票价。由于被拒绝登机人数越多对公司造成的负面影响越大，所以一般航空公司在计算被拒绝登机成本时会加入一个参数，该参数随被拒绝登机人数的增加而增大。例如，有些航空公司计算被拒绝登机成本时，将被拒绝登机人数、票价、参数相乘，得出总的被拒绝登机成本。

【案例分析 10-2】 Y 舱有三个子等级共 80 个座位。如表 10-5 所示。假设可销售座位数设在 95 时可能出现 3 个空位和 5 个被拒绝登机者。且规定出现 1～3 个被拒绝登机者时每个被拒绝登机者给公司造成的成本是票价的 1.5 倍，3 个以上被拒绝登机者的成本是票价的 2 倍。

表 10-5

子等级	可销售座位数	平均票价（元）	子等级总收益（元）
M	20	900	18 000
L	25	700	17 500
K	50	450	22 500

因此 Y 舱（可销售座位数＝95）的预测总收益是上述收益的总和 58 000 元。

空耗损失＝3×900＝2 700(元)

被拒绝登机成本＝3×1.5×900＋2×2×900＝7 650(元)

可销售座位数在 95 时的预测收益是：

58 000－(2 700＋7 650)＝47 650(元)

把这个数值与可销售座位数在 94，96，97 等时的收益相比较，就可以确定 Y 舱的最佳可销售座位数。

四、座位存量控制

座位存量控制是航空公司收益管理的核心部分，其目的在于确定各票价等级所应当分配的座位数量，使票价等级与座位数量达到最佳组合，最大化航班的总收益。换句话说，座位存量控制就是航空公司根据每个航班中各等级座位的市场需求量及其收益大小确定每一等级座位的销售限额，以限制低收益旅客挤占高收益旅客的座位，保证高收益旅客在航班起飞前随时都可以买到机票，从而有效地提高航班的整体收益水平。

航空收益管理的座位存量控制方法按照最优化路径与范围分为两类：一是基于航节或航段的系统控制；二是基于网络或起讫点（origin-destination）流的系统控制。基于航节或航段的控制方法主要对网络的每个航节（或者单个航段）分别进行独立的座位存量最优化管理，它并不涉及航节间的连接和多种路径之间的乘客流量控制问题。基于起讫点流的最优控制方法是从局部到整体来估算以枢纽为中心的网络总收益。介于这两种方法之间还有一种过渡方法称为虚拟嵌套控制，它直接对航空公司的内部订座结构进行控制，采取航线与机票产品再细分的方式来最优化各个航节或航段的收益。

五、动态定价

（一）传统定价方法

经济学中的定价方法有平均成本定价、边际成本定价、垄断价格定价等。在航空公司中最基本的票价制定方法是基于平均成本定价进行修正，即成本加成定价方法。

$$p=\overline{p}(1+\gamma) \tag{10-7}$$

式中，p 为成本加成价；$\overline{p}$ 为一段时间内的成本加权平均值；γ 为适度成本利润率。

成本加成定价方法简单、操作性好、通俗直观，现在仍有许多航空运输企业采用。中国民航的票价计费基础目前采用的就是这种方法。

但考虑到成本加成定价所用数据是事后统计数据，而且是累积分摊数据，定价数据存在较严重的滞后性，事后的成本数据无助于动态应对航空公司的市场需求变化。仅因成本数据采集的滞后性这一缺点，发达国家的航空运输企业就已经摒弃了这种简单的定价方式。

（二）定价中的需求影响因素

需求是指一定时期内消费者愿意且有支付能力以一定价格购买的产品或服务数量。其最基本的特征是与价格呈反向关系。影响航空客运市场需求变化的非价格因素如下。

1. 替代品的价格

如果替代品的价格上升，通常会使需求增加从而抬高价格。比如，航空服务可以在一定程度上由铁路和公路客运替代。如果铁路和公路客运涨价，那么航空票价通常也会涨价。

2. 服务的质量

航空业的服务质量主要涉及航班频率、航班延误、航空安全等。如航空业的服务质量提高，那么其需求也将增大，价格会上涨。

3. 旅客的偏好

大型航空公司的航线网络较为庞大，起降点多，航班衔接较好，连接时间短。另外，其管理也较为规范，因此准点率高、行李丢失率低等。乘客大多偏好大型航空公司。

4. 班期长短

同等条件下，如果一家航空公司可以提供相对较短时间的航程，那么它将比竞争对手吸引更多的乘客，可以有较高的定价。

5. 航班频率

消费者偏好于密度大、频率多的航空公司，特别是商务旅客，因为乘座密度大、频率多的航空公司延误的概率小，即使延误了，调整也更容易。

6. 经济发展状况

航空运输业对经济波动性非常敏感，当经济衰退、失业率高、市场需求不足时，商务旅客和休闲旅客将急剧减少，而经济繁荣时商务人员频频公出，休闲旅客也会更多安排旅行。

(三) 需求价格弹性

尽管价格策略由航空运输企业自行决定，但定价时必须考虑到竞争对手和消费者的反应。因此需要研究航空服务的需求价格弹性。航空服务的需求价格弹性可从以下方面考虑。

1. 竞争的程度

一般情况下，竞争越激烈，也就是可替代方式或可选择方式越多，消费者对价格的反应就越强烈，弹性就越大，价格变化对需求量的影响就越大。假设同时有四家航空公司飞北京—上海航班，若其中一家提供低价机票，在同等服务下选择低价航空公司的旅客就更多。

2. 距离的远近

远距离航班比近距离航班更有弹性。比如远距离航班的机票价格从5 000元降为4 000元，对旅客购票的吸收力很大。而对于票价为300元的近距离航班来说，降价10%才只有30元优惠，客流量的增加将很少。

3. 旅行的目的

商务旅客比旅游度假或自费旅行的休闲旅客的需求价格弹性小很多。大多数商务旅行者由公司负责开销且有较强的时间性，他们不愿意购买折扣机票去搭乘不方便、难签转的航班。

4. 时间的宽度

如果时间充足，旅客一般会选择更便宜的航班，需求价格弹性高。相反，若要求在特定时间内到达，需求价格弹性就小很多。

(四) 动态定价方法

关于定价问题的研究内容包括两大类①：第一类是从经济学角度在一个行业的高度来研究定价及价格竞争等问题，大量研究文献属于这一类。第二类是从企业内部运营决策的角度来研究定价问题，将定价作为收益管理的一部分，这类研究20世纪90年代开始出现。

传统定价方法有一个共有的缺陷——忽视市场因素。随着收益管理理念的产生，出现了以市场为中心的一种先进定价方法。这种定价方法要求企业研究市场需求，根据市场需求设

---

① 李金林，徐丽萍. 收益管理的研究现状及发展趋势. 北京工商大学学报（自然科学版），2007，3，25（2）：56-61.

计产品和服务，根据顾客对产品和服务价值的认同感、供求关系的变化情况、细分市场预期行为模式、市场竞争状况等决定价格。这种以市场为中心的定价方法叫动态定价方法（dynamic pricing）。

运用动态定价能有效提升企业的毛利率，帮助企业更好地应对市场变化。但许多企业对频繁调整价格这种做法顾虑重重。例如通过查找 2001 年 4 月位于曼哈顿中区的三家主要酒店的标准客房定价情况得知，这段时间内有两家酒店网上根本无房可订。而另一家虽有空房，却仍然维持原先的价格水平。如能根据客房需求变化经常调整定价，那么酒店的毛利率可大幅提升。

1. 动态定价的益处

动态定价的益处分为两个方面。首先，它使企业有可能实现顾客回报的最大化。企业用较低的菜单成本（即向顾客展示价格的成本）便能根据不同渠道和产品配置，设置多重定价。同时，还能经常对这些价格做出调整。如果企业有能力收集竞争对手和顾客的信息，也愿意为此支付相应的费用，那么就可以在此基础上，实现产品、服务及相应价格的定制化。也就是说，针对不同对象，选择最为合适的渠道实行动态定价。动态定价帮助企业恰如其分地把握好顾客价格承受心理，经济有效地满足他们的需求。因此，不会错失增加收益的机会。

其次，它可以提升企业资产回报率。企业在基础设施方面投资可观，其固定成本高昂。在市场淡季时资产利用率低下，平均成本很高。如果价格上缺乏变动，当旺季来临出现供不应求时，将无法满足高价值顾客的需求，进而损害客户关系。动态定价的运用能使企业做到淡季拉动消费和旺季抑制一般需求，提升企业资产回报率。

2. 动态定价的备选方案

动态定价需要制定一系列备选方案。较低的菜单成本和网上发布产品价格都有助于企业采取动态定价策略。

（1）时基定价策略。最基本的动态定价是时基定价策略。其关键在于把握顾客在不同时间对价格承受的心理差异。从需求方来看，超前型购买者对新款时装、电脑、创新电子产品，以及新版精装图书兴趣强烈，愿意为此支付更高的价格。相反，滞后型购买者往往持币观望，不到最后时刻不掏钱，表现出不愿意支付更多的特点。从供给方来看，伴随顾客数量递增，某些产品和服务的价值得到提升。经过多年的发展，网站的内容越来越丰富，人气聚集也日渐旺盛。此时，网站对用户的价值也就随之提升，因此，收取更高的费用合情合理。

高峰负荷定价（peak-load pricing）和清理定价（clearance pricing）是两种最为常见的时基定价策略。高峰负荷定价最适合供给缺乏弹性的产品。此时，供应商完全能预测需求的增长，因而能够进行系统的价格上调。长途电话服务提供商或公用事业单位就经常采用这种策略。而清理定价则最适合需求状况不确定和易贬值的产品。贬值的原因就是产品过时或季节性差异。生命周期较短的计算机就属于此类产品。针对这种情况，企业必须降低价格，及时清理多余库存，以备需求的不测变化。杰西潘尼是美国最大的服务及家庭装饰用品销售商之一。该公司网站的一大招牌特色就是清理定价。而盖璞公司的做法是对季节性产品采取清理定价，对常年适用的贴身牛仔服实行稳定的市场价格，对沙滩服装采取夏末降价措施。

（2）市场细分与限量配给策略。市场细分与限量配给策略的基本原理是在不同渠道、不同时间、不同选择精力投入情况下，根据顾客表现出来的差异性心理价格进行配给。航空公司大多对不同价位、不同种类的机票实行限量配给制，并通过需求形态分析不断修正定价策略，从而实现收益最大化。针对同一座位，航空公司的票价或许多达 15 种。不同票价的设置取决于订票时乘客接受的限制条件或其他多种因素。譬如，起飞前 14 天出票与 1 周前出票有所不同，网上订票与代理订票也不一样。以 2001 年 5 月 5—8 日纽约至西雅图的往返机票（2001 年 4 月 24 日报价）为例。在美国航空公司网站上，限制票价为 2 015.50 美元，非限制票价为 2 447.50 美元。同时，Travelcity 网站的报价为 2 446 美元；NetSAAVer 网站的特价票为 319 美元；Expedia 网站的报价为 1 713 美元；而在 TWA 网站上，最佳票价搜寻引擎给出的最终报价仅为 263.59 美元。当然，票价越低，限制条件就越多。

(3) 动态推销策略。动态推销策略利用互联网赋予的强大优势，根据供给情况和库存水平的变化，迅速、频繁地实施价格调整，基于不同产品、各种优惠、多种交货方式进行差异化定价。例如在亚马逊，回头客登录网站时，亚马逊会根据其消费记录给予个性化购书建议。此举既满足了顾客的个人兴趣，又清理了库存积压，增加了销售收入。

总之，在实际运用过程中，企业可酌情实施单一策略，也可进行策略组合。顾客价格承受心理差异性越强，市场需求的不确定因素越多，这些策略的价值及其作用也就越大。从顾客价格承受心理差异和市场需求稳定与否的角度来分，相关的动态定价策略如表 10 - 6 所示。

表 10 - 6

序号	心理差异	市场需求	参考策略	目标
1	较小	稳定	动态推销策略	把顾客的需求转移到其他商品和服务上去，缓解供给弹性不足，提升毛利率水平
2	较大	稳定	各种动态定价策略	收益最大化
3	较大	不确定	动态定价、清理定价	收益最大化
4	较小	不确定	动态推销、市场细分与限量配给	使供给成本稳定，实现产品及服务收入的最大化

推行动态定价策略，企业要建立绩效基准，洞悉存量水平变化。此外，还要确定合适的时机，以便采用清理定价策略，或在市场供给缺乏弹性时实施动态推销或者市场细分与限量配给策略。而要建立绩效基准，就得整合前后端系统，建立更为有效的数据仓库和跨企业的流程整合能力。企业有必要招募专业人才，确保高级管理层重视新定价模型的运用和特定顾客价值的重新评估。动态定价策略的实施还要求企业仔细考虑和权衡选择合适的动态定价产品和调价频率。

动态定价策略不是万能的。其有效性构筑在及时反映市场需求变化与调整定价系统之上。在按既定定价规则运作的基础上，离不开人的判断。企业必须具备敏锐的感知能力，洞察顾客是否对动态定价策略有所反应。在制定定价策略的过程中，明智的做法是针对特定顾客群体进行试验，甄选出最佳定价模型，然后对模型进行相应的调整。

第 3 节　收益管理的行业应用

收益管理系统在航空行业的巨大成功，极大地激励着其他行业使用收益管理系统，它因此成为服务业最重要的利润增加新模式。1990 年前后，经过多年的理论研究和实践检验，收益管理的概念和方法广泛地被其他领域吸收和应用。这种管理方法渗透到全球的更多商业领域，其中比较成功的是酒店行业。酒店行业注意到收益管理在航空行业所取得的成功，认为自身与航空行业有相似的特征，因此开始实施同样的技术。根据行业特点而设计的收益管理系统已成为酒店行业市场竞争不可或缺的工具。除此之外，铁路、租车等都是收益管理应用的重要行业。

一、酒店行业的收益管理

酒店客房是高时效性产品，具有易逝性。某天未被使用的客房不能储存，不能要求今天到达的客人入住昨晚空余的房间。酒店收益管理的目标是通过对不同类型顾客客房入住率的有效管理最大化客房收益。具体来说，就是对不同的订房需求差别化对待，以平衡因房间空置导致的收益损失和临时顾客可能带来的机会收益损失。需要通过价格调整以应对不同时期的需求，在高需求期提高价格以最大化收益，在低需求期降低价格以促进顾客入住，减少房间闲置。

酒店行业的收益管理要点有二：一是要重视市场需求的及时预测。根据预测的不同需求情况，酒店为潜在顾客提供一系列不同的价格。酒店行业运营管理的目的在于预测需求、确定房价和设定目标入住率。二是要进行超订。由于已订房顾客可能取消订房或因为各种原因没能前来入住，可以将房间的预订数量超过客房的实际可售数量。超订需要对市场的动态变化和顾客选择行为有全面的了解，否则将带来较大的经济损失和声誉损失。

酒店行业在进行收益管理时，要注意其自身的如下特质：

（1）多个晚上的连续入住。航空旅客不存在停留时间问题，一旦飞机到达目的地，双方交易即告终止；而酒店的顾客则大多不止停留一天，是一个连续服务能力的管理问题。

（2）收入的多重效应。航空旅客除了购买机票，在飞机上再没有其他消费；而酒店除了客房收入，还要考虑其他收入，比如餐饮、娱乐收入等。因为顾客一旦入住，往往伴随着酒吧、健身、娱乐等消费。

上述特征给酒店收益管理决策带来了一定的困难。酒店行业的收益管理要基于价格杠杆实现供需平衡。无论酒店是否满房，该项技术都能有效地发挥作用，针对每个细分市场实现收益最大化。另外，衡量酒店行业收益管理成效的主要指标既不是客房出租率（occupancy rate，OCC），也不是平均房价（average daily room rate，ADR），而是平均可出租客房收入（revenue per available room，RevPAR）。在酒店客房销售的诸多经营指标中，只有平均可出租客房收入才能最有效地反映客房收益的高低。①

（一）市场细分

酒店市场的细分应充分考虑以下原则，以保证细分的有效性：一是细分市场应具有可衡量与可进入性，市场容量和层次结构可以衡量，通过各种营销手段能够达到；二是细分市场应具有一定的规模，市场容量应足以使酒店有利可图；三是每个细分市场必须具备相当的购买力，使酒店通过收益管理手段可以获得更大利益；四是应保证每个细分市场的平均支付意愿是不同的，具备实施差别定价的条件；五是细分市场具有可持续性，具备相应的时间延续性。

（二）差别定价

差别定价是指对同一种酒店产品（如同一类客房、餐饮、康体或娱乐项目等）对不同的顾客或细分市场制定不同价格的行为和方法。差别定价既是一门艺术，也是一门科学。它的艺术性体现在寻找一种细分市场的方法，实现对高支付意愿的顾客收取高价，对低支付意愿的顾客收取低价。它的科学性体现在通过借助各种技术制定和更新价格，最大化所有细分市场的总收益。从经济学的角度讲，通过引入价格歧视可实现差别定价。

酒店可结合客源市场结构进行差别定价：（1）群体差别定价：包括散客价、学生折扣、会员折扣等。（2）渠道差别定价：包括在线旅行社（online travel agency，OTA）价格、公司协议价、旅行社价、政府价等。（3）时间差别定价：包括提前预订价、连住房价、淡旺季价、尾房价、长住价等。（4）数量折扣价：包括团体价、会议价、批发商价等。（5）优惠折扣价：包括促销价、新产品价、专题活动价、担保房价等。

差别定价在为酒店带来更大收益的同时，也会受到限制。酒店管理者应尽量规避如下风险：一是市场细分不完全。由于无法精确测定每位顾客的支付意愿，无法形成完全细分市场，仅能进行群体细分。二是高价值顾客的转移。即具有高支付能力的顾客转移成低支付意愿顾客，以较低的价格购买。三是第三方套利。差别定价时，第三方可能会以低价买入，再加价售出从中套利。

---

① 刘淑芹，汪寿阳．酒店收益管理研究——客房预订与定价决策．北京：科学出版社，2013．

(三) 动态定价

动态定价是基于市场需求预测，使房价随着市场需求的变化而变化，最终与市场波动相匹配，从而消除单一价格在需求旺盛周期损失的高价格收益和在需求衰退周期由于价格不被接受而导致顾客流失的弊端。由于需求预测总是处于某个市场周期的前端，因此在客观事实发生前将价格与市场需求进行精准匹配，可最大限度地规避潜在损失。

实施动态定价能够为酒店带来以下益处：一是收益显著增加。通过实施动态定价，酒店可以根据预测数据充分挖掘潜在的收益空间，在不增加边际销售成本的情况下，通过价格优化，找出最佳可售房价（best available rate，BAR），实现收益最大化。二是实现供需平衡。供需平衡是困扰酒店管理者的难题。当市场需求处于旺盛期时，往往由于酒店无法在短时间内提高能力，损失了应得的部分收益；当市场供过于求时，又总想通过薄利多销来招徕更多的折扣顾客，增加收益。而动态定价恰恰是利用价格杠杆来调节供需平衡，可最大限度规避上述问题，通过价格杠杆的调节达到供需平衡，提高收益。三是保留部分客房，以更高价格出售给支付意愿较高的顾客。动态定价的实施能够为最有价值的顾客提供客房预留或保留服务，从中获取这一部分收益。

价格优化是在酒店进行差别定价和动态定价的基础上最大限度地挖掘潜在收益空间的有效手段。酒店管理者可以通过价格优化程序确定酒店不同市场周期的最佳可售房价，出售给最有价值的顾客，以此获取最大的收益。实施价格优化时，要充分考虑酒店品牌、产品价值、竞争对手和顾客消费偏好等因素，借助经济学中需求价格弹性的计算方法，确定弹性系数，找到最佳可售房价。在确定最佳可售房价时，要结合细分市场合理确定每个市场周期最佳可售房价的数量，并不是越多越好，一般以3～5个为宜。在最佳可售房价的基础上，通过预订分配确定出为最有价值顾客预留或保留房数量，可以有效解决房间过早被折扣顾客预订的难题，最终以最优的价格将预留或保留的房间出售给这些最有价值的商务顾客，从而获取更高的收益。

(四) 超订控制

客房超订是指酒店在预计满房或针对某个细分市场预计满房的情况下，再增加一定预订数量的技术。超订的原因是多数酒店没有针对预订顾客设置无故不到或取消的限制条件。尤其在我国，除了大假期或特价会有担保预订的限制条件，平时对顾客预订的无故不到或取消很少会有附加限制条件。如果已预订顾客无故不到或取消预订，不会付出任何成本，但却给酒店带来了资源虚耗和浪费，造成酒店不必要的经济损失，也使其他客人失去住店机会。如果被拒绝客人后来打听到他想住而没有住上的酒店其实有空房，则会增加对酒店的不满意度，造成声誉影响和忠诚度降低。

通常酒店管理者会借鉴行业经验数据，采用经验估算法来确定超订数量。如无故不到率通常为预订量的3%～5%，预订取消率通常为预订量的5%～10%。那么超订数量一般可估算为预订量的8%～15%。顾客未到或取消的动机是随机的，存在因随机性无法消除而导致的误差缺陷，可采用以下两种超订数量计算方法消除顾客随机性的影响，从而提高超订数量预测的准确性。[①]

方法之一是收集历年无故不到率或预订取消率，应用移动平均法或指数平滑法来预测指定日的无故不到率、预订取消率、提前退房间数和延长住宿间数，计算超订点：

超订数量值＝无故不到间数＋临时取消预订间数＋提前退房间数－延长住宿间数

方法二是借助计算机收益管理软件，建立房间超订模型，通过计算最小期望损失的方式确定超订数量。目前，此方法广泛应用于民航、酒店、租赁等行业，收到良好的效果。

然而，超订技术是一把“双刃剑”，一方面能为酒店带来收益，另一方面也会带来一定

---

① Leung J，Lai K K. A study in demand reservation in a hotel in Hong Kong//The 16th International Conference in Production Research. Prague，Czech Republic，2001：258-269.

的风险。超订数量的确定建立在需求预测的基础上，而预测不可能百分之百准确，只要超订，就有可能超售，不可避免地带来较大的弥补成本，严重的可能会导致法律上的纠纷。

因此，酒店应制定以下措施来最大限度地降低超售发生的概率。(1) 尽可能提高无故不到率预测的准确性；(2) 积累超订经验，采用超订量较小的次优值，加大保险系数；(3) 设立不同层次的、具有不同限制条件的价格；(4) 签订团体协议时要注意设置限制性条款；(5) 要经常核对预订名单，纠正错误和重复的订房信息；(6) 定时与订房客人或订房渠道商沟通，以便随时掌握客人动态；(7) 采用收取保证金或要求信用卡担保等措施。如果发生过度超订，酒店可采取免费升级、安排周边同档次的其他酒店、选择自愿放弃入住的对象、启动超售竞卖计划以及合理补偿等方式来解决。

大量实践表明，运用收益管理策略能使酒店在不用增加任何投资的情况下，有效地提高营业收入和利润。现在通过一个例子说明采用收益管理策略与不采用收益管理策略的巨大差别。

【案例分析 10-3】 一家酒店共有 400 间客房，为计算简便，假设这些客房是单一的标准双人房，牌价为 220 元。现在该酒店正处于营业旺季，预订部接到客房预订信息的情况如表 10-7 所示。

表 10-7

序号	距入住日天数	预订数量	预订价格（元）	类型
1	56	0		
2	55～49	150	75	旅行社
3	48～28	75	125	商务团队
4	27～21	60	115	旅游度假散客
5	20～14	15	85	政府散客
6	13～5	90	145	商务散客
7	4～2	90	145	商务散客
8	2～0	30	—	过境散客

假设现有 A 和 B 两位经理，B 经理接受过收益管理的训练，而 A 经理没有。现请两人分别处理这些订房信息，决定客房的销售情况。分析结果表明，两人使用的思路和方法不同，结果也截然不同，详情如下。

一、运用传统销售策略产生的结果

经理 A 按照酒店业的传统做法进行销售决策。依经验，该酒店在客人入住那天的客房出租率将达到 90%以上，但他不确定是否达到 100%。他给自己确定的目标是尽快把客房都租出去，尽可能使客房出租率达到 100%。为此，他采用了以下三种传统办法来处理上述预订信息。

(1) 先来先得。只要酒店还有空房，谁先来预订，就优先预订到客房。

(2) “漫天要价，就地还钱”。即从高到低报价，与客人讨价还价，最后根据酒店的授权、自己感受到的客人接受程度成交。这种做法相当主观，成交价格的高低主要受客人的谈判技巧和预订人员的主观意志影响。很明显，按照这种办法处理，真实售价通常是低于牌价的折扣价。

(3) 在定价中考虑与客户的关系。如果与客户关系好，那么价格通常很低。如假设某天的市场需求很大，酒店当天的牌价为 330 元，现在仅剩 3 间对外价格为 500 元的客房。此时，如果经理 A 的朋友想拿下这 3 间房，并希望得到五折优惠，经理 A 很可能碍于情面会答应。如此，酒店的收益会减少不少。

根据这些原则，他接受了上述所有旅行社、商务团队、旅游度假散客、政府散客及商务散客的预订。因此，在离入住还有 4 天时，酒店仅剩下 10 间房，通过讨价还价，他把这 10 间房以 175 元的平均价格出售给过境散客。此时酒店客房全部售出，不能再接受新预订。

假设在入住当日，旅行社、商务团队、旅游度假散客、政府散客及商务散客各有1间订房没有客人入住，那么，这一天该酒店实际被占用的客房总数为395间，客房实际出租率为99%。客房总收入为43 055元，平均房价为109元，平均可出租客房收入为108元（见表10-8）。

表10-8　A经理按照传统的销售策略处理产生的结果

	离入住日天数						
	56～49日	48～28日	27～21日	20～14日	13～5日	4～2日	1～0日
	旅行社	商务团队	旅游度假散客	政府散客	商务散客	过境散客1	过境散客2
市场需求房数	150	75	60	15	90	40	30
接受订房数	150	75	60	15	90	10	0
已订房但没有入住的房数	1	1	1	1	1	0	0
客房实际入住数	149	74	59	14	89	10	0
客房价格（元）	75	125	115	85	145	175	220
客房销售收入（元）	11 175	9 250	6 785	1 190	12 905	1 750	0
市场总需求量	460						
客房实际销售总数	395						
客房销售总收入（元）	43 055						
客房出租率	98.75%						
平均房价（元）	109						
平均可出租客房收入（元）	108						

这个结果看上去还不错。但是，能否取得更好的结果呢？我们来看经理B运用收益管理策略后所产生的结果。

二、运用收益管理策略产生的结果

经理B接受过有关收益管理的培训，懂得把接受预订与否的决定建立在市场分析和预测的基础上。通过研究酒店历年统计资料，经理B发现，入住那天市场的需求历来很旺盛，主要原因是当地有一个年度专业产品展销会。他还注意到，除了这个展销会，今年这一天还有个民族风情节。他研究了竞争对手的情况，发现一家竞争对手酒店部分楼层的装修不能按时完成，导致部分楼层在这天不能投入使用。因此，他确信入住当天市场需求一定会比往年大，客房一定会供不应求，本酒店一定能获得100%的客房出租率。他还预测了各细分市场的需求情况，认为散客对客房的需求将超过70间，市场状况表明他们很可能接受200元以上的价格。在进一步估算出旅游度假散客、政府散客和商务散客大概需要的房间数后，确定了房间预留数量。此外，他还根据去年同期团体客的销售情况算出这次旅游团队最多只有110间订房，商务团队最多只有60间订房，确保能留下70间客房销售给愿意接受高价的散客。

据此，当旅行社要求订150间房时，他只给了110间。同样，当商务团队要求75间房时，他只给了60间。而对旅游度假散客、政府散客、商务散客的订房，他则全部接受，因为他们能够接受的价格相对较高。如此一来，离入住日还有4天，有过境散客要求订房时，他敏锐地发现竞争对手的房间已经全部租出，所以他决定不打折。最后果然以牌价卖掉了40间房。

在入住日和前一天，酒店仅剩下25间客房待售。此时该酒店已经是当地唯一一家尚有空房的四星级酒店。另外，他查看去年同日的统计资料发现平均有7间客房客人订了房却不来住，他决定超额预订5间客房。这样，他决定以牌价220元租出30间房。结果，在入住当天他共销售了405间客房。结果表明，在入住当日，旅行社、商务团队、旅游度假散客、政府散客、商务散客各有1间订房没有客人入住，正好抵消了他超额预订的5间客房。所以，该酒店实际被占用的客房总数为400间，客房出租率100%，客房总收入为51 830元，平均房价为130元，平均可出租客房收入也为130元，两者正好相等（见表10-9）。

表10-9　　B经理按照收益管理策略处理产生的结果

	距入住日天数						
	56～49日	48～28日	27～21日	20～14日	13～5日	4～2日	1～0日
	旅行社	商务团队	旅游度假散客	政府散客	商务散客	过境散客1	过境散客2
市场需求房数	150	75	60	15	90	40	30
接受订房数	110	60	60	15	90	40	30
已订房但没有入住的房数	1	1	1	1	1	0	0
客房实际入住数	109	59	59	14	89	40	30
客房价格（元）	75	125	115	85	145	220	220
客房销售收入（元）	8 175	7 375	6 785	1 190	12 905	8 800	6 600
市场总需求量	460						
客房实际销售总数	400						
客房销售总收入	51 830						
客房出租率	100.0%						
平均房价（元）	130						
平均可出租客房收入（元）	130						

对比A与B两人的经营业绩，不需要追加任何投入，仅运用收益管理B就多挣了8 775元，即收入增加了20.4%。可见，实施收益管理策略将极大提高酒店的收益。收益管理策略的实施不论是对独立经营的酒店，还是对拥有数十甚至数百家酒店的集团公司，其影响都是重大的。

【案例分析10-4】　2011年第一季度末，汉庭、如家、七天这三家扎根本土、海外上市的连锁酒店的年报鱼贯而出，各项财务指标均大幅上升：高速扩张的汉庭全年收入增长37%。同样，规模效应显著的七天酒店收入增长31%，利润增幅高达51%。稳健发展的如家收入也增长了21.8%，达到了公司对股东承诺增长20%～24%的预期，扣除当年如家汇兑损失、可转换债券的一次性发行费用以及股权奖励支出，其净利润增幅也在50%以上。

与此同时，各家的盈利效率性指标也得到较大提升。汉庭的每间客房平均收入为197元，较上年同期的174元增长了13%。如家年报也显示，公司整体平均可出租客房收入从146元增长至164元，增长了12%。而七天继续保持着全行业规模最大的会员体系。截至2010年12月31日，七天会员总数达1 650万人，同比增长69.2%，渠道优势持续支持收益的高速增长。这些数据是本土酒店集团可望而不可即的，究其缘由，则是经济型酒店行业领跑者管理能力的全面创新和超越，而收益管理技术的运用就是其重要的核心能力。这主要体现在以下方面。

一、动态定价提升酒店收益

动态定价是收益管理的核心技术之一。酒店收益管理中，狭义的动态定价简言之就是房价优惠幅度及折扣随行就市。比如广州某公司和酒店的价格协议中会有明确"广交会期间不执行协议优惠价格"的条款。真正使酒店收益最大化的是广义的动态定价，它使得边际收益大幅上升。这是基于需求预测、客人订房方式及时间、市场竞争等综合因素的完全价格浮动。实践中，酒店除了明确规定服务定位的门市价格在一个经营周期内固定不变，其他所有价格都会按体系有序变动。如一家机场附近的连锁酒店会根据周末的天气而在每个有效渠道执行完全不同的价格体系，以最大化边际收益。在这三家领先的连锁酒店中，局部的动态定价已经悄然推行。会员渠道不同，定价也会有所差异。网上会员价格随着需求预测而小幅变化。由于对会员执行固定金额折扣而非比例折扣，会员往往对10元左右的提价并不敏感。

为此，连锁酒店会在提价的基础上赠送电子优惠券，供会员在下次网络预订时或在划定的边远分店中使用。凡此种种，体现了酒店收益管理的精髓：淡时抓人头，旺时抢财气。

动态定价是基于市场全面预测的系统工程，消费者的购买渠道、购买习惯、购买时间、心理体验等都是实行动态定价的考虑因素。经济型酒店更是采用优惠券、积分奖励、产品附加值等形式提高了其收益。

二、渠道管理配合收益管理

收益管理不仅仅是超额预订和升级销售，还需要良好的渠道管理加以配合。这三家行业领跑者在收益管理中的渠道管理方面已经实现了低成本销售、高效率服务、降低顾客在高低价间转换可能的绩效目标。如汉庭将洲际的优悦会和如家的家宾俱乐部形式加以融合，采用常旅客计划进行渠道管理。七天则洞悉了互联网的精髓，加大网络渠道管理，取得了巨大成功。可见，销售渠道及其最优组合是收益管理必须重点关注的内容。

从销售渠道管理看，在第三方网络销售渠道（如携程）的强势环境下，客源渠道的争夺成了一些单体酒店的软肋。第三方网络销售渠道兼具高额佣金和订单稳定的特性。连锁酒店具有较好的渠道议价能力，单体酒店则往往尝试团购和模糊定价等策略。

三、借力技术实施容量控制

动态定价和容量控制是收益管理的两大核心任务，都是基于辅助管理软件系统得以完成的。中央预定系统（central reservation system，CRS）作为渠道管理的中心节点，在收益管理中的动态定价和容量控制中具有战略性意义。

航空行业的容量控制就是根据需求变化，为不同的价格水平分配不同的产品数量。航空行业的实践表明，对产品可提供数量的控制越精细，客户价值和产品供应数量之间的关联关系越精准，边际收益也会越趋于最大化，收益管理的效果就越好。在经济型酒店的实践中，容量控制需要更加灵活。中央预订系统是客房产品的容量蓄水池，可在特定的时间预留一定数量的房间以供特价出售。如果会员在网上预订时显示当天无房可订，但直接去前台可能有高价房可售，这往往就是中央预订系统实施容量控制的结果。网上预订适合会员提前进行，价格较低，且门店位置导向的促销作用明显。门店销售则主要针对全价临时散客。通过中央预订系统，可高效地分渠道抓住每一次提高收益的机会。

如果中央预订系统内置了先进的收益管理技术，如价格触发点的管理技术，则可以实现当某个价格的容量全部被预订后，剩余容量将用下一个价格体系激活。中央预订系统除了提供基本的服务功能，还能配合单店根据预测和实际容量把握好客房销售的时机，既不会急着把房间以低价早早订出，也不会守房待价而沽，贻误商机。

四、专注价值，优化客户体验

通过对产品的细分拉开价格档次，实施差异化价格管理，是收益管理的重要策略。经济型酒店因其产品单一，即便有房型的区别，但价差小，容量少，很难在产品及价格差异上有所作为。如何让消费者获得最佳的购买体验，便成了收益管理有关产品外延差异化的最佳实践。收益管理让经济型酒店产品单一的劣势变成了最佳购买体验的优势。这三家连锁经济型酒店采用多样而便捷的渠道，网络、手机、短信、邮件、单页传单等都在传递产品信息，产品优惠信息随处可见。这三家连锁酒店都推出了手机用户的 web 预订和植入式的智能手机应用软件等方式提升客户体验的管理流程创新和技术创新，都很好地弥补了产品单一的劣势，驱动了购买力的固化和收益最大化的实现。

如若单一，可以精致。最优的客户价值曲线是经济型酒店收益管理的成功基石。服务业所有管理技术的探究与实践，都聚焦于客户价值，这是行业的根本驱动力。从经济型酒店来看，客户价值至少存在两层相互驱动的含义：（1）企业满足客人独特的服务需求，帮助客人实现其购买价值并获得美好的购买体验。（2）客人在价值实现和期望满足后，充分认可企业的产品价值，愿意付出更多并重复购买，帮助企业实现财务目标。

为实现客户价值，必须明确客户价值曲线，基于此提供客人认为最有价值的产品和服务，而不是那些看似周全实则无法让消费者心动的平庸产品。客户被感动只是因为其独特的价值需求得到满足。如汉庭的床头第二根网线、荞麦枕、商务区口味上佳的免费奶茶等；七天的快速登记结账、五谷营养粥、价值不菲的床垫等；如家的品质可靠和标准一贯，家宾俱乐部成员的免房享用等。这些彰显客户价值的产品，才是收益管理成功的基石！

收益管理不是预订与促销技术的简单组合，而是营销要素组合的艺术：细分的市场、不同的渠道、售卖的时间、不同的价格等要素构成了酒店收益管理的主要内容。越来越多的酒店在实践中探索经验，不断创新，不断实现服务业从粗放经营到精益管理的蜕变。

二、航空行业的收益管理

收益管理是航空公司因应市场经营环境的不断变化，创新运营管理理念和运用新技术的结果，也随着航空运输行业管理实践的发展而发展。20 世纪 60 年代的收益管理着重解决座位超订问题，即针对旅客订座取消带来座位浪费问题；70 年代的收益管理主要在于座位存量控制，以解决折扣票价占用座位问题；80 年代则解决伴随中枢辐射式航线运输网络而产生的虚拟嵌套等问题。网上订座和座位拍卖等则是近年来收益管理的新热点。

（一）航空公司的运营特点

1. 产品的易逝性

在飞机起飞的一刹那，如果机票还没有卖出去或者乘客未能登机，飞机上的这些座位就空耗了。降低航班上座位的空耗可提高航空公司的收益。

2. 产品可预售

在飞机起飞前，航空公司可通过订座系统预售机票给旅客。预售的机票在飞机起飞前可能被乘客取消或购票不登机，这可能影响机票的再次销售而产生空耗损失，航空公司也更加难以准确把握销售的完成情况。因此，航空公司迫切需要准确预测旅客预订的趋势，将航班座位空耗的损失降到最低限度。

3. 运力相对固定

航空公司根据其经营决策与计划，在一条航线上投入的机型和航次是相对固定的。相对于固定的运力，航空公司面对的市场需求是不断剧烈变化的，旺季供不应求而淡季大量运力空耗。因此，航空公司需要确定不同的价格以有效分配与合理利用运力。

4. 市场可细分

按照对价格的敏感性可将旅客分为价格敏感型（如学生）和非价格敏感型（如商务人士），按照对质量的敏感性可将旅客分为质量敏感型（如公务旅客）和非质量敏感型（如家庭出游），按照对时间的敏感性可将旅客分为时间敏感型（如公务出行人士）和非时间敏感型（如退休后的老人）。航空公司可以按照旅客的不同类型确定不同的运价等级。实践证明，市场划分得越细越准，价格差异就会越大，收益管理的作用也就越显著。

5. 同一航班中不同的旅客需求

由于航空公司航线网络的存在，在同一航班上既有直达旅客也有中转旅客。不同类型旅客其销售运价存在很大差别。航空公司可在销售过程中对旅客的行程进行有效控制，尽可能多地将座位销售给直达旅客及国际长线旅客，以获取更高的收益。

6. 市场需求的不稳定性

季节变换、经济发达市场的区域性都可能导致航空公司的收益在不同的时间发生较大的波动。这使得航空公司进行时间性差异定价和区域性差异定价成为可能。

7. 固定成本高而边际成本低

对于具体航班来说，几乎所有成本（包括飞机成本、飞行成本）都可以看做固定的，而旅客服务的边际成本（如餐食等）所占比例很小。换言之，在一条航线上增加航次的成本很高，而在某一航班上多销售一个座位的边际成本却很低。航空公司应当尽可能地销售现有航班中的座位而不是通过增加航次来提高收益。

航空公司的收益管理就基于上述特性。

（二）收益管理的核心内容

收益管理意味着将未来可能销售不出去的产品在现在以较低的价格销售。而如果某一产品在未来有较高的需求，则不要急着以较低的价格提前销售出去。收益管理的有效实行可能降低航空公司的客公里收入和客座率，但会得到更高的总收入和更高的座公里收入。航空公司收益管理的核心内容如下。

1. 旅客群细分

由于不同旅客的价格需求弹性不同，航空客运市场从支付角度可以分为公费旅行和自费旅行；从旅行目的角度可分为商务旅行和休闲旅行。不同类型的旅客需求层次不同。商务旅客的特点是旅行次数多、时间短、机票多由公费支付、行程安排具有突发性、临时订票。因此商务旅客通常不介意机票价格，属于高收益旅客。相反，休闲旅客的特点是旅行次数少、时间长、机票自费、行程安排的计划性强、提前订票。他们可能因机票太贵而选择其他出行方式，或者干脆放弃度假计划。他们对价格较为敏感，属于低收益旅客。航空公司要将客运市场划分为几个细分市场，针对各个细分市场制定不同的价格，通过制定各种限制条件（如提前购票限制、在外停留时间限制、出发时间限制、旅客身份限制等），限制高价客向低价客转移，从而实现收益最大化。

2. 超订管理

按照国际惯例，各航空公司都会实行一定比例的超订，以争取更大的超订收益。基于市场客源预测、往年同期相关订座数据和离港数据分析，同时参考前期容易出现超售的航线和航班、被延误行程人数、补偿费用以及现场处置的难易程度，来决定是否对航班进行超订及超订数量。从超订管理的角度，有必要将航班分为两类：允许超订航班和保守超订航班。允许超订航班主要包括：同一航线密度大的航班、大型机航班、起飞航站有基地分公司负责地面代理且在同一条航线上有两个以上航班这三种。允许超订航班的超订比例要控制在实际座位的 2%～3%。保守超订航班包括每天不能保证一个航次的国内航班、每周三班或少于三班的国际航班、每天有两个以上航班航线的最后一个航班、不能调换较大机型的航班四种。保守超订航班的超订比例应该控制在 1%～2%。

超订具有一定的风险，有时会造成超售，或叫实超，使得有一些买了飞机票的旅客被溢出。被拒绝登机会给航空公司带来额外的成本，该成本随被拒绝登机人数的增加而增加。首先航空公司必须为被拒绝登机的旅客安排食宿，并给予一定的经济补偿。另外，因拒绝旅客登机、为他们翻找行李需要花费一定时间，可能造成航班延误。更重要的是航空公司的声誉会受到损害，因为无论采取什么措施安排和补偿旅客，都会给航空公司的声誉带来负面影响，使旅客对航空公司的信任度大打折扣。

只有下面四条同时满足的旅客才能认定为被拒绝登机旅客：第一是经有效确定预订；第二是持有 OK 状态的有效客票；第三是持有有效的旅行文件；第四是在航班停止办理值机前到达机场。

许多公司难以提供具体的被拒绝登机成本。该成本主要包括赔偿金额、自愿被拒绝登机的免费旅行凭证、声誉损失、重新提供食宿的费用、票价差额及航班延误成本。

一旦出现了超售，必须有相应的管理措施。

（1）可能被拒绝登机对象的选择。旅客的订座类型分为免票、公司员工及家属优惠票、自愿超售旅客、无联程航段有后续航班的经济舱散客、其他经济舱旅客。

被拒绝登机对象首选持公司免票的旅客，然后是没有联程航班的低票价散客。在选择过程中，机场或航空公司服务人员应通过观察和与旅客交谈，发现旅客的“急与不急”“和善与不和善”，掌握恰当的语言规范和服务技巧。对于旅客而言，工作人员的“态度决定事实”。其次，寻找自愿者：对于实际超售的航班，值机部门在值机柜台或登机口适时通过公示、广播和询问等方式在旅客中寻找自愿者改乘本公司其他航班或转载至其他航空公司的航班。

（2）超售旅客的安置。从停止办理登机手续到航班起飞这一时间段，对被拒绝登机旅客的管理和安置是重中之重。航空公司对被拒绝登机应有一套完整的应对措施。如下具体方法可供参照：

一是改签（换乘本公司后续航班或者其他公司航班，退票并免收手续费）。对于实际超售的航班，值机部门通过订座系统查到同一航线本公司其他航班或其他航空公司航班有剩余座位，采用 GOSHOW 或中断舱单（flight interrupt manifest，FIM）等方式进行改签。不同航空公司间可加强合作，实施航班联合，将旅客及时有效地安排到其他航班。

二是非自愿提高舱位等级（升舱）。当航班低等级舱位超售，而高等级舱位有可利用座位时，按照旅客客票舱位顺序逐级提高舱位等级，将部分低等级舱位旅客安排到高等级舱位。

三是滚动处置。航空公司在一条航线多密度航班上均发生实际超售时，因航班密度大，时间衔接短，应在下一个航班滚动接受上一个航班的超售旅客，避免某个航班超售旅客等候时间较长、旅客意见较大、现场处置被动。

四是补偿。航空公司通常依照国际惯例或航空公司超售管理细则，对超售旅客除安排食宿，还支付补偿金，在航空公司支付补偿金后，旅客填写补偿支付书，申明“把补偿金视为弃乘而引起或可能引起的一切索赔要求、费用支出及损失的最终解决”，完成合同约定。目前超售补偿采用运输信用证、里程、现金三种补偿方式。值机部门应向旅客推荐运输信用证或里程补偿方式，一般不提倡现金补偿。

五是宣传。为了切实保护广大旅客的权益，保证航空公司的正常运行，有关部门除了应制定相应的法规以规范航班超售，还应加大宣传力度，使广大消费者了解航班超售这一商业做法和相应的补偿办法。

总之，对于超售，需要制定从计划到实施再到后续保障等的完整应对方案，才能在保证航空公司声誉的基础上实现收益的有效提高。

（三）多等级票价

多等级票价也叫差别定价（price discrimination），即根据不同旅客的需求和支付能力制定不同的价格。这种定价方法要求根据市场的不同地理位置、旅行的不同目的、旅行者的不同需求来进行严格的市场细分，根据不同市场的需求价格弹性进行定价：在需求价格弹性较小的市场中定较高的价格，在需求价格弹性较大的市场中定较低的价格，从而使航空公司实现收益最大化。①

从经济学角度看，差别定价可以分为三种：

（1）第一级价格差别（first price discrimination）。也称为完全价格差别，即消费者愿意支付的最大价格。这样，对每一个消费者定价都不同。

（2）第二级价格差别（second-degree price discrimination）。提供不同价格的消费计划，让不同的消费者根据各自的情况选择，从而通过间接选择机制，即自我选择机制（self-selection）来实现区分不同消费需求层次的目的。

（3）第三级价格差别（third-degree price discrimination）。如果能将市场需求的产品分成若干群体，而每个群体都有不同的需求价格弹性，则可实现让较低市场需求弹性的群体愿意支付较高价格。

1998 年中国民航试行多等级舱位机票价格失败的原因之一就是，实施差别定价时没有设计出一种机制识别不同消费者群体的需求特性，自然无法保证航空企业的收益提高。

多等级票价就是要根据市场需求特征建立起一套附加不同限制条件的多等级票价结构体系，解决如何使固定数量的座位能够带来更多收益的问题。决策准则是当折扣销售的边际收入等于未来可能的全价销售的期望收入时，就停止折扣销售。折扣舱位分配问题不是使用分配算法来解决的，而是使用一个决策树模型，其原理也是边际收入均衡思想。

---

① Bell P C. Revenue management：that's the ticket. OR/MS Today，1998，April：430-439.

实行差别定价有三个条件：

（1）市场力量。企业必须有能力建立自己的价格体系。如果企业是价格接受者，就很难对不同的需求索取不同的价格。

（2）信息。企业必须拥有不同类型的消费者和不同需求曲线的充分信息。

（3）不存在套利行为。不存在任何消费者低价购入后转手又能高价售出的套利机会。实名制就是一种防止套利行为的手段。

折扣的分配具体表现为在收到折扣票的订座要求时决定是否接受。一个折扣申请被拒绝后，座位还能以全价售出的概率取决于三个因素：将来的期望需求、需求预测的准确性和原打算买折扣票的旅客转买全价票（或高价票）的可能性。

折扣的分配需要根据市场需求的变化进行调整。表 10－10 中，某航空公司将一年分为四个时间段。

表 10－10

序号	季节特性	时间比例	经济舱比例	标准舱比例	头等舱比例
1	旺季	30%	10%	60%	30%
2	中间季	20%	30%	50%	20%
3	淡季	40%	50%	30%	20%
4	中间季	10%	30%	50%	20%

航空公司实施多等级票价，可以提高收益。这一收益的提高存在两个前提：前提之一是通过低票价刺激出新的需求，为航空公司带来新市场。前提之二是能够支付起高票价的顾客不能选择或不愿意选择低票价。如果这个前提不能满足，原本支付高票价的旅客选择了低票价，航空公司只能是卖出了很多票，但收益并没有提高甚至还降低了，那么收益就被稀释了。如何实现能够支付起高票价的顾客不能选择或不愿意选择低票价呢？这需要对顾客的需求特征进行分析，针对不同的顾客需求特征提供不同的票价及购买条件，从而使得有支付能力的顾客不能或不愿选择低票价。

（四）流量与座位存量管理

流量管理是指确定从起点到终点的多航班衔接市场与单一航班市场的正确组合，以确保收益最大。流量管理的自然结果就是发展中枢辐射式航线结构，即一个航班上分属不同市场的旅客迅速增加，同时，在同一舱位里的收益变化也可能很大。流量管理不是只考虑单个航班航段上的问题，而是考虑顾客整个行程以及航空公司整个营运网络上的问题。

座位存量控制是指多票价等级的座位控制问题，其应用背景是 20 世纪 70 年代初期航空运输业出现折扣票价而带来的管理问题，其研究是以 1972 年英国利特尔伍德提出两种票价的座位控制问题的简单决策准则为开始标志的，这也标志着收益管理的开始。在实际应用方面，美国航空公司 1982 年基于利特尔伍德准则开发了一个折扣分配优化程序，经过修改完善，最后集成到世界上第一个收益管理系统 DINAMO 中。

座位分配问题随着航空运输的发展而发展，从两等级到多等级、从单航节航班到多航节航班再到网络，有关研究也逐渐深入。总的说来，20 世纪 70 年代主要研究对象是单航节座位控制问题，基于折扣票价的出现，因此也被称为折扣分配或者多等级座位分配；80 年代后随着航空管制放松带来更多的票价种类和新型的中枢辐射式运输网络结构，研究对象发展为航段和起始点座位控制问题，有人称之为网络控制、网络流量控制或者旅客混合问题。从研究方法来说分为静态方法和动态方法两类，在这些方法中又存在启发式（优次）算法与最优算法（针对结果）、确定性模型与随机性模型（针对需求）等方面的区别。

在早期的单航节座位控制问题研究中以座位控制问题的六个简化假设（见表 10－11）为前提条件，后来的研究基本上基于这些假设的全部或者部分。

表 10 - 11　　座位控制问题研究的简化假设

编号	内容	说明
假设 1	订座等级按顺序排列	等级结构假设
假设 2	订座请求到达模式按先低后高的票价等级顺序	需求假设（到达模式）
假设 3	订座等级需求之间具有统计独立性	需求假设（相关性）
假设 4	无座位取消和购票不登机，即不考虑超订控制问题	需求假设（订座后的行为）
假设 5	单航节航班，即不考虑网络控制问题	网络假设
假设 6	无批量订座问题（指一个订座请求要求多个座位的情况）	需求假设（数量）

（五）顾客购买行为模拟

航空公司对顾客购买行为的模拟主要从如下七个方面进行，以掌握市场需求变化规律，从而确定价格的折扣分配。

一是时间序列模型滞后与市场变化关系模拟。即发生一个可能引起航空需求变化的事件（如地震），随着时间的变化需求将如何变化的模拟。

二是离港时间模拟。离港时间不同，航班需求不同。青年人往往难以早起赶清晨的航班；晚上太晚的航班可能影响第二天的行程或工作；傍晚的航班因不影响前后的工作而较受商务人士的欢迎。

三是服务类型模拟。非经停的航班被认为更安全、更有效率而需求较高；衔接航班则价格较为便宜。但是，衔接航班能够很好地规避不同地点的市场需求不均导致的空耗损失。

四是旅客的转机时间模拟。航空网络的中枢很大，旅客转机的时间必须充分考虑不同航站楼之间的交通时间以及前一航班可能的延误导致的影响。

五是航空公司模拟。这里不仅要考虑顾客对不同航空公司的喜爱，还要考虑航空公司之间的衔接、签转等合作条件对市场需求的影响。

六是价格模拟。模拟不同的顾客对不同价格的接受程度。

七是购票限制模拟。在确定折扣限制与购票条件前，需要掌握顾客对不同购票条件的接受程度。比如有的航空公司的低价票需要在其网站上购买并支付，且不得退票和签转。还有就是客票的惩罚模拟。如果超订过多，乘坐旅客人数超过了航班实际座位数，航空公司就需要对被拒绝登机旅客进行补偿。需要研究相应的措施有哪些，旅客的接受程度如何等。

（六）监控与衡量

收益管理需要对机票供需情况进行适时的监控与衡量，以提供决策相关信息。首先是需求预测监控。不断地对预测结果与实际需求进行比对，从而矫正可能的预测误差带来的损失。其次是在监控与衡量中进行动态的关键航班识别，从而为价格的涨跌提供依据。再次是索引监控。将不同市场、舱位等级正确索引至虚拟子舱中是流量管理的关键。票价调整时，索引页需要进行相应的调整，以适应系统中动态聚合程序的输出结果。应对索引进行监控，及时发现虚拟子舱可能存在的问题，对需要重新索引的市场与舱位等级进行标记以重新编索。最后是收益机会模拟，即超订收入机会模拟和折扣分配机会收入模拟。

航空公司的资金主要分为收入和成本两大块。航空公司的主要成本来源于飞机的购置成本和航油、航材。这些都是成本的不可控部分。收益管理则是尽可能从航空公司收入的层面增加利润。随着我国经济建设不断发展和居民收入水平不断提高，国内航空旅客的构成正由以商务旅客为市场主体逐渐过渡到多种旅客成分并存的结构状态。商务旅客和休闲度假旅客这两类市场的差异十分明显，客观上需要航空企业实行多等级票价，刺激不同层次旅客的需求，扩大航空市场，提高航空企业的总体收益水平，同时应对高铁等其他运输工具的冲击。

航段优化是另一种收益管理手段。航段对应的英语单词为 leg 或 segment。通常用 leg 指班机航段，segment 指旅客航段。如飞机航线是 A—B—C，那么班机航段有 AB 和 BC，但旅客航段有 AB，BC 和 AC。因为有些旅客从 A 飞到 B，有些旅客从 B 飞到 C，也有些旅客选择从 A 直接飞到 C。

航段优化就是当座位供不应求时要科学地确定某一航班的某一航段应该把票卖给哪类旅客，卖什么价格。以北京—上海—旧金山为例。假如某一天这一航班的各航段都供不应求，那么航空公司需要决定出售哪些航段的票才能获得最大收益。显然，北京—上海的票要少卖或不卖，北京—旧金山的票要保障供给。但是，北京—旧金山的公务舱和上海—旧金山的头等舱相比，票价可能差别并不明显。如果不是北京—上海—旧金山，而是北京—上海—广州，票价差别就更不易确定。再加上单程票和来回程机票，以及同一舱中各子等级票价的区别，问题就复杂了。

处理这一复杂问题的办法是影子价格理论。所谓影子价格，就是某个航段中每增加一个座位给整个网络带来的额外收益。显然，影子价格越大，利润越高。通过线性规划可以算出每个航段中每张票的影子价格，并据此推测出座位的实际价值。收益管理系统一般可在几秒钟内算出一个多航段航班的所有影子价格，使管理人员在决定如何售票时有据可依。从理论上说，供不应求时，某航段每增加一个座位意味着另一个航段将减少一个座位。所以，航段管理实际上还要考虑这两个影子价格之差。如果 AC 航段上的一个位子各挤掉 AB 航段和 BC 航段上的一个位子，我们要考虑 AC 航段这张票的实际价格是否大于 AB 航段和 BC 航段票的价格之和。

1. 收入优化模型

模型参数如表 10 - 12 所示。

表 10 - 12　　票价结构

符号	取值	意义
i	$i=1, 2, \cdots, n$	航程
j	$j=1, 2, \cdots, k$	舱位
l	$l=1, 2, \cdots, m$	航班
q_{ij}		顾客需要 i 航程 j 舱位票的期望值
p_{ij}		i 航程 j 舱位票的票价
b_l		l 航班的载客能力
a_i		i 航程是否需要 l 航班的指示系数

决策变量如下：

x_{ij} 为分配给 i 航程 j 舱位的客票数量，目标函数为：

$$\text{Max}: R = \sum_{ij} p_{ij} x_{ij} \tag{10-8}$$

约束条件如下：

航班能力约束为：

$$\sum_{ij} a_{ij} x_{ij} \leqslant b_l, \forall l$$

需求约束为：

$$x_{ij} \leqslant q_{ij}, \quad \forall i, j$$

非负约束为：

$$x_{ij} \geqslant 0, \quad \forall i, j$$

2. 更一般的收入管理优化模型

一个航空运输网络有 m 个航段，组成 n 个出发地—目的地的航程。a_{ij} 为第 j 个航程是否占据第 i 个航段的指示参数；如果 i 航段在 j 航程中，那么 $a_{ij}=1$，否则 $a_{ij}=0$。定义矩阵 $A=[a_{ij}]$，则 A 矩阵的第 j 列 A_j 代表一个航程。令 $b=(b_i, b_{i+1}, \cdots, b_m)$ 表示每个航段的载客能力；每个航程对收入的贡献为 r_j，$r=(r_1, r_2, \cdots, r_n)$。令 Y_j 表示对航程 j 的总需求数量，且

$Y=(Y_1, Y_2, \cdots, Y_n)$。

确定最优的航程安排分配数量 x 模型为：

$$\text{Max}: R=r^T x \qquad (10-9)$$
$$\text{s. t. } Ax \leqslant b$$
$$0 \leqslant x \leqslant Y$$

收益管理不仅是一种方法理念，它的实施应用还涉及对市场和顾客的分析研究、组织体制变革、人员培训以及各种数据资料的收集积累，航空公司要想科学有效地实施收益管理，还有待进一步的研究和不断进行管理变革，才能满足航空市场不断变化、发展的需求。

【案例分析 10－5】 某航空公司有 2 架客机，每架有 200 个座位。该公司以上海为枢纽港，在北京、沈阳、上海、广州、深圳之间提供以下航班服务（见图 10－5）。

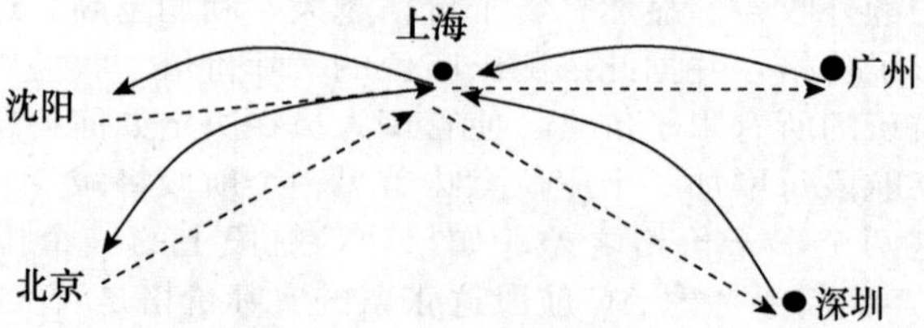

图 10－5 航路网络

公司提供两种票价：全价票（Y）和折扣票（Q）。全价票随时可以购买，可以免费退票和改变航班；折扣票需提前一周购买，不能退票和改变航班。相关数据如表 10－13 至表 10－18 所示。

表 10－13 票价结构

	Y 舱票价（元）	Q 舱票价（元）
北京—上海	950	800
北京—广州	1 400	1 100
北京—深圳	1 600	1 200
沈阳—上海	1 100	900
沈阳—广州	1 700	1 300
沈阳—深圳	1 800	1 350
上海—深圳	1 300	1 100
上海—广州	1 100	850

表 10－14 航班表

序号	出发地	到达地
1	北京	上海
2	沈阳	上海
3	上海	广州
4	上海	深圳
5	深圳	上海
6	广州	上海
7	上海	沈阳
8	上海	北京

表10-15　　各航程需求数量期望值

航程	Y舱需求	Q舱需求
北京—上海	20	25
北京—广州	40	55
北京—深圳	25	65
沈阳—上海	16	24
沈阳—广州	50	65
沈阳—深圳	35	40
上海—深圳	20	21
上海—广州	14	25

表10-16

航程		最优客票分配数	
出发	到达	Y舱客票	Q舱客票
北京	上海	25	20
北京	广州	25	40
北京	深圳	65	25
沈阳	上海	19	16
沈阳	广州	44	50
沈阳	深圳	36	35
上海	广州	21	20
上海	深圳	25	14

表10-17　　影子价格计算

出发	到达	Q舱	Y舱	合计	影子价格（元）
北京	上海	115（145）	85	200	700（800）
沈阳	上海	99（129）	101	200	900（900）
上海	广州	90（141）	110	200	400（850）
上海	深圳	126（130）	74	200	450（1 100）

表10-18　　投标价格计算　　单元：元

	Y舱票价	Q舱票价	投标价格	Y舱差价	Q舱差价
北京—上海	950	800	700	250	100
北京—广州	1 400	1 100	1 100	300	0
北京—深圳	1 600	1 200	1 150	450	50
沈阳—上海	1 100	900	900	200	0
沈阳—广州	1 700	1 300	1 300	400	0
沈阳—深圳	1 800	1 350	1 350	450	0
上海—深圳	1 300	1 100	450	550	400
上海—广州	1 100	850	400	900	700

可以利用影子价格计算每个旅程的投标价格，例如从北京到深圳的投标价格为700＋450＝1 150元。如果Q舱的票价为1 200元，则两者差为1 200－1 150＝50元。

□ 本章小结

本章主要讲述了服务能力具有易逝性的企业如何通过收益管理来提高收益的问题。首先介绍了收益管理的产生和发展，在对收益及收益管理进行界定的基础上，给出了收益管理的核心在于从价格角度平衡供需、以市场导向为定价基准、将顾客进行细分并采取歧视性价格、适当待价而沽、预测市场和分析顾客行为、掌握规律并动态调整价格等。

收益管理主要针对的行业具有如下特性：服务能力相对固定、需求可预测、产品或服务具有易逝性、顾客需求多元化、市场需求波动较大、固定成本高而边际成本低、产品或服务可预售。

收益管理的主要方法有需求预测、超订策略、座位存量控制与动态定价，本章对各方法进行了简单介绍。

本章最后对酒店行业、航空行业的收益管理进行了应用性介绍。

□ 复习题

一、简答题

1. 请对我国铁路客运收益管理提出你的意见或建议。

2. 你因临时急事不能乘坐已预订的航班，需要退票。航空公司要收退票费，你认为合理吗？

二、论述题

试阐述收益管理的核心概念。

第11章 服务流程

Chapter11

本章要点

- 掌握服务流程的含义与类型；
- 理解服务企业组织设计的理念，并掌握组织结构的类型；
- 掌握服务流程设计的原则与步骤，学会如何选择服务流程；
- 全面掌握服务流程与顾客之间的关系，并理解服务交锋的含义与应用；
- 了解服务蓝图的内涵，并学会绘制服务蓝图。

在服务企业中，服务是一种过程消费，是生产过程中各种资源互相组合的结果。不同的服务流程所产生的服务也会有所差别，并且顾客对服务质量的评价很大程度上取决于感知服务质量。这就意味着服务流程对于顾客感知服务质量的最终结果有着非同一般的影响，在现代企业运营管理中，运营流程和运营战略同样重要。因此，为了保证服务质量，必须深入了解服务流程。

第1节 服务流程

一、服务流程的定义

在现实生活中，无论做什么，都会有一个先做什么后做什么的安排。无论这个安排是潜意识中的决定，还是再三思考之后的计划，都会对整个活动过程产生非常大的影响。其实这种安排就是流程，具体来说，流程是指为完成特定任务而必须进行的一系列相互关联的活动或者事件及其发生的先后顺序。这种先后顺序非常重要，合理的流程往往能够事半功倍，而不合理的流程设计只会徒劳无功。

在学习服务流程的概念之前，首先要了解运营流程的概念。简单地说，运营流程是指企业把一定投入转换为一定产出的转化过程，这一转化过程是通过使用组织资源，包括设备、员工、资金等来完成的。和生活中所见的流程一样，企业中生产一件产品往往是由很多步骤组合起来的，缺少任何一个环节都会导致整个运营系统的崩溃，各个环节就像精密的齿轮一样互相咬合在一起。

根据以上概念，我们给出服务流程的定义：服务流程是指服务企业把一定投入转换为一定产出的一系列任务，这些任务包括接待顾客、与顾客沟通、按照顾客的不同要求为顾客或顾客的物品提供服务等，是物流、人流、信息流、资金流四流合一的产物。

对于服务企业来说，好的服务产品和服务系统并不能够保证顾客在整个服务流程中一定会感到满意。企业管理者需要考虑的是如何使顾客在服务过程中感到满意。这是一个看上去很困难的命题，因为每个顾客都是与众不同、独一无二的，要想使每个顾客都对服务感到满意并不是一件简单的事情。而对于很多服务流程来说，顾客是身在其中的，能够和整个服务过程零距离接触。要想实现这样的目标，企业需要设计一个最适合自身的服务流程。

二、服务流程的种类

服务流程作为一个将投入转换为产出的过程，其最后产出的结果不是一件有形产品，而可以描述成为"一种行为、行为的结果或一种努力"。虽然有些服务的结果是用物品来表示的，例如咨询专家的报告，但在所有的服务中最重要的是顾客的身体、精神、资产或信息的转换过程。从这个意义上说，顾客或其资产也会作为"投入"的一部分进入服务流程。服务既包括作用于顾客身体和物品的可触的行动，也包括作用于其精神和不可触资产的不可触的行动。因此，根据顾客本身及其资产进入服务流程的不同情况以及服务主要作用于顾客本身还是顾客的资产，可以将服务流程划分为以下四种。

（一）作用于人体的可触行为

服务的结果使人体（身体状况、外形、地理位置等）发生一定的改变，例如心脏病手术、航空服务、美容美发、餐馆等。这些服务要求顾客在服务过程中必须在场，即身处服务设施内。在这些情况下，顾客与服务组织及其员工和设施在一段较长的时间内有密切接触。[①]

（二）作用于人的精神的不可触行为

服务的结果主要对顾客的精神发生作用，使顾客感到愉悦、增加知识、得到消息、改变想法等。提供这些服务时，有时并不要求顾客身处服务设施内，例如电视或广播节目、移动通信等服务，信息是顾客与服务组织的唯一接触。但在另外一些情况下，如传统的教育机构、音乐厅和咨询机构，顾客也必须在场。因此在后者的情况下，与顾客面对面的服务提供者的行为决定了顾客对所接受服务的感受。此外，如果顾客身处服务组织的设施内，其物理环境、服务组织的政策以及其他顾客都有可能在顾客形成服务感受的过程中发挥重要作用。

（三）物品处理，作用于顾客有形资产的可触行为

这些服务要求顾客提供其物品，但不一定要求顾客在场，例如包裹递送、服装洗涤、家电修理等。在很多情况下，顾客只需要给出足够的进行服务的信息和指示即可。草坪修剪和汽车修理是两个最典型的例子。

（四）信息处理，作用于顾客无形资产的不可触行为

这些服务处理顾客的钱财、文件和数据等。在与服务组织接触并提出要求后，顾客就没有必要在场或参与其中。这些服务的本质和现有的技术水平使得顾客几乎不需要与服务组织有物理性的接触。例如，许多银行服务可通过电话、互联网和自动柜员机完成。但是，仍然有许多服务，顾客宁愿通过面对面的服务来得到，例如，开设新账号和申请住房贷款。

服务流程示例如表 11－1 所示。

表 11－1　四种不同的服务流程

项目	可触	不可触
顾客	作用于人体 ·交通客运 ·免疫服务 ·外科手术 ·美容美发	作用于人的精神 ·娱乐 ·教育 ·音乐会 ·艺术展览 ·电视节目

① 刘丽文．服务运营管理．北京：清华大学出版社，2004.

续前表

项目	可触	不可触
顾客资产	物品处理，作用于顾客有形资产 ·服装干洗 ·修理维护 ·住宅保洁 ·花园修整 ·包裹递送	信息处理，作用于顾客无形资产 ·保险 ·银行服务 ·证券服务 ·互联网服务 ·软件开发 ·文件处理

第 2 节　服务组织设计

不同的组织有不同的组织结构，组织结构对于企业员工的工作态度和行为有很大的影响。实际上，服务组织结构是服务流程运行的载体，是服务企业的基石。随着市场竞争日益激烈，不可知因素增多，企业必须不断地审视其组织结构是否合理，是否有重新规划管理结构和业务流程的必要。对于企业来说，由于行业、市场环境、战略目标的不同，需要有不同的组织结构来匹配，企业才能获得长期的竞争优势。公司的组织结构由企业的战略目标决定，而一个企业的发展战略如果得不到有效的组织结构的支撑，企业战略的实施也将受到严重影响。因此，企业内部的结构重整、流程再造以及战略定位之间是息息相关的。

一、以顾客为导向的组织设计理念

顾客在服务过程中扮演着非常重要的角色。以顾客为导向的服务理念贯穿于整个服务系统和过程中。同样，在组织设计的时候也要将顾客看做组织的一部分，考虑顾客的感受。

在组织结构研究发展迅速的几十年里，越来越多的企业在组织设计时把顾客考虑在内，现代组织设计理念以顾客为导向，相比传统的组织设计理念，它具有更好的顾客体验。对比图 11－1 与图 11－2 可以看出两者的一些区别。

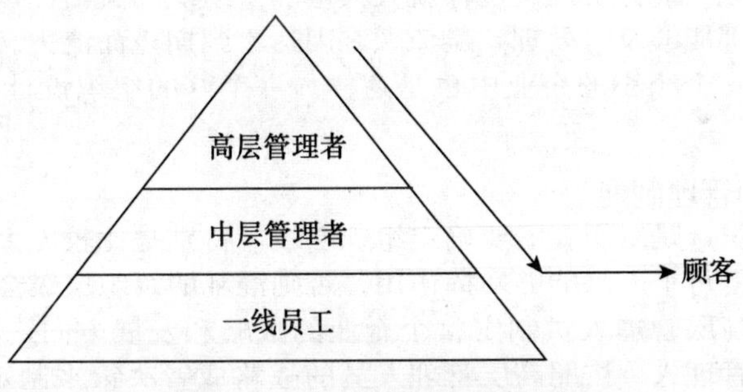

图 11－1　传统的组织设计理念

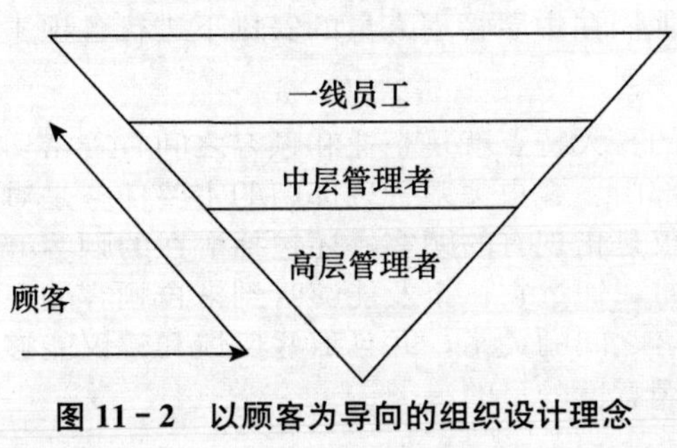

图 11－2　以顾客为导向的组织设计理念

（一）优先权的变化

组织金字塔结构的倒置不仅是形状的变化，还意味着企业战略前途的决定因素发生了变化。中高层管理者不再是战略前途的决定者，而只是服务活动的支持者；顾客、服务接触过程所需要的资源、信息，成为企业发展战略的决定因素。

（二）决策层下移

对于顾客的责任和业务决策从管理层转移到了参与服务接触过程的员工手里。这对现存组织朝以顾客为导向的组织设计结构方向转变提出了很大的挑战。

（三）组织结构扁平化

这是责任和权力从部门转移到服务接触过程的必然结果，因为这种变化会导致信息传递和权力传递的减少，也就是很多中间层级将会失去存在的价值。

二、服务企业组织设计的影响因素

服务企业组织结构的设计并不是随意的，它必须为企业的功能服务，因此受到很多方面因素的制约。一般来说，在设计企业组织结构的时候，应该考虑到以下因素。

（一）组织规模

对于服务企业来说，组织规模的影响很大。这一点和制造企业完全不同，一般来说，制造企业都是追求大规模生产来获得规模效益，这样才能达到降低单位成本、提高劳动生产率的目的。而服务企业在这一点上比较矛盾，前面也提过，服务企业服务的区域较小，大型的服务企业虽然在品牌、市场份额等方面有一定的优势，但是不够灵活，组织僵化。因此，在设计组织结构之前考虑组织规模，在规模效益和灵活性之间权衡是一个必不可少的步骤。

（二）集权和分权

对于服务企业，如何处理权力的分配也是一个困难之处。由于服务企业的性质要求，服务人员通常和顾客有着比较多的接触，在处理日常事务或者各种突发事件时，服务人员需要有一定的权力来随机应变。海底捞就是一个非常好的例子，海底捞中每个员工都被赋予相当大的权力，任何一个普通员工都有减价甚至免单的权力，当他们觉得有必要的时候可以不经主管同意就给顾客免除一部分费用，这样就大大增加了组织的灵活性。特别是在发生突发事件时，每位服务人员都能够及时处理，避免顾客因达不到期望而流失。当然，过多的权力会滋生腐败，即使是在一个小小的企业中也是这样。一个好的组织设计必须在两者之间达到均衡。

（三）组织层级和管理制度

企业也是一个组织，是组织就需要确定组织层级，特别是比较庞大的组织，需要有完善的组织层级安排，使得每个人都能够发挥作用，否则混乱的组织层级会使企业管理混乱、效率低下。首先，需要高层管理人员制定整个企业的战略和发展方向，在大的方向上作出决策；其次，需要中层管理人员按照高层管理人员的战略或者决策来制定更细致的计划安排，并且对低层员工的工作进行监督；最后，企业不能只有管理人员，最基本的工作还是由具体操作的员工负责完成的，他们在中层管理人员的安排下进行各项工作。

（四）管理客户关系

服务业不同于制造业的一大特点就是企业和顾客之间有着密切的关系，这就要求企业中要有一个管理客户关系的部门。客户关系管理部门的主要任务是对企业中所有的顾客资源进行集中管理，顾客资源不仅是指现有的顾客，还包括潜在的顾客群体。客户关系管理部门是企业和顾客之间交流的纽带，通过它，企业能够听到来自顾客的声音，接受顾客的反馈和建议。它能够改善企业和顾客之间的关系，并且那些反馈和建议能够使企业在服务过程中不断改进，最终达到提升顾客满意度的目的。

第 3 节　服务流程设计和选择

一、服务流程设计原则

任何行业产品流程的设计都不能脱离现实，必须建立在现有的资源条件和该行业的现状之上，否则无论描绘得多么美好，都是纸上谈兵。服务行业生产无形的服务，它和一般制造业流程区别很大的一点就是要始终保持和顾客的接触，这也是服务企业流程设计时首先要考虑的因素。因此，在服务流程设计过程中，必须以顾客为中心，满足以下几个原则。

（一）服务流程中每一个目标必须和核心目标相一致

当服务运营的核心目标是供货速度时，运营过程的每一步都应该有助于加快供货速度。

（二）服务流程系统的界面是友好的，顾客能够很好地和系统进行交流

这要求服务流程系统的设计充分考虑顾客体验，使顾客能够轻易学会使用服务，这一点也是影响顾客感知服务质量非常重要的因素。

（三）服务流程系统能够保持稳定性

稳定可靠是一个服务获得顾客喜爱最基本的条件，一个能够有效应对需求和资源不断变化的系统能够给消费者提供稳定的服务。

（四）服务流程系统的设计应考虑减少顾客的整体成本

顾客为服务花费的成本不仅包括显性成本即货币成本，还包括为获得服务花费的其他隐性成本，如时间成本、体力和精神成本等。在设计服务流程时，企业应当尽可能使顾客花费的显性成本和隐性成本之和最低。否则，即使提供的服务本身能够令人满意，顾客也会放弃。

二、服务流程设计步骤

服务流程是富有创造性的作业，它能够提供一种与竞争对手不同的服务概念和战略。服务流程的设计过程是复杂的，好的服务流程应当详细指明顾客何时何地会提出何种要求，何时将会离开，在服务过程中顾客与服务流程之间有什么样的接触，顾客是否有可能改变流程等。当系统开始运转后，在条件允许的情况下，要不断对服务流程进行修正，以提高流程运作的效率。[①] 一般来说，服务流程设计主要包括以下步骤（见图 11－3）。

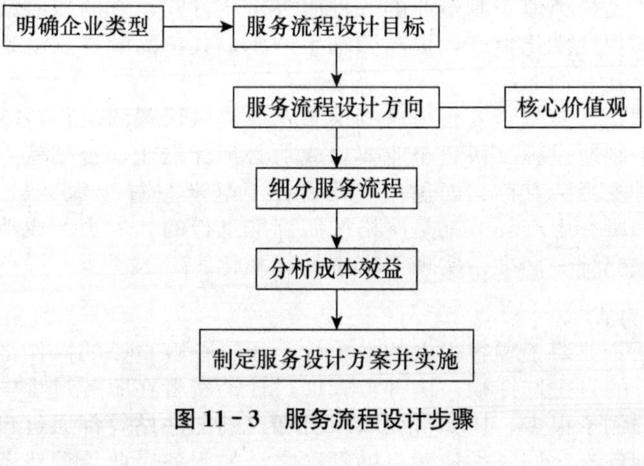

图 11－3　服务流程设计步骤

① 王丽华. 服务管理. 北京：中国旅游出版社，2007.

（一）明确企业类型

企业管理者首先要了解自身企业的特点，包括服务类型、顾客与服务的接触程度、企业规模大小等，然后根据这些特点确定服务流程设计的方向。同时，企业必须有核心宗旨或者价值观，这是企业能够长期保持生命力的保证，企业设计任何流程都应该以核心价值观为中心。

（二）细分服务流程

虽然服务是无形的，但它的整个服务流程也是很多部门合作的结果。最简单的，以餐厅为例，首先要有接待顾客、和顾客接触程度高的服务人员，其次要有与顾客隔离的厨房工作人员或者餐厅管理人员等，正是这些人员通力合作才能够使餐馆正常运行。此外，细分之后必不可少的工作就是分析各部分的流程，找出其中最薄弱的环节。一般来说，由于服务和顾客的交互性，服务质量无法得到非常好的保证，因此在设计服务流程时需要注意服务质量控制。

（三）分析成本效益

作为营利性组织，服务企业为消费者提供服务的最终目的是获得利润，而不是仅仅使消费者感到满意，它只是企业达到最终目的的必需途径。在设计服务流程的时候，设计者必须考虑到设计的服务流程是否符合经济性的要求，能否使企业达到利润最大化的最终目的。

（四）制定服务设计方案并实施

在进行一系列的分析之后，已经为设计服务流程建立了基础，最后需要做的就是在这些基础上制定一个详细、操作性强的服务设计方案并付诸实施。

三、服务流程的选择

不同的服务组织应选择并提供不同的服务流程。服务流程选择是指企业根据顾客的需要、提供服务的内容以及企业的财务目标等因素，选择并确认最优的服务流程。在实际生活中，按照不同的分类标准，能够对服务流程进行不同的分类。比如按服务差异化程度，可以把服务流程分为标准化服务和专业化服务两大类；按服务客体，可以把服务流程分为实体产品、信息和人三类；按顾客参与服务的方式，可以把服务流程分为直接参与、间接参与和无参与三种类型等。

接下来以顾客必须处于服务设施现场才能接受服务的情形为例，分析三种常见的服务流程方式。

（一）流水线服务方式

流水线服务方式是最类似于制造业的一种服务生产方式，它的核心就是企业尽可能地使服务产品标准化，实现规模化生产，提高劳动生产率。其产品的特点就是标准化，顾客和服务之间没有很多的交互和沟通。

以快餐企业为例，肯德基、麦当劳这些快餐企业提供快餐的过程，既可以说是一个服务过程，也能说是一个制造过程。快餐企业要想成功必须标准化，否则就不能实现连锁的经营模式和效益规模化。麦当劳宣称：面包在气孔直径 5 毫米左右、厚度 17 厘米的时候，在咀嚼的味道最鲜美，其所有生产环节都是严格按照标准进行的。麦当劳成功的原因正在于制造的所有环节都严格按照统一标准，实现了真正的标准化。

（二）自助服务方式

自助服务，就是企业给予顾客很大的自主权，通过顾客自己的操作来使用服务。自助服务方式给予顾客充分的自主选择权。这种方式通过让消费者在服务过程中发挥较大作用来改善服务质量。这样的例子很多，比如自助取款机和自助加油站等都通过自助服务来为消费者提供稳定、可靠的服务。此外，类似于自助餐厅之类的服务企业给消费者更多的自主权，消费者能够自由选择具体的服务内容。

前面也提到，这种方式减轻了企业的工作量，因为它将服务的一部分负担转移到了顾客的身上，双方的合作使得顾客感知到的服务质量提高了，并且能够为顾客提供一些以前不能提供的服务。

（三）个性服务方式

和流水线服务方式截然不同的是个性服务方式，这两种服务方式恰恰是服务种类的两个极端。个性服务方式将大众定制的理念应用于服务，按照每位顾客的特别要求或者需要量身定制专属的服务。采用个性服务方式的企业在提供服务时，会建立一个专门的数据库网络，当顾客在企业消费时，将他们的各种消费情况和信息都记录在数据库中，进行整理分析。等到顾客下次购买服务的时候，企业就能够按照之前的记录区别对待顾客，为他们提供定制化服务。

第 4 节　服务流程与顾客

一、顾客参与

（一）顾客参与的含义

服务不同于有形产品制造的一大特点就是整个服务过程中顾客参与的存在，顾客参与是服务的本质特征之一。顾客参与是一个行为上的概念，没有顾客的参与，实际上几乎所有服务都无法正常运行，顾客在参与服务的流程中，投入了大量的精力，这些投入具体包括货币投入、时间投入、情感投入、智力投入等。而且，参与服务流程的总投入往往是这些具体投入的有效组合。

目前，国内外学术界对于顾客参与有多种定义，主要是从行为、心理、顾客成本等几个角度进行阐述。

从行为角度来看，顾客参与是顾客通过参与服务确定他们自己在服务过程中所充当的角色和他们对服务所怀有期望的行为（File，Judd & Prince，1992）。具体说来，就是顾客参与设计服务类型、内容、方式的行为，是一种“行为性的涉入”。周弋丁（2007）将顾客接受服务的过程视为一个追求效用最大化的过程，将顾客参与视为基于对未来的期望，为使效用最大化所做出的一种选择行为。耿先锋（2008）所指的顾客参与是一种顾客在服务过程中进行的互动性的顾客方的行为总和。

从心理层面来看，顾客参与是顾客在交易过程中对更高心理需求的追求，如情感、被别人尊重、认可、自我实现等方面满足的结果（Kellogg，Young Dahl and Bowen，1997）。

从交易过程中顾客所投入成本的角度来看，早期研究者的共识是将顾客参与视为顾客消费过程中在体力上、精神上、智力上及情绪上的努力与投入，以及顾客积极参加和在生产及传递一项服务的过程中提供产出的程度（Dabholkar，1990）。精神、智力的投入指顾客在信息和心智上所做的努力。信息涉及的范围很广，包括为了让服务能够顺利进行，顾客向服务人员讲述购买服务的出发点、服务的需求和目标。体力方面的投入包括有形实物和无形的体能劳力。体力上的努力是种劳力的付出，例如，顾客在自助餐厅自己盛取食物、遵照医嘱按时服药等。情绪方面投入的例子有在与一些不友善、不积极的服务人员互动时，顾客仍必须表现出耐心和气的态度。另有学者（Cermak，File and Prince，1994）认为，顾客参与是以不同程度的努力、不同的涉入程度和方式为产品或服务提供相关的精神和物质方面的资源。顾客参与也表现为一种合作程度，顾客在接受服务的过程中会通过付出一定的心理及生理上的努力以扮演某种对服务提供者采取何种服务方式和提供何种服务内容进行决策的角色（Lee，2002）。

根据以上观点，我们给出顾客参与的一般定义：顾客参与是一种在产品或服务生产过程中顾客承担一定生产者角色，为满足情感、个性化、自我创造及自我实现等方面的需求，对涉入性资源（智力、精力、金钱、情绪等）的投入行为。

（二）顾客参与的影响

1．顾客参与的正面影响

（1）顾客参与能够促进新产品与服务开发。从20世纪80年代开始，就有众多学者将研究焦点聚集在顾客对新产品/服务创新或开发的促进层面。对服务过程的参与会使顾客不断完善服务参与方式，提升自己的技能水平，也会根据自身的需求结合服务提供方的服务现状提出改进意见，促进新产品/服务的开发。从企业角度来看，也有部分企业认识到顾客参与对服务创新的重要促进作用，从而常常鼓励顾客参与以节约资源。

综上所述，顾客参与的作用主要包括：1）顾客参与提高了服务新颖性；2）顾客参与提高了创新的市场接受度，减少了不确定性和模糊性；3）顾客参与增强了创新主体与顾客的交互作用，使创新更有效率。

（2）顾客参与能够提升顾客满意度。当前关于顾客参与结果变量的研究主要是集中探讨其对顾客满意度的影响，学术界大多研究顾客参与如何通过影响感知风险、感知质量、感知控制及情感体验等几个方面提升顾客满意度。

（3）顾客参与能够改进服务质量感知、提升企业绩效。顾客参与到服务中，能够对服务的质量有一定的反馈，促使服务企业改善服务质量，提高服务水平，从而吸引更多的顾客，提升企业绩效。

2．顾客参与的负面影响

有学者认为，顾客参与不一定会百分之百提升顾客的满意度和对服务质量的感知，而是可能存在一定的负面影响。如自助银行的自动柜员机就对顾客的操作技能水平有一定要求，而且是企业为了提高自身的效率使顾客被动参与服务生产的一种手段，会将部分服务成本转移到顾客身上。同时，由于很多顾客在执行服务传递和生产的过程中并不能很好地承担自身的责任，理解自己的角色，这就使得企业的培训成本增加，甚至延迟服务完成的时间。有文献也表明顾客参与行为很可能使顾客转变为企业未来的竞争对手，顾客通过参与服务过程，熟悉整个服务流程后会对服务质量提出更高的要求，产生新的心理预期，导致满意度降低。

二、服务交锋

（一）服务交锋的含义

一个完整的服务流程包括两个部分：前台服务流程和后台服务流程。前台服务流程是服务提供系统中顾客看得到的那一部分，在这里顾客接触到服务设施和服务过程，并和服务人员有互动接触，会产生顾客接触点，即服务交锋。后台服务流程是顾客看不到的部分，包括支持前台服务所需的一系列活动过程。在大多数服务行业中，都存在一条虚构的“可见的线”将服务流程分为这样的两部分。这条线的下半部分与顾客没有直接的接触，但是这部分的任何失败和失误都会极大地影响前台的活动和顾客满意度。而在前台，一个顾客对其服务体验是否满意则主要取决于服务交锋的结果。如前所述，服务交锋是指服务过程中顾客与服务组织的接触，不仅包括顾客和服务提供人员，还包括服务系统中的其他顾客、服务系统本身以及一些可以有形展示的因素。因此，服务交锋可定义为：顾客与服务组织的任何一方面进行接触并得到关于服务质量的印象的那段时间。其实，服务交锋又称为“真实的一刻”，其含义是顾客对一个服务企业的印象和评价往往取决于某个瞬间或服务过程中某件非常具体的事件（服务人员的一句话、一个动作等）。①

（二）服务交锋的特点

对于大多数服务组织来说，服务交锋的开始与结束存在于顾客与服务人员之间。我们可

① 刘丽文．服务运营管理．北京：清华大学出版社，2004.

以把这些服务交锋看做人与人之间的相互作用。这些服务交锋具有以下特点。

1. 目的性

不管起因于谁，所有的服务交锋都有预先的目的。一个病人走进医院是为了得到诊治，电视中的广告是为了吸引现有的和潜在的顾客。邮局卡车上的标识也有其明确的目的：告诉所有看到该卡车和标识的人，邮局正在进行配送。

2. 范围有限性

虽然刚见面的问候、礼貌和一些简短的交谈都是某些服务交锋的一部分，花费在任务非服务上的时间通常是很短的。顾客与服务提供者之间相互作用的范围取决于服务任务的性质。医生通常不会和病人谈论他的汽车如何修理，汽车技师在与他的顾客进行服务交锋期间也不会提供有关治病的劝告。

3. 无须预先相识性

在绝大多数情况下，顾客和服务提供者互不相识。在很多情况下，即使没有互相介绍，在服务过程中双方也不会感到不舒服，例如在电影院窗口买票、在快餐店买一个汉堡包。这些服务交锋通常不会产生长期结果。但是，也有一些服务交锋不仅需要彼此之间的正式介绍，还需要提供更多的消息，通常是由顾客提供更多的信息。

4. 服务提供者无私性

对于服务提供者来说，服务交锋是其日常工作的一部分。服务提供者最基本的目的是完成他以此才能得到报酬的职责。因此，对于他来说，服务交锋只是一项“工作”，他有可能对每一个顾客都重复地、机械地完成他的分内工作，而不考虑每位顾客的不同需求。

5. 任务导向的信息交换性

例如在理财专家与其客户通过电话进行的服务交锋中，几乎没有任何与任务无关的交谈，而是一开始就切入主题。

6. 角色定义性

在服务交锋中，为了达到有效和高效的服务结果，顾客与服务提供者都需要明确的行为规则。有些规则可以从经验中学到，另外一些情况下则需要服务提供者引导顾客了解规则，例如银行有时被顾客期望提供特定的服务，但有时顾客将遵从银行的投资或理财建议。

7. 身份临时改变性

充分理解服务交锋的特点有助于企业更好地设计和管理服务流程。因此，企业需要充分理解服务流程中存在的每一种服务交锋的特点，有针对性地对服务流程和服务交锋过程进行设计和控制。

（三）服务交锋中的“三元组合”

服务的独有特征之一是顾客主动参与服务生产过程。每一个关键时刻都涉及顾客和服务提供者之间的交互作用，双方在服务组织所设计的环境中扮演着不同的角色。图 11-4 描述了服务交锋中的三元组合，反映了三个要素中的两两关系，并提出了冲突的可能来源。[①]

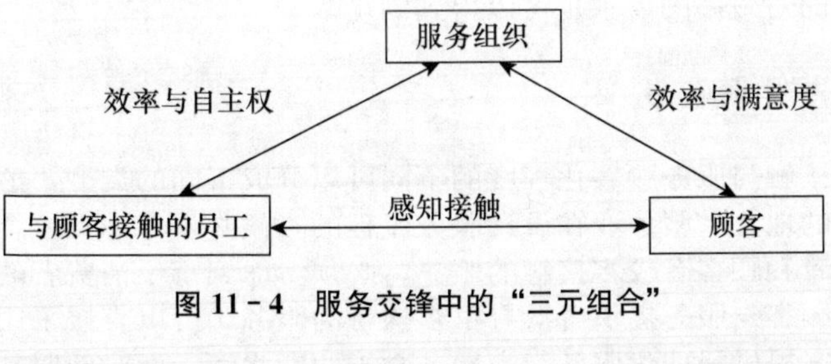

图 11-4　服务交锋中的“三元组合”

① ［美］詹姆斯·A. 菲茨西蒙斯，莫娜·J. 菲茨西蒙斯. 服务管理：运作、战略与信息技术. 北京：机械工业出版社，2007.

一个以利润为目标的服务组织，其管理者为了维持边际利润和保持竞争力，会尽可能提高服务传递的效率。而非营利组织可能以其工作效果来代替效率，当然，它的工作仍需控制在预算之内。为了控制服务传递过程，管理人员常常会利用规定或程序来限制与顾客接触的员工服务顾客时的自主权。这些规定和程序也限制了为顾客提供的服务，导致服务缺乏针对性，从而导致顾客的不满。最后，员工和顾客都试图对交互过程实施可感知的控制。员工希望通过控制顾客的行为使其工作易于管理并轻松自如，而顾客希望通过控制服务交锋的进程来获得更多的利益。

理想的情况是，服务交锋中的三要素协同合作，从而创造出更大的利益。然而，真实的情况往往并不是那么尽善尽美，常常是其中一个要素为了自身的利益来控制整个服务交锋的进程。下面的例子说明了一个要素在服务交锋过程中起支配作用时所引发的冲突。

1．服务组织起支配作用

出于提高效率或者实施成本领先战略的考虑，组织可能通过建立一系列严格的操作规程使服务系统标准化，结果严重地限制了员工与顾客接触时所拥有的自主权。顾客只能从仅有的几种标准化服务中选择，而不存在个性化服务。例如，麦当劳、Jiffy Lube 和 H&R Block 等服务企业通过一套结构化的组织体系的服务交锋实施了成功的控制。它们的成功主要是告诉顾客它们不提供什么服务。然而，顾客在与其他企业接触中所感受到的大多数不快，或被人们蔑称为“官僚作风”的东西，主要源自与顾客接触的员工因缺乏自主权而不能满足的特殊需求。这些组织中的员工同情顾客的处境，但是必须执行规定，他们的工作满意度也随之降低。

2．与顾客接触的员工起支配作用

一般来讲，服务人员大多希望缩小其服务交锋的范围，从而减轻在满足顾客需求中所遇到的压力，如果与顾客接触的员工被赋予足够的自主权，他们就会感到自身对顾客具有很大的控制权。由于服务提供者具有一定的专业知识，因此顾客可能非常信赖他们的判断力。医生和患者之间的关系很好地说明了与顾客接触的员工所起到的支配作用，从来没有被称为“顾客”的患者处于对接触过程毫无控制的从属位置。不仅如此，作为一个联合体的组织，例如这种情形下的医院，受制于那些不关心效率而对医院有诸多要求的医生。

3．顾客起支配作用

极端的标准化服务和定制化服务代表了顾客对服务交锋控制的机会。对于标准化服务来说，自助服务是使顾客可以完全控制所提供的有限服务的选择。例如，在一个装有信用卡读取机的自助加油站，顾客不需要和任何人接触。这种高效的服务方式在无须提供服务的情况下就能够使顾客感到非常满意。然而，类似于对一个犯罪案件的法律辩护这样的定制化服务，不仅要调动组织的所有资源，还要花费很高的成本。

由此看来，满意和有效的服务交锋应该保证三方控制需要的平衡。当接触顾客的人员受到合适的培训，同时顾客的期望以及在服务传递过程的角色得到有效的沟通时，组织因保持经济有效性而产生的对效率的需求也可以得到满足。

三、顾客—接触度矩阵

服务按照顾客接触与服务顾客化程度的不同可以分成不同的类型，这也是服务行业组织运营方式比较特殊的地方，服务业在设计服务流程的时候必须考虑到这个因素。对于较为复杂、需要服务提供者和顾客有较多接触的服务，必须考虑到每位消费者的需要，为他们提供定制化服务；对于顾客与服务提供者没有很多接触的服务，可以直接采用制造业的运营流程方式来解决，为顾客提供标准化服务。当然，介于两者之间、面对面服务和后台服务各占一定比例的服务，可以选择混合流程方式。以银行为例，银行的前台工作人员往往和顾客有频繁的接触，后台工作人员和顾客几乎没有直接接触，应该分别采用定制化服务和标准化服务。

研究人员根据上述标准设计了顾客—接触度矩阵，用来表示服务与顾客的接触程度和服务流程方式的不同选择，如图 11-5 所示。

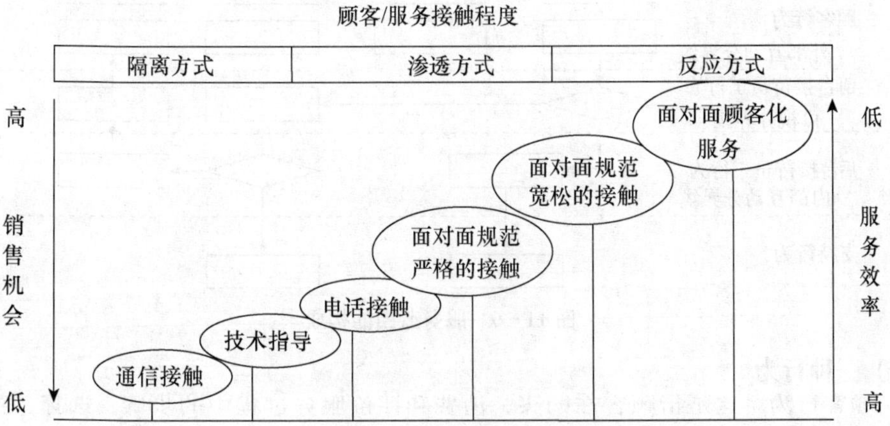

图 11-5 顾客—接触度矩阵

由图 11-5 可以看到，可以把顾客和服务的接触程度分成三类共六种，隔离方式是指顾客和服务隔离，仅能依靠通信接触或者技术指导，这一点和制造企业相似，但是它的工作效率比较高，便于大规模标准化生产；反应方式是指顾客和服务能够面对面地交流，而且服务提供者能够接收顾客的反馈并做出反应，导致这类服务效率比较低，但是工作效果比较好，销售机会多；介于两者之间的是渗透方式，包括利用电话或者面对面的接触，作为隔离方式和反应方式两者权衡的结果。在图 11-5 中，从左到右顾客与服务的接触程度不断增加，相应地，服务的生产率逐步降低，而销售机会则得到提升。

作为服务企业的管理者，在设计服务流程时，必须充分考虑到顾客对服务的接触程度，在销售机会和服务生产率之间不断权衡，才能选择最合适的服务方式。当然，企业也不能一味地采用某种固定的服务流程，对于那些服务内容、需求等变化很大的服务企业来说，企业可以选择不断地调整服务流程，以获得最大利益。

第5节 服务蓝图

一、服务蓝图的内涵

服务蓝图是一种基于流程图的服务设计工具，它将服务过程合理分块，再逐一描绘服务系统中的服务过程、接待顾客的地点以及顾客可见的服务要素。① 服务过程中涉及的不同人员都可以理解并使用它。服务蓝图不仅能用来分析和改善现有的服务过程，还可以用来开发一套新的服务流程，因此服务蓝图在服务开发的设计和再设计阶段最有用。服务蓝图与其他流程图最显著的区别是，它从顾客的角度看待服务过程。在设计有效的服务蓝图时，可以从顾客对服务过程的观点出发，逆向工作以导入实施系统。服务蓝图同时从几个方面展示服务：顾客消费行为过程、服务实施过程（服务传递流程）、顾客接触点、顾客与员工的角色、服务中的有形展示。

二、服务蓝图的构成

服务蓝图由四部分构成：三种行为；连接行为的流向线；分割行为的三条分界线；有形

① 蔺雷，吴贵生. 服务管理. 北京：清华大学出版社，2008.

展示，如图 11－6 所示。

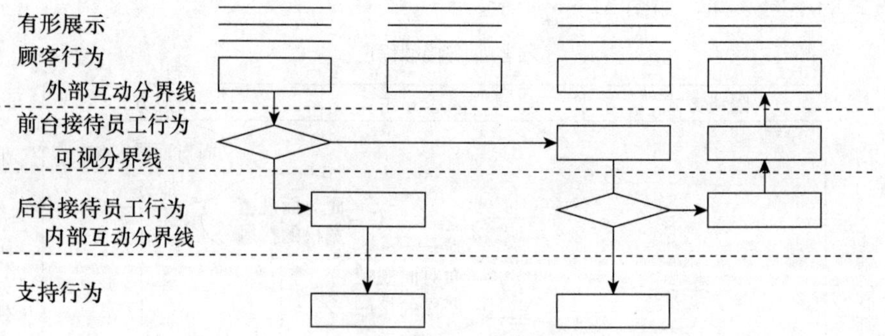

图 11－6　服务蓝图的构成

（一）三种行为

（1）顾客行为。这是指顾客在购买、消费和评价服务过程中的步骤、选择、行动和互动。例如，法律服务中的顾客行为包括寻找律师、给律师打电话、面谈、再打电话、收到相关法律文件和账单等。

（2）服务人员行为。服务人员行为包括前台接待员工行为和后台接待员工行为。前台接待员工行为是指顾客能看到的服务人员的行为和步骤，例如法律服务中委托人可以看到的律师的行为包括最初会面、面谈和出具法律文件等。后台接待员工行为是指发生在幕后、支持前台接待员工的行为。例如，律师与客户的会面准备、法律文件交接的准备等。

（3）支持行为。这是指企业的内部服务、支持服务人员的服务步骤和互动行为。例如，律师事务所中的员工进行的法律调查、文件准备，秘书为会面所做的准备工作等都是支持行为。

服务蓝图中，每个行为部分中的方框图表示相应水平上服务人员所经历的服务步骤。

（二）流向线

流向线是指用来连接三种服务行为的箭头，表明发生了服务交锋或者服务接触，并指明了行为步骤的顺序。

（三）三条分界线

服务蓝图的三个行为部分由三条分界线分开。第一条线是外部互动分界线，表示顾客与服务组织间直接的互动，穿越外部互动分界线的垂直线表明产生了顾客与组织间的直接接触。第二条线是可视分界线，它将顾客能看到的服务行为与不能看到的服务行为分开。分析蓝图时，要关注分别位于可视线上方和下方的服务数量。第三条线是内部互动分界线，用以区分服务人员的工作和其他支持服务人员的工作。

（四）有形展示

蓝图的最上方是服务的有形展示，典型的服务蓝图设计方法是在每一个接触点上方都列出相应的有形展示，例如，法律服务中的有形展示包括办公室布置、书面文件和律师着装。

图 11－7 为快餐店的服务蓝图，它很好地诠释了服务蓝图的构成。

服务蓝图之所以不同于寻常的流程图，非常大的一个因素就是引进了可视线，它将企业的前后台区分开来，在可视线以上的部分称为服务前台，在前台发生的所有服务内容都和顾客有接触，顾客能够和前台发生充分的交互，所以企业管理者更注重的是服务的质量；同理，在可视线之下的部分称为服务后台，一般来说，服务后台是不和顾客接触的，它仅为服务顾客提供物质方面的支持作用。从这种意义上讲，后台服务更像制造业的生产过程，企业管理者更加注重生产效率。

此外，服务蓝图能够完整地展示整个服务流程，企业管理者或者流程设计者能够更加直观地观察到企业流程的构造，确定服务过程的每一个细节。同时，在服务蓝图中，我们能够轻而易举地得出关于整个服务流程所需的原料、人力资源、资金等，这对服务生产前期的准

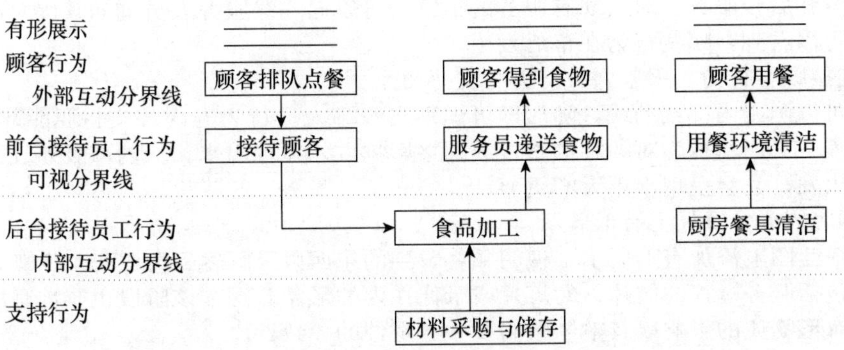

图11-7 快餐店的服务蓝图

备过程有很大的帮助。而且，服务流程还能确定某些关键操作的标准或最大执行时间，这些关键要素都是那些直接影响服务效果的要素。当然，对于那些服务流程中可能存在的薄弱环节，还可以运用服务流程来鉴别、修正，防止可能发生的失误，保证整个服务过程稳定、高质量地进行。

三、服务蓝图的基本绘制步骤与作用

（一）服务蓝图的基本绘制步骤

1. 识别服务过程

蓝图可以在不同水平上进行开发，这需要在出发点上就达成共识。快递蓝图是在基本的概念水平上建立的，几乎没有什么细节，也没有列出基于细分市场的变量或特殊服务。也可以开发这样一些蓝图，描述两天的快递业务、庞大的账目系统、互联网辅助的服务，或储运中心业务。这些蓝图都与概念蓝图具有某些共性，但也各有特色。或者，如果发现“货物分拣”和“装货”部分出现了问题和瓶颈现象，并耽误了顾客收件的时间，可以针对这两个步骤开发更为详细的子过程蓝图。总之，识别需要绘制蓝图的过程时，首先要对建立服务蓝图的意图进行分析。

2. 识别顾客对服务的经历

市场细分的基本前提是，每个细分部分的需求是不同的，因而对服务或产品的需求也相应发生变化。假设服务过程因细分市场不同而变化，这时为某位特定的顾客或某类细分顾客开发蓝图将非常有用。在抽象或概念的水平上，将各种细分顾客纳入一幅蓝图是可以的。但是，如果需要达到不同的水平，就一定要避免含糊不清，要开发单独的蓝图并使蓝图效能最大化。

3. 从顾客角度描绘服务过程

该步骤包括描绘顾客在购物、消费和评价服务中执行或经历的选择和行为。如果描绘的过程是内部服务，那么顾客就是参与服务的雇员。从顾客的角度识别服务可以避免把注意力集中在对顾客没有影响的过程和步骤上。该步骤要求必须对顾客是谁（有时并不是一个小任务）达成共识，有时为确定顾客如何感受服务过程，还要进行细致的研究。如果细分市场以不同的方式感受服务，就要为每个不同的细分市场绘制单独的蓝图。有时，从顾客角度看到的服务起始点并不容易意识到。如对理发服务的研究显示，顾客认为服务的起点是给理发店打电话预约，但是发型师却基本不把预约当成服务的一个步骤。同样在透视服务中，病人把开车去诊所、停车、寻找透视部门也视为服务经历。在为现有服务开发蓝图时，在这一步骤可以从顾客的视角把服务录制或拍摄下来，这将大有益处。通常情况是，经理和不在一线工作的人并不确切了解顾客在经历什么，以及顾客看到的是什么。

4. 描绘前台与后台服务人员的行为

首先画上互动分界线和可视分界线，然后从顾客和服务人员的观点出发绘制过程，辨别出前台服务和后台服务。对于现有服务的描绘，可以向一线服务人员询问其行为，以及哪些行为顾客可以看到，哪些行为在幕后发生。

5. 连接顾客行为、服务人员行为与支持功能

下面可以画出内部互动线，随后即可识别出服务人员行为与内部支持职能部门的联系。在这一过程中，内部行为对顾客的直接或间接影响方才显现出来。从内部服务过程与顾客关联的角度出发，它会呈现出更大的重要性。

6. 顾客行为步骤加上有形展示

最后在蓝图上添加有形展示，说明顾客看到的东西以及顾客经历中每个步骤所得到的有形物质。包括服务过程的照片、幻灯片或录像在内的形象蓝图在该阶段也非常有用，它能够帮助分析有形物质的影响以及整体战略及服务定位的一致性。

（二）服务蓝图的作用

服务蓝图具有直观性强、易于沟通、易于理解的优点，其作用主要体现在以下几个方面：

（1）促使企业全面、深入、准确地了解所提供的服务，有针对性地设计服务过程，更好地满足顾客的需要。

（2）有助于企业建立完善的服务操作程序，明确服务职责，有针对性地开展员工的培训工作。

（3）有助于理解各部门的角色和作用，增进提供服务过程中的协调性。

（4）有助于企业有效地引导顾客参与服务过程并发挥积极作用，明确质量控制活动的重点，使服务提供过程更合理。

（5）有助于识别服务提供过程中的失败点和薄弱环节，改进服务质量。

四、使用服务蓝图应注意的问题

（1）建立服务蓝图不是个人或某个职能部门的事，一般需要成立一个开发小组，吸收各方代表的参与，尤其是一线服务人员的积极参与。

（2）对于已存在的服务过程，必须按照实际情况建立服务蓝图。

（3）对于不同的服务过程，需要建立不同的服务蓝图。

（4）在进行服务蓝图设计时，可借助计算机图形技术。

本章案例 >>>

依文集团的服装定制 O2O 流程

依文集团成立于 1994 年，依文命名源自人、衣、文（EVE de UOMO），集团立足于北京，以成功男士为目标顾客，致力于为所有尝试了幸福、挫折、荣誉之后绝不放弃未来生活的男人提供管家式服务，专门为成功男人打造物超所值的正装类产品。为此，集团关注男人的情感，崇尚低调奢华。

基于成功男性的情感诉求和价值定位，依文用国际化的语言从容地诉说男人的时尚美学，将中国式的生活哲学带入时装，扎根中国文化，挖掘传统中的时尚元素，不断寻求传统与国际的平衡点，创意拼接经典，低调对接华丽。

一、依文集团的特色服务

依文集团有两大特色：七星级管家式服务和高级服装定制。

1. 七星级管家式服务

七星级管家式服务主要为顾客提供专属的服务，拥有贵宾级待遇。七星级管家式服务的内容包含 24 小时 VIP 服务，即不分时段随时满足顾客的需要，提供终身免费整烫保养，摒弃传统的干洗概念，将产品送回工厂经过 16 道洗涤整烫工序完美保养，使衣物整洁如新；VIP 独享活动，即提供 VIP 独家服务和产品、私人移动衣橱等。管家式服务的三个主要特色是：（1）特殊管家。他们专

门为消费者提供跟踪服务和日常沟通，且有专门管家部，为 VIP 顾客奉上贴心的服务，借助管家式服务拉近顾客与企业的距离。(2) 随叫随到。依文时尚管家可以赶到机场，在顾客的候机时间为他量尺寸、试样衣等。(3) 完美衣橱服务。考虑到许多高级定制的顾客均工作繁忙，无暇顾及衣物的选购及打理，所以推出完美衣橱服务，可以为顾客在一段时间内甚至全年出席各种场合的服装需求进行计划、推荐、设计和管理的打包服务，使顾客可以不再花费过多心思在服装上面。

2. 高级服装定制

董事长夏华认为，工业化规模生产的服装根据大多数人的体形进行设计和剪裁，可以保证多数人穿着时基本合体。但严格地讲，因为个体的差异较大，相当一部分人在试衣时很难找到合体且能表现出个人气质的服装，尤其是对于形象要求较高的商务人士，这也是高级定制悄然兴起的重要原因。

二、服务流程支撑服务特色

相比于传统的高级服装定制流程，依文的服务流程全面体现其服务特色。图 11－8 为传统的高级服务定制流程。

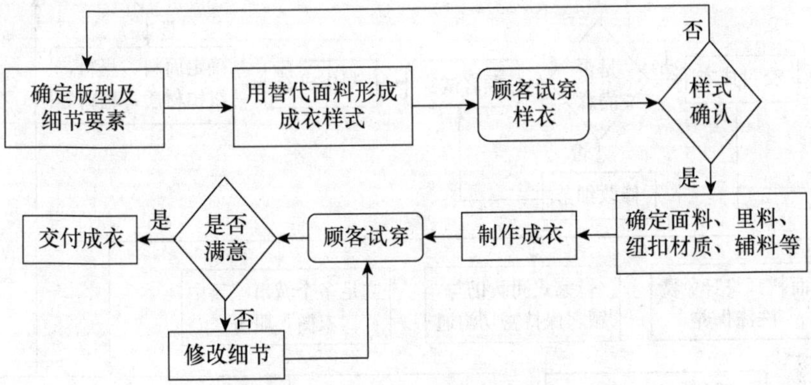

图 11－8 传统的高级服装定制流程

依文集团的定制工艺也经过选料、量身、剪裁、手工缝合样衣、试穿、缝制、调整的过程。但不止如此，其服务流程如图 11－9 所示，增加了售前售后两个部分，以贴合顾客需求和提供增值服务。依文在接到顾客的订单要求后，即时为顾客成立私家设计团队，形成亲密无间的服务关系。专业着装顾问根据顾客的身份、着装场合、体形特征，与顾客进行深度沟通。团队将探索顾客内心深处的强烈诉求并根据顾客的特殊要求，全方位制定顾客最满意的设计方案，打造出个人专属的顶级时装。在依文，顾客拿到一套定制服装需要和设计师见面三次。在定制初期，设计师和顾客进行顾问式定位沟通，将顾客想象中的理想款式当场描绘出来，再从专业角度进行引导式推荐，从纽扣、线到版型一一确认；第二次见面，用替代面料做成成衣样式，待顾客确认样式后，再与顾客确认面料、辅料、纽扣材质、里料等细节；第三次见面，制作成衣给顾客试穿，试穿后根据顾客要求进行细节修改和调整。

最后，将经过几次修改和调整的成衣送达顾客。依文集团的时尚管家在为顾客服务的过程中，会在保证质量的前提下，根据顾客不同需求精准定位，在选材方面充分考虑顾客的自身需求，使价格控制在顾客能接受的范围内。高级服装的清洗和保养是顾客最为焦虑的内容。依文为此增加了免费洗涤保养及与顾客保持沟通这两项售后服务。

思考题

1. 请基于依文集团目标顾客的特点分析其服务流程。

2. 试总结依文集团服务流程的益处。

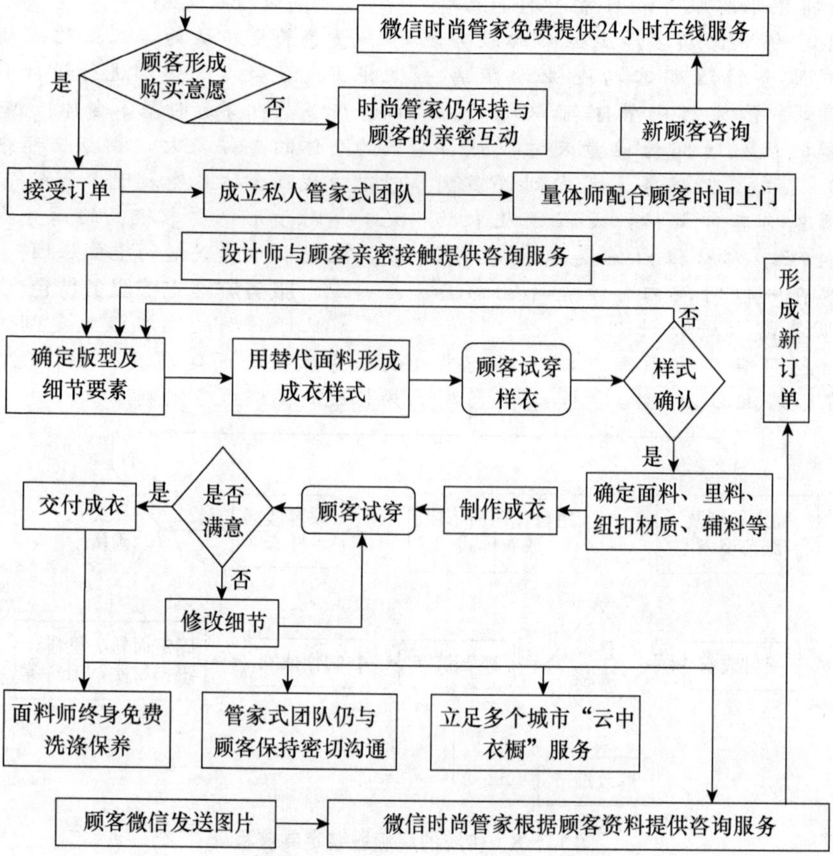

图 11－9　依文的私人管家型服装定制流程

□ 本章小结

服务流程是指服务企业把一定投入转换为一定产出的一系列任务，这些任务包括接待顾客、与顾客沟通、按照顾客的不同要求为顾客或顾客的物品提供服务等，是物流、人流、信息流、资金流四流合一的产物。服务流程主要划分为以下几种：作用于人体的可触行为；作用于人的精神的不可触行为；物品处理，作用于顾客有形资产的可触行为；信息处理，作用于顾客无形资产的不可触行为。

服务组织设计逐渐向以顾客为导向转变。服务企业组织设计的影响因素主要有：组织规模；集权和分权；组织层级和管理制度；管理客户关系。

在服务流程的设计过程中，必须以顾客为中心，秉承一定的原则。服务流程设计的主要步骤为：明确企业类型；细分服务流程；分析成本效益；制定服务设计方案并实施。常见的服务流程方式有：流水线服务方式；自助服务方式；个性服务方式。

顾客参与是一种在产品或服务生产过程中顾客承担一定生产者角色，为满足情感、个性化、自我创造及自我实现等方面的需求，对涉入性资源（智力、精力、金钱、情绪等）的投入行为。

服务交锋是指服务过程中顾客与服务组织的接触，不仅包括顾客和服务提供人员，还包括服务系统中的其他顾客、服务系统本身以及一些可以有形展示的因素。服务交锋具有以下特点：目的性；范围有限性；无须预先相识性；服务提供者无私性；任务导向的信息交换性；角色定义性；身份临时改变性。在服务交锋过程中存在服务组织起支配作用、与顾客接触的员工起支配作用、顾客起支配作用三种情形，简称服务交锋“三元组合”。

按照顾客与服务的接触程度，顾客—接触度矩阵划分出隔离方式、渗透方式、反应方式三类服务流程方式。

服务蓝图是一种基于流程图的服务设计工具，它将服务过程合理分块，再逐一描绘服务系统中的服务过程、接待顾客的地点以及顾客可见的服务要素。服务蓝图由四部分构成：三种行为；连接行为的流向线；分割行为的三条分界线；有形展示。服务蓝图基本绘制步骤如下：识别服务过程；识别顾客对服务的经历；从顾客角度描绘服务过程；描绘前台与后台服务人员的行为；连接顾客行为、服务人员行为与支持功能；顾客行为步骤加上有形展示。服务蓝图在服务业中起着很大的作用，但是，使用服务蓝图时仍需注意一些问题。

□ 复习题

一、简答题

1. 简述服务流程的含义。
2. 简述服务流程设计的主要步骤。
3. 简述服务交锋的含义。
4. 简述隔离方式、反应方式、渗透方式的含义。
5. 简述服务蓝图三种行为及定义。

二、论述题

1. 试述以顾客为导向的组织设计理念和传统组织设计理念的主要区别。
2. 试述服务交锋的特点。

三、延伸思考题

假如你现在着手准备创业——开设一家咖啡馆。请问：

1. 你知道如何设计服务流程吗？
2. 咖啡馆需要多少人手？
3. 你将如何对他们进行分工？
4. 对于不同岗位的员工，你将如何管理？

第 12 章 Chapter12 排队论与服务运营

本章要点

- 掌握排队论问题的结构；
- 了解几种常见的排队模型及其公式；
- 了解排队问题的几种经济学和管理学解释。

在服务运营管理中，排队管理是一个很重要、很常见的方面，也是很多企业都要面临的一个问题。排队现象无处不在，在生活当中，处处都离不开排队。每天，无论工作还是生活，人们所完成的大多数事情都要有意识或者无意识地排队。去餐厅吃饭的时候，如果餐厅的生意比较好，就需要等待一定时间才能享受到服务。在银行办理业务，在医院挂号看病，在便利店购买用品，都需要排队等待。甚至当拨打某个公司的客服电话时，也是某种意义上的排队，当耳边响起悦耳的音乐声时，表示排在队列当中，等待服务。排队问题不仅限于人，还有等待修理的机器、电话忙音等。

人们对排队往往感到厌烦。从个人的角度来看，在现代都市生活中，每个人都有自己的生活节拍，排队给日常生活增添了不少困难和不便，带来了不必要的时间成本和其他机会成本。从企业的角度来看，其服务系统中的排队现象是一种双向信号。一方面，排队的出现说明对企业所提供服务的需求较旺盛，企业的生产能力得到了完全利用；另一方面，排队的出现可能预示着企业的生产能力不能满足顾客的需要，服务水平的降低有可能导致顾客的不满，从而影响到企业未来的发展。从整个社会福利的角度来看，排队是低效率的，因为它没有任何增值，不给任何人带来好处，却产生了各种等待的成本，是一种社会净损失。总而言之，排队带来了不必要的成本。一般地，人们不喜欢排队。但有些特例除外，比如有人会排队等待奢侈品的定制、网红食品店前的排队等。

特别地，对于提供服务的企业而言，一个有排队现象的服务系统产生的成本有两种：一种是企业为了提供某种水平的服务而进行的服务能力的投资，比如提供服务的人力、设备等，这部分成本是与服务系统的服务水平正相关的；另一种是顾客因为排队得不到服务而对企业产生的潜在成本，比如顾客的离去、企业商誉的下降、潜在订单的流失等，这部分成本是与服务系统的服务水平负相关的。因此，大多数企业需要在这两种成本中做出某种权衡，决定一个最优的服务水平，使得最终的总成本最小。为了实现这个目标，对排队系统的研究应运而生，排队论作为一种理论也随之出现。

第 1 节 排队论概论

一、排队现象

不论是餐厅、银行等企业的服务系统，还是医院、铁路等政府管理的公共服务设施，排队似乎从来都是一种常态。排队现象存在的原因有很多，有一些是因为服务系统的产能小于系统中的平均需求水平，那么排队的产生也就不足为奇，比如某个餐厅每小时只能服务 20 桌客人，但是平均每小时来吃饭的人却有 30 桌，这种情况下产生排队的现象很好理解。但另一些排队的产生就不是那么好理解了，比如某餐厅平均每小时能服务 20 桌客人，而平均每小时来吃饭的人只有 15 桌，这时很可能仍然会产生排队。这里的关键在于“平均”。在现实生活中，顾客抵达服务系统这一过程并不像我们假设的那样是均匀的，而是一个随机发生的过程，有可能在某一个小时中只有 10 桌人到餐厅吃饭，但在下一个小时可能就有 30 桌人。并且，对顾客服务的时间也并不是完全不变的，同样存在一定的波动，有时可能服务一桌顾客只需要 30 分钟，但服务另一桌顾客却需要 120 分钟。也就是说，顾客抵达服务系统的间隔时间和顾客接受服务的时间都有很大的波动性，这两者的波动性所产生的结果就是服务系统有时超载，出现排队现象；有些时候系统却因为没有顾客而出现部分资源闲置。

那么该如何解决排队的问题？最直观的方法是增加服务人员或者服务窗口的数量，在这里把提供服务的人员或窗口统称为服务者（server）。在假定每个服务者的服务速度不变的条件下，显然服务者的数量越多，单位时间内服务系统所能服务的顾客数量就越多，需要排队的顾客数量就会相应减少。如果单纯地增加服务者的数量，可能排队现象不会那么严重，但是作为企业，或者社会的某个服务部门，除了考虑顾客的排队问题，还要考虑资源利用效率的问题，因为一味地增加服务人员和设备的数量，保证即使在高峰期每个顾客也不用排队等待，那么在顾客比较少的低谷时期，服务人员和设备肯定会出现大量闲置。这样一来，服务系统的利用率会大大降低，成本也会上升。

因此，企业面临一种权衡：要减少顾客等待的时间，就需要增加服务人员和设备的数量，但是服务系统的利用率会下降，成本会上升；相反，如果为了降低成本，减少服务人员和设备的数量，就会增加顾客的等待时间，进而导致顾客的流失和不信任，同样会给企业带来成本。为了找到服务人员和设备数量与顾客等待时间之间的平衡点，最大限度地利用服务系统的资源，降低总成本，需要知道排队现象的特征。于是，从数学上研究排队现象的排队论应运而生。

二、排队论

排队论又称随机服务系统理论，是一门研究系统拥挤现象和排队现象的科学。排队论研究的是在有形或者无形的情况下，各种各样人或物的等待。它通过排队模型来显示生活中出现的各种各样的排队系统。排队模型是对相应排队系统运行情况的抽象化。

现代排队论始于 1908 年丹麦的一位电话工程师爱尔朗（A. K. Erlang）的研究。他在研究电话系统时，为了解决自动拨号设备的问题，首次提出排队理论，取得了排队论的最早成果。从那时起，陆续出现了一些关于一般排队模型的研究。随着对排队论认识的逐步加深，以及对排队系统的最优化工作的出现，排队论更加注重理论与实际的结合。比利时的化学物理学家普里高金（Prigogine）在运用合作现象模型研究车流运动问题上取得成果，于 1978 年获得诺贝尔物理学奖。

美国运筹学家埃迪（Edie）对纽约港桥梁上车辆的拥挤现象，采用排队论的方法进行分析，认真研究了汽车收费亭的排队现象和等待时间，提出将收费亭建在车道左侧的建议。通过这项改进，缩短了车辆的等待时间，减少了拥挤现象，同时减少了工作人员，节约了大量成本。埃迪本人也因此获得著名的兰彻斯特奖金。

排队论在数学上的推导和分析比较复杂，本章只做必要的介绍，重点在于了解排队论的相关概念。

第 2 节　排队问题的结构

就像第 1 节介绍的，就餐、办理银行业务、挂号看病、购物结账等，都可以用排队模型来抽象化描述。在现实生活当中，存在各种各样的排队情形，每种不同的情形都有不同的属于自己的特征。但是不论哪种排队情形，归纳来讲，都可以分成三个组成部分：客源、队列、服务者。这三者的不同特征及其组合，形成了不同的排队等待系统。

图 12-1 描述了基本的排队过程，箭头表示顾客的流向。

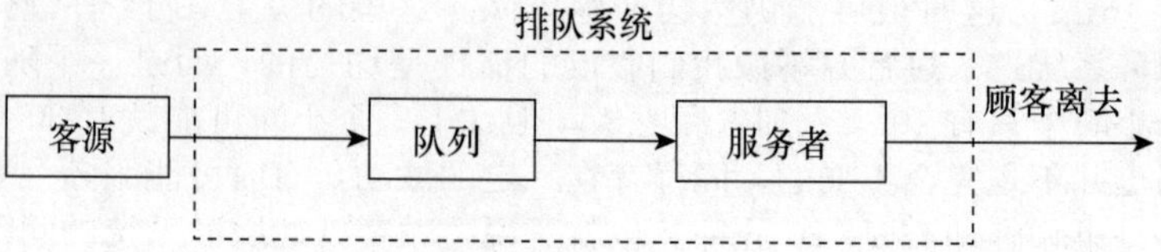

图 12-1　排队过程

一、客源

客源是整个系统的输入，也是潜在顾客的来源，有时又称作呼叫总体（calling population）。按照规模，客源可以分为无限和有限。区分标准是是否有顾客源源不断地进入一个服务系统。当实际的规模为相对大的有限数字时，客源的规模也可以近似看做无限。相对而言，无限的情况分析起来比有限的情况简单。

顾客到达服务系统的方式多种多样，为了简单起见，在模型中，一般都会假设顾客到达的方式服从某种概率分布。通过研究，人们发现许多排队现象中的顾客到达方式都服从泊松分布，即在任意一段时间 t 内，到达服务系统的顾客数量为 n 的概率表达式如下：

$$P_n(t)=\frac{(\lambda t)^n}{n!}e^{-\lambda t},\quad t>0;\ n=1,2,3,\cdots \tag{12-1}$$

对于泊松分布，有

$$E(n)=\lambda t$$

$$\mathrm{Var}(n)=\lambda t$$

特别地，当 $t=1$ 时，有

$$E(n)=\lambda$$

也就是说，λ 表示在泊松分布中，单位时间内到达服务系统的平均顾客数量。

需要补充的是，泊松分布和负指数分布可相互推导。在上述泊松过程中，每两个顾客到达服务系统之间的时间间隔 T 就服从参数为 λ 的负指数分布，即

$$P(T\leqslant T_0)=1-e^{-\lambda T_0} \tag{12-2}$$

后面会详述负指数分布的特点，这里不再赘述。

【例 12-1】　某个输入服从泊松分布的排队系统平均到达率是每小时 3 位顾客（$\lambda=3$），计算每小时内有 4 位顾客到达的概率（$n=4$，$t=1$）。

解：计算公式如下：

$$P_4(1)=\frac{(3\times1)^4}{4!}e^{-3\times1}=0.168$$

即在任何 1 小时的时间间隔内，有 4 位顾客达到的概率是 16.8%。

二、队列

当顾客进入排队系统后，就需要排在队列当中等待服务者提供服务。和队列相关的要素有队列个数、队列长度和排队规则三项。队列个数也称通道数，一般和服务者的数量相对应，例如只有一个服务者时，就只需排成一个队列即可。队列的长度分为有限和无限。排队规则较为复杂，根据排队和等待情况的不同，可以分为三种情况。

（一）损失制

当一个顾客到达时，若所有服务者都被占用，该顾客就自动消失，永不再来（这只是为

了数学上处理方便而作的假定，是实际问题的一种近似）。例如在军事上，如果敌机经过防空系统时未被击落，则“顾客”就将消失。

（二）等待制

当顾客到达时，若所有的服务者均被占用，顾客就排队等候服务。这种顾客接受服务的方式有下列几种。

1. 先到先服务

先到先服务（first come first served，FCFS）是最普通的情形，例如火车站或者汽车站的售票窗口，就是按照这种先到先服务的顺序提供服务的。

2. 后到先服务

例如，可以把将钢材存放至仓库的过程看做顾客的到达，把使用时的取用钢材看做钢材接受服务，一般取用钢材的时候都是取用最上层的钢材，即后到先服务。在通信领域，较新的信息一般总是比旧的信息更有价值，所以查看信息的时候，往往采用后到先服务。只要储存物品的价值不会随着时间的推移而变化，排队系统就可以采用后到先服务的规则。事实上，许多库存系统都使用该规则。

3. 随机服务

摇号买车的政策就可以说是一种随机行为。这种行为本质上就是当结束上一名顾客的服务之后，在等待的顾客中任意选取一名来服务。队列中的顾客被选中的概率是相同的。这种规则只能在特定的情况下使用，公平性也有待研究。

4. 优先权服务

例如，急诊病人优先就诊，银行为某些客户办理的 VIP 通道，有重要物资的船只优先装卸，甚至包括泰坦尼克号沉没时妇女和儿童优先登上救生艇，都算是某种意义上的优先权服务。这也可以说是对于不同的顾客规定不同的优先权。

5. 强占服务

例如，接送急诊病人的救护车，执行任务的警车、救火车，都属于这种服务。

（三）混合制

混合制是损失制与等待制的结合，包含以下三种情况。

1. 队列的长度有限制

这种情况下的顾客会根据队列的长度做出自己的选择。当顾客开始进入排队系统时，如果此时队长小于 n（n 是一个临界值，可以客观给定，也可以是顾客自己的主观限定，这里假设所有顾客都限定一样，下同），顾客就会进入队列当中，但如果队长大于等于 n，顾客就会选择不进入排队系统。在研究水库问题时，水库的容量是有限的；在旅客准备登车乘坐时，座位的数量是有限的。这些都是队列长度受到客观限制的情况。

2. 等待的时间有限制

在选择等待或者不等待的时候，顾客会考虑等待时间的长短。比如急着赶去上班的白领，就不会选择需要长时间等待的早餐店。急着赶飞机的旅客，也不会选择需要长时间等待的银行办理业务。

3. 顾客在系统中的逗留时间有限制

当防空系统攻击来犯敌机时，敌机就相当于“顾客”，敌机在防空系统火力范围内的时间就是“顾客”逗留时间的限制。当“顾客”在限制时间内没有得到导弹等对空武器的“服务”时，“顾客”就会离开这个排队系统。也就是说，逗留时间是排队时间和服务时间的总和。

三、服务者

服务者也称作服务机构，在术语描述上和“通道”相对应，一个服务者对应一个通道。排队系统中的服务者是一个广义概念，可以是服务人员，也可以是服务设备，还可以是一群服务人员和服务设备。例如在医院进行手术时，排队等待做手术的病患就是“顾客”，为病患做手术的医护人员和使用的医疗设备可以看做一个服务者。通常从服务者的设施结构和服务时间两个角度研究服务者的特征。

（一）服务者的设施结构

服务者的设施结构可以依照通道数量（即处于同一阶段服务者的数量）、阶段数量进行划分（见图 12－2）。

	通道数量	
阶段数量	单通道单阶段	多通道单阶段
	单通道多阶段	多通道多阶段

图 12－2　服务者的结构

若以三个圆点表示顾客，箭头表示顾客流向，可以画出各种情况下的服务者结构简图，如图 12－3 所示。其中多通道多阶段图中的虚线箭头代表顾客从第一阶段到第二阶段的过程，即可能更换通道。

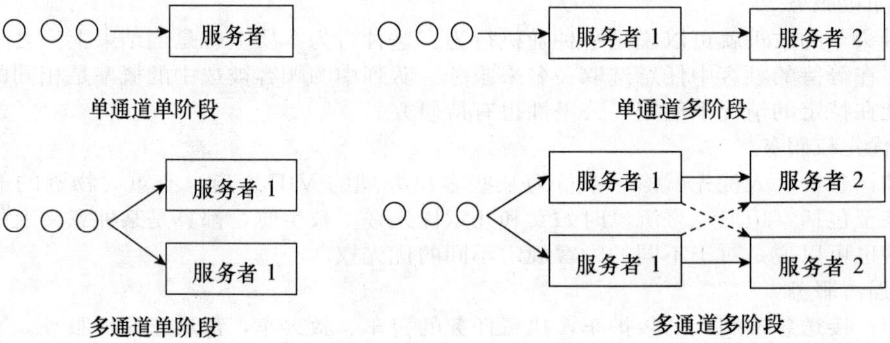

图 12－3　服务者结构简图

1. 单通道单阶段

单通道单阶段（single-channel，single-phase）是指在排队系统当中只存在一个服务者，每个顾客只需要接受一次服务。例如只有一个入口的机场或者车站，它们的安检系统就属于这种情况。旅客进入宾馆登记或者退房时进行的排队，也属于单通道单阶段的系统。

2. 单通道多阶段

出现单通道多阶段（single-channel，multiple-phase）系统是为了更加快捷和便利，因为单通道单阶段的排队结构满足不了需求出现时排队系统的要求。在这个系统中，顾客依次从一个服务者处过渡到下一个服务者处接受服务。例如工厂中的流水线操作，在流水线上正在生产、接受加工装配的产品就是“顾客”，流水线就是一个简单的单通道多阶段的系统。

3. 多通道单阶段

多通道单阶段（multiple-channel，single-phase）的系统在顾客较多的时候，可以横向增加服务者的数量（即增加同一阶段服务者的数量），减少此阶段顾客的等待时间。生活中这类例子比较多，比如去银行办理业务，或者在超市购物结账时，都需要经过多通道单阶段的排队系统。

4. 多通道多阶段

多通道多阶段（multiple-channel，multiple-phase）的结构是多个单通道多阶段结构的结合，例如工厂可能存在多个同时运行的流水线。需要注意的是，有些情况下，在经过一个阶段之后，顾客不能自主选择下一个通道，有些情况下则可以。

事实上，现实生活中排队系统的服务者结构可能更为复杂，不过一般都可以看做上述四个结构的组合。比如去医院就医，从挂号、就诊，到住院、治疗、取药，整个过程需要多次排队，这是一个非常复杂的系统。但是，这些比较复杂的排队系统都可以简化为数个局部的小系统。

（二）服务时间

服务时间指的是顾客在服务者处接受服务所需要的时间。由于顾客、服务内容的不同以及服务者熟练程度的差异，服务时间通常也有所不同。为了方便研究，往往把服务时间分为固定的和随机的两类。研究随机变量的服务时间时，通常把服务时间看做近似服从负指数分布。

$$P(t\leqslant T)=1-e^{-\mu T} \tag{12-3}$$

式中，μ 为单位时间内接受服务的顾客数均值，也即平均服务率；t 为顾客接受服务的时间；T 为目标服务时间；μ 是负指数分布的期望。

正如上面所述，不同顾客的服务时间之间有所差异，影响 μ 的因素也有很多。例如病患去医院就诊时，因为每个病患的病症不同，所花费的时间也不尽相同；同样，银行办理业务，所需时间和办理业务的内容相关，存取业务要比办理信用卡等业务所需时间更短。当然，去医院、银行所消耗时间也和医护人员、银行业务员的熟练程度有关。所有这些因素都会影响平均服务率的大小。

负指数分布有如下一些特点：

（1）一旦服务者开始为顾客提供服务，那么较快结束服务的概率较大，即不太可能花太多的时间才能完成服务。同时，随着 t 的增加，顾客服务时间小于 t 的概率将接近于 1。

（2）无记忆性。顾客接受一段时间的服务后，这些时间不会对接下来所需要的时间造成影响。也就是说，接下来顾客所需服务时间和之前所耗费时间无关。

【例 12-2】　中国银行上海市杨浦区五角场支行在对一位柜员考察时发现，该柜员每个小时平均服务 3 位顾客。如果你是该支行的人事负责人，尝试计算顾客服务时间小于 10 分钟的概率，并确定是否有必要对该柜员进行业务熟练度培训（已知在该支行，柜员为顾客服务的平均时间为 10 分钟）。

解： 已知 $\mu=3$ 人/小时，$T=10$ 分钟 $=\frac{1}{6}$ 小时，所以有

$$P(t\leqslant T)=1-e^{-\mu T}=1-e^{-3\times 0.167}=0.39$$

当顾客来到该柜员处接受服务时，只有 39% 的顾客能在 10 分钟内办理好自己的业务，低于整个支行平均水平。人事负责人需进一步了解情况并对该柜员进行业务熟练度培训。

在实践中，对于时间间隔和服务时间的获取与分布，需要经过科学的数据收集及论证。图 12-4 为到达时间间隔和服务时间分布的处理流程。

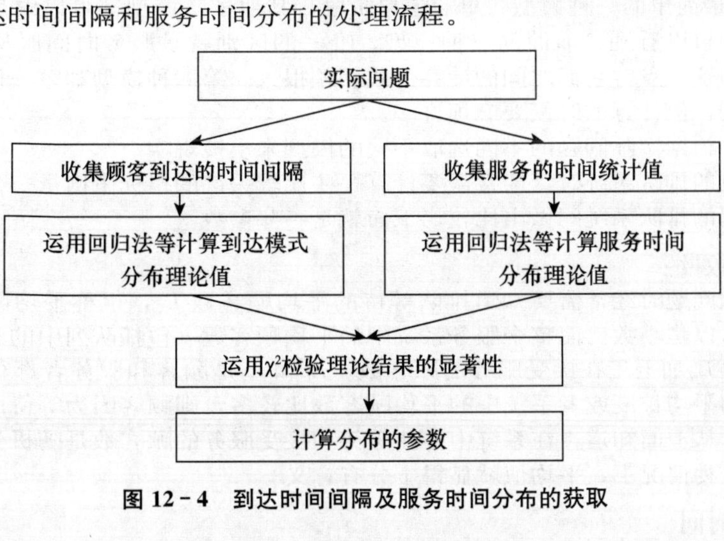

图 12-4　到达时间间隔及服务时间分布的获取

第3节 排队模型

排队模型是根据排队论的理论建立的数学模型，它用数学语言描述排队过程，同时提供求解的方法。如果按照前面介绍的排队过程构成要素来描述一个排队模型的特征，就会显得十分烦琐。为了更加简单明了地表示排队模型，在研究排队论的问题时，约定俗成地采用一种表示方法：①/②/③，其中：①表示顾客到达时，间隔时间所服从的分布；②表示服务时间服从的分布；③表示服务者的数量。

在①和②的位置，通常用一些大写字母来表示所服从的分布：M 为负指数分布（具有马尔可夫性质，即 Markov property），D 为确定型分布（即常数型分布），G 为一般随机分布（也即任意分布均可）。

例如，M/M/1 表示到达顾客服从泊松分布，即顾客相继到达的时间间隔服从负指数分布（泊松分布与负指数分布可以相互推导），服务时间服从负指数分布，仅有一个服务者的模型；D/M/s 表示顾客相继到达的时间间隔是固定的，服务时间服从负指数分布，在同一阶段有 s 个服务者的模型。

这种分类方法只针对单阶段的排队模型。

一、简单排队模型

到目前为止，比较成熟的排队模型还不多，这里介绍几种常见的简单排队模型（见表 12－1）。

表 12－1　　模型种类与基本性质

模型	通道数	阶段数	客源	到达分布	排队规则	服务时间	队列长度
M/M/1	单通道	单阶段	无限	泊松	先到先服务	指数	无限
M/D/1	单通道	单阶段	无限	泊松	先到先服务	常数	无限
M/G/1	单通道	单阶段	无限	泊松	先到先服务	一般	无限
M/M/s	多通道	单阶段	无限	泊松	先到先服务	指数	无限

M/M/1 是最简单的一种模型，单通道单阶段，其他排队模型都可以说是由很多这一模型组成的。我们可以看到，前面的三种模型，唯一的区别就是服务时间服从的概率分布不同。但是正因为这一点，它们之间的计算公式相差很大。第四种模型和第一种相比仅仅是服务者数量的不同，但计算的时候要麻烦许多。

当然，需要根据实际问题的不同选取不同的模型来模拟现实。

在研究经典的排队系统时，通常需要计算一些比较关键的指标来衡量一个排队系统的好坏，或者在不同的排队系统间做出比较，下面就是一些参数。

（一）顾客数量

在研究排队问题时经常需要知道排队等待的平均顾客数 L_q，也称平均队列长度。它可以是整数，也可以是小数。而整个服务系统中的平均顾客数（包括队列中的和正在接受服务的顾客）L_s 则是 L_q 加上正在接受服务的顾客数。L_q 和 L_s 是顾客和服务者都很关注的一个问题。假如队列的平均长度或者系统中的平均顾客数比较多，则顾客因为等待而受到的损失将会变得比较大。从上面知道，在系统中排队等待和接受服务的顾客数是随机变量，服从某种概率分布，在这种情况下，平均值就显得十分有意义。

（二）等待时间

W_q 也表示平均值——每个顾客在队列中所等待时间的平均值，也就是顾客的平均排队时间，与 L_q 相对应。W_s 则是顾客在排队系统中停留时间的平均值，与 L_s 相对应。相比顾客数量，顾客更关心的是等待时间。当然，顾客希望他们的等待时间越短越好。管理者也要把减少等待时间当作自己的目标之一。

（三）其他

λ：顾客到达率，由于顾客的到达服从泊松分布，因此 λ 也是平均到达率。

$1/\lambda$：相邻到达顾客间的平均时间间隔。λ 表示单位时间内到达顾客数（期望），其倒数即表示两个相邻顾客到达之间的时间间隔（期望）。

μ：单个服务者的服务率，因为服务时间服从负指数分布，所以 μ 也表示平均服务率。

$1/\mu$：平均服务时间。同样，μ 表示单位时间内接受某个服务者服务的顾客数量（期望），其倒数即表示一个顾客接受服务所需的时间（期望）。

s：服务者的数量，也就是通道的数量。

P_n：系统中有 n 个顾客的概率。

P_w：需要等待的概率。

ρ：系统利用率，也称利用因子（utilization factor），$\rho=\frac{\lambda}{s\mu}$（此处假设即使有多个服务者，顾客依然位于同一队列中）。

在稳定状态下，期望值 L_q，L_s，W_q，W_s 之间存在一些很直观同时很有用的关系，主要可以由以下4个公式描述：

$$L_q=\lambda W_q \tag{12-4}$$

$$L_s=\lambda W_s \tag{12-5}$$

$$W_s=W_q+\frac{1}{\mu} \tag{12-6}$$

$$L_s=L_q+\frac{\lambda}{\mu} \tag{12-7}$$

其中式（12-4）和式（12-5）称为利特尔方程。利特尔方程是利特尔于1961年提出的，也称作利特尔法则、利特尔公式等。利特尔的贡献在于证明了这些方程适用于通用模型，唯一的要求就是系统是稳定的，不存在强占服务。此处方程证明从略。

对于利特尔方程的直观解释是：在排队系统达到统计平衡的条件下，考虑一个刚开始接受服务的顾客，在他后面排队等待服务的平均顾客数等于在他的平均等待时间内实际进入系统的平均顾客数，即 $L_q=\lambda W_q$；又考虑一个刚服务结束将要离开系统的顾客，在他离开系统时留在系统中的平均顾客数等于在他的平均逗留时间内实际进入系统的平均顾客数，即 $L_s=\lambda W_s$。

二、简单模型的计算公式

在模型建立后，想要利用模型解决问题，还需要进行大量的比较复杂的数学推导。由于本章的重点旨在简要介绍排队论的相关概念，因此在这里直接给出一些常见简单模型的计算公式。这里，简单模型都是默认拥有无限客源且队列的长度可以无限长，即排队规则为等待制的排队模型。对于数学推导过程有兴趣的读者可以自行阅读关于排队论的书籍。

（一）M/M/1模型计算公式

$$\rho=\frac{\lambda}{\mu} \tag{12-8}$$

$$L_q=\frac{\lambda^2}{\mu(\mu-\lambda)}$$

即

$$L_q=\frac{\rho^2}{1-\rho} \tag{12-9}$$

$$L_s=\frac{\lambda}{\mu-\lambda}$$

即

$$L_s=L_q+\rho=\frac{\rho}{1-\rho} \tag{12-10}$$

$$W_q=\frac{\lambda}{\mu(\mu-\lambda)}$$

即

$$W_q=\frac{L_q}{\lambda}=\frac{\rho}{\mu-\lambda} \tag{12-11}$$

$$W_s=\frac{1}{\mu-\lambda}$$

即

$$W_s=\frac{L_s}{\lambda}=\frac{1}{\mu-\lambda} \tag{12-12}$$

$$P_n=\left(1-\frac{\lambda}{\mu}\right)\left(\frac{\lambda}{\mu}\right)^n$$

即

$$P_n=(1-\rho)\rho^n \tag{12-13}$$

【例 12-3】 中国工商银行计划在上海财经大学杨浦区武东校区新增一台自动取款机。根据数据预测估计，如果设立成功的话，前来取款的学生数量平均为每小时 15 次，服从泊松分布。假设服务时间服从指数分布，依照自动取款机的历史数据，每次进行服务的时间平均是 3 分钟。试求：

(1) 系统利用率 ρ；

(2) 自动取款机（服务者）空闲的时间比率 $1-\rho$；

(3) 排队等待服务的顾客数；

(4) 顾客在整个系统中花费的平均时间；

(5) 整个排队系统中分别有 0 个和 4 个顾客的概率。

解： 已知 $\lambda=15$，$\mu=20$。

(1) $\rho=0.75$。显然，系统利用率为 75%属于较好的利用率水平。后面将对利用率水平作一些简单的介绍。

(2) $1-\rho=0.25$，即空闲的时间比率为 25%。空闲率与利用率之和为 100%，在某些情况下，用空闲率表示比用利用率表示更加简洁。

(3) $L_q=2.25$，表示平均有 2.25 个顾客在队列中排队等待。

(4) $W_s=0.2$，表示顾客如果使用此自动取款机取钱，则他们平均需要花费 0.2 个小时，也即 12 分钟。

(5) $P_0=0.25$，$P_4=0.079$。

（二）M/D/1 模型计算公式

$$L_q=\frac{\lambda^2}{2\mu(\mu-\lambda)}$$

即

$$L_q=\frac{\rho^2}{2(1-\rho)} \tag{12-14}$$

$$L_s=\frac{\lambda^2}{2\mu(\mu-\lambda)}+\frac{\lambda}{\mu}$$

即

$$L_s=L_q+\rho=\frac{\rho^2}{2(1-\rho)}+\rho \tag{12-15}$$

$$W_q=\frac{\lambda}{2\mu(\mu-\lambda)}$$

即

$$W_q=\frac{L_q}{\lambda}=\frac{\rho}{2(\mu-\lambda)} \tag{12-16}$$

$$W_s=\frac{\lambda}{2\mu(\mu-\lambda)}+\frac{1}{\mu}$$

即

$$W_s=\frac{L_s}{\lambda}=\frac{\rho}{2(\mu-\lambda)}+\frac{1}{\mu} \tag{12-17}$$

【例12-4】 徐杰在商业区开了一家高档的专业擦鞋店，为来来往往的商务人士和不远处生活区的居民服务。擦鞋的系统和人员都经过专业调试和培训，平均每双鞋的擦拭时间是5分钟。在工作日，平均每小时有10位顾客前来擦鞋，顾客的到达服从泊松分布。假设只有一个擦鞋系统且每位顾客仅有一双鞋需要擦拭。试求：

（1）系统利用率；

（2）平均来看，当一位新顾客到来时，面前的队列中共有几位顾客；

（3）顾客在徐杰的专业擦鞋店中，平均需要花费多少时间。

解： 已知$\lambda=10$，$\mu=12$。

（1）$\rho=0.833\,3$，系统利用率为83.33%。

（2）$L_q=2.08$，平均队列中共有2.08位顾客。

（3）$W_s=0.292$，顾客平均在徐杰的店中花费0.292小时，也即17.5分钟。

通过简单的分析，我们可以看出徐杰擦鞋店的系统利用率较高，处于临界区（后面有介绍）。但是，每位顾客平均在徐杰店中消耗17.5分钟，这对于光临商业区擦鞋店的顾客群体来说过于漫长。徐杰可以考虑从增加人手和系统、减少等待与服务时间等方面入手，提高竞争力。

（三）M/G/1模型计算公式

$$L_q=\frac{\lambda^2\sigma^2+\rho^2}{2(1-\rho)} \tag{12-18}$$

$$L_s=\frac{\lambda^2\sigma^2+\rho^2}{2(1-\rho)}+\rho \tag{12-19}$$

$$W_q=\frac{\lambda^2\sigma^2+\rho^2}{2\lambda(1-\rho)} \tag{12-20}$$

$$W_s=\frac{\lambda^2\sigma^2+\rho^2}{2\lambda(1-\rho)}+\frac{1}{\mu} \tag{12-21}$$

式中，σ^2指服务时间所服从分布的方差。

M/M/1模型和M/D/1模型都是M/G/1模型的特殊情况。G代表服务的时间服从任意的随机分布。

在这四个计算公式中，$L_s=\frac{\lambda^2\sigma^2+\rho^2}{2(1-\rho)}+\rho$称作PK公式（Pollaczek-Khinchine formula），它是以20世纪30年代独立推导了上述公式的两位学者的名字命名的。我们知道，在分析任意服务时间分布问题时，模型是相当复杂和烦琐的，能够得到这样简单的一个表达式十分难得。可以说，PK公式是排队论最重要的研究成果之一，具体表现在：对于一个单服务者的排队模型，只要给定顾客的到达时间间隔服从负指数分布，那么不论服务时间服从什么分布，如果能通过统计手段得到服务时间的均值和方差，就可以得到该排队系统的所有特征指标。正因为有PK公式的存在，M/G/1模型才能在实践应用中得到普及和简化。

【例12-5】 一家商场估算需要的收银台的数量。根据经验，周末的时候收银台顾客的到达率约为每12分钟一个人，在这个时候，只开放一个收银台，且假设顾客的到达服从泊松分布。每位顾客在结账时，平均需要花费8分钟，假设结账的时间服从标准差为1.3分钟的正态分布。尝试计算系统的服务性能指标。假设结账的时间不是服从正态分布而是服从指数分布，那么服务性能又有什么变化？

解：已知顾客到达率 $\lambda=5$，服务速率 $\mu=7.5$，所以有 $\rho=0.667$，即系统的利用率为 66.7%。

由于服务时间的标准差为 1.3 分钟，转化为标准单位（小时）即为 0.021 67 小时，则方差 $\sigma^2=0.000\ 469\ 4$。由 PK 公式得

$$L_q=0.684\ 3$$

其他的服务性能指标为：

$$L_s=L_q+\rho=1.351$$

$$W_q=\frac{L_q}{\lambda}=0.136\ 86$$

$$W_s=W_q+\frac{1}{\mu}=0.270\ 2$$

可以看到，平均每位顾客需要排队等待 8 分钟左右，而排队时间和结账时间加在一起则需要大约 16 分钟。平均在队列中排队等待的顾客小于一个。

如果结账时间不服从正态分布，而是服从指数分布，那么服务性能指标如下所示：

$$L_q=1.333\ 3$$

$$L_s=2$$

$$W_q=0.266\ 7$$

$$W_s=0.4$$

与假定服务之间服从正态分布时相比，此时的服务性能指标有所不同。尤其是 W_q，将近增长至原来的 200%。

上述例子除验证了 M/M/1 模型和 M/G/1 模型不同，也进一步说明了排队模型中有些指标对服务时间的概率分布类型的要求很高。服务时间服从的概率有所区别，得到的服务性能指标也就不相同。同时，如果想要对排队系统做出较为准确的分析，就要对顾客到达过程和服务时间所服从的概率分布进行仔细的验证。

显然，M/M/1 模型是服务时间服从指数分布的 M/G/1 模型；M/D/1 模型也是 M/G/1 模型的特殊情况，即当服务时间方差 $\sigma^2=0$ 时的 M/G/1 模型。

（四）M/M/s 模型计算公式

$$\rho=\frac{\lambda}{s\mu} \tag{12-22}$$

$$P_0=\left[\sum_{k=0}^{s-1}\frac{1}{k!}\left(\frac{\lambda}{\mu}\right)^k+\frac{1}{s!}\,\frac{1}{1-\rho}\left(\frac{\lambda}{\mu}\right)^s\right]^{-1} \tag{12-23}$$

$$L_q=\frac{(s\rho)^s\rho}{s!(1-\rho)^2}P_0 \tag{12-24}$$

$$L_s=L_q+s\rho \tag{12-25}$$

$$W_q=\frac{L_q}{\lambda} \tag{12-26}$$

$$W_s=W_q+\frac{1}{\mu}=\frac{L_s}{\lambda} \tag{12-27}$$

$$P_n=\begin{cases}\dfrac{P_0}{n!}\left(\dfrac{\lambda}{\mu}\right)^n, & 0\leqslant n\leqslant s\\[2ex] \dfrac{P_0}{s!\,s^{n-s}}\left(\dfrac{\lambda}{\mu}\right)^n, & n>s\end{cases} \tag{12-28}$$

其中需要注意的是，μ 是指单个服务者的服务率。

【例 12-6】 长海医院某科室共有 3 位坐诊医师，分别在 3 个单独的诊室中。病患在一台自助排队机上领取排队号码进行排队（队列为一队），当一位医师解决完上一位病患的问题后，队列中的下一位病患就进入该医师的诊室。假定顾客的到达服从泊松分布，平均到达率为每小时 15 人；坐诊医师的服务时间服从负指数分布，平均服务率为每小时 6 人。试求：

（1）系统利用率；
（2）3 个诊室都空闲的概率；
（3）平均队列长度（在等候区等候的平均人数）；
（4）在此科室看病，病患需要花费的平均时间；
（5）系统中共有 4 个病患的概率。

解： 已知 $s=3$，$\lambda=15$，$\mu=6$。

（1）$\rho=\frac{\lambda}{s\mu}=\frac{15}{18}=0.8333$，即该排队系统的利用率为 83.33%。

（2）$P_0=\left[\sum_{k=0}^{s-1}\frac{1}{k!}\left(\frac{\lambda}{\mu}\right)^k+\frac{1}{s!}\frac{1}{1-\rho}\left(\frac{\lambda}{\mu}\right)^s\right]^{-1}=0.045$，3 个诊室都空闲的概率为 0.045，即病患来看病时无须排队的概率为 0.045。

（3）$L_q=\frac{(s\rho)^s\rho}{s!(1-\rho)^2}P_0=3.52$，表明在等待的病患的平均值为 3.52 人。

（4）$W_s=W_q+\frac{1}{\mu}=\frac{L_s}{\lambda}=0.401$，即病患平均需要花费 0.401 小时。

（5）系统中共有 4 个人，则 $n>3$，$P_4=\frac{P_0}{s!s^{n-s}}\left(\frac{\lambda}{\mu}\right)^n=0.039$。

假如所有条件都不改变，只是将队列由 1 队变为 3 队，且病患不允许改变队列，这样，新形成的排队系统就相当于 3 个 M/M/1 模型并列在一起。在这 3 个并列的模型中，病患的到达依然服从泊松分布，只不过每个模型的顾客达到率变为 $\lambda=5$。服务时间不变，依然服从指数分布，且 $\mu=6$。有关 3 个 M/M/1 模型的求解过程省略，表 12-2 给出 M/M/3 模型与 3 个 M/M/1 模型之间服务性能指标的比较。

表 12-2　M/M/3 模型与 3 个 M/M/1 的性能指标比较

服务性能指标	M/M/3 模型	3 个 M/M/1 模型
ρ	0.833 3	0.833 3
P_0	0.045	0.166 7（每个队列）
P_4	0.039	0.080
L_q	3.52	4.17（每个队列）
L_q	6.02	15（整个系统）
W_q	14.1 分钟	50 分钟
W_s	20.06 分钟	60 分钟

对比观察可以很方便地得出，相对来说，3 个 M/M/1 模型在一起，远没有 1 个 M/M/3 模型有效率。虽然二者的系统利用率相同，但是无论是从队列的角度，还是从整个系统的角度，M/M/3 模型都比 3 个 M/M/1 模型队列更短，所花费的时间也更少。从概率的角度也可以验证这一点。

由这一点，可以进一步深入思考一下，联系生活中的问题。假如 M/M/s 模型比 s 个 M/M/1 模型更有效率，那么在实际生活当中，如果有多个服务者提供服务，则使用排队机，或者队列排成一整队的排队系统，就要比不使用排队机、每个服务者处都排一队的系统更有效率。比如，使用排队机的银行、医院等都是利用了这种特征。而超市收银台、车站售票处等排队系统，不使用 M/M/s 模型，就显得不那么有效率。简单设想一下，如果将这些排队系统进行一些改进，将会节约更多人力、财力，也能增加顾客的满意度。

在排队论领域，存在许多模型，上面介绍的只是 4 种较为简单的模型。其他比较常见的模型还有 M/E_k/s 模型（E_k 表示形状参数$=k$ 的爱尔朗分布）、有限队长的 M/M/s 模型（也称为 M/M/s/k 模型，k 为整个排队系统中的人数上限，$k-s$ 为队列人数上限）、客源有限的 M/M/s 模型和 M/G/∞模型等。除了这些按照先到先服务规则来进行排队的模型，还有按照优先权服务的模型等。

第4节 排队问题的经济模型

在讨论过一些排队系统的模型之后，接下来再介绍排队问题的经济模型。在排队系统中，有一个目标就是使排队系统的总成本最低。在研究排队问题的经济含义时所运用的抽象化的假设中，不去考虑实际中众多的复杂情况，而是认为最优能力水平就代表总成本最低。排队系统的总成本包括两部分：服务者成本和顾客等待成本（见图12-5），即

总成本＝服务者成本＋顾客等待成本

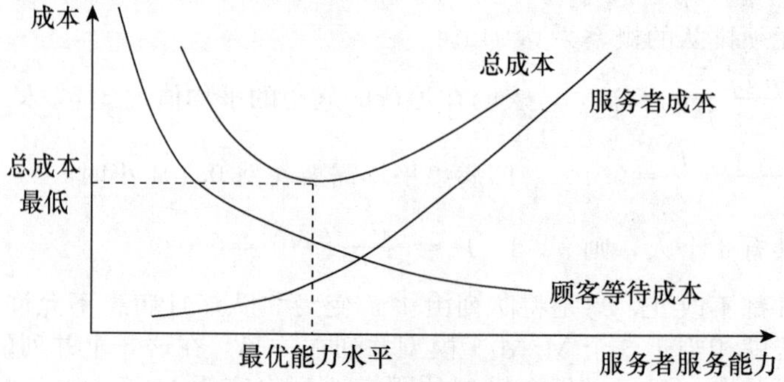

图12-5 排队系统的成本构成

所谓服务者成本，是指与服务系统的服务能力相关的成本。服务者的服务能力和他们的成本正相关。一个系统的服务能力越强，服务者成本也就越高。例如超市的排队系统，想要提高现有排队系统的服务能力，通过增加通道和收银员的数量，超市就要增加支出，服务者成本也由此上升。

还有一种成本是顾客等待成本。顾客等待成本包括为了接受服务而等待时发生的成本。比如在银行或者医院排队的顾客或病患的时间成本、为等待机场降落通道而盘旋在机场上空的飞机的燃料消耗、无法在有效时间内消灭敌方导弹或飞机等而造成的损失，都可以算作顾客等待成本。在研究损失的排队系统时，有顾客拒绝等待选择离开而对系统造成的损失，也是顾客等待成本。顾客等待成本会随着服务者服务能力的提升而下降，由于有一个服务者利用率的问题，因此顾客等待成本下降的速度是先大后小。

服务者成本和顾客等待成本加在一起就是总成本。由二者之和组成的总成本随着服务者服务能力的提升，有先降后升的趋势。排队论问题研究的传统目标是使总成本最小。根据总成本和服务者成本、顾客等待成本的关系，分析的目标也就是找到总成本最低时的服务能力水平。需要注意的是，总成本最低时的服务能力水平往往不在服务者成本和顾客等待成本两者的交点上。

事实上，减少顾客的等待时间对管理者来说至关重要。如果不能满足大多数顾客的要求，顾客就会流向竞争对手。在处理这类问题时，管理者通常的做法就是确定一个服务水平的指标，例如平均队列长度、平均等候时间等，然后再确定服务者。

除了上面介绍的排队问题的经济模型，经济学中还有一些其他模型将排队论与经济学结合起来分析研究。例如排队博弈模型，经济学家运用排队博弈模型来分析产品最优价格，而不仅仅局限于简单的博弈模型。

第5节 管理者的决策

一、一般决策内容

在对排队模型进行一些理论性质的分析后，管理层可以通过做出一项或者多项决策，来

改进优化排队系统。通常这些决策从以下几个方面入手。

（一）到达率

管理者通过制作广告、降价促销、差别定价等营销手段，影响顾客的到达率。酒店、宾馆等临时居住场所经常使用工作日打折的方式，让顾客的需求有更大的可能从节假日转移到工作日，使得节假日的到达率下降、工作日的到达率上升，从而平衡整个系统在节假日和工作日之间的负荷，这也是一种充分利用资源的手段。

（二）服务者的数量

在必要的时候通过减少或增加服务者的数量，如超市收银台、银行柜台等，来实现更高的效率。例如超市发现自己收银台排队系统的日常工作已经处于临界区或者接近能力短缺区时，就有必要增加收银台的数量；当工厂处于赶工期时，可以招聘一些临时工，和原来的维修工人一起，抢修发生故障的机器。

（三）阶段数

如果劳动分工可以提高生产效率，那么就需要把原本只有一个阶段的任务分成两个或者多个阶段。拿擦鞋店来说，如果观察发现，一个人擦皮鞋的效率比不上多个人把擦鞋分为除尘、上油、擦拭等步骤的效率，这时管理者就有理由把原来的一个阶段分为多个阶段。分为多个阶段后，每个服务者的效率都会有所提高，即 μ 将有所改变。

（四）每个服务者所包含服务人员和服务设备的数量

这一部分也是通过改变 μ 来改进整个排队系统的效率，一般来说包括两点：数量和质量。数量是指可以通过增加或者减少服务人员和服务设备的数量来改变效率；质量是指可以通过对服务人员进行培训、对设备进行更新来改变排队系统的质量。对服务人员的培训除了技能培训，还包括工作方法、奖励机制等方式。

（五）排队规则

管理者可以通过制定排队规则来影响顾客的等待时间、服务台的利用率甚至自己的收益。如北京市的摇号购车制度与上海市的竞拍牌照制度，后者比前者等待时间更短，政府的收益也更多。

综合上述影响管理者决策的因素，可以看到它们之间互相影响，每个因素的改变都有可能造成 λ 和 μ 的变化。

另外，始终需要记住的是，这里所研究的排队模型只是最简单的模型，模型都假设顾客的到达服从泊松分布，服务的原则都是先到先服务等。也有些排队模型是建立在不同的假设之上的，但是这些模型都十分复杂。同时，在很多时候，客源的特征、排队的规则和队列等因素的真实情况与假设不同，那么排队论可能就变得不再有用。这时，就会用到排队论仿真的知识。

二、系统利用率与服务质量

排队系统利用率的高低与服务的质量息息相关。当系统利用率较低时，服务人员的相对空闲时间较多，在为顾客提供服务的时候，也比较容易为顾客提供较高质量的服务；相反，当系统利用率较高时，服务人员的相对时间较少，为了刻意追求服务的速度，服务的质量就会有所下降。排队系统的利用率到底保持在什么水平比较适宜，也是排队论研究的一个问题。

一般来说，排队系统的利用率在 70%左右时最为合适（见图 12－6）。当系统的利用率低于 70%时，排队系统能够提供充裕的服务，但是服务者的空闲时间较多，存在一定的资源浪费，服务者的成本存在降低的空间；当系统利用率高于 70%但却低于 100%时，排队系统处于临界区，这时虽然排队系统可以保证大部分情况下为所有的顾客提供服务，但服务者已经没有太多的空闲时间，顾客虽然能够得到服务，不过服务者的服务质量可能会有所下降，这是服务者片面追求服务速度的结果；当系统利用率超过 100%时，顾客的到达率已经超出了服务者能够提供的服务水平，整个服务系统处于超负荷运行，这个时候有些顾客就不能够得到服务，而且理论上的队列长度将达到无限长。

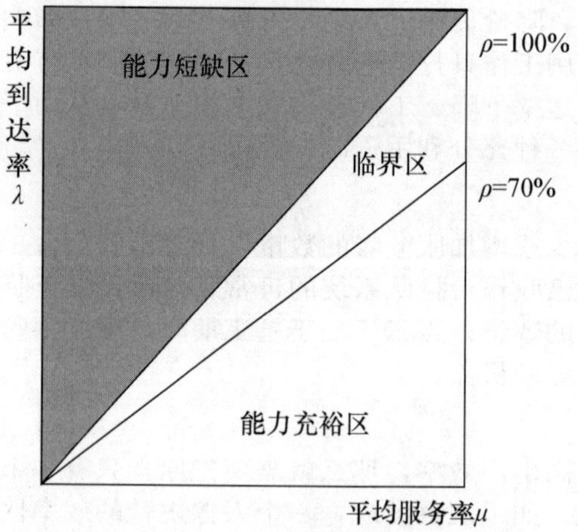

图 12-6　系统利用率

管理者在设计排队系统时，应该把系统的利用率保持在 70%左右，这样既能保证服务系统的利用率，也能保证服务质量。当然，不同的排队系统有所不同，不能拘泥于数字，需要具体情况具体分析。

三、排队系统的公平性

有关排队的公平性，有一些研究着重分析排队规则。一些学者认为，排队的原因在于排队系统在特定时间段内服务供给无法满足服务需求。排队的不公平性则来源于顾客达到服务场所的随机性和服务时间的随机性。如果顾客的到达速度和服务速度都是匀速的，那么管理者就可以制定服务计划、调整服务系统，以使服务供给和服务需求达到平衡，服务延迟的现象就不会发生，也就不存在所谓的排队等待。

由于顾客到达和服务时间都是随机变量，因此服务供给与服务需求不能保持均衡，服务延迟或者服务者空闲的现象就会出现。有研究指出，顾客在 M/M/s 模型（也即单列排队）和 s 个 M/M/1 模型（多列排队）中，对公平性的感知可能不同。前面已经通过数据简单对比了单列排队和多列排队的一些服务指标，并知道单列排队要比多列排队更有效率。那么哪种排队方式会更让顾客感觉到公平呢？

如果从社会公平理论的角度考虑，人们会选择单列排队的方式。因为在单列排队的情况下，所有顾客进入排队系统后都在同一个大队列中排队，排队的规则也是按照先来先服务的原则，并不存在哪位顾客后到却先服务的情况；而多列排队则容易产生某一队列（比如甲队）比其他队列（比如乙队）运行速度慢的情况，这样先来的人（甲队）反而可能比后来的人（乙队）更晚接受服务。

换一种角度考虑，也就是从归因理论的角度考虑，在多列排队时，顾客会首先对面前的几个队列进行选择。一旦等待的时间过长，顾客有一定概率会归因为自己进入系统时选择了一条等待时间较长的队列，还有一定概率会归因为服务系统的效率问题。而在单列排队时，一旦等待的时间过长，顾客就会完全归因为服务系统的问题，只有当管理者给予一定补偿时，他们的责备才能消除，否则就会感到不公平。

有研究表明，通常情况下，与多列排队相比，单列排队更能让顾客感到公平，这与社会公平理论相符。然而，顾客认为单列排队更加公平存在一个前提，即排队规则需要遵循先到先服务的原则，假如这个原则不能得到保证，例如存在插队情况，那么人们心中所期望的社会公平性就会受到挑战，即使队列的长度不长、顾客的等待时间也不久，顾客依然会感觉不公平。不过，有些情况例外，例如机场为头等舱的顾客提供快速登机通道，或者是超市为购物量较少的顾客提供快速结账通道。在这些情形下，如果有一些顾客获得的东西较少（例如购物量小于5件），或者付出了更多的经济成本（如成为VIP顾客或购买头等舱机票），其他顾客也不会因为他们没有遵守先到先服务的原则而感到不公平。

除了对于单列排队与多列排队系统的考虑，对排队公平性还有其他思考。例如，先到先服务规则一定比其他排队规则公平吗？显然不是。不考虑那些把物品当作顾客的排队系统，仅仅考虑把人当作顾客的排队系统。急诊病人就诊时使用的优先权服务原则、警车在执行任务时使用强占服务原则，这些情形下的排队系统一定没有人认为不公平。还有上面所说的为购物量较少的顾客开通快速结账通道、为头等舱顾客提供快速登机通道，也都不会影响顾客对公平性的感知。但是这样一来，新的问题又出现了，购物量为多少时才能称得上"购物量较少"？5件为购物量较少，那么10件呢？20件呢？这和超市的日常经营情况有关，也和顾客能够容忍快速通道存在的极限购物量有关。随着允许进入快速通道的最大购物量逐渐增大，越接近顾客心中的极限，顾客感觉不公平性越不明显；一旦超过极限，顾客就会觉得这种快速通道的存在是一种不公平的表现。

还有一个例子是随机服务规则的例子。北京市从2011年1月起实施小客车数量调控政策，也就是实施摇号买车制度，这属于一种随机服务规则的排队系统。大多数人都感觉这种排队系统是比较公平的，因为一个顾客在接受完服务后，队列中的每个顾客被选中的概率都是相同的。但是仔细想想，如果在银行或者在超市的排队系统中，采取这种随机服务的规则进行服务，顾客还会觉得公平吗？答案是否定的，这些排队系统中，先到先服务的原则更显公平。只有在服务供给无法满足服务需求（即服务水平处于能力短缺区）等一些特殊情况下，排队系统采用随机服务规则才能让顾客感觉公平。

因此，对于管理者而言，如何让顾客感知到其排队系统的公平性是一个挑战。

四、排队与价格机制

价格机制是自由价格机制（free price system）的非正式说法，它是一种自由放任的经济体制。在自由价格机制下，商品的价格仅仅由其供给和需求决定，而非由管理者制定。与之对应的是固定价格机制，也即价格由管理者给定。与固定价格机制不同，在自由价格机制所处的市场经济中，价格由买卖双方决定，在买卖双方讨价还价的过程中，双方通过自己对商品价值的主观判断决定交易时的价格。

理想状态下，在完全的自由价格机制中，不存在排队现象。这很容易理解，根据经济学的常识就能知道，供给和需求决定价格，所以价格所在位置就是供给和需求的平衡点。如果在任何时候供给都满足需求，排队现象就不会存在。（这只是理想情况，现实中是不可能达到的，因为现实中商品的价格不会根据供求关系即时改变，服务供给和服务需求也是随机变量。）著名经济学家约拉姆·巴泽尔（Yoram Barzel）在他的论文《按等候进行配给的理论》中提到，在政府服务领域，和自由价格机制相比，如果按照排队等候进行配给的话，就要有额外的资源成本消耗——站在队列中等待的成本。

巴泽尔在其论文里论述，如果一种商品数量有限，按照等候进行配给，这时没有遵循价格机制，价格被限制在它应有的市场价格之下。此时，想要购买商品的顾客就要花费一些额外的金钱或资源去获得商品。排队就是为了获得这类商品而采用的一种常见形式。这种配给方式带来的额外资源消耗，即排队等待的时间成本，加上所谓的"便宜"的限定价格，代表着拥有商品真正花费的代价，这个代价比商品自身的生产成本要高。巴泽尔假设每个个体都有不同于别人的时间成本，一个个体越富有，时间成本也就越高。当穷人通过排队买到商品时，富人就有可能支付高于穷人所花费时间成本的价格买到该商品。这就说明，按照排队进行配给的价格表面看来低于它应有的市场价格，但人们为了获得该物品而服务的代价已经不低于原本应有的市场价格。如果价格机制自由地发挥作用，那么就不会有这种额外资源的消耗。同时，由于穷人把排队买到的物品转卖给了富人，因此富人和穷人都得到了他们自身想要的。但是这样一来，在转让的过程中造成的资源浪费远远要比价格机制下多。如果政府想要让穷人获得更多的福利，更为有效的方法是利用价格机制获取收益，然后直接将收益分给穷人。

中国有很多例子都能说明这个问题。以每年政府和媒体都很关心的“春运”来说，火车票就是一种商品，一种可以满足人回家过年愿望的商品。如果让价格机制自由地发挥作用，那么很显然，春节期间人们对火车票这种商品需求的增加会导致价格的上升。假如国家对价格进行控制，让价格维持在一个较低的水平，那么排长队等待所花费的时间成本或是通过黄牛来买票所付出的代价都是额外花费的资源。经济学中租值消散（dissipation of rent）就是说的这种现象。不过，由于中国传统文化因素对人们的影响，春运火车票的需求具有很强的刚性，也就是说，即使车票价格上升非常多，可能人们回家过年的愿望还是那么强烈，需求不会下降太多。所以从民生的角度考虑，政府不应该放任火车票价上涨，否则，票价将涨到一个绝大多数人都无法承受的程度，显然从全社会的角度来说，这是无法接受的。

因此，对于管理者而言，如何采取价格机制来改善排队现象是一个需要多方权衡的问题。

五、给管理者的其他十条建议

在实际的管理领域，对排队问题仅仅局限在几种模型的描述是不够的，在那些量化的排队模型之外，还要关注一些以往的管理经验。定量计算和定性分析相结合，才能更方便地达到管理目标。下面就是一些有关排队问题的管理经验。

（一）尽量确定顾客愿意等待的最长时间

通过问卷调查或者实地观测等方法，确定一个临界值，小于临界值顾客愿意等待，大于临界值顾客则可能离去，尽量将排队时间控制在临界值以下对于改善顾客体验意义重大。

（二）让顾客享受等待的过程

在有能力的情况下，尽量拥有一个有排队机的排队系统，方便顾客在坐下休息的同时继续排队。如果在顾客等候的同时，播放音乐、电影或者提供其他娱乐形式，那么顾客就会觉得等待不是一种煎熬而是一种享受，等待的时间也会在不知不觉中过去。北京欢乐谷曾经对安保人员进行魔术、笑话培训，让安保人员在节假日高峰期维护排队秩序的同时，也能向游客变魔术、讲笑话，使顾客在等待的时候不觉得枯燥。

（三）让顾客知道排队情况，获得顾客的理解

在某些时候，顾客的等待时间会比平时显得更长一些。在这种情况下，应告知顾客他们等待时间增长的原因，获得顾客的理解，减少顾客的焦躁情绪。如果能够告诉顾客为什么需要更长时间等候的同时，告诉他们管理者打算怎么解决这种状况，效果会更好。

（四）不要让顾客看到服务者空闲

如果服务者本来应该为顾客提供服务，但是却闲在那里没有去工作，亲眼看到的顾客会对这个排队系统产生非常大的不满。如果服务者必须休息而不能工作，那就尽量让他们离开服务场所，离开顾客的视线。

（五）对顾客进行分类

假如不同顾客之间相比，服务时间不相同，那么就可以把顾客按照接受服务的类型进行分类。这样就可以让所需服务时间少的顾客单独一队，提高对这类顾客的服务效率，减少他们的等待时间。

（六）培训直接服务者

应对直接接触顾客的服务者进行培训，以提供更加友好的服务。在进行服务的时候问候一下顾客，或是对顾客进行一下特殊关照，都可以减少顾客因长时间等待而产生的负面情绪。想要让服务人员提供更加优质的服务，仅仅告诉服务人员“友好些”是不够的。心理学

家的建议是，在工作人员问候顾客、提供服务的同时，应该有特定的表示友好的行为，比如微笑。研究表明，类似于微笑、握手等行为能够增加顾客对服务人员的好感。

（七）鼓励顾客避开高峰期

即为顾客提供信息，告诉顾客在哪些时间服务者的利用率相对较低，在哪些时间排队时间短。这样在节约顾客时间的同时，也使服务者的工作更加均衡。如 KTV、影院、宾馆等，在工作日或者非节假日时，都会对自己提供的产品或服务打折，这就是对顾客避开高峰期的一种鼓励。

（八）隐藏队列长度

在损失制的前提下，顾客在排队时常常有这样一种现象：如果发现队列过长或者认为队列过长，就会选择离开。知道了这一点，管理者就可以运用巧妙的手段来留住消费者。例如将队列引导到拐角处，或是采用曲折而非直线的队伍，让消费者感到队列的长度没有实际那么长。

（九）区分等待的时间和接受服务的时间

管理者在考虑顾客等待心理时，还需要考虑区分顾客在队列中等待的时间和顾客接受服务的时间。顾客在排队系统中的总时间由这两部分时间构成，但是顾客对这两部分时间的心理期待程度和容忍程度并不相同。对于有的服务来说，服务时间并不是越快越好，例如，在病患就诊时，如果时间很短，病人就有可能觉得医生对自己身体的检查不够仔细。

（十）长远规划排队方案

对解决排队问题要有一个长期的规划，这个规划要以改善服务质量为目的。如果条件允许，排队系统需要有如下规划：什么时候将一些服务环节实施自动化，什么时候对某些环节进行改进，什么时候购置一台排队机等。

本章案例 >>>

某电信营业厅的排队管理之惑

2010 年 11 月 10 日早上，中国电信股份有限公司某分公司的服务质量部徐经理走进办公室准备开始一天的工作。打开电脑他发现电子邮箱里有一封未读邮件，点开发现是省电信关于该省各电信营业厅的顾客服务质量分析报告。报告显示，徐经理所在电信营业厅的顾客服务满意度在全省的所有电信营业厅中排名倒数第四。“怎么会这么低呢?”徐经理暗自思索着。接下来看到的分析指标告诉徐经理：顾客不满意的主要原因是排队。“看来营业厅的排队管理不抓不行了。”

徐经理迅速召开了部门内部会议，召集了各相关人员，通报了省电信的顾客满意度分析报告，并强调了排队管理的重要性。接着徐经理分派各员工采用问卷调查、数据统计和访谈等形式深入了解营业厅的排队现状，寻找问题产生的原因。两个月后，各种各样的调查资料和报告送到了徐经理的桌上。

一、顾客特征

通过问卷调查，掌握了营业厅顾客的一些特点。

顾客前来营业厅主要办理的业务比例如图 12－7 所示，顾客年龄以及学历的分布情况如图 12－8 和图 12－9 所示。

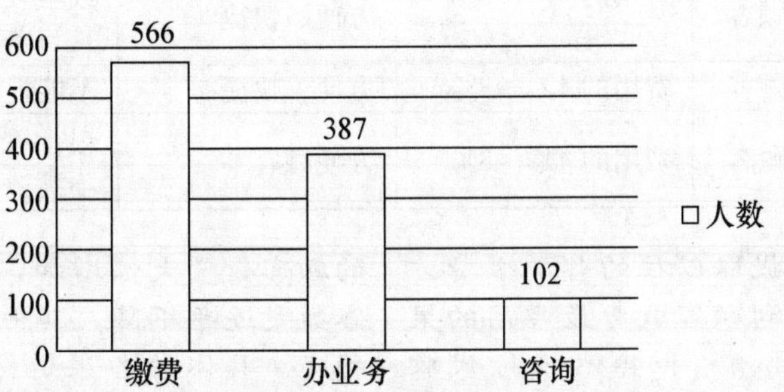

图 12－7　业务比例

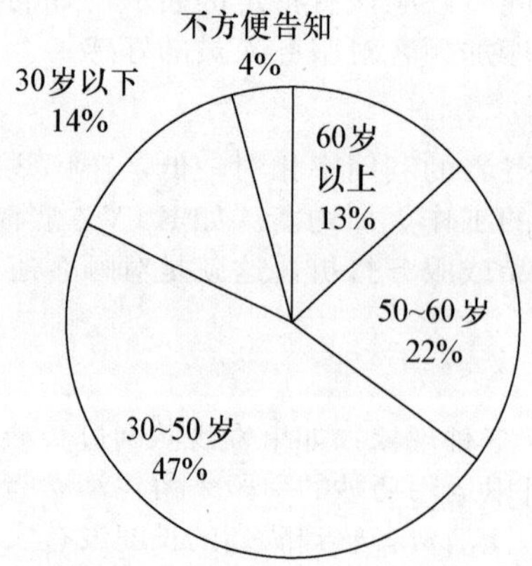

图 12-8　顾客年龄分布

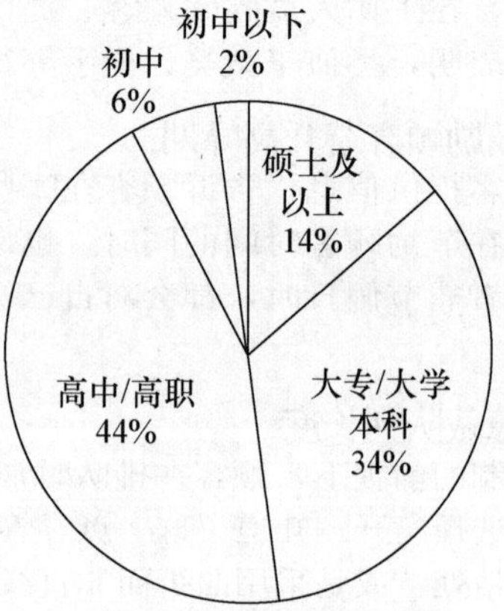

图 12-9　顾客学历分布

另外连续测量一个月的顾客到达率，通过卡方拟合优度检验，得到营业厅的顾客到达率服从$\lambda=4$人/分钟的泊松分布。

问卷调查还掌握了一个值得注意的情况，那就是大部分顾客的感知排队时间和实际的排队时间不相符，通常都是前者大于后者。顾客感知排队时间分布如表 12-3 所示。

表 12-3　顾客感知排队时间

感知排队时间（分钟）	1～5	6～10	10～20	20～30	30～40	40～50
计算用平均值	3	8	15	25	35	45
人数	36	48	132	251	196	27
所占比例	5%	7%	19%	36%	28%	4%

经计算得到顾客感知的平均排队时间为 24.4 分钟，而服务质量部收集的数据显示，顾客的实际排队时间平均为 13.7 分钟。显然，顾客感知的排队时间远远超过了实际排队时间。

二、缴费渠道

目前，该省电信的主要缴费方式有以下几种：营业厅门收、工行转储、招行一卡通、其他银行代收等。各缴费渠道的定位顾客群、成本以及优劣势如表 12-4 所示。

表 12-4　各缴费方式的对比

缴费方式	顾客群	成本	优势	劣势
自办营业厅门收	所有顾客	人力、物力	管理容易、业务种类完备	需要人力物力，新建营业厅成本高
代办营业厅门收	所有顾客	费用的 1%	不用投入太大的人力物力	不易管理，业务种类不全
工行转储	个人顾客	费用的 4‰～8‰＋1元/笔	方便、快捷	成本较高，顾客需在工行开户且与电信签订协议
招行一卡通	个人顾客	费用的 4‰～8‰	方便、快捷	不能提供话费详单
其他银行代收	个人顾客	费用的 4‰～8‰	方便顾客	银行不愿代收，容易引起顾客不满；不能提供话费详单

服务质量部通过提取以往的各类缴费方式用户比例数据，得到顾客缴费最常用的渠道是营业厅门收（45%）和其他银行代收（32%）。并且近期的数据显示，营业厅门收的顾客数量大幅增加，而其他银行代收的顾客数量逐年下降，其他渠道的顾客数量基本稳定。具体的各渠道分布比例如图 12-10 所示。

通过访谈得知，顾客知晓的缴费方式也基本上集中在营业厅门收和其他银行代收这两个渠道，对其他方式知之甚少。通过进一步对营业厅营业员的调查得知，这一情况与营业厅的宣传不够有很大关系，营业员通常不会主动向顾客介绍其他缴费方式。营业员向顾客介绍其他缴费方式的情况如图12-11所示。

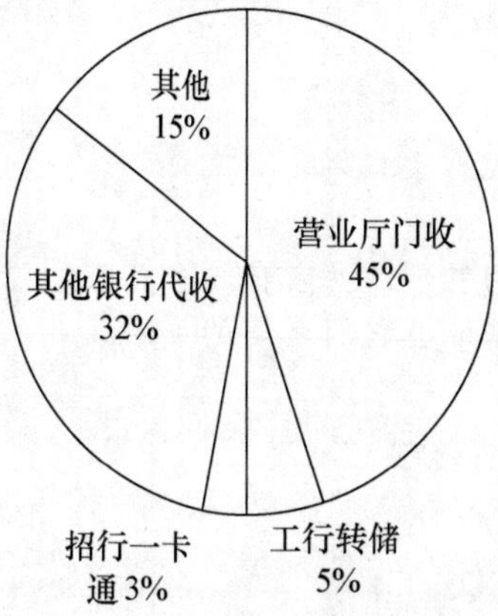

图12-10　各类缴费方式用户的比例

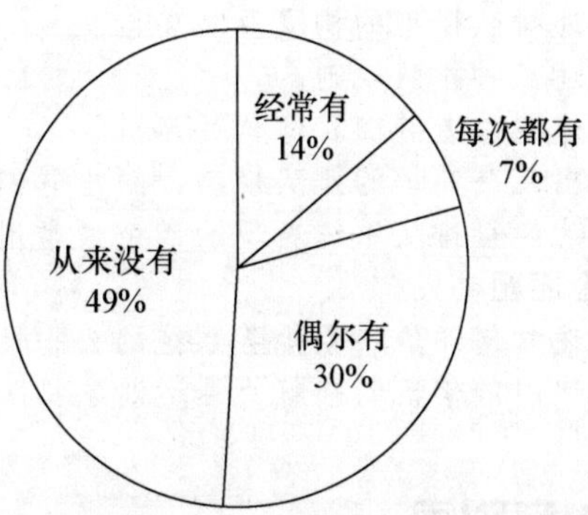

图12-11　营业员向顾客介绍缴费方式的比例

三、营业员

该电信营业厅目前的营业员数量为45人，经过服务质量部的调查统计，发现33%的员工都是工作年限在1年以下的新手，业务不熟练。通常情况下，一个业务熟练的员工办理市话装机业务的平均时间大约是5分钟，而一个不熟练的员工则需要大约8分钟。营业厅员工流失率高的主要原因是薪酬待遇低、结构不合理以及缺乏晋升渠道等。另外，根据访谈调研，营业厅员工平均每天的业务培训时间不足1小时，导致业务不熟练、效率低下。通过对营业厅营业员服务时间的抽样调查以及卡方拟合优度检验，得到营业厅员工的服务时间服从1.47分钟/笔的指数分布。

思考题

1. 排队时间过长为什么会成为该电信营业厅的一个主要问题？

2. 你对解决该营业厅的排队问题有什么好的建议？

3. 通过这个案例，你认为排队论、排队管理和服务运营这三者间的关系如何？

□ 本章小结

排队论和排队管理是很多企业在服务运营中所要面临的重要课题。本章比较详细地介绍了排队论作为一个数学问题的结构。要定义一个排队论问题，需要定义其三个要素：客源、队列和服务者。它们的主要属性是：

- 客源：顾客数量、顾客的到达时间间隔分布；
- 队列：队列个数、队列长度、排队规则；
- 服务者：服务通道数量、服务阶段数量、服务时间分布。

接下来本章给出了简单排队模型的分类，并给出了衡量一个排队系统性能的指标，然后介绍了简单排队模型的计算公式和在实际应用中的大量实例。

在实际的管理应用中，排队管理和服务运营远不是排队论那么简单。管理者需要考虑和作出的决策也不是都能用简单的数学模型来描述。所以本章后面的部分介绍了关于排队管理的其他一些视角的讨论，包括排队论的经济模型、排队系统的利用率和服务质量的权衡、排队系统公平性的讨论以及排队与价格机制的讨论。

最后，向管理者提出了十条建议来进行良好的排队管理。虽然这些建议不足以造就一个好的排队管理者，但希望能促使管理者朝这个方向迈出一小步，有一个好的开始。

□ 复习题

一、简答题

1. 简述排队模型的构成及其属性。
2. 简述三种排队规则。
3. 简述服务者的四种结构并举例。
4. 举出几个简单的排队模型，给出它们的①/②/③表示，并解释其含义。
5. 简述衡量排队系统表现的四个最常用的指标，并给出它们之间的关系。

二、论述题

1. 试述如何评价一个排队系统的公平性。
2. 试述用价格机制来解决春运购票排队问题的利弊。

□ 第 12 章附录

排队论的公式虽然繁多，但是也存在一些规律。为方便读者记忆，特将排队论的公式总结为表 12-5。

表 12-5

	L_q	L_s	W_q	W_s
M/M/1	$\frac{\rho^2}{1-\rho}$	$\frac{\rho}{1-\rho}$	$\frac{\rho}{\mu-\lambda}$	$\frac{1}{\mu-\lambda}$
M/D/1	$\frac{\rho^2}{2(1-\rho)}$	$\frac{\rho^2}{2(1-\rho)}+\rho$	$\frac{\rho}{2(\mu-\lambda)}$	$\frac{\rho}{2(\mu-\lambda)}+\frac{1}{\mu}$
M/G/1	$\frac{\lambda^2\sigma^2+\rho^2}{2(1-\rho)}$	$\frac{\lambda^2\sigma^2+\rho^2}{2(1-\rho)}+\rho$	$\frac{\lambda^2\sigma^2+\rho^2}{2\lambda(1-\rho)}$	$\frac{\lambda^2\sigma^2+\rho^2}{2\lambda(1-\rho)}+\frac{1}{\mu}$
M/M/s	$\frac{(s\rho)^s\rho}{s!(1-\rho)^2}P_0$	$L_q+s\rho$	$\frac{L_q}{\lambda}$	$W_q+\frac{1}{\mu}$

说明：σ^2 指服务时间所服从分布的方差；在 M/M/s 模型中，$P_0=\left[\sum_{k=0}^{s-1}\frac{1}{k!}\left(\frac{\lambda}{\mu}\right)^k+\frac{1}{s!}\frac{1}{1-\rho}\left(\frac{\lambda}{\mu}\right)^s\right]^{-1}$；$\mu$ 指单个服务者的服务率。

第 6 篇

运营系统的发展

第13章 运营系统的新管理技术

Chapter13

本章要点

- 理解准时制生产的实施过程；
- 理解准时制生产在服务业的应用；
- 理解大规模生产到大规模定制的过程；
- 掌握模块化设计、模块化生产、延迟制造、同步制造的内涵；
- 理解3D打印技术对运营管理的颠覆性意义；
- 理解并充分想象工业4.0带来的运营变革。

随着外部环境的不断变化，需要对运营系统的规划、设计、运行和控制不断更新。只有不断地采用新型管理技术，才是组织持续发展的必然选择。

准时制生产的实质是保持物质流和信息流在生产中的同步，实现以恰当数量的物料，在恰当的时候进入恰当的地方，生产出恰当质量的产品。大规模定制的核心是产品品种的多样化和定制化急剧增加，而不相应增加成本，实现模块化设计、模块化生产、延迟制造、同步制造这几个核心技术的应用。供应链管理的目标是供应链整体价值的最大化，供应链的盈利来自顾客的收入与供应链总成本之间的差额。只有通过良好的供应链运作，降低产品从生产起点到消费终点的成本，提高供应链剩余，尽量缩短响应时间，才能满足不断变化的用户需求。供应链管理把供应商、制造商、物流服务商、配送中心和销售商有机结合在一体，通过有效合作和协调实现产品制造、配送、分销、销售及提供售后服务支持，使供应链上的成员企业获得并保持稳定持久的竞争优势，进而提高供应链的整体竞争力。

第1节 准时制生产方式

准时制生产（just in time，JIT）是日本丰田公司从20世纪60年代开始推行的一种基于计划消除所有浪费并持续提高生产效率的生产哲学，按必要的时间、必要的数量生产必要的产品或零部件是准时的含义。[①] 它包含生产最终产品需要的所有制造活动的成功执行，也包括从原材料开始到转变为最终产品的所有阶段。其含义是在所需要的时刻，按所需要的数量，生产所需要的产品（或零部件），其目的是加速半成品的流转，将资金的占用减到最低限度，从而提高企业的生产效益。准时制生产的主要构成要素只在需要时才保持必要的库存，提高产品质量以实现零缺陷，通过减少调整时间、排队长度和批量以缩短提前期，完善运营管理，以最小的成本完成活动。

精益生产由詹姆斯·沃马克和丹尼尔·琼斯在《改变世界的机器》一书中提出，用于描

① 付万杰. 运营管理. 哈尔滨：哈尔滨工程大学出版社，2011.

述丰田生产系统。而丰田生产系统最初被称为准时制生产，是一种社会技术生产体系，其主要目标是通过同时减少或最小化供应商、顾客和内部的多变性来消除浪费。随着这一思想的广泛传播，精益生产这一名词更为流行。准时制生产与精益生产可以互换，在本书中将采用准时制生产的说法。

准时制生产源于丰田生产方式，它将生产系统中的浪费分为三类：

（1）浪费。存在浪费的、不能为产品或者服务实现增值的活动。

（2）不均衡。即过程的不均衡。准时制生产库存管理技术可用来减少生产过程中的不确定和不均衡。

（3）超负荷。解决过量生产问题或者消除不合理作业的浪费，可通过优化生产过程的标准化水平实现。

消除浪费是准时制生产的宗旨，该理念能够广泛应用于各种生产和服务环境，各种企业都能够从中获益。准时制生产是体现工具和技术相结合的制造哲学，是一种与很多产业有联系的技术，可用于汽车行业等，也可用于规模较小、产能较低的组织。

一、准时制生产的哲理

准时制生产是一种重复生产方式，其实质是保持物质流和信息流在生产中的同步，实现以恰当数量的物料、在恰当的时候、进入恰当的地方、生产出恰当质量的产品；其基本思想在于严格按用户要求生产产品，尽量缩短生产周期，压缩在制品占用量，从而最大限度地节约开支，提高效率，降低成本，增加收入。

准时制生产的哲学是很好地完成简单的事情，或者逐渐将事情做得更好，并在此过程中消除一切无效的劳动与浪费，在市场竞争中永无休止地追求尽善尽美。包括三个核心原理：

（1）消除浪费。删除任何并不增加价值的活动。

（2）包括每个人。准时制生产是一个“总系统”的方法，旨在将系统中的每个人包括进来。

（3）持续改进。准时制生产理想化的目的是在组织中引发持续改进。

从以上三个核心原理可以看出，准时制生产重视全面质量管理和人的作用，重视对物流的控制。任何类型的企业都可以且应当采用准时制生产哲理，以便在生产活动中不断精进、提高效率。

准时制生产采用的是拉动式生产方式，即后道工序为前道工序提供在制品的方式。图 13－1为准时制生产的拉动式系统示意图。

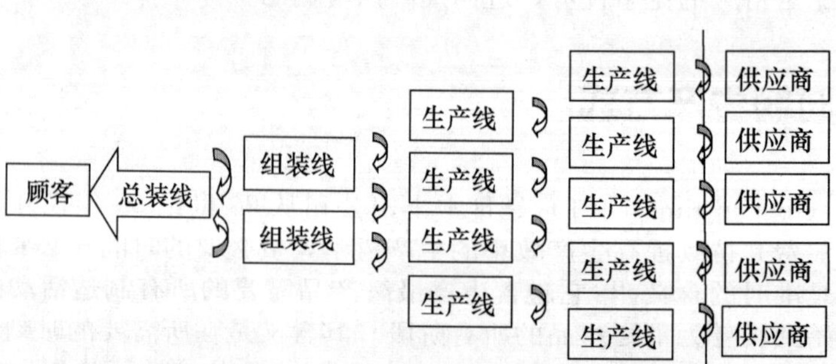

图 13－1 准时制生产的拉动式系统示意图

准时制生产采用的拉动式生产能够有效地实现准时，较好地体现了准时制生产的哲学——消除浪费。其过程如下：上道工序的零部件被提走后，由于数量减少而需要补充必要数量的零部件，如此层层牵动，把各道工序连接起来，形成准时生产线。上道工序在没有接到下道工序提取零部件的指令前，不能随意生产，如此便能将上道工序应生产的零部件数量、品种、时间等严格限制在下道工序需要的范围内，消除了过量过早的生产，体现了准时制生产的哲学。

准时制生产一般可分为大准时制生产和小准时制生产。大准时制生产（通常指精益生产）是一种运营管理哲学，其最终目标是消除企业生产作业活动各方面的浪费，包括员工关系、供应商关系、技术、物料及库存管理。小准时制生产多侧重于产品库存计划，实现在需要的时候按需提供所需的服务资源。

二、准时制生产的实施

准时制生产的最终目标是建立一个贯穿整个系统的平滑而迅速的物质流或工作流。在这种思想的主导下，以最佳方式利用资源以使生产过程尽可能短。总目标的实现程度依赖几个特定目标的完成度，包括消除中断、使系统具有柔性、消除浪费尤其是过量的库存。其中，准时制生产系统的设计与运作规定了完成上述目标的基础，该基础由四部分构成，它们是产品设计、流程设计、人员/组织要素、制造计划与控制。图 13－2 描述了准时制生产系统的目标和基本组成部分。

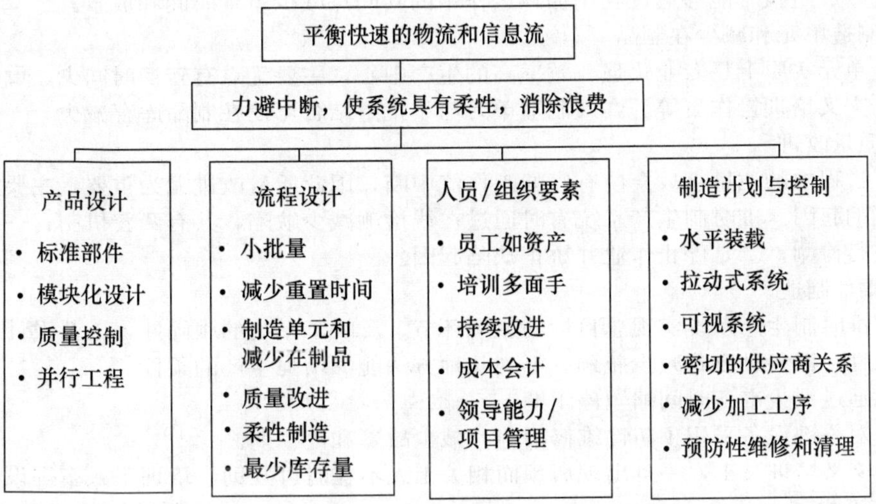

图 13－2　准时制生产系统的目标和基本组成部分

（一）准时制生产的产品设计

产品设计的四个要素是准时制生产系统实施的关键，它们分别是：

1. 标准部件

对准时制生产而言，使用标准部件意味着工人需要处理的部件种类更少，相应的培训时间和成本会降低。采购、处理与质量检查的程序化将有助于开展持续改进。

2. 模块化设计

模块化设计是标准部件概念的延伸。模块被视为单个个体部件的集成，大大减少了需要处理的部件数，简化了装配、采购、处理和培训等。模块化减少了包含在各种产品的物料清单中的部件种类数，因此也简化了物料清单。产品设计和工艺设计的结合是说在生产之初就把产品设计者、工艺设计者、产品制造者的想法集中在一起，有助于改进产品的可制造性和工程更改的系统性。

3. 质量控制

准时制生产需要高能力的生产系统，质量控制是必要条件。质量必须始终包含在产品和流程中，系统的调整趋势是使作业平滑流动，若质量出现问题将导致作业流程中断，而停产的损失巨大，会降低计划产出水平。尽量避免停产及迅速解决出现的问题是质量控制的目标。

4. 并行工程

工程变动将对平滑的生产产生很大的扰动，并行工程则能大大减少这种扰动。

（二）准时制生产的流程设计

流程设计的内容包含下面几个方面。

1. 小批量

在准时制生产理念中，完美的批量规模是一个单位，出于实际考虑，通常都有最小的批量规模限制，尽可能地减小批量规模仍然是准时制生产的目标。小批量能给准时制生产系统有效运行带来很多优点：第一，途经整个系统的小批量移动，使在制品库存较少，减少了库存持有成本、空间需求，消除了工作间的混乱；第二，当发生质量问题时，检查和返工的批量小使得成本较小。此外，小批量还使得生产过程中问题暴露得更明显，增加生产柔性的同时也更易于均衡作业运行。

2. 减少重置时间

重置工具、设备及重置过程必须简易且标准化。多用途设备或附件有助于减少重置时间；另外，成组技术能够通过利用循环运作中的共同点减少重置时间和成本。

3. 制造单元和减少在制品

制造单元实质上是专业化强、效率高的生产中心，主要优点有转换时间少、设备利用率高和易于交叉培训操作员等。高效制造单元与小批量结合可使在制品库存减少。

4. 质量改进

加工过程中的质量事故会使有序的工作流中断，因此质量改进尤为重要，主要是发现和消除问题的起因。准时制生产系统有时通过在线检测减少缺陷，共有两套机制：一是在缺陷发生时进行检测；二是停止作业并矫正缺陷起因。

5. 柔性制造

阻碍准时制生产系统实现总目标的瓶颈环节，反映了系统的顽固性，工艺设计阶段要增强生产柔性，以各种方式减少瓶颈。下列几种方法能够增强生产的柔性。

（1）通过减少准备时间缩短停工期。

（2）对关键设备采用预防性维修措施，减少故障和停工期。

（3）交叉培训员工，一旦出现瓶颈而相关工人不在时可互助，培训工人掌握设备调整方法和维修技术。

（4）由许多小生产容量和许多小型工作单元组成的系统比大生产容量的系统更易临时转换和增减生产容量。

（5）使用离线缓冲区，储存来自生产区的不常用的安全库存，减少阻塞，避免连续转换。

（6）为重要客户预留生产能力。

6. 最少库存量

准时制生产系统都设计为库存量最小的形式，在准时制生产理念中储备库存就是浪费。以库存为缓冲能掩盖问题但不能解决问题。准时制生产方法为使更多问题暴露往往逐步减少库存，一旦问题被发现并解决，系统就可以撤下更多库存，发现和解决更多问题，以此类推。

（三）准时制生产的人员/组织要素

人员与组织要素包含下面五个方面。

1. 员工如资产

准时制生产理念的一个基本原则是尊重员工。受过良好教育、富有积极性的员工是准时制生产系统的核心。他们比传统生产系统下的同伴有更大的决策权，同时也被期望做得更多。

2. 培训多面手

多面手能够完成加工过程中的较多任务，操作多种机器设备，以此增加生产柔性。

3. 持续改进

准时制生产的真实主题是系统的不断改进——减少库存、减少重置时间与成本、提高质量、提高产出率、广泛消除浪费与无效率等。不断改进是一种必须被管理者和员工在思想上加以吸收的文化，是所有组织成员在努力改进整个系统的过程中对作业改进的无止境要求。

4. 成本会计

有些准时制生产系统具有分配间接成本的特征，传统会计方法有时会误导间接成本的分配，成本会计法和活动成本法都能够解决不同作业间接成本消耗量不同的人工成本分配问题。

5. 领导能力/项目管理

准时制生产系统的另一个特征与领导能力有关。人们期望中的管理者是领导者和后勤服务者，绝不是命令发布者，准时制生产鼓励员工与管理者之间的双向沟通。

(四) 准时制生产的制造计划与控制

制造计划与控制的六个要素对于准时制生产系统也非常重要，它们是水平装载、拉动式生产系统、可视系统、密切的供应商关系、减少加工工序、预防性维修和清理。拉动式生产系统在准时制生产的哲理部分已有论述，这里不多说明，以下说明其他五个要素。

1. 水平装载

准时制生产系统非常强调稳定、水平的混合式日进度安排，为达到该目标，主生产计划的设计往往按照水平生产能力装载进行。这是一种基于生产率的生产安排，一旦建立，生产进度计划会在较短时间内相对固定以保证系统的稳定性。

2. 可视系统

在拉动式生产系统中，工作流由下一步的需求制定，传递信息最常用的是看板系统。看板是日语词汇，意为信号或可视记录。看板卡片是一份移动零部件或继续工作的授权书，在看板系统中没有看板卡片就不能移动零部件或继续工作。

看板系统是这样工作的：看板卡片粘在每个容器上，当某岗位需要补充其零部件供应时，就有一名工人来到存放零部件的地方拿走一容器的零部件。每个容器内的数量都是事先确定的，工人从容器中拿起看板卡片把它粘到清晰可见的指定位置，再把容器移到工作间。然后粘好的看板再由用另一个容器补充库存的库房工人取下，整条生产线以此类推。如果管理者因为堆积库存而认为系统太松散，可撤下一些看板以收缩系统。相反，若系统太紧，可增加看板以使系统恢复平衡。

3. 密切的供应商关系

典型的准时制生产系统有密切的供应商关系，制造商希望供应商提供小运输量的高质量产品。在准时制生产系统中，由于结构紧凑，低质产品会中断平滑工作流，而检查外购产品并不增加价值因而被看做无效行为，出于这两条原因，保证质量的任务就转交给卖方。买卖双方的长期合作关系能够加强准时制生产采购系统，卖主更愿意为长期合作关系下的买主的准时制生产系统供货。

4. 减少加工工序

传统制造系统往往带有较多不增值的固有事务，会产生巨大的成本。准时制生产系统通过减少事务数量与频率降低了事务成本，如供应商直接将商品送至生产车间以节省运输和仓储成本、选择质量合格的供应商以节约质量问题引发的各类成本等。

5. 预防性维修和清理

由于准时制生产系统只有极少量的在制品库存，一旦停产会造成极大的混乱。为减少设备的停工，可采用预防性维修程序，该程序强调在设备运行良好的情况下进行维护并在设备出问题前替换零部件，员工需对其设备的日常维护负责。

三、服务业的准时制生产

关于准时制生产的讨论集中在制造业是因为那里是它的发源地，也是应用最多的地方，然而服务企业和制造企业的服务部门也为研究准时制生产方式提供了良好的机会。服务业与制造业的运营本质是相同的，即将投入要素转换为最终的有形产品和无形服务的产出，从而实现增值的过程。通过测试流程的每一步，可知道准时制生产目标的实际情况，若增加了有形产品和无形服务的附加值，则准时制生产运行良好，否则需要持续地改进流程。

（一）准时制生产在服务业中的应用

由以往的经验可知，服务业的主要问题是如何提高服务业的质量和如何提高服务业产能的柔性，如顾客等待时间、服务质量、服务人员态度、服务流程等方面。下面将围绕这两方面的问题，提出在服务业中应用准时制生产哲理的具体方法。

1. 建立问题协调小组

由员工共同解决服务中存在的问题，及早消除隐患。如德国西门子公司、中国联想集团为了提高服务质量，在员工中建立合理化意见小组，取得了显著成果。

2. 加强对员工的激励

在准时制生产中，员工的积极性得到充分的发挥，员工主动修理工具，消除设备故障。同样，在服务业中，也要激发员工的积极性，培养员工的主人翁责任感，促进员工不断完善服务环境和氛围。不仅做到环境干净，而且尽可能消除不必要的设施，保持服务区域清爽和井井有条。通过环境改善，使服务过程更加适宜，从而提高顾客可感知的质量。

3. 采用全面质量管理

员工不仅要生产，还要检验自己的产品，下游工序可以拒绝上游工序不合格的零部件，这样，通过全员参与质量管理，保证最终产品的质量。在服务业中，也可以采用这种思想，把质量深入到每一个服务过程，让下游的员工监督上游员工的工作，对服务质量不好的员工给予批评，尽量使服务过程“工业化”，从而提高服务的过程质量，发展可靠的过程产能，保证一次性、高质量、持续标准的服务。

4. 清晰的流程

对服务企业现有的流程进行简化、合并或重新排列，提高流程的通畅性，提高服务效率。

5. 改善设备、过程和技术

改善服务工艺技术和设备，实现服务工艺柔性化。评价服务工艺和设备，看其是否符合工艺要求，让工艺在顾客可容忍的误差范围内运作，以适应各个服务工作小组的产能和规模。

6. 对员工进行多种工作技能的培训

通过多技能培训实现员工的柔性化，当发生变动时，员工可以迅速地从一种工作转向另一种工作。同样，在服务业中，也可以培训员工掌握多种技能，使服务业有较好的柔性，能应对服务的高峰期。比如，在宾馆业中，可以培训员工既能做客房服务工作，也能做餐厅服务工作。当就餐高峰到来时，客房服务员可以充当餐厅服务员，从而实现产能的柔性化。

7. 平稳服务过程

由于服务机构需求与生产同时进行，而需求又有高峰期和低谷期之分，因而可采用准时制生产中的设备排列方法使服务设施的负荷均衡，使服务过程相对平稳，以避免顾客等待服务。

8. 消除浪费

准时制生产将一切不能增加价值的行为视为浪费，并设法消除这些浪费。在服务业中，也应消除不必要的行为。通过消除不增加价值的步骤，重组增加价值的步骤，提高服务作业的连续性，缩短作业周期。

9. 重组实体机构

重组外部环境，重新配置工作区域，以适应准时制生产的小组工作需要。比如，医院的设施是按照 X 光室、注射科、诊所、住院部等进行排列，对此，可以按疾病的种类成立准时制生产式治疗小组，形成医院内部的一个个小诊所，使治疗的流程更加简单，治疗小组与病人的接触更加直接，让病人感受到更好的服务。

10. 引入需求拉动的排队系统

大多数服务企业可以把服务行为分为前台和后台两个部分，进行前后台排序的协调。比如在快餐店，首先是前台接受到顾客需求，通知后台进行工作，然后服务产品再由前台传递给顾客。如果引入准时制生产式需求拉动的排队系统，通过顾客的需求直接拉动后台的工作，则可以使服务更直接、更迅速。比如在汉堡包店，可以使用玻璃墙让后台的厨师直接看到顾客的到来，从而将相应数量的汉堡包放在烤架上，实现准时制生产式的服务。

11. 发展供应商网络

在准时制生产中，生产商与供应商结成了紧密的联盟，共同进行产品的开发，实现无缺陷零部件的及时供应。不同种类的服务业对供应商有着不同的需求，有的强调产品的供应，如超市，有的强调高质量人才的供应，如咨询业。因而，以产品服务为主的服务企业要建立起原料的供应网络，以人员服务为主的服务企业要建立人力资源的供应网络，和高等学校及人才服务机构等建立一种准时制生产关系，开发高质量员工的可靠来源。

（二）服务业采用准时制生产的好处

服务业采用准时制生产能够带来如下好处。

1. 消除中断

如尽量不要让正在为顾客服务的员工接电话。

2. 提高系统柔性

工作标准化可提高生产效率，但在顾客需求多样化的环境下，能够处理富有变化的任务需求更具备竞争优势。一种方式是培训员工处理多项任务，另一种方式是进行专业化分工，根据员工的特长分配工作。

3. 减少重置

把经常使用的工具和备件放在易取的地方。对于回应性服务，应尽量估计可能需要的零部件和供应品，避免持有大量库存。

4. 消除浪费

避免工作失误与工作重复，始终强调质量与一致性。

5. 减少在制品

尽量减少订单等待加工、呼叫等待回答、包裹等待运送、卡车等待装车或卸车等现象。

6. 简化流程

当顾客是系统的一部分时（如自助系统），流程简化更具优势。

准时制生产式服务能够使真正达成它的企业占据竞争优势。准时制生产式服务的核心内容是在需要时提供服务，一方面要求服务提供者灵活多变，即通常情况中的较短准备时间；另一方面要求服务请求者清晰地表达信息。如果请求者能够确定何时需要某项服务，那么准时制生产式服务者就能安排运送时间，这样既消除了频繁请求，也减少了对供给者柔性的需要，进而减少准时制生产式服务的成本。

四、准时制生产在日本

准时制生产的基本原则是用 50 多年的时间形成的，丰田创始人之一丰田喜一郎在 20 世纪 30 年代为其奠定了第一块基石。在大野耐一这位传奇工程师的领导下，丰田生产方式在 20 世纪 50 年代基本成形。大野耐一的灵感来自一次在美国看到的超实用应时配送方式。

大野耐一认为，在任何一个过程中存在七种形式的浪费。在培训丰田汽车的员工时，他会用粉笔在生产线旁的地上画一个圆圈，同时告诉培训对象注意观察他画圈的过程，然后找出改进之道。有些培训对象在那里站了将近一天才得出令大野耐一满意的答案。

大野耐一全面实施这种生产方式后，丰田的生产率和运营效率得到了极大的提高。将高效生产和注重质量相结合，丰田所产汽车的可靠性获得了万无一失的美誉，直到今天这仍是该公司的一项竞争优势。20 世纪 80 年代末，准时制生产的理念已经在丰田生根，它主导着公司所有的业务活动。

现如今，准时制生产在日本实施最主要遵循两大原则：一是消除浪费；二是尊重员工。

（一）消除浪费

本章开篇提到日本人将生产系统中的浪费分为三种——浪费、不均衡和超负荷。消除浪费的理念由七种基本要素构成。

1. 集中式工厂网络

日本人更喜欢建立小规模专业化生产厂，而不是大型的纵向一体化制造厂。集中式工厂网络形成的原因主要有以下几条：日本国土面积狭小，土地及空间的占据成本昂贵，工厂之间的距离通常较近；日本企业的管理风格是家长制，大型企业的管理较困难且与家长制难以融合；工厂设立的目标就是专业化，建厂和运营都更加经济。日本丰田汽车公司总装厂周围分布着大量的零部件厂家，它们之间的平均距离为 95.3 千米，给各企业管理人员、工程技术人员之间的相互沟通带来了便利，便于双方解决在新车型开发、技术改造和生产中遇到的问题，从而加快新产品开发、提高产品质量，并降低经营成本。

2. 成组技术

成组技术的实质是实现机器设备的柔性、流程的柔性及人员的柔性。日本人总是考虑将生产一个零件的所有作业以及完成这些作业的机器设备布置在一起，消除运营过程中的排队和等待，这极大地提高了生产率。1990 年后，随着丰田等一些日本汽车制造企业在世界范围内的成功，成组技术逐渐成为汽车零部件生产厂商解决多品种个性化生产和大批量规模定制并存矛盾的基础技术。

3. 源头质量控制

源头质量控制源于丰田公司的吉得卡（Jidoka）质量理念，意思是如果出现错误就立即停下来。不需要专门的检验员去发现工人的错误，每个人都是质检员，只要发现问题立刻拉响装备附近的铃而停下整条生产线检查并修正质量问题。

4. 准时制生产

准时制生产意味着只在需要的时候才按需要的量生产所需的产品，超过需求量的生产是一种浪费。美国人则认为良好的绩效表现就是要达到或超过计划目标，因而常常库存额外的原材料以防生产过程出错。日本人的准时制生产理念是小批量生产、最低库存量和减少在制品库存量，由此可见与美国之不同。

5. 均衡生产负荷

均衡生产负荷是指生产流平稳地运作，目的是抑制通常由计划变动带来的波动反应。日本人认为解决该问题的办法是当波动很小的时候就开始抑制，否则等到波动大时会来不及控制。关于波动，日本企业建立月生产计划，使生产率固定在一个稳定水平上，月计划具有柔性，能够有效应对生产变化。

6. 看板生产系统

看板是一种类似通知单的卡片，其实质是一种传递信息和指令的工具，形式可以采用小票、信息卡和器具等。看板上的内容一般包括产品名称、品种、数量、生产线名称、前后工序名称、运送方式和存放地点等。日本的汽车制造企业使用看板来减少汽车装配时间。

7. 缩短作业调整准备时间

日本企业运用经济订货批量公式来确定生产批量以缩短机器的作业调整时间，通过固定的生产批量而且是很小的批量、专注于减少内部时间、减少停机时间来缩短作业准备时间。

日本人把作业调整时间分为内部时间和外部时间，内部时间是指必须停机才能进行调整的作业调整准备时间，外部时间是指不停机也能进行调整的时间，所以减少内部时间就是减少停机时间，就是减少作业调整准备时间。

（二）尊重员工

尊重员工这一原则同样由七个要素组成。

1. 终身雇佣制

日本人在主要的大公司中强调对永久职位实行终身雇佣制，这一制度虽然有一定的弊端，但是较符合日本人对于工作从一而终的理念，并且能够通过稳定的工资水平对员工起到激励作用，同时终身雇佣制是对勤勉忠心员工的最好保障。

2. 企业协会

日本的企业协会与平常所说的工会不同，企业协会是一个企业中所有员工都能参加的组织，不论职位与技能高低，只与本企业的员工建立良好关系，而不考虑与同行业员工建立关系。同时日本的报酬体系强化了企业协会的目标，使企业协会能够团结员工，激励员工更好地为公司奉献。

3. 对待员工的态度

日本企业并不把员工当作人力机器，他们认为机器能干的工作人去干就是损害了人的尊严，并要求管理层给每个员工提供能充分展示其能力的机会。日本人在员工培训和教育上的花费超过其他发达国家，也是他们尊重员工的一个体现。

4. 自动化设备

日本人认为使用自动化设备是消除单调工作的方法，员工能够解放出来去做更重要的工作。而且，在日本企业工作的员工通常更具安全感、认可公司并相信他们有机会展示才能，这对推广自动化设备起到了积极作用。

5. 底层管理

底层管理是日本管理风格的标志。采用委员会或工作团队的一致意见进行管理，体现了底层工人和管理层之间的相互信任。底层管理的决策过程非常缓慢但执行过程非常迅速，关键问题是底层工人需要识别问题，然后找出解决方案推荐给上一级管理人员，以此层层递进。

6. 分包商网络

分包商网络的发展离不开日本企业的专门化，网络中有两类供应商，一是专攻非常狭窄的细分市场产品的供应商，另一种是专门为一家顾客提供品种不多的零部件的供应商，后一种在日本更常见。日本企业对长久、稳定的合作关系更加青睐，而这种单一供应源方式则体现了基于相互信任的合作伙伴关系，符合日式企业的一贯作风。

7. 质量控制小组

质量控制小组是一项管理技术，被日本人称为小组改善活动，由员工自愿组成，每周碰头按照计划讨论工作和遇到的问题、努力寻求解决问题的方案，并同管理者共同协商和分享解决问题的办法。

第 2 节　新技术驱动下的新运营

随着生活水平的提高和科技的进步，人们开始产生更高层次的消费需求。顾客需求的个性化和快速化使得企业对顾客需求的把握、响应向精准快速发展。如何通过运营模式的创新建立能快速响应顾客需求、适应市场变化的运作管理系统，是现代制造企业必须考虑的一项重要战略任务。

大规模定制在全面综合成本、质量、柔性和时间等竞争因素的前提下，克服了大规模生产不能应对多样化需求的问题，为现代制造企业提供了一种全新的竞争模式。尤其是移动互联环境下，大规模定制焕发了更大的活力。

3D打印技术的出现使生产方式发生了更大变化，对传统的制造业产生了颠覆性影响。如果说3D打印技术的影响主要表现在技术层面，那么工业4.0的影响则是在宏观层面完成对企业运营的系统变革。

一、从大规模生产到大规模定制

大规模定制由斯坦·戴维斯在其著作《未来理想》中第一次提出，其后在约瑟夫·派恩的《大规模定制——企业竞争的新前沿》中进一步发展。派恩认为，大规模定制是以满足顾客个性化需求为目标，以顾客愿意支付的价格，并以能够获得一定利润的成本高效率地进行定制，从而提高企业适应市场需求变化的灵活性和快速响应能力的先进生产方式。① 大规模定制将成为21世纪的主流生产方式，一些先行实践的企业如丰田、戴尔等已经获得了巨大的竞争优势，具有良好的示范作用。

大规模生产源于美国，是美国生产模式的直接产物，其高效率、低成本在20世纪的生产竞争中为企业带来巨大的优势。在发展过程中，可互换的零件、专用的机器、以生产过程为中心、劳动分工等形式出现在大规模生产中，这些形式既是大规模生产的特征，也是其原则。在大规模生产中，作为首要原则的流水线生产最早应用于汽车制造、炼油、酿酒等流程作业，带动了世界经济的腾飞。

整个20世纪，大规模生产的采用者如福特汽车等纷纷成为行业的领军企业，丰厚的利润使更多的企业向这一生产方式转变。然而，巨大利润掩藏了大规模生产模式逐渐衰退的迹象，衰退从20世纪60年代开始，到80年代形成新的运营管理思想并开始应用，大规模生产模式的黄金时代似乎已逐渐远去。面对新形势下的市场需求变化，大规模生产面向统一市场的标准化产品正受到市场饱和、输入不稳定、需求变化及产品工艺技术落后等不利因素的冲击，失去了原有的效率、稳定性和调控能力。

大规模生产的前提条件是拥有巨大的、持续的、稳定的消费需求，在以生产定位的短缺时期，通过一对多的关系主导消费者，从而产生极高的成本效应。在产品过剩和消费者需求多样化的今天，大规模生产方式显现出僵硬和缺乏灵活性的特点，原因是大规模生产的本质要求固定——当企业找到生产某种产品的最佳方案后，将学习曲线固定便能重复地制造大批量低成本的产品。而应运而生的大规模定制是一种固定、有柔性、反应灵敏的生产方式，它提供动态的产品流，通过模块化来解决内部多样化及其所带来的成本时间的延误，使企业可以同时实现低成本和高度的个性化定制。

（一）两种生产方式的比较

大规模定制是两种长期竞争的管理模式的综合：个性化定制和大规模生产。大规模定制与大规模生产和个性化定制的比较如表13－1所示。②

表13－1　大规模生产与大规模定制和个性化定制的比较

项目	大规模生产	大规模定制	个性化定制
焦点	通过稳定性和控制力取得高效率	兼顾灵活性和快速响应，实现多样化和定制化	通过灵活应对市场个性化需求获取竞争力
目标	以几乎人人买得起的价格开发、生产、销售、交付产品和服务	兼顾个性化与成本效率，实现多数人的个性化	开发、生产、销售、交付尽可能多的多样化和定制化产品和服务，以满足个性化需要

① 马风才．运营管理．北京：机械工业出版社，2011.

② 赵咏华．从大规模生产到大规模定制——汽车业竞争的新生产模式选择．科技情报开发与经济，2006（17）：200-201.

续前表

项目	大规模生产	大规模定制	个性化定制
关键特征	稳定的需求，统一的大市场，低成本，质量稳定，标准化的产品和服务，产品开发周期长，产品生命周期短	基于分化的需求细分市场，低成本，高质量，一定程度的定制化产品和服务，产品开发周期短，产品生命周期短	完全的个性化需求，高成本，质量难以稳定，产品开发周期长，产品只此一件

技术创新在大规模定制中的作用不可忽视。新技术的应用增强了产品的适应能力，增加了产品的多样化，缩短了开发周期。在大规模生产中，低成本主要通过规模经济实现——通过高产量和生产过程的高效率降低产品和服务的单位成本。在大规模定制中，低成本主要通过范围经济实现——应用单个工艺过程便可更便宜、更迅速地生产多种产品和服务。

（二）大规模定制的类型

一般认为大规模定制有四种类型。

1. 合作型定制

企业通过与顾客交流使顾客明确表达出对产品的具体要求，依此设计并制造出满足顾客个性化需求的产品。

2. 透明型定制

顾客不参与产品的设计过程，企业根据预测或推断不同顾客的需求，为其提供具有个性化的产品。

3. 装饰型定制

企业以不同的包装把产品提供给不同的顾客。该方式适用于顾客对产品本身无特殊要求，但对包装有个性化要求的产品。

4. 适应型定制

企业提供可定制化的标准化产品，顾客根据要求对产品进行调整，满足其个性化的需求。

（三）实施大规模定制的方法

要想将对立的大规模与定制化统一起来，只有应用设计与制造的模块化和定制的延迟化两种核心技术。在产品设计中，通过采用标准化的模块和零件，可减少定制的模块和零件数量。在生产过程中，可采用延迟制造的策略，尽可能地把定制点推迟到生产过程的下游环节。

要把模块化设计、模块化生产、延迟制造这几项核心技术应用好，需要依赖以下四个条件：（1）以顾客需求深度调查为基础的客户关系管理；（2）以最先进信息技术为支撑的电子商务；（3）以价值链为核心的供应链管理；（4）基于流程优化或流程再造的精益六西格玛。

下面将详细阐述支撑大规模定制的核心技术。

1. 模块化设计

哈佛大学的鲍德温（Badlwin）和克拉克（Clark）于 1997 年发表的《模块化时代的管理》使模块和模块化的研究及其应用日益引起学界和生产领域的关注。

所谓模块，是指可组成系统的、具有某种确定独立功能的半自律性子系统，可以通过标准化的界面结构，与其他功能的半自律性子系统按照一定的规则相互联系而构成更加复杂的系统。模块化是指把一个复杂系统或过程根据系统规则划分为能够独立设计的半自律性子系统的过程，或者是按照某种联系规则，将可进行独立设计的子系统统一起来构成更加复杂的系统或过程。

模块化是在传统设计基础上发展起来的一种新设计思想，提供了产品组件的重复使用，通过组合或修改模块来生成新产品是实现大规模定制的最有效途径之一。模块化设计方法着眼于解决产品品种、规格与设计制造的周期、成本之间的矛盾，最初应用于家具制造业，现今已得到广泛应用。

（1）模块化设计的含义。模块化设计是指将产品的某些要素组合在一起，构成一个具有特定功能的子系统，将该子系统作为通用性的模块与其他产品要素进行多种组合，构成新系统，产生多种不同功能或相同功能、不同性能的系列产品。[①] 模块化设计的主要目的就是以尽可能少的种类和数量的模块组成尽可能多的种类、规格、性能、功能不同的产品。

模块化设计方法的原理是在对一定范围内的不同功能或相同功能、不同性能、不同规格的产品进行功能分析的基础上，划分并设计出一系列功能模块，通过模块的选择和组合构成不同的顾客定制的产品以满足市场的不同需求。这是相似性原理在产品功能和结构上的应用，是一种实现标准化、多样化的有机结合以及多品种、小批量与效率的有效统一的标准化方法。[②]

推行模块化设计，首先要建立产品平台的概念。所谓平台，是将不同层级和种类的硬件整合连接的规则的相加，是一个产品开发架构，包含很多标准、模块、元素等。产品平台中包含定义元素、支持元素和细分元素，各种元素或元素的组合就是模块。模块之间以标准接口进行连接，通过接口规则的标准化实现互换和重用，达到简化构成要素的目的，因此为了确保模块化设计中模块的互换性，应尽量保证接口的标准化。

（2）模块化设计的关键问题。模块化设计涉及两个基本过程：模块划分和模块组合。合理的模块划分是模块化设计的前提和基础。

模块是模块化设计和制造的功能单元，具有相对独立性、互换性和通用性三个特征，构成模块划分的基础。模块划分的基本思路是：第一步，依据模块划分的原则，从不同的角度将产品划分为若干基本单元。第二步，进行相关度计算，建立相关矩阵。第三步，聚类成模块。[③] 模块化产品设计中通过对不同顾客的需求分析，将需求根据功能分解成不同的部件和零件，定义部件或零件之间的约束关系，因此在模块划分的过程中，模块之间的功能必须保持独立。

模块划分有两个原则：一是功能相关性原则，即以功能为划分基础。功能属性反映零件之间的交互关系，功能相关是指两个零件或部件存在的原因是其完成的功能相同或部分相同。将完成同一功能或类似功能的零件划分在同一模块中，有助于提高模块之间的功能独立性。二是结构相关性原则，即以结构为载体，研究每一模块之间的组合方式。结构特征是对不同零件或模块之间如何进行相互影响的详细说明，包括如何装配、如何连接、如何传递信息等。结构相关性是指零件或部件之间存在的装配约束、几何约束、尺寸约束等结构特征。[④]

模块的组合即按照顾客的需求将划分好的模块按照一定的方式连接起来，完成特定功能，向顾客传递价值的过程。也就是构造从顾客需求到功能模块选择，从功能选择到模块组合，满足顾客需求的映射关系或运作规则（时间、逻辑、结构、技术要求等）。考虑到升级的需要还可以为后续加入的模块采用总线式即插即用的结构，并预留一定的空间。

（3）模块化设计的优点。从顾客的角度说，一是通过不同模块的搭配得到所需的产品，充分满足了顾客个性化的需求；二是方便用户在使用过程中对产品进行局部维护或升级，以达到延长产品寿命、减少材料资源消耗的目的。

从企业的角度来说，优点主要有以下几个[⑤]：

---

① 徐宏玲．模块化组织研究．成都：西南财经大学出版社，2006.

② 马志军．产品设计中模块化设计的再认识与思考．包装世界，2008（4）：80-81.

③ 王日君，张进生，葛培琪，王志．模块化设计中模块划分方法的研究．组合机床与自动化加工技术，2008（7）：17-21.

④ 毛全有，娄岳海，陆长明．面向产品族的模块化设计方法研究．成组技术与生产现代化，2008（2）：16-18.

⑤ 王浩涛．模块化设计与管理实践浅析．企业研究，2011（24）：36-37.

1）降低研发设计风险，提升产品可靠性和质量。模块化设计可实现产品功能的分离，产品大量重用、生产经过检验后的模块，简化设计并降低设计风险，提高产品可靠性及质量。由于模块具有相对独立性，可将模块拿出来单独设计开发验证，使模块化设计的研究专业化。

2）提升工作效率，缩短生产周期，降低企业运营成本。产品并行的开发测试可提升工作效率，零部件的重用可缩短设计开发周期，从而缩短产品的上市周期、提升产品竞争力。模块重用可在很大程度上降低设计成本，采用经大量验证后的成熟模块可降低采购和物流周转成本，同时成熟模块可减小工厂新品投产对作业调整的幅度，降低生产制造成本。提升产品可靠性及质量又意味着售后服务成本的节约。

3）改善企业管理。模块化设计规范了不同开发团队之间的信息接口，有利于企业研发团队的分工，可进行更为深入的专业研究，简化不同模块间的并行开发。模块化设计有利于产业的分工和规范的形成，大大降低产品的复杂度，解决物料种类和数量不断膨胀带来的各类问题，给企业管理带来极大的便利。

2. 模块化生产

模块是一种半自律的子系统，通过和其他半自律的子系统按照一定的规则相互联系，可以构成更加复杂的系统。把复杂的系统分拆成准独立的模块，并使模块之间通过标准化接口进行信息沟通的动态整合过程叫做模块化。一般来说，一个相互连接的设计只会产生一种选择权：要么接受设计结果，要么拒绝。相反，模块化的设计过程能产生很多选择权。由于模块化应对复杂性和不确定性的功能强大，因此其应用迅速从设计制造扩展到经营管理、组织结构等方面，模块化生产网络应运而生。

（1）模块化生产及模块化生产网络的概念。模块化生产以模块化技术为主导、信息技术为基础、成熟的管理方法为手段、满足顾客个性化需要为目标，是一种柔性的生产方式。作为一种柔性生产方式，模块化生产与传统的柔性制造模式不同。后者包括组合机床生产线、柔性制造系统、柔性制造工厂、计算机集成制造和细胞生产方式等，主要通过对设计和制造过程进行效率优化来实现柔性制造的目的。模块化生产则是在共同界面上安插不同的模块，来实现柔性化生产。

模块化生产网络是以设计规则为技术载体，以一系列交易、分配规则为制度保障，借助设计规则、知识产权带来的非股权控制，通过模块操作符的排列组合来降低建立网络连接的复杂度、促进复杂产品系统演进，从而兼顾网络节点活性和网络整体有序性的层次递进的企业拓扑结构。它是技术性的规则和制度性的交易及分配规则的产物，由中心引导的、成员之间具有非对称权力关系的网络组织。①

以模块化为技术载体的全球生产网络更加适应复杂多变的全球化网络经济背景，模块化生产网络已成为主流的组织方式，特别是在汽车等产品较易模块化的产业中。从这个角度说，模块化生产网络构成了全球性转变和网络社会崛起的微观基础。

（2）模块化生产模式下的柔性驱动因素。模块化生产具有柔性，其驱动因素包括以下几点②：

1）产品的模块化设计。模块化设计是模块化生产的前提，模块化技术利用模块的相似性来减少产品结构和制造结构的变化，最终借助模块的选择和模块间的组合实现产品的多样性。

2）创新型的模块职能部门和模块企业。模块化生产模式下，各模块职能部门和模块企业拥有独特的核心能力，在各自领域不断创新，模块更新换代迅速，产品系统不断升级。

3）快速可靠的信息流通渠道。模块化生产充分利用信息技术，通过构建信息网络平台，实现信息共享，打破时间空间距离，顾客个性化需要和供应链信息得到快速响应。

---

① 陈硕颖. 当代资本主义新兴生产组织形式——模块化生产网络研究. 当代经济研究，2011（4）：32-36.

② 牟小俐，邓毅，汪洋. 面向21世纪的柔性制造模式——模块化生产. 科技管理研究，2007（9）：190-192.

4）柔性的战略合作关系。模块化生产下，整装企业和供应商的关系更加柔性化，整装企业不断对供应链进行优化和重组，供应商在同一模块领域的激烈竞争使成功企业巩固与整装企业的合作关系、失败企业可能降级为模块供应商的下级供应商。

5）成熟的供应链管理方法。模块化生产应用了当今供应链管理的先进方法，包括准时制生产技术、延迟制造、并行工程等。

在以上五种因素中，产品的模块化设计是根本，在此基础上其他各因素的优点得到充分发挥，保证了模块化生产具有较高的柔性。

（3）模块化生产的特点。相比传统柔性生产模式，模块化生产在交货速度上有大幅提升。其特点主要表现在三个方面：一是各模块制造商、模块整合商专注于提高本模块的核心竞争力，不断缩短设计和制造周期；二是模块化生产使同步制造成为可能，从而缩短总的交货时间；三是延迟制造在顾客订单分界点前后的规模经济和范围经济带来时间节约。

模块化生产方式下，创新更加自由，且呈现出快速和多样化的特征。模块化生产带来四个方面的创新：增量创新（设计者能够修改模块，模块的核心技术和模块之间的界面规则没有重大变化）、模块创新（模块的核心技术发生变化，界面规则无变化）、结构创新（设计者在不同结构中使用相同模块组合，界面规则改变，保留模块内的核心部件）和设计者开发新产品（可采用新的模块，也可通过组合模块创造新产品）。①

模块化生产中实现了顾客参与设计。顾客的需要上升为产品价值链的开端，该需要首先传到模块组合企业的设计部门，设计部门根据顾客的需要量身定做产品，再分解到各个模块供应商处分别制造。在产品价值链的整个过程中都有顾客的参与，从而使顾客的个性化需求能够得到及时、彻底的体现。

模块化生产带来产品成本的显著降低，表现在两个方面：一是模块化产品成为关注重点，削弱了产品制造过程的重要性，简化了生产环节，降低了生产成本；模块化产品生产转移到劳动力低廉的发展中国家，节省了劳动力成本。二是建立在模块化技术上的大规模定制充分体现了规模经济的好处，成本大幅降低。

（4）模块化服务。模块化服务有两种存在形态：一是制造业模块化生产过程中作为子模块之一的服务模块；二是服务业生产系统中的模块化。② 服务业生产过程中的各功能部门实行模块化生产，需要具备几个条件：首先，系统设计者必须能够识别出不同功能之间的依赖性并通过一系列的设计规则将其明确定义；其次，它们必须创造与系统的部件相对应的浓缩化或隐性模块；最后，必须通过不同的系统集成与测试活动来将各模块组件组装起来，并解决各模块间的不兼容问题。

服务业模块化的常用模式如下：

1）交换模块。在该方法中，基本模块不变，搭配以不同的部件（辅助模块或适配模块），满足顾客个性化的需求，创造出尽可能多的可以与外部进行交换的产品。围绕标准化产品或服务而提供的定制化服务，就是部件交换模块技术中的典型例子。

2）添加模块。在该方法中，企业使用一个标准结构可以与大量不同种类的部件对接。在服务业中，每种服务的基础设施都是底板，决定什么服务能或不能接入底板，允许多种可以定制的交易。其特点是标准化的结构能够允许接入不同类别、数量和地点的模块。

3）组合模块。只要在标准界面下不同部件可以相互连接，无论每种部件数量多少都可任意配置，因此该方法提供了最大限度的多样化和个性化。相对于制造业，服务业更容易利用此方法进行模块化。服务企业大规模定制是通过建立低级别的组合模块实现的，为满足顾客具体需求而将微单元以各种形式组合。

3. 延迟制造

在顾客需求多样化的今天，企业面临日益激烈的市场竞争，主要竞争焦点转向如何能够

---

① 孙晓峰. 模块化技术与模块化生产方式：以计算机产业为例. 中国工业经济，2005（6）：60-66.

② 王家宝，陈继祥. 模块化生产与生产性服务发展. 管理前沿，2009（6）：3-5.

以最低成本和最快速度满足顾客的需求。而在传统的供应链系统中，增加产品品种带来的变化如总成本上升、响应性降低往往会削弱产品差异化战略的竞争优势。企业需要在大规模生产获取的规模经济和差异化战略侧重的范围经济中权衡，延迟制造作为一种全新的运营理念很好地解决了上述问题。

（1）延迟制造的含义。延迟制造是指事先生产中间产品或可模块化的部件，等到最终用户对产品的功能、外观、数量等提出具体要求后，才完成生产与包装的最后环节。① 其基本思想是在产品制造过程中只生产中性产品或可模块化的零部件而尽可能推迟产品的个性化制造，在接到用户订单后按需求在离用户尽可能近的地方完成最后的制造过程。

延迟制造包括三种含义：成型延迟、时间延迟和地点延迟。成型延迟是指推迟最终产品的形成，在得到用户对产品要求的信息前只制造可模块化零部件，尽可能保持产品中性。时间延迟是指把最终产品的制造过程推迟到接到用户的订单后进行。地点延迟是指推迟产品向供应链下游的物流运动，得到订单后再以供应链的配送中心为起点进行物流运动。②

（2）延迟制造的生产过程。一般来说，制造模式可分为推动式和拉动式。推动式是指制造商根据用户需求的预测进行生产，然后由销售商将商品推向市场；拉动式是指按订单生产。

延迟制造则是两种模式的综合，同时发挥了两者的优点：推动式环节——制造企业根据产品的市场预测情况大规模地生产中性产品或可模块化零部件以获得规模经济效应，拉动式环节——根据用户需求按订单完成个性化生产部分以获得差异化优势。其中推动式环节和拉动式环节的分界点称为顾客订单分界点（customer order postponement decoupling point, CODP），延迟制造以该点为分界，接到订单前采用推动式制造模式，之后采用拉动式制造模式。具体过程如图 13－3 所示。

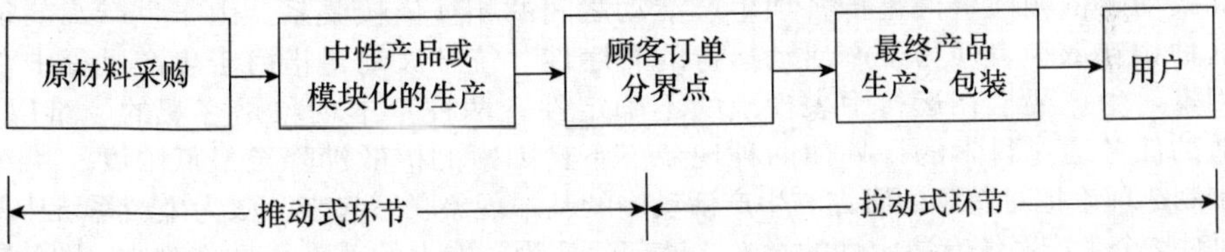

图 13－3　延迟制造过程

（3）延迟制造的关键问题。在供应链中，顾客订单分界点是推动式环节和拉动式环节的分界点，至关重要。顾客订单分界点的定位是延迟制造中的关键问题，能够直接影响规模经济和差异性战略优势的效应总和。若定位偏于供应链上游，会造成推动式环节的规模经济效应不明显甚至可能不会产生规模经济效应；若定位偏于供应链下游，拉动式环节的差异化战略体现不明显，无法获得理想的差异优势。因此需要根据产品的特性和顾客需求的性质来准确定位顾客订单分界点。

一般来说，产品柔性、延迟活动的规模、顾客化程度、标准化程度、库存成本、生产效率和快速响应能力都是影响顾客订单分界点定位的关键因素。定位需要综合考虑以上因素并根据企业自身特点来决定。

（4）延迟制造的实施条件。延迟制造的实施需要一定的条件，通常包括以下几个：

1）制造过程具有可分离性，可分离为中间产品生产阶段和最终产品加工阶段。

2）产品可模块化，有限的模块经过组合后形成多样化的产品。

3）最终加工过程具有易执行性，技术复杂性适中，加工范围有限，所需时间较短。

4）有适当的交货提前期，过短的提前期不适合延迟制造。

5）延迟制造的整个过程中增加的成本要低于原计划的成本节约部分。

---

① 刘枚莲，肖岳峰．基于供应链的延迟制造．管理评论，2003（11）：12-19.

② 曹建国，刘杰，罗辑．延迟制造在制造业中的应用．现代制造工程，2004（8）：102-103.

（5）延迟制造的优势。由于延迟制造综合了推动式制造和拉动式制造的优点，因此其主要优势体现在以下方面①：

1）降低物流和库存成本。半成品相对于产成品而言，体积、重量、规格等都要小，库存和运输的成本相应大幅降低。

2）产品种类多样化更好地满足了不同顾客的需求，能减少由于供求不一致而流失的销售额。

3）缩短交货提前期，提高市场响应能力。在通用化阶段生产标准化程度高的产品部分，一旦接到订单就以最快速度生产个性化的部分，提高快速响应的能力。

4）降低不确定性，减少企业经营风险。企业库存多以原材料和半成品形式存在，根据顾客需求完成最终加工过程能最大限度避免产销不对路可能造成的损失。

4. 同步制造

最优生产技术（optimized production timetable，OPT）最初称为最优生产时间表，是一种综合了物料资源计划和准时制生产系统的优点、借助计算机等现代管理工具的有效的生产控制方式。在最优生产技术的基础上，约束理论（theory of control，TOC）描述了追求持续优化的管理决策思想。该理论认为在企业系统中，总是关键的极少数制约或主导着普遍的绝大多数，企业中最薄弱的环节决定着企业经营的绩效。作为约束理论核心部分的最优生产技术，强调物流技术的优化，试图优化通过瓶颈的物流，对生产瓶颈环节进行生产排序。最优生产技术方法采用帕累托原则选择订单和生产资源，并按优先级将选出的订单分配到各生产资源上，直到大多数资源都分配有加工任务。同步制造包含最优生产技术的物流优化技术，以生动表现其基本思想和特征。②

（1）同步制造的理论基础。同步制造理论认为，工业生产中有两种基本现象：依赖性事件和统计波动。依赖性事件是指各项生产活动之间的相互依赖关系。由于生产工艺条件等的制约，这种相互依赖表现为生产活动运行的有序性。统计波动是指由于生产过程中存在的种种随机因素，生产要素在运行中表现出的不确定性。两种基本现象是客观的、难以消除的，同步制造的任务通过科学的计划使两种现象下不良因素的扩散性降至最低限度。

同步制造理论把对瓶颈的研究与生产活动中的基本现象联系起来，认为生产系统中的瓶颈资源的作用对整个生产系统有决定性的意义。该理论认为，能力的不平衡是绝对的，即使能够做到能力平衡，由于生产活动中两种基本现象的作用，生产系统中的瓶颈现象也总是存在的。

（2）同步制造的含义。同步制造是指为实现企业目标而使整个生产过程协调一致的一种方法，它把焦点集中在瓶颈资源上，采用瓶颈资源的作业计划优先制定，以确保其负荷不超过其生产能力，然后制定非瓶颈资源的作业计划以支持瓶颈资源连续运行。瓶颈环节下的生产排序是企业生产计划的核心内容，瓶颈排序的主要目的是保证最大限度地利用资源，提高瓶颈资源的产出率，借此提高整个企业的产出率。

（3）同步制造的计划操作系统。同步制造理论提供了在复杂生产环境下开发和实施有效生产控制系统的基本原理，实行同步制造的关键是建立一个有效的计划与控制系统，以对瓶颈资源进行有效的控制，其余环节相继地与这一环节同步。鼓—缓冲—绳子（drum-buffer-rope，DBR）系统是实现生产系统同步制造的一种非常有效的计划与控制系统。鼓—缓冲—绳子原意是指实现步调一致行军的三个措施，在鼓—缓冲—绳子系统中分别代表三个有机组成部分：

1）鼓（drum）由走得最慢的士兵根据自己的步伐敲击，所有士兵按鼓点行军。在DBR系统中，鼓是企业运用同步制造的开端，即识别瓶颈所在，瓶颈控制着企业同步制造的节奏。从计划和控制的角度看，鼓反映了系统对瓶颈资源的利用。

2）缓冲（buffer）防止行走最慢的士兵受前面士兵的影响。它通常有三类：能力缓冲、库存缓冲和时间缓冲。同步制造主张采用时间缓冲，即将所需的物料比计划提前一段时间提

① 张雁，唐立新. 关于延迟制造的研究. 物流工程与管理，2009（6）：46-47.

② 洪华. 同步制造（SM）理论及与MRP、JIT系统的比较研究. 镇江：江苏大学，2002.

交，以防随机波动，将瓶颈资源上的加工时间长度作为计量单位。

3）绳子（rope）防止队伍拉长。绳子起传递作用，以驱动生产系统的所有部分按鼓的节奏进行生产。在鼓—缓冲—绳子的实施中，绳子是由一个涉及原材料投料到各车间的详细的作业计划实现的。

关于同步制造的关键问题——瓶颈环节下的生产排序问题，分为单一瓶颈下的排序问题和多瓶颈下的排序问题，涉及复杂的算法和计算，本书不详细说明，有兴趣的读者可以自行研究学习。

(4) 同步制造的基本步骤。同步制造的基本思路是挖尽瓶颈资源的潜力，通常需要遵循以下几个步骤：

1）识别生产系统的瓶颈资源。

2）设置时间缓冲器，以免瓶颈资源受随机干扰的影响。

3）制定瓶颈资源的作业计划。

4）按瓶颈资源的加工能力控制物料投放。

5）传输已完成瓶颈作业的物流使其平稳，迅速地通过下游作业。

图 13－4 为同步制造的实施步骤。

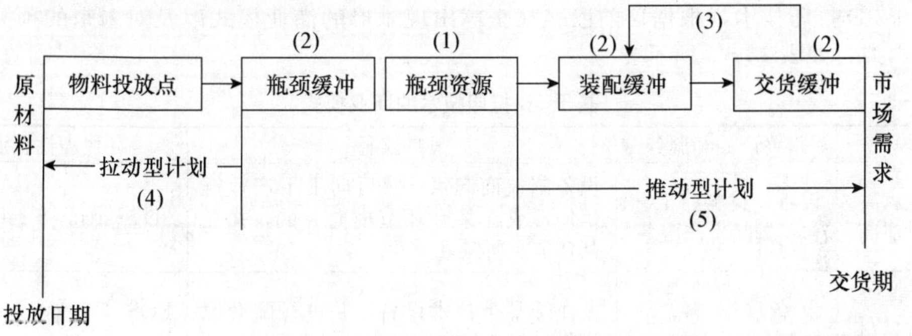

图 13－4　同步制造的实施步骤

二、3D 打印技术带来的颠覆性运营

(一) 什么是 3D 打印技术

现代意义上的 3D 打印技术源于 20 世纪 80 年代中期美国的快速制造技术，是一项以数字化、智能化制造与材料科学为核心的技术。3D 打印技术以 3D 模型为蓝本，通过软件对 3D 模型进行分层离散化处理，形成数字模型文件，由数控成型系统利用激光束、紫外线、热熔等方式将树脂、陶瓷粉末、塑料等特殊材料在 X—Y 平面进行逐层成型扫描，并在 Z 轴进行堆积黏结，通过逐层打印的方式构造物体（见图 13－5）。3D 打印机与传统打印机最大的区别在于它使用的“墨水”是实实在在的原材料。

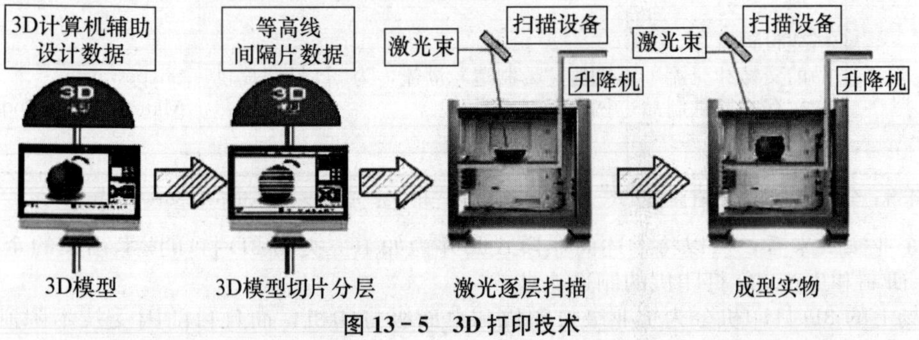

图 13－5　3D 打印技术

3D 打印技术在企业经营中的应用分为三种。

1. 快速成型技术

快速成型技术（rapid prototyping manufacturing）是 3D 打印技术的原型和基础。如果把 3D 打印技术比作个人笔记本电脑，那么快速成型技术就相当于 20 世纪 60 年代的专用和大型计算机。

2. 无形制造技术

无形制造技术（freeform fabrication）是快速成型技术的实现路径。相对于传统制造业的有形制造，无形制造不需要复杂的工艺，不需要庞大的机床，不需要模具，不需要冗长的流水线作业，只要有一台能接上电源的计算机就能够成为灵巧的生产工厂。

3. 加式制造技术

加式制造技术（additive manufacturing）是 3D 打印技术的工艺实现。传统制造业的减式制造是通过各种机械加工技术与工具对原材料进行切割、变形、组装来生产部件，一些切割下来的下脚料就成了废弃物。而加式制造是原材料的不断沉积，原材料利用率可以达到 90%以上。

(二) 基于 3D 打印技术的商业模式

基于 3D 打印技术，根据目前已经在全球出现雏形的商业模式以及对未来的预测，可以总结为六类，如表 13-2 所示。

表 13-2　基于 3D 打印技术的商业模式

商业模式	最终产品和服务	发展路径	代表性企业
多元化解决方案供应商	设备、材料、工艺包、制品生产服务	设备制造商起家，然后向上下产业链延伸，或在某个环节横向并购，并在某环节有所侧重	3D System，Stratasys
专注于某一类别的设备和材料供应商	设备、材料、工艺包	专注于某类技术设备，并进行配套原材料、工艺包开发	EOS，Concept Laser，Envisiontec
材料供应商	材料	由于材料对设备的专属性非常强，一些小厂家与主流 3D 打印设备厂商联合研发，并为其专供相关材料；传统材料巨头开始进入	传统材料巨头、小型专业厂家
终端产品和服务供应商	制品生产服务	外购设备和耗材，在终端产品和服务加入自己独特的商业模式	针对不同细分市场、各具特色的 3D 打印产品和服务提供商
传统制造企业内设部门	根据母公司的需求提供	在传统制造企业中新设或收购 3D 打印子公司，主要服务于母公司终端产品的设计和制造改进	Morris（被 GEA viation 收购）
平台商	搭建设计程序、产品的交易和交流平台，有些提供制品生产服务	顺应"云制造"潮流，为 3D 打印提供网上交互平台	Shapeways，Materialise，Ponoko

资料来源：分析：3D 打印现有商业模式.［2016-07-23］. https：//sanwen8. cn/p/2286rwF. html.

从企业实践来看，可以将上述商业模式归并为如下三类与 3D 打印技术相关的企业。

1. 研制和生产 3D 打印机的制造企业

市场上的 3D 打印机分为工业级打印机和桌面级打印机，而且目前因受技术限制，一台

3D 打印机能够使用的打印材料非常有限，各种适用的打印材料，比如树脂、陶瓷粉末、塑料等材料都与 3D 打印机捆绑销售。

在美国，3D 打印机生产商主要有 3D System 和 Stratasys 两家，已在美国市场甚至全球形成双寡头的态势，均占有全球增材制造市场约 16%的份额，远超其他公司。而且两家公司在全球也拥有广泛的顾客群体，累计销售台量合计超过 75%。

桌面级 3D 打印机市场同样不容忽视。Stratasys 于 2013 年 6 月成功收购 MakerBot，成为全球规模最大的 3D 打印机生产商，横跨工业级和消费级两大市场。目前桌面级打印机的平均售价在 1 500 美元左右，是一个增长非常迅速的新兴市场，2012 年市场增长率高达 46%，预计在未来的 15～20 年内 3D 打印机也会像个人电脑一样成为生活的必需品。

2. 提供 3D 打印服务的服务企业

这类服务商目前是快速发展的链条环节，是我国增材制造市场的培育者、推动者。服务环节对基础性研究储备要求低，所需要的是对顾客需求的发掘，符合本土企业竞争优势，而且外资设备商也希望利用本土服务商的渠道来推广其设备。终端制造企业不熟悉加式制造工艺，又不愿意花费高额资金投资设备，导致我国加式制造应用渗透率与欧美国家相比差距显著，这为 3D 打印服务商提供了极大的市场机遇。

这类企业目前主要服务于专业市场，比如医疗器械、汽车（Local Motors）、航空航天（Morris Tech）等行业。这些行业的需求特点是多品种、小批量。具体可以分为个性化需求、过程性需求和小批量精密制造。个性化需求如医疗器械行业，遵从顾客导向，需要依靠高度柔性化的生产组织来满足每个顾客的需求。过程性需求如汽车行业，3D 打印在汽车行业的应用主要为设计原型制造及生产过程中的模具加工（直接零件制造只占比 28%），生产要求快速成型，即尽可能缩短开发周期、降低研发成本，以便对关键的零部件进行可行性测验并及时调整。小批量精密制造应用于直接零件制造，如航空航天行业，因为用于零件制造的原材料价值高，3D 打印技术的增材制造使原材料粉末在纵轴上堆积，对原材料的利用率能够达到 90%以上。

3. 创意设计平台运营商

这种商业模式主要服务于消费市场，利用互联网开创“云制造＋创客”时代。Shapeways 公司和 Quirky 公司这两家典型的美国企业，采用在产品设计方面的主动搜索（initial searching）和众包（crowdsourcing）这种颠覆性运营模式满足顾客的个性化需求。

Shapeways 公司 2007 年创立于荷兰，后将总部移至美国纽约。2012 年 10 月，公司在纽约皇后区的“未来工厂”投入运营。“未来工厂”就是 50 台工业 3D 打印机，通过脸书和推特等社交媒体接受顾客各种产品的三维设计方案，并在数天内完成产品的打印生产，然后寄送给顾客。同时，该公司还为商家和设计者设立平台，使他们可以利用公司的 3D 打印机生产并销售自己设计或收集的产品，目前该公司已有近 15 万个平台会员，6 000 余名设计者，至 2012 年 6 月 20 日已经打印了 100 多万个 3D 产品。

Quirky 公司于 2009 年成立于美国纽约，至今已获近 1 亿美元的风险投资基金。Quirky 公司的特色是众包：公司通过脸书和推特等社交媒体接收公众提交的产品设计思路，并由公司的注册用户进行评论和投票表决，如此每周挑选出一个产品进行 3D 打印生产，参加产品设计和修正过程的众包人员可分享 30%的营业额。公司还进一步将众包设计改进的过程同时转化为通过社会媒体来推荐相应产品的过程，创造性地拓展了销售市场。目前，该公司每年仅生产 60 种产品，产品的提交费由最初的 99 美元降至现在的约 10 美元，公司的注册用户每月以 20%的速度增长，已达 30 万，而网上社区注册用户达 26 万。

（三）3D 打印技术带来的颠覆性运营特性

3D 打印技术只有渗透到一般性企业的经营过程中，实现产业化，才能颠覆传统经营方式。而产业化的核心就是要把技术与市场结合起来，创造积极条件让广大传统制造企业和用户能够更为直观地接触到 3D 打印技术，而不是仅仅停留在概念上认识的阶段。3D 打印技术给传统制造企业带来的颠覆性运营特性有四点：

1. 顾客需求表现为长尾效应常态化

在一般需求曲线上，大多数需求集中在头部，这部分我们可以称之为大众化需求，分布在尾部的需求是个性化、零散的小量需求，这部分差异化、少量的需求会在需求曲线上形成一条长长的“尾巴”。也就是说在头部的大众化需求，单位市场上的需求量大；在尾部的个性化需求，单位市场上的需求量小。

传统制造业受规模经济的制约更愿意服务于大众化需求。个性化需求难以达到规模经济，生产批量小，产品单位成本高，企业总体效益差，难以发展壮大和获取竞争力。多数企业信奉二八法则，即集中服务20%的市场，创造80%的收益，结果导致产品同质化和价格竞争，过多的企业集中于狭窄的市场，在一片红海中厮杀。

长尾效应就是将所有个性化的市场以一定的形式累加起来形成一个比大众化市场还大的市场，这是对二八法则的挑战（见图13-6）。3D打印技术使长尾效应常态化的原因就在于它能使企业实现接近于零成本的生产转换，组成大规模的社会制造阵列，实时方便地满足人类对各种个性化产品的物质需求，打破了物质专用性（模具）和地点专用性。这样，企业就可以服务剩余80%的市场，寻找一片蓝海。

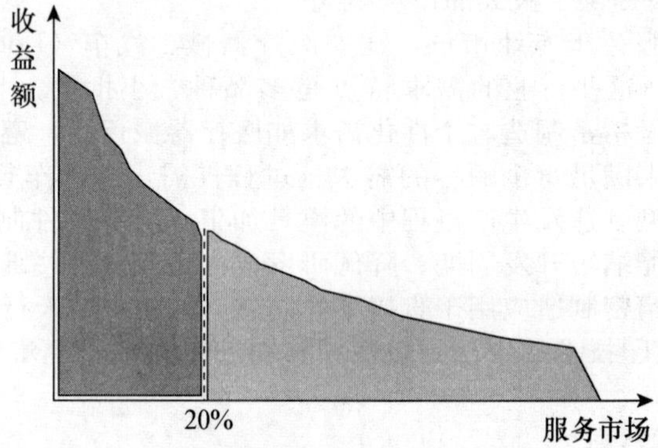

图13-6 长尾效应常态化对二八法则的挑战

2. 产品设计意味着社会制造时代来临

我们目前所处的时代是社会计算时代（computational social），随着信息数字化和网络化的进程不断加快，人们的行为轨迹越来越多地被记录下来，这使得利用计算技术观察和研究社会成为可能。企业可以记录社会行为，并从中寻找可以满足的需求。

而从社会计算到社会制造的转变，则实现了“搜索就是生产”“搜索就是产品”的无缝衔接，社会制造将使传统的企业转变为能够更加主动感知并且响应用户大规模定制需求的智能企业，其核心就是主动、实时地将社会需求与社会制造能力有机衔接起来，从而有效地实现需求和供给之间的相互转化。

社会制造时代最大的特色就是消费者可将需求直接转化为产品，即从想法到产品，并使得任何人都可通过社交媒体和众包等形式参与产品设计、改进、宣传、推广、营销等过程，并分享产品的利润（见图13-7）。简言之，社会制造就是利用3D打印技术、网络技术和社交媒体，通过众包等方式让社会民众充分参与产品的全生命制造过程，实现个性化、实时化、经济化的生产和消费模式。

研究表明，只有当生产批量低于100件时，与传统制造相比，3D打印技术才能显示出优势，这也是3D打印技术目前应用的局限性。尤其是在国内，机械制造产业链十分成熟，机床加工、模具制造等环节自身的成本远低于发达国家，而打印设备、材料价格又接近于发达国家，在国内或许需要低于10件，3D打印技术才会体现出相对于传统制造技术的优势来。

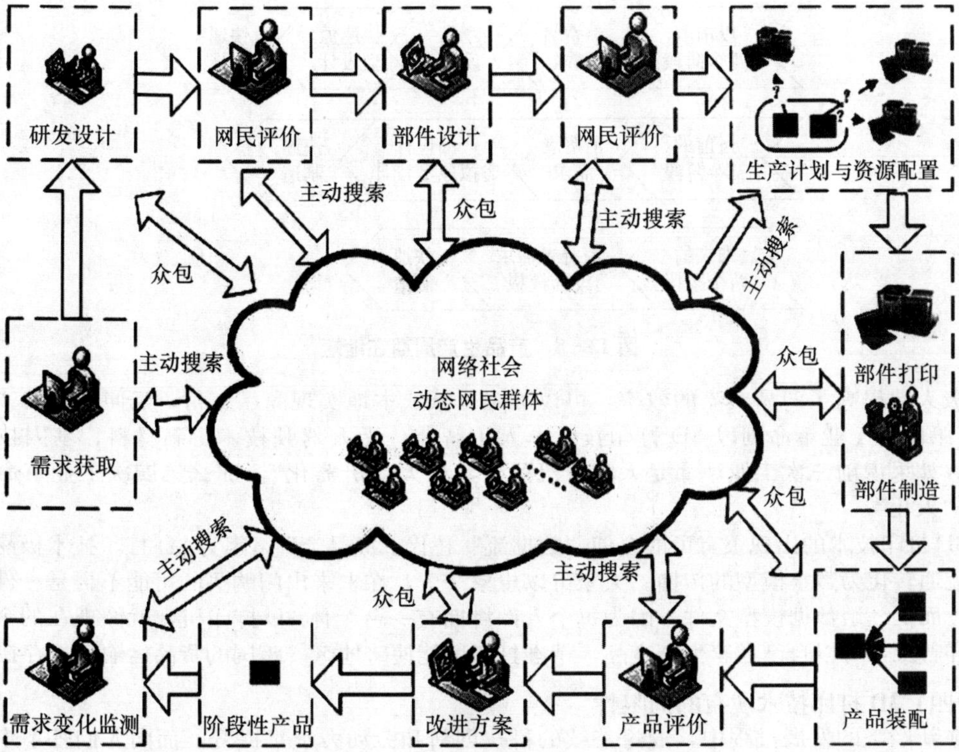

图 13-7　主动搜索和众包的产品设计

3. 生产组织转变为无形制造

3D打印技术与传统制造技术在组织生产方面的不同如表13-3所示。

表13-3　3D打印技术与传统制造技术的对比

项目	3D打印技术	传统制造技术
对模具的需求	无须模具	需要模具
产品生产方式	直接打印	机械制造
制造类型	增量制造	减量制造
成本	可降低90%	高
准确性	准确性可以保证	准确性可以保证
产成品库存水平	零	高
生产批量	可低于100件	大批量生产
生产周期	短	长

在传统制造业，获得消费者需求、设计出满足需求的产品之后的整个制造流程一般需要经过开模具、铸造或锻造、切割、部件组装等过程成型。3D打印则免去了这些复杂过程，消费者始终参与产品生产过程，从原来的四个阶段缩减到两个阶段，真正实现了从想法到产品的无缝衔接，产品生产周期在缩短（见图13-8）。

4. 供应链物流推动第四次工业革命

3D打印技术将会颠覆传统供应链物流并推动第四次工业革命。历史上的几次工业革命都伴随着技术创新，而3D打印技术能实现“人类的延伸”，即延伸人类的肢体和感觉，创新人和其他资源的连接方式，并且极大地降低连接成本。瓦特改良的蒸汽机技术促进了大量省力的机器出现，延伸了人的“肌肉力”；以电气化为特征的第二次工业革命实现了人类对机器的精准高效控制，延伸了人的“控制力”；第三次工业革命实现了个体间的双向信息交

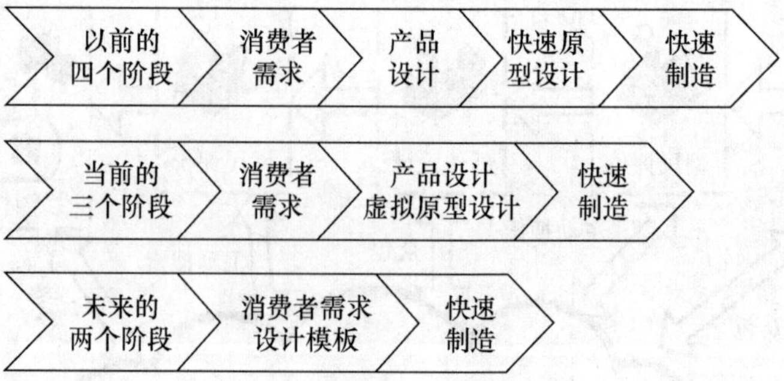

图 13－8　产品生产周期在缩短

流，极大地提高了商品交流的效率，可以准确、低成本地实现商品交付，延伸了人的“信息力”。第四次工业革命则以 3D 打印技术、人工智能、无人驾驶技术、新材料、基因技术为代表。如果说前三次工业革命是人随着机器走，将人“机器化”，那么第四次工业革命则使机器“人化”。

3D 打印技术的出现很有可能会使“数据流”替代“商品流”，因为 3D 打印技术极易将商品的流通转化为数字模型的传播。大家可以想象一下，在未来出门购买的可能不再是一件实体商品，而是一组数据模型文件，因为每个人都将拥有一台个体 3D 打印机，就像现在的个人电脑一样普及，可以自己在家生产产品，精准打印可能使跨地区、跨国的货品运输不复存在。

（四）3D 打印技术现有的局限性

在新经济的发展过程中，通过持续的科技创新和劳动力水平提升，面向人们基本生存需要的农业和制造业的占比日益降低，以满足人类更高层次需求为目的的服务业愈发重要。随着生产力水平的提升，人们开始在集约生产带来的同质化消费基础上追求更高层次的个性化、定制化。新媒体、社交网络满足了人类在精神层面的个性化需求，而 3D 打印“制造＋服务”模式正是实现物质个性化的最佳解决方案。

但 3D 打印技术对传统制造业的颠覆程度取决于两项突破——技术突破和政策突破。首先是技术突破，能够用于 3D 打印技术的材料是有限的，树脂、陶瓷粉末、塑料等是不可能打印出世界万物的，同时，只有当生产批量低于 100 件时，3D 打印技术才会有优势，因此为了打破这两条限制就需要更多的基础研究，实现技术创新。其次是政策突破，信息的复制和传播是不需要成本的，而一组数字模型文件的开发是有成本的，因此 3D 打印技术的进一步产业化需要政策保护，要有安全的信息系统和健全的知识产权保护。

三、工业 4.0 带来的运营变革

工业 4.0 是由德国等发达国家提出的一项制造业提升计划，其模式是从嵌入式系统向信息物理系统（cyber-physical systems，CPS）发展的技术进化。作为未来第四次工业革命的代表，工业 4.0 不断向实现以物联网、数据网和服务互联网为媒介的物体、数据及服务等无缝连接的互联网方向发展。未来的企业运营管理者需要了解工业 4.0 的进化过程，洞悉工业 4.0 将会带来的企业运营变革。

2011 年德国汉诺威工业博览会上，德国相关协会提出工业 4.0 的初步概念，此后由德国机械设备制造业联合会等协会牵头，来自企业、政府、研究机构的专家成立了工业 4.0 工作组，进一步加强工业 4.0 的研究并向德国政府进行报告。2013 年发表了工业 4.0 标准化路线图，组建了由协会和企业参与的工业 4.0 平台，德国政府也将工业 4.0 纳入《高技术战略 2020》中，工业 4.0 正式成为一项国家战略。德国政府提出工业 4.0 战略，目的是提高德国工业的竞争力，在新一轮工业革命中占领先机。

今天，我国工业化进程又走到了一个历史的十字路口，原有高能耗、高污染、高成本、低技术含量的发展模式已经越来越难以适应未来的竞争需求。工业 4.0 被认为与我国正在大力推进两化的深度融合有异曲同工之处。有必要结合工业 4.0 的理念和思路，分析工业 4.0 将会带来的全社会深刻变革，探索分析我国开展两化融合的下一步工作思路，以便紧紧抓住两化融合为我国工业发展带来的机遇，使我国早日成为真正的制造强国与创新大国。

（一）工业 4.0 的含义

德国学术界和产业界认为，工业 4.0 即以智能制造为主导的第四次工业革命或革命性的生产方法。该战略旨在通过充分利用信息物理系统这一信息通信技术和网络空间虚拟系统相结合的手段，将制造业向智能化转型。

工业 4.0 概念包含由集中式生产与控制向分散式生产与增强型控制的基本模式转变，目标是建立一个高度灵活的个性化和数字化的产品与服务生产模式。在这种模式中，传统的行业界限将消失，并会产生各种新的活动领域和合作形式。创造新价值的过程正在发生改变，产业链分工将被重组。

信息物理系统是工业 4.0 的核心之一，作为计算进程和物理进程的统一体，它能够使网络操控一个物理实体。信息物理系统包含将来无处不在的环境感知、嵌入式计算、网络通信和网络控制等系统工程，使物理系统具有计算、通信、精确控制、远程协作和自治功能。

工业 4. 0 包括智能工厂、智能生产和智能物流三大主题。

1. 智能工厂

智能工厂包括智能化生产所需的工业传感器系统、过程和分布式网络系统等基础设施。智能工厂在数字化工厂的基础上，利用物联网技术和设备监控技术加强信息管理和服务。未来将通过大数据与分析平台，将云计算中由大型工业机器产生的数据转化为实时信息，形成云端智能工厂，加上绿色智能的手段和智能系统等新兴技术，构建一个高效节能、绿色环保、环境舒适的人性化工厂。

2. 智能生产

智能生产也称智能制造，是一种由智能机器和人类专家共同组成的人机一体化智能系统，包括整个企业的生产计划、物流、现场人机界面以及 3D 打印技术在工厂生产中的具体应用等。它在制造过程中能进行智能活动，诸如分析、推理、判断、构思和决策等。通过人与智能机器的合作共事，扩大、延伸和部分地取代人类专家在制造过程催生智能制造业中的脑力劳动。它把制造自动化的概念更新，扩展到柔性化、智能化和高度集成化。与传统的制造相比，智能生产具有自组织和超柔性、自律能力、学习能力和自维护能力、人机一体化、虚拟实现等特征。

3. 智能物流

智能工厂和智能生产必须有智能物流作为支撑，即主要通过互联网、物联网、务联网，整合物流资源，充分发挥现有物流资源供应方的效率，而需求方则能快速获得服务匹配，获得物流支持。对于全球物流业来说，工业 4.0 带来的更多还是供应链的创新与优化，尤其是新管理方式和思维方式指导下的创新行动。通过产品之间的网络连接，还能大大简化项目管理的复杂程度，极大提升管理效能。

（二）工业 4.0 对运营的变革

工业 4.0 对企业运营的影响主要通过互联、集成和数据这三大核心特征来表现。

1. 工业 4.0 改变企业间的互联方式

工业 4.0 的核心是连接，要把设备、生产线、工厂、供应商、产品、顾客紧密地连接在一起。工业 4.0 适应了万物互联的发展趋势，将无处不在的传感器、嵌入式终端系统、智能控制系统、通信设施通过信息物理系统形成一个智能网络，使得产品与生产设备之间、不同生产设备之间以及数字世界和物理世界之间能够互联，机器、工作部件、系统以及人类通过网络持续地保持数字信息交流。

（1）生产设备互联。从工业 2.0 到工业 3.0 的重要标志是单机智能设备的广泛普及。而工业 4.0 的核心是单机智能设备的互联。这些单机智能设备以及不同类型和功能的智能单机设备的互联组成的智能生产线、智能车间及智能工厂可自由动态组合，满足不断变化的制造需求。这是工业 4.0 区别于工业 3.0 的重要特征。

（2）设备和产品互联。工业 4.0 意味着智能工厂能自行运转，零件与机器可自行交流。产品和生产设备之间的通信，使得产品能理解制造的细节以及自己将被如何使用，同时能协助生产过程，回答诸如“我是什么时候被制造的”“哪组参数应该被用来处理我”“我应该被传送到哪里”等问题。不需要大量的外部测量工具及人工测量，产品的嵌入式测量工具就可使产品完成自我测量，并进行及时的数据反馈。

（3）虚拟和现实互联。信息物理系统是工业 4.0 的核心，通过将物理设备连接到互联网上，让物理设备具有计算、通信、控制等功能，实现虚拟网络世界与现实物理世界的融合。智能制造的核心在于实现机器智能和人类智能的协同作用，实现生产过程的自感知、自适应、自诊断、自决策和自修复。

（4）万物互联。信息技术发展的终极目标是实现无所不在的连接，所有产品都将成为一个网络终端。人们能够以多种方式通过社交网络连接到互联网，基于感知、传输、处理的各类人造物将成为网络的终端，人、物、数据在网络环境下进行流程再造，基于物理世界感知和人群交互的在线化、实时化的数据与智能处理改变着我们对外部世界的响应模式。

2. 工业 4.0 改变企业的集成方式

工业 4.0 将无处不在的传感器、嵌入式终端系统、智能控制系统、通信设施通过信息物理系统形成一个智能网络，使人与人、人与机器、机器与机器以及服务与服务之间能够互联，从而实现横向、纵向和端对端的高度集成。

（1）纵向集成。企业信息化在各个部门发展阶段的里程碑，就是企业内部信息流、资金流和物流的集成。集成是在哪一个层次、哪一个环节、哪一个水平上？是生产环节的集成（如研发设计内部信息的集成）、跨环节的集成（如研发设计与制造环节的集成），还是产品全生命周期的集成（如产品研发、设计、计划、工艺到生产、服务的全生命周期的信息集成）？工业 4.0 所要追求的就是在企业内部实现所有环节信息无缝链接，这是所有智能化的基础。

（2）横向集成。在市场竞争牵引和信息技术创新驱动下，每个企业都在追求生产过中的信息流、资金流、物流无缝链接与有机协同。过去这一目标主要集中在企业内部，但现在这远远不够了。企业要实现新的目标：企业内部信息集成转向产业链信息集成，企业内部协同研发转向企业间研发网络，企业内部供应链管理转向企业间协同供应链管理，企业内部价值链重构转向企业间价值链重构。横向集成是企业之间通过价值链以及信息网络所实现的一种资源整合，能为实现各企业间的无缝合作提供实时产品与服务，推动企业间研产供销、经营管理、生产控制、业务财务全流程的无缝衔接和综合集成，实现产品开发、生产制造、经营管理等在不同企业间的信息共享和业务协同。

（3）端到端集成。所谓端到端，就是围绕产品全生命周期的价值链创造，通过价值链上不同企业资源的整合，实现从产品设计、生产制造、物流配送、使用维护的产品全生命周期管理和服务。它以产品价值链创造集成供应商（一级、二级、三级……）、制造商（研发、设计、加工、配送）、分销商（一级、二级、三级……）以及顾客信息流、物流和资金流，在为顾客提供更有价值的产品和服务的同时，重构产业链各环节的价值体系。

3. 工业 4.0 改变企业的数据获取与利用方式

数据是工业 4.0 区别于传统工业生产体系的本质特征。在工业 4.0 时代，制造企业的数据将会呈现爆炸式增长态势。信息物理系统的推广、智能装备和终端的普及以及各种各样传感器的使用，将会带来无所不在的感知和无所不在的连接，所有生产装备、感知设备、联网终端，包括生产者本身都在源源不断地产生数据，这些数据将会渗透到企业运营、价值链乃至产品的整个生命周期，是工业 4.0 和制造革命的基石。

（1）产品数据。包括设计、建模、工艺、加工、测试、维护、产品结构、零部件配置关系、变更记录等数据。产品的各种数据被记录、传输、处理和加工，使得产品全生命周期管理成为可能，也为满足个性化的产品需求提供了条件。首先，外部设备将不再是记录产品数据的主要手段，内嵌在产品中的传感器将会获取更多的、实时的产品数据，使得产品管理能够贯穿需求、设计、生产、销售、售后到淘汰报废的全部生命历程。其次，企业与消费者之间的交互和交易行为也将产生大量数据，挖掘和分析这些数据能够帮助消费者参与到产品的需求分析、设计、柔性加工等创新活动中。

(2) 运营数据。包括组织结构、业务管理、生产设备、市场营销、质量控制、生产、采购、库存、目标计划、电子商务等数据。工业生产过程中无所不在的传感、连接，带来了无所不在的数据，这些数据会创新企业的研发、生产、运营、营销和管理方式。首先，生产线、生产设备的数据可以用于对设备本身进行实时监控，将生产所产生的数据反馈至生产过程中，可使工业控制和管理最优化。其次，通过对采购、仓储、销售、配送等供应链环节上的数据进行采集和分析，将带来效率的大幅提升和成本的大幅下降，并将极大地减少库存，改进和优化供应链。再次，利用销售数据、供应商数据的变化，可以动态调整优化生产、库存的节奏和规模。最后，基于实时感知的能源管理系统，能够在生产过程中不断实时优化能源效率。

(3) 价值链数据。包括顾客、供应商、合作伙伴等数据。企业在当前全球化的经济环境中参与竞争，需要全面地了解技术开发、生产作业、采购销售、服务、内外部后勤等环节的竞争力要素。大数据技术的发展和应用，使得价值链上各环节数据和信息能够被深入分析和挖掘，为企业管理者和参与者提供看待价值链的全新视角，使得企业有机会把价值链上更多的环节转化为企业的战略优势。对供应商和顾客的大数据挖掘有利于企业进行精准预测，提供符合消费者偏好的产品，提高顾客响应率和顾客忠诚度。例如，某汽车公司的大数据能提前预测哪些人会购买特定型号的汽车，从而使目标顾客的响应率提高了 15%～20%，顾客忠诚度提高了 7%。

(4) 外部数据。包括经济运行、行业、市场、竞争对手等数据。为应对外部环境变化所带来的风险，企业必须充分掌握外部环境的发展现状以增强自身的应变能力。大数据分析技术在宏观经济分析、行业市场调研中得到了越来越广泛的应用，已经成为企业提升管理决策和市场应变能力的重要手段。少数领先的企业已经通过为包括从高管到营销人员甚至车间工人在内的员工提供信息、技能和工具，引导员工更好、更及时地在影响点做出决策。

4. 工业 4.0 改变企业运营的其他方式

(1) 满足用户的个性化需求，即定制化与模块化。工业 4.0 能够在设计、配置、排序、规划、制造和运行等阶段纳入个性化的、用户特定的标准，并合并最后的修改。通过工业 4.0，即使是一次性项目和极小的生产量（批量大小为一）也可以实现获利。一个生产洗发水和液体肥皂的智能工厂生产线上会有十几台设备，一个个产品依次进行灌装。与传统生产线的不同之处在于，每个产品的标签上都有芯片，记录了不同的数据。这个产品的“大脑”可以指示生产线灌装什么颜色和成分的肥皂液，也能指示调配比例以及包装方式……员工在中央控制系统中可以全程把控。也就是说，智能工厂将不会再制造统一的、毫无差别的产品，而是在同一条流水线上生产成千上万种定制化的产品。同时不需要以往大量换线或者重复建设生产线的成本。这样就做到了柔性生产。

(2) 优化管理决策。为了在全球市场获得成功，及时、正确地决策（往往在没有事先通知的情况下）变得越来越重要。工业 4.0 能够提供实时的、端到端的透明度，使工程领域的设计决策得到提早验证，对损坏做出更加灵活的反应，同时对生产领域中一家公司的所有工厂进行全局优化。

(3) 通过新服务创造价值。工业 4.0 为价值创造提供了新途径，也形成了就业的新形式。比如，智能算法能通过智能设备用于大量不同数据（即大数据），从而产生新型服务（数据服务、利用大数据更好地服务）。这对于为工业 4.0 开发企业对企业（B2B）服务的中小企业和初创型企业而言，是个巨大的机遇。

（4）应对劳动力的人口结构变化。人类和技术系统的交互合作将为企业提供将人口结构变化转变为其优势的新途径。面对技术劳动力的短缺和日益多元化，工业 4.0 将形成多样的、灵活的职业道路，使人们能够持续工作，并在更长的时间内保持生产力。

（5）生活和工作的平衡。应用信息物理系统将使公司的工作组织形式变得更加灵活，这意味着公司能够更好地满足员工对于平衡工作和个人生活、个人发展和持续职业发展的需求。比如，智能辅助系统提供了一个灵活性的新标准，在满足公司要求的同时满足员工的个人需求，从而为工作的组织提供新的机遇。随着劳动力规模的下降，该系统将在招募最佳员工时将使公司获得更多优势。

（6）高工资经济仍然拥有竞争力。工业 4.0 的双重策略将使德国增强其作为领先供应商的地位，并使其成为工业 4.0 解决方案的领先市场。然而，工业 4.0 对于相关行业而言，并不会构成一个专业的技术或与 IT 相关的挑战。不断变化的技术将引起深远、广泛的影响，为开发新的业务和企业模型、促进更大规模的就业提供新的机会。效率的提高会使高工资仍然拥有竞争力。

（三）工业 4.0 在中国

当前，作为世界工厂，中国正受到双重挑战：发达国家正在进行再工业化运动，东盟国家、印度和拉美国家则拥有更低的劳动力和资源成本。全球金融危机爆发以来，很多专家认为金融危机的根源在于近十年来的去工业化，所以欧美国家提出了回归实体经济、重新重视国内制造业的新经济战略。

再工业化之所以成为我国发展的阻碍，是因为智能制造削弱了发展中国家的低成本优势，同时有利于发达国家构建新的工业竞争优势，通过发展现代智能制造业，占领产业制高点。发达国家可运用现代制造技术和生产装备来提高传统产业的生产效率，通过发展新技术产业巩固新技术的工程化、产业化能力。同时，发达国家在高端服务业的领先优势也会进一步加强。因此，后发国家的产业赶超将面临来自发达国家的多方面阻碍，后发国家若不能抓住智能化制造技术带来的技术手段和市场机会，则工业 4.0 便会将世界工业分工体系进一步固化，更不利于发展中国家实现产业赶超。那些由于低成本要素而从发达国家转移出的各种生产活动，有可能向发达国家回流，进而导致制造业的重心再次向发达国家偏移。不过，发达国家再工业化也为中国实现跨越式发展带来了机遇。

首先，发达国家再工业化与即将到来的第四次工业革命，向我们展现了不同于传统流水线、集中化机器大生产的全新生产方式，生产要素、组织模式乃至市场供给与需求都将出现重大变化。这对我国进一步推进增长方式转型、实现可持续发展提供了重要启示。

其次，第四次工业革命为中国工业发展创造了新的增长机会。第四次工业革命不仅会促进工业机器人、3D 打印机等新的制造系统和生产设备产业的发展，还会带动信息产业、新材料产业以及工业设计等生产性服务业的增长，通过创造新的产业部门，为中国在全球进入新一轮经济衰退期时培育发展战略性新兴产业、寻找新的增长点提供方向和机会。

最后，先进制造技术终归是在工厂和制造环节的应用，中国庞大的制造基础为先进制造技术和相关产业的发展提供了巨大的潜在市场和应用场所。

□ 本章小结

随着拉动式产品制造模式的不断发展，生产制造方式发生了很大的变革，产生了众多现代生产制造模式：准时制生产、大规模定制等。本章主要介绍了这两种制造模式及其实现的关键技术。

准时制生产是一种先进的生产运作方式及管理模式，其中蕴涵独特的管理思想和完整的管理技术体系。准时制生产产生于日本的汽车制造业，欧美企业也积极学习与应用。随着外部环境不断变化，它对于我国各类企业的运营管理都具有很重要的影响。

本章首先论述了准时制生产消除浪费、包括每个人、持续改进的三个核心原理，具体阐述了准时制生产的实施过程，包括产品设计、流程设计、人员/组织要素、制造计划与控制四个部分。在此基础上对准时制生产在服务业上的运用作了较完整的论述，并且介绍了准时制生产在日本的应用情况。

本章还介绍了三种新技术支持下的新运营：大规模定制、3D打印技术和工业4.0下的制造。首先分析了从大规模生产到大规模定制的演变过程，并讲解了模块化设计、模块化生产、延迟制造、同步制造等核心技术。其次简单介绍了3D打印技术的特点，结合企业实践给出了基于3D打印技术的商业模式，并分析了3D打印技术带来的颠覆性影响。最后介绍了工业4.0的概念及其可能导致的运营管理变革。

□ 复习题

一、简答题

1. 简述准时制生产的核心原理。
2. 简述准时制生产在日本的应用。
3. 简述服务业采用准时制生产的好处。
4. 简述准时制生产在服务业中的应用（至少回答5点）。
5. 简述准时制生产人员/组织要素的内容。

二、论述题

1. 试述准时制生产在日本实施时遵循尊重员工原则包括哪些内容。
2. 试述准时制生产和MRPⅡ之间的异同。

三、延伸思考题

1. 你认为3D打印将会带来哪些运营变革？
2. 工业4.0下的大规模定制将会带来哪些影响？

全书基本概念

运营【1】(operations)
运营系统【1】(operation system)
生产系统【1】(production system)
连续型生产【1】(continuous production)
间断型生产【1】(discrete production)
订货型生产【1】(make-to-order, MTO)
备货型生产【1】(make-to-stock, MTS)
运营管理【1】(operation management)
服务运营【1】(service operation)
战略【2】(strategy)
运营战略【2】(operation strategy)
竞争优势【2】(competitive advantages)
质量一致性【2】(quality consistency)
准时交付【2】(on time delivery)
定制化【2】(customization)
产品/服务多样性【2】(diversity of products/services)
自动化生产【3】(automatic production)
工艺原则布置【3】(process layout)
装配线平衡【3】(assembly-line balancing)
成组技术【3】(group technology)
产品—工艺矩阵【3】(product-process matrix)
价值分析【3】(value analysis/ value engineering)
反向工程【4】(reverse engineering)
销售人员意见汇总法【5】(field sales force)
部门主管集体讨论法【5】(jury of executive)
顾客期望法【5】(users' expectation)
简单移动平均法【5】(simple moving average, SMA)
加权移动平均法【5】(weighted moving average, WMA)
一次指数平滑法 (single exponential smoothing, SES)
二次指数平滑法【5】(double exponential smoothing, DES)
平均绝对偏差【5】(mean absolute deviation, MAD)
平均平方误差【5】(mean square error, MSE)
平均预测误差【5】(mean forecast error, MFE)
跟踪信号【5】(tracking signal, TS)
综合生产计划【6】(aggregate production planning)
主生产计划【6】(master production schedule, MPS)
生产能力【6】(capacity)
规模经济【6】(economics of scale)
规模不经济【6】(diseconomies of scale)
生产能力柔性【6】(capacity flexibility)
库存【7】(stock)
独立需求库存【7】(independent demand inventory)
在途库存【7】(in-transit inventory)
安全库存【7】(safety stock)
在制品【7】(work in process, WIP)
缺货成本【7】(stock out cost)
流程【8】(process)
流程管理【8】(business process management, BPM)
离散加工型【8】(intermittent process)
流水线【8】(assembly line)
装配线生产【8】(assembly line production)
节拍【8】(take time)
产品—流程矩阵【8】(product-process matrix, PPM)
专业化服务【8】(professional services)

大宗服务【8】(mass services)
顾客—接触度矩阵【8】(service-process matrix, SPM)
瓶颈【8】(bottleneck)
生产率【8】(productivity)
效率【8】(efficiency)
周期时间【8】(cycle time)
产出时间【8】(throughout time)
产出率【8】(throughout rate)
流程周转率【8】(process velocity)
利特尔法则【8】(Little's law)
质量【9】(quality)
鱼骨图【9】(fishbone diagram)
工序【9】(process)
工序能力【9】(process capability)
六西格玛质量管理【9】(6σ quality management)
服务质量【9】(service quality)
质量功能展开【9】(quality function deployment, QFD)
全面质量管理【9】(total quality management)
收益【10】(yield, revenue)
收益管理【10】(yield management/revenue management)
超订【10】(overbooking)
超售【10】(oversale)
动态定价法【10】(dynamic pricing)
顾客参与【11】(customer participation)
服务交锋【11】(service confrontation)
服务蓝图【11】(service blueprint)
排队论【12】(queuing theory)
M/M/1【12】
M/D/1【12】
M/G/1【12】
M/M/s【12】
利特尔方程【12】
准时制生产【13】(just in time, JIT)
大规模定制【13】(mass customization)
模块化【13】(modularization)
模块化生产【13】(module production)
延迟制造【13】(postponed manufacturing)
同步制造【13】(synchronous manufacturing)
3D打印技术【13】(3D technology)
工业4.0【13】(Industry 4.0)

附　录

SERVQUAL 调查问卷的期望质量调查问卷

问卷一

说明：这份调查问卷的目的是收集您对某类服务的看法。您认为提供________服务的企业在多大程度上符合下列特征。在每个陈述后有 1～7 的分数您可以选择填写。如果您非常赞同这类企业应当拥有这项特征，就填写 7。如果您非常反对，就填写 1。如果您的期望在这两者之间，那么就根据您的支持程度选择其中的某个数字。答案没有正确和错误之分，我们所关心的是，最能表达您对提供________服务的企业的期望值。

E1．它们应当装有现代化设备。

E2．它们的设备应当在感官上吸引人。

E3．雇员的穿着打扮应当漂亮、整洁。

E4．这些公司的设备从外观上应当与它所提供的服务和谐、一致。

E5．当这些公司许诺在某一时间做某事时，应当信守诺言。

E6．当顾客有困难和问题时，公司应当给予同情和关心，使其消除疑虑并放心。

E7．这些公司应当是可靠的。

E8．它们应当按照所承诺的时间服务。

E9．它们应当记录准确。

E10．顾客不希望被告知接受服务的精确时间（—）。

E11．顾客期望公司的雇员给予及时的服务是不现实的（—）。

E12．员工并不总是乐于帮助客人（—）。

E13．如果他们太忙，不能及时地满足顾客的要求也没有关系（—）。

E14．雇员是值得信赖的（—）。

E15．顾客在与公司雇员的交往接触中应该能够感到安全（—）。

E16．它们的雇员应当是有礼貌的（—）。

E17．公司的雇员应当从公司得到适当的支持，以做好本职工作（—）。

E18．顾客不应当期望公司给予他们个人关注（—）。

E19．顾客不能期望这些公司的雇员给予他们个人关注（—）。

E20．希望雇员知道他们的顾客需要什么是不现实的（—）。

E21．希望公司真心地从顾客的最大利益出发是不现实的（—）。

E22．不应当期望公司的营业时间为所有的顾客提供方便（—）。

问卷二

说明：这份调查问卷的目的是收集您对__________公司服务工作的意见。请对__________公司是否应当拥有下列条款中描述的特征表达您的意见，即在多大程度上支持这项条款。在每个陈述后有1～7的分数您可以选择填写。如果您非常赞同__________公司应当拥有这项特征，就填写7。如果您非常反对__________公司拥有这项特征，就填写1。如果您的期望在这两者之间，那么就根据您的支持程度填写其中的某个数字。答案没有正确和错误之分，我们所关心的是，最能表达您对提供__________公司的__________服务工作的期望值。

P1. 该公司应当装有现代化设备。

P2. 该公司的设备应当在感官上吸引人。

P3. 雇员的穿着打扮应当漂亮、整洁。

P4. 该公司的设备从外观上应当与它所提供的服务和谐、一致。

P5. 该公司许诺在某一时间做某事时，应当信守诺言。

P6. 当顾客有困难和问题时，公司应当给予同情和关心，使其消除疑虑并放心。

P7. 该公司应当是可靠的。

P8. 该公司应当按照所承诺的时间服务。

P9. 该公司应当记录准确。

P10. 顾客不希望被告知接受服务的精确时间（—）。

P11. 顾客期望公司的雇员给予及时的服务是不现实的（—）。

P12. 该公司的雇员并不总是乐于帮助客人（—）。

P13. 如果他们太忙，不能及时地满足顾客的要求也没有关系（—）。

P14. 顾客应当能够信任该公司的雇员（—）。

P15. 顾客在与公司雇员的交往接触中应该能够感到安全（—）。

P16. 该公司的雇员应当是有礼貌的（—）。

P17. 该公司的雇员应当从公司得到适当的支持，以做好本职工作（—）。

P18. 顾客不应当期望公司给予他们个人关注（—）。

P19. 顾客不能期望这些公司的雇员给予他们个人关注（—）。

P20. 希望雇员知道他们的顾客需要什么是不现实的（—）。

P21. 希望公司真心地从顾客的最大利益出发是不现实的（—）。

P22. 不应当期望公司的营业时间为所有的顾客提供方便（—）。

注意：本问卷采用7分制，7表示完全同意，1表示完全不同意。中间分分别表示不同的程度。问卷中的内容是随机排列的。